"十二五"普通高等教育本科国家级规划教材

普通高等学校旅游管理教材

旅游景区开发与管理

（第五版）

邹统钎 ◎ 主编

The Development and Management of Tourist Attractions

清华大学出版社
北京

内 容 简 介

本教材对旅游景区管理的基础理论、学术前沿与实践热点进行了系统的梳理与总结，介绍了旅游景区的规划、运营和营销理论与方法，并按照遗产型景区与开发型景区的分类介绍了不同类型景区管理的重点与差别，然后以我国景区管理的实践对旅游景区的综合治理、产品开发、整合营销、服务管理、遗产保护与利用进行案例分析，最后介绍了国内外旅游景区发展的数字化、生活化、康养化、创意化与制度创新趋势。

本书面向普通高等学校旅游管理专业的本科生，同时也可作为旅游从业人员和研究人员了解及研究旅游景区管理的参考用书。

本书封面贴有清华大学出版社防伪标签，无标签者不得销售。
版权所有，侵权必究。举报：010-62782989，beiqinquan@tup.tsinghua.edu.cn。

图书在版编目（CIP）数据

旅游景区开发与管理 / 邹统钎主编. —5版. —北京：清华大学出版社，2021.7（2023.12重印）
普通高等学校旅游管理教材
ISBN 978-7-302-58703-3

Ⅰ. ①旅… Ⅱ. ①邹… Ⅲ. ①旅游区—旅游资源开发—高等学校—教材 ②旅游区—经济管理—高等学校—教材 Ⅳ. ①F590

中国版本图书馆CIP数据核字（2021）第137130号

责任编辑：邓　婷
封面设计：刘　超
版式设计：文森时代
责任校对：马军令
责任印制：杨　艳

出版发行：清华大学出版社
　　　　网　　址：https://www.tup.com.cn，https://www.wqxuetang.com
　　　　地　　址：北京清华大学学研大厦A座　　邮　编：100084
　　　　社 总 机：010-83470000　　　　　　　 邮　购：010-62786544
　　　　投稿与读者服务：010-62776969，c-service@tup.tsinghua.edu.cn
　　　　质量反馈：010-62772015，zhiliang@tup.tsinghua.edu.cn
印 装 者：三河市龙大印装有限公司
经　　销：全国新华书店
开　　本：185mm×260mm　　印　张：17　　字　数：421千字
版　　次：2004年5月第1版　2021年8月第5版　印　次：2023年12月第4次印刷
定　　价：49.80元

产品编号：089024-01

目　录

第一章　导论 ……………………………………………………………………………… 1
　第一节　旅游景区的概念 ……………………………………………………………… 1
　　一、旅游资源 …………………………………………………………………………… 1
　　二、旅游景区 …………………………………………………………………………… 1
　　三、旅游目的地 ………………………………………………………………………… 2
　第二节　旅游景区的构成要素与特征 ………………………………………………… 3
　　一、旅游景区的构成要素 ……………………………………………………………… 3
　　二、旅游景区的特征 …………………………………………………………………… 4
　　三、旅游景区的形成过程 ……………………………………………………………… 6
　第三节　旅游景区的分类 ……………………………………………………………… 6
　　一、国外旅游景区的分类 ……………………………………………………………… 6
　　二、国内旅游景区的分类 ……………………………………………………………… 7
　第四节　旅游景区基本理论 …………………………………………………………… 8
　　一、可持续发展理论 …………………………………………………………………… 8
　　二、旅游地生命周期理论 ……………………………………………………………… 9
　　三、体验经济理论 ……………………………………………………………………… 11
　　四、地格理论 …………………………………………………………………………… 12
　第五节　旅游景区的管理模式分类 …………………………………………………… 13

第二章　旅游景区管理前沿 ……………………………………………………………… 16
　第一节　旅游景区概念与分类的发展 ………………………………………………… 16
　　一、旅游景区概念的发展 ……………………………………………………………… 16
　　二、旅游景区分类的发展 ……………………………………………………………… 17
　第二节　新一代人的市场需求 ………………………………………………………… 18
　　一、X、Y、Z 三代人的界定 …………………………………………………………… 18
　　二、X、Y、Z 三代人的特征 …………………………………………………………… 19
　　三、X、Y、Z 三代人对旅游景区的要求 ……………………………………………… 19
　第三节　旅游景区管理者面临的挑战 ………………………………………………… 20
　　一、中外旅游景区管理者面临的挑战 ………………………………………………… 21

二、对管理者能力的要求 ………………………………………………………… 21
　第四节　旅游景区管理理论的演进 …………………………………………………… 21
　　一、旅游景区管理的主要内容 …………………………………………………… 21
　　二、旅游景区管理体系 …………………………………………………………… 25
　　三、旅游景区管理思维 …………………………………………………………… 25
　第五节　我国旅游景区管理的实践创新 ……………………………………………… 30
　　一、国家公园体制创新使景区保护上升为国家战略 …………………………… 31
　　二、新一代信息科学技术助力智慧景区嬗变 …………………………………… 31
　　三、IP应用赋能景区差异化发展 ………………………………………………… 32
　　四、夜间经济延展景区消费场景 ………………………………………………… 33
　　五、数字文博创造交互式沉浸新体验 …………………………………………… 33

第三章　旅游景区的规划与开发 …………………………………………………… 35
　第一节　旅游景区规划的基础 ………………………………………………………… 35
　　一、旅游景区规划的内容、目的与原则 ………………………………………… 35
　　二、旅游景区规划的分类 ………………………………………………………… 36
　　三、旅游景区规划的流程 ………………………………………………………… 41
　　四、旅游景区规划的方法与技术 ………………………………………………… 42
　第二节　旅游景区产品配置 …………………………………………………………… 47
　　一、旅游景区产品配置概述 ……………………………………………………… 47
　　二、开发型景区的产品配置 ……………………………………………………… 51
　　三、遗产型景区的产品配置 ……………………………………………………… 56
　第三节　旅游景区的空间规划布局 …………………………………………………… 62
　　一、旅游景区的选址 ……………………………………………………………… 62
　　二、旅游景区的布局 ……………………………………………………………… 63
　　三、旅游景区空间规划布局的利益相关者及其冲突解决 ……………………… 72

第四章　旅游景区运营管理 ………………………………………………………… 74
　第一节　旅游景区日常服务管理 ……………………………………………………… 74
　　一、接待服务管理 ………………………………………………………………… 74
　　二、商业服务管理 ………………………………………………………………… 74
　第二节　旅游景区的环境容量管理 …………………………………………………… 76
　　一、环境容量的含义及测算方法 ………………………………………………… 76
　　二、环境容量管理模式 …………………………………………………………… 78
　　三、环境容量调控管理 …………………………………………………………… 83
　第三节　旅游解说管理 ………………………………………………………………… 84
　　一、旅游解说概述 ………………………………………………………………… 84
　　二、旅游解说系统的要素 ………………………………………………………… 86

三、旅游景区解说规划……………………………………………………………91
第四节　游客管理………………………………………………………………………95
　　一、游客管理的原则………………………………………………………………95
　　二、游客管理的手段………………………………………………………………95
　　三、游客管理的具体策略…………………………………………………………97
第五节　旅游景区标准化管理…………………………………………………………99
　　一、旅游标准化体系………………………………………………………………99
　　二、旅游景区管理标准……………………………………………………………101
　　三、分类示范管理…………………………………………………………………103
　　四、旅游景区绿色标准管理………………………………………………………104
第六节　安全管理………………………………………………………………………106
　　一、旅游安全………………………………………………………………………106
　　二、旅游安全管理…………………………………………………………………107
　　三、旅游危机管理…………………………………………………………………109

第五章　旅游景区营销管理

第一节　旅游景区形象营销……………………………………………………………112
　　一、旅游景区形象的含义及构成…………………………………………………112
　　二、旅游景区形象定位……………………………………………………………113
　　三、地格与旅游景区形象营销……………………………………………………114
第二节　旅游景区品牌营销……………………………………………………………116
　　一、旅游景区品牌概述……………………………………………………………116
　　二、旅游景区的品牌经营策略……………………………………………………117
　　三、玉龙雪山的品牌建设与营销…………………………………………………119
第三节　旅游景区节事营销……………………………………………………………119
　　一、旅游景区节事概述……………………………………………………………119
　　二、旅游景区节事营销策略………………………………………………………121
　　三、天门山节事策划与营销………………………………………………………124

第六章　遗产型景区的开发与管理

第一节　自然遗产类景区的开发与管理………………………………………………125
　　一、我国自然遗产类景区管理概述………………………………………………125
　　二、以国家公园为主体的自然保护地体系………………………………………126
　　三、自然保护区的开发与管理……………………………………………………129
　　四、风景名胜区的开发与管理……………………………………………………133
　　五、森林公园的开发与管理………………………………………………………136
　　六、地质公园的开发与管理………………………………………………………141
第二节　文化遗产类景区的开发与管理………………………………………………144

一、我国文化遗产类景区管理概述 ·· 144
　　二、文化遗产旅游资源的保护与开发 ·· 146
　　三、国家文化公园的开发与管理 ·· 149
　　四、历史文化名城的开发与管理 ·· 150
　　五、历史文化名镇（村）的开发与管理 ······································ 155
　　六、依托非物质文化遗产的景区开发与管理 ·································· 157

第七章　开发型景区的开发与管理 ·· 161
第一节　主题公园的开发与管理 ·· 161
　　一、主题公园发展概述 ·· 161
　　二、主题公园的开发与管理 ·· 165
第二节　旅游度假区的开发与管理 ·· 167
　　一、旅游度假区发展概述 ·· 167
　　二、旅游度假区的开发 ·· 169
第三节　旅游综合体的开发与管理 ·· 171
　　一、旅游综合体概述 ·· 171
　　二、旅游综合体的基本特征 ·· 172
　　三、旅游综合体的基本类型 ·· 173
　　四、旅游综合体发展案例 ·· 174
第四节　旅游特色小镇的开发与管理 ·· 175
　　一、旅游特色小镇的兴起 ·· 176
　　二、旅游特色小镇的特点 ·· 177
　　三、旅游特色小镇开发案例 ·· 178

第八章　旅游景区综合治理——钱江源国家公园 ································ 179
第一节　钱江源国家公园发展概况 ·· 179
　　一、自然地理概况 ·· 179
　　二、管理体制沿革 ·· 180
第二节　钱江源国家公园管理体制：整合治理模式 ······························ 181
　　一、理顺管理体制，统一管理口径 ·· 181
　　二、通过地役权改革将集体土地纳入统一管理 ································ 181
　　三、跨行政区域合作，推动周边资源整体保护 ································ 182
　　四、通过"社区共管、共建、共享"，整合社区力量 ·························· 183
第三节　钱江源国家公园经营机制：特许经营模式 ······························ 184
　　一、依法依规，施行国家公园特许经营制度 ·································· 184
　　二、摆正管理机构位置，做特许经营的引导者、管理者和监督者 ················ 186
　　三、通过集体商标注册，打造特许经营品牌增值体系 ·························· 186
　　四、防止特许经营泛化，警惕特许经营误区 ·································· 187

第四节 钱江源国家公园资源保护：协同保育模式 ······187
 一、明确资源本底，实施立体监测 ······187
 二、大力创新机制，多方协同保育 ······187
 三、建立健全法规，整治资源损害 ······188
 四、实施生态补偿，引导绿色生产生活 ······188
 五、夯实科研后盾，科学引领保护 ······188
 六、发动社区参与，全民投入保护 ······189
 七、以生态保护为准绳，向绿色产业转型升级 ······189

第九章 旅游景区产品开发——环球影城 ······190
第一节 环球影城的发展历程 ······190
 一、环球影城概况 ······190
 二、环球影城的发展演变 ······190
第二节 环球影城的产品开发 ······191
 一、产品的铺垫——主题场景 ······191
 二、产品的高潮——主题游乐 ······193
 三、产品的延伸——主题商业 ······195
 四、产品的升华——主题城区 ······196
第三节 影视与娱乐共创发展的环球影城模式 ······197
 一、IP价值最大化的商业模式 ······197
 二、产品持续迭代的创新发展 ······197
 三、细节协同把控的运营服务 ······198
 四、综合可持续性的在地融合 ······198

第十章 旅游景区整合营销——云台山风景区 ······200
第一节 云台山风景区的发展历程 ······200
 一、云台山风景区概况 ······200
 二、云台山风景区的历史沿革 ······200
第二节 云台山风景区的整合营销 ······202
 一、"以人为本"的营销理念 ······202
 二、市场营销的品牌化 ······202
 三、精细化的服务营销 ······204
 四、绿色营销 ······205
第三节 云台山风景区管理经验 ······207
 一、景政合一，整合优势"集中"抓旅游 ······207
 二、精品化建设，创优一流的旅游环境 ······207
 三、精准化营销，使旅游品牌深入人心 ······207
 四、创办学院，开启"旅游+教育"新模式 ······208

五、深入挖掘，不断创新 ··· 208

第十一章　旅游景区服务管理——国家体育场（"鸟巢"） ·············· 209

第一节　后奥运的"鸟巢"发展 ··· 209
一、"鸟巢"概况 ··· 209
二、"鸟巢"运营的赛后转型 ··· 210

第二节　"鸟巢"的游览服务体系 ··· 211
一、解决转型痛点，建立游客咨询体系 ·· 211
二、弘扬奥运精神，建立解说服务体系 ·· 212
三、布局游览动线，建立商业服务体系 ·· 214
四、满足游客需求，建立主题产品体系 ·· 214

第三节　"鸟巢"的整合服务管理 ··· 216
一、整合服务资源，理顺部门管理 ··· 216
二、整合景观资源，创造核心体验 ··· 217
三、整合营销资源，塑造品牌形象 ··· 218
四、整合产业资源，协同创新发展 ··· 219

第十二章　旅游景区遗产保护与利用——西溪湿地 ······················· 221

第一节　西溪湿地的发展历程 ·· 221
一、西溪湿地概况 ··· 221
二、西溪湿地的发展演变 ··· 221

第二节　西溪湿地的保护管理 ·· 223
一、基于地方发展的公园管理体系 ··· 223
二、基于科学管理的保护地管控 ··· 224
三、基于环境教育的生态旅游开发 ··· 226
四、基于社区参与的区域协调发展 ··· 228

第三节　保护与利用双赢的西溪模式 ··· 229
一、城园统筹，从更高站位全面认识城市湿地价值 ·························· 229
二、制度创新，创建公园发展的政策保障体系 ································ 230
三、保用双赢，坚守人与自然和谐相处的最大公约 ·························· 230
四、生态优先，保育保护湿地生存的环境本底 ································ 230
五、服务人民，处理好城园的分隔与渗透关系 ································ 230

第十三章　国内外旅游景区发展趋势 ·· 232

第一节　旅游景区智慧化 ·· 232
一、旅游景区的数字化发展趋势 ··· 232
二、数字化的旅游景区管理 ·· 233
三、数字化的旅游景区服务 ·· 234

四、数字化的旅游景区营销 235
第二节　旅游景区生活化 235
　　一、旅游景区生活化的发展趋势 235
　　二、旅游景区生活化的发展原则 236
　　三、发展案例 237
第三节　旅游景区康养化 240
　　一、旅游景区康养化的发展趋势 240
　　二、康养景区的类型 240
　　三、发展案例 242
第四节　旅游景区创意化 244
　　一、文化创意与旅游走向融合 244
　　二、旅游景区创意化发展的几种形式 246
第五节　旅游景区制度创新 247
　　一、国家公园体制的探索 248
　　二、国家文化公园体制的探索 249
　　三、国家文化生态保护区体制的探索 250
　　四、A级景区的退出机制与动态管理 251

参考文献 253
　　一、英文参考文献 253
　　二、中文参考文献 257

后记 260

第一章 导 论

> **引言**
>
> 旅游景区是目前旅游业中争议最多的领域，也是旅游产业中最活跃的领域。经营体制、遗产保护、生态安全、门票价格、社区参与等都是旅游景区管理的热点。开发与保护、供给与需求之间的协调是旅游景区管理永恒的主题。

第一节　旅游景区的概念

一、旅游资源

按照《中国旅游资源普查规范》的定义，所谓旅游资源，是指自然界和人类社会，凡能对旅游者有吸引力，能激发旅游者的旅游动机，具备一定旅游功能和价值，可以为旅游业开发利用并能产生经济效益、社会效益和环境效益的事物和因素。

构成旅游资源的基本条件有三个：一是有用性，即能够吸引旅游者前往旅游观光与休闲；二是可用性，即可以被开发；三是有效益，即可以产生经济、社会和环境效益。

二、旅游景区

国外更多地采用"旅游吸引物"这个概念来代表旅游景区的概念，强调"磁性"含义。例如，Medlik 把旅游吸引物定义为：为给游览公众提供娱乐、消遣与教育而设计的有管理的永久性资源（a designed permanent resource which is controlled and managed for enjoyment, amusement, entertainment and education of the visiting public）。[1]旅游吸引物是旅游产品的要素，它吸引游客，决定游客如何选择旅游的地点。旅游吸引物一般分为地点吸引物（site attractions）和事件吸引物（event attractions）。地点吸引物是某个地方本身就具有吸引游客前往游览的主要因素，如气候、历史文物和名胜风景等；事件吸引物是指节庆活动、体育盛会和商业贸易交流会等。旅游吸引物的另一种分类是自然吸引物与人造吸引物，海滩和古镇就是这种分类的实例。[2]

Lew 指出，旅游吸引物包括能够吸引旅游者离开家的"不是家（no-home）"的地方的

---

[1] S MEDLIK. Dictionary of travel, tourism and hospitality[M]. Oxford: Butterworth-Heinemann, 1993.
[2] J SWARBROOKE. The development and management of visitor attractions[M]. 2nd ed. Oxford: Butterworth-Heinemann, 1999.

所有因素，包括可供观赏的景观、游客可参与的活动以及值得回忆的体验。[1] Pearce 对旅游吸引物的定义是：拥有特定的人文与自然特征的，有特定名称的地点。[2] 根据《剑桥英语词典》的定义，旅游吸引物是"人们为愉悦和兴趣而前往的地方，通常在旅游度假过程中"。[3]

Leiper（1990）定义了旅游景区十三要素的系统安排：有旅游需求的人（person）、游客希望参观的、具有特质的地方的内核（nucleus）以及关于内核信息的标示（marker）。[4]

我国更多采用旅游景区这个概念，这是一个非常笼统的概念，一般指由若干地域上相连的、具有若干共性特征的旅游吸引物、交通网络及旅游服务设施组成的地域单元，其内部具有一致性、关联性与整体性的特征。旅游景区可以受行政区域的约束，也可因地貌、景观、社会文化关联、经济关系而突破行政区域的约束。它的空间跨度大至一个国家，小至一个乡村。

根据国家质量监督检验检疫总局发布的《旅游区（点）质量等级的划分与评定》（GB/T 17775—2003）标准的定义，旅游区是以旅游及其相关活动为主要功能或主要功能之一的空间或地域。该标准中，旅游区（点）是指具有参观游览、休闲度假、康乐健身等功能，具备相应旅游服务设施并提供相应旅游服务的独立管理区。管理区应有统一的经营管理机构和明确的地域范围。该标准所指各类旅游区（点）包括风景区、文博院馆、寺庙观堂、旅游度假区、自然保护区、主题公园、森林公园、地质公园、游乐园、动物园、植物园及工业、农业、经贸、科教、军事、体育、文化艺术等。

本书采用的定义是：旅游景区是依托旅游吸引物从事旅游休闲经营管理活动的、有明确地域范围的区域。该定义的几个关键点如下：

- 有明确的地域范围；
- 以旅游吸引物为依托；
- 从事旅游休闲活动；
- 有统一的管理机构。

三、旅游目的地

《韦氏词典》把旅游目的地定义为"旅途的终点（the place set for the end of a journey or to which something is sent; place or point aimed at.）"。维基百科引用 David（2003）的定义，将旅游目的地定义为一个旅客的目的地，可以是一个城市、一个城镇或是"一个标榜游客登门造访的国家、地区、城市或城镇（a country, state, region, city or town which is marketed or markets itself as a place for tourists to visit）"。

旅游目的地是一个为消费者提供完整体验的旅游产品综合体。它是一个感性概念，可以为游客提供一个旅游产品和服务的合成品，一种组合的体验、经历。Buhalis 认为，旅游目的地由六个"A"构成：旅游吸引物（attractions）；可进入性（accessibilities）；上层设施

---

[1] L ALAN. A framework of tourist attraction research[J]. Annals of Tourism Research, 1987, 14(4): 533-575.
[2] P L PEARCE. Analyzing tourist attractions[J]. Journal of Tourism Studies, 1991, 2(1): 46-55.
[3] https://dictionary.cambridge.org/dictionary/english/tourist-attraction.
[4] L NEIL. Tourist Attraction Systems[J]. Annals of Tourism Research, 1990, 17(2): 367-384.

与服务（amenities）；包价服务（available package）；活动（activities）以及辅助性服务（ancillary services）。Buhalis 把旅游目的地分为城市、海滨、山地、乡村、真实的国家和世外桃源（unique-exotic-exclusive）。[1]

一般来说，旅游目的地是一个独立的地理区域，如国家、城市、区域或景区（点）。旅游目的地最核心的要素有两点：一是具有旅游吸引物；二是有人类聚落，要有永久性的或者临时性的住宿设施，可供游客逗留一夜以上，因此不可留宿的景点一般不可称为旅游目的地。

第二节 旅游景区的构成要素与特征

一、旅游景区的构成要素

（一）同心圆模型

旅游景区的同心圆模型（the concentric rings model）由 Gunn 等（1985）人提出，他们认为一个旅游景区包括三个部分：一是内核（nuclei），即吸引物的核心；二是保护带（inviolate belt），即保护内核的空间；三是包围区（zone of closure），即旅游基础设施，如图 1-1 所示。[2] 内核可以代表一个地方的任何属性，可以是风景，也可以是一个物体、一个人或一个事件等。

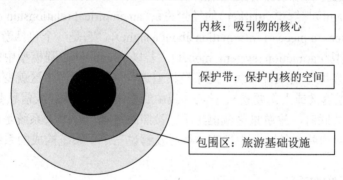

图 1-1 旅游景区的同心圆模型

（二）地方感模型

Canter（1977）总结了心理学、地理学、规划学与设计理论，提炼出地方感模型（a sense of place model）。他提出地方感的三要素是：自然背景（资源）、各种活动以及游客带给自然背景的概念与含义。要使游客完全理解与体验某个特定地方的独特地方感，以上三个要素缺一不可。一个好的旅游景区必须使游客对其有清晰的概念，景区里的一切活动都要能够被游客理解，是可接近的、能够激发游客的想象力的，而且背景的自然要素必须是独特

---

[1] B DIMITRIOS. Marketing the competitive destination of the future[J]. Tourism Management, 2000, 21(1): 97-116.
[2] A G CLARE. Tourist planning[M]. New York: Taylor and Francs, 1985.

的、迷人的[①]，如图 1-2 所示。

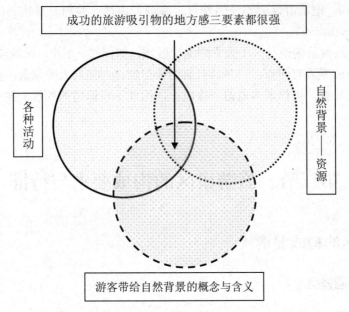

图 1-2　旅游景区的地方感模型

（三）系统模型

以往，人们总把旅游景区看成风景的聚合体，而 MacCannell 指出，旅游景区是游客（tourist）、风景（sight）与解说（marker）的经验关系（an empirical relationship between a tourist, a sight and a marker—a piece of information about a sight），[②]它是一个包括游客、风景与解说三要素的系统模型（attraction system model）。若以 Gunn 同心圆模型中的核心概念替代 MacCannell 系统模型中的风景概念，对系统模型进行修改，旅游景区就变成了一个更宽泛的模型，它包括游客（或人文要素）、核心（或中心要素）和解说（或信息要素）三个要素。当三个要素相互关联时，旅游景区就诞生了。按照系统观，一个大系统是由多个子系统构成的，那么旅游吸引物系统就是由游客、核心及解说三个子系统构成的系统。

二、旅游景区的特征

（一）旅游景区遗产资源的公共性

旅游景区中包含了遗产型资源，也就是具有垄断性的资源。自然界为人类提供的四项服务分别为资源来源、生命支持、舒适性和废弃物沉淀。自然遗产的价值包括四个方面：一是直接产出实物价值，如矿产、土地资源与野生动植物资源；二是直接服务价值，如科研服务、文化服务和旅游服务；三是间接生态价值，如维持生态平衡；四是存在价值。《保护世界文化和自然遗产公约》中提到"任何一项的毁灭或消灭都将造成世界各民族遗产资源的匮乏"，保证传之于后代是当前和将来文化的丰富与和谐发展的源泉。保持遗产的完整与真实

---

① D CANTER. The psychology of place[M]. London: The Architectural Press,1977.
② D MACCANNELL. The tourist: a new theory of the leisure class[M]. New York: Schoken Books, 1976.

存在是人类可持续发展的必要条件。①自然遗产地具备的生态功能包括七个：① 调节功能；② 防护功能；③ 缓冲功能；④ 吸收功能；⑤ 储备功能；⑥ 指示功能；⑦ 教育功能。②

一些遗产属于世界遗产，从美学和科学的角度看，世界遗产的特性主要表现在以下五个方面。

（1）高价值性。世界遗产这种公共资源不同于一般的物品或商品，它们是独一无二的文化载体及人类历史和自然史发展的见证，具有符号和象征的作用，具有很高的观赏、科学、历史价值。

（2）不可再生性。古环境不可复制，一旦被破坏，就将永远受损和消失。遗产被破坏后出现的恢复遗产会导致失真与完整性的消失等问题。克鲁蒂拉与费舍尔认为遗产一旦被破坏就会引发福利损失的持续性和人工恢复的失真性。因此，对自然与文化遗产只能采取事前预防行动，即保护。一旦被破坏，事后弥补与惩罚措施都于事无补。③

（3）真实完整性。人们对遗产价值的享用以遗产的真实性为前提，是文化价值型享用，即对遗产的历史、科学、美学意义的享用。而人们对一般的风景资源的享用主要是感官意义和生态功能的享用，不一定以真实性为前提。④真实性是指无论是自然的还是人文的，都要求它是通过自然发展形成的，决不可造假景、假文物，不能在风貌保护区内建人工设施，如宾馆、电梯、缆车等。完整性是指遗产地与其周边环境形成整体性关系，是和谐共生的关系。

（4）高知名度。世界遗产是国际社会对一个国家民族文化、历史遗迹或自然资源景观给予的一种极高荣誉，是全人类共同拥有的财富。

（5）公共性。世界遗产是没有国境的，是属于全人类所有的，是全人类的共同遗产。

（二）旅游景区资源的依附性

许多旅游吸引物并非因为旅游的目的而存在，旅游功能是它的原有功能的一种衍生物。例如，东方明珠塔本来是个电视塔，金贸大厦是个饭店，联合国大厦是个会议中心，奥林匹克中心是个体育运动设施，北京蟹岛度假村是个农业园，无锡影视基地是个电影电视拍摄场所，北京大兴国际机场是个交通运输场所，但这些都是旅游吸引物。旅游景区往往不会独立存在，许多地标式建筑就是一个旅游景区（点），这就为旅游业与它业共生设立了基础，旅游业与它业共生也成了旅游业成长的必由之路。

（三）旅游景区的使命

对于一般的开发型旅游景区，其主要使命是为游客提供旅游休闲活动以获取利润，属于营利性企业。

对于遗产型景区，由于遗产资源具有独特的经济学特性（主要是遗产的公共性和公益性，遗产的文化价值和经济价值，遗产经营的文化价值导向，遗产的稀缺性、不可再生性

---

① 王秉洛. 国家自然文化遗产及其所处环境的分类价值[A]//张晓, 郑玉歆. 中国自然文化遗产资源管理[C]. 北京：社会科学文献出版社, 2001.
② 陈昌笃. 加强自然遗产地生物多样性的研究和监测工作, 进一步发挥其至关重要的生态功能[EB/OL]. http://www.whwy.org/ycdt/rt1.htm.
③ 张晓. 自然遗产的内涵和资源特殊性[A]//张晓, 郑玉歆. 中国自然文化遗产资源管理[C]. 北京：社会科学文献出版社, 2001.
④ 徐嵩龄. 论碧峰峡旅游开发模式的意义[J]. 四川大学学报（社科版）, 2005（1）.

和不可替代性），因此那些兼具经营功能并负有经营责任的旅游景区管理单位应采用"非营利性机构"体制，即在不以营利为目的的条件下向社会提供消费服务。对于负有经营责任的遗产性景区来说，"非营利性"意味着：① 它的经营不是"利润导向"，而是"文化价值导向"；② 它是在"文化价值导向"下的经营，应顾及遗产享用的公益性原则，并力求获得可以容许的经济收益；③ 它的收益不用于分红，而是用于对遗产事业的再投入；④ 它有权获得政府补贴与社会赞助，有权享受免税或部分免税。[1]这类旅游景区承担多重使命，如遗产保护、遗产展示、地方发展等。

三、旅游景区的形成过程

MacCannell（1976）提出了旅游景区形成的五个阶段。第一阶段是"命名（naming）"，这是观光对象或者游客关注的焦点，也是风景神圣化（sight sacrilization）的第一步。随着游客数量增加，需要圈定风景的边界以便重点展示，这便进入第二个阶段，即"划界与提升（framing and elevation）"。如果游客继续增加，旅游景区可能获得崇高的声誉，便进入第三阶段，即"供奉"。第四阶段叫"机械性复制（mechanism reproduction）"，即风景的核心部分被复制给游客。第五阶段叫"社会化复制（social reproduction）"，即风景作为一种社会标签与地方标志而被广泛复制、推广、宣传。例如，帆船大酒店成为迪拜的标志，迪士尼乐园成为奥兰多的标志。[2]

第三节 旅游景区的分类

一、国外旅游景区的分类

Pearce、Benckendorff 和 Johnstone 对旅游景区的具体分类如表 1-1 所示。[3]但现实是许多旅游景区总是自然与人造相融合，无法截然分开，尤其是对于自然与文化双遗产来说。

表 1-1 旅游景区的分类

1	自然（苏格兰高地、约瑟米蒂国家公园）	人造（环球片场、六旗公园）
2	室外	室内
3	遗产型（英格兰教堂）	人造型（澳大利亚股市名人殿堂）
4	特殊全球事件（奥运会）	地方节庆事件（地方游行展览）
5	高吸引力（澳大利亚大堡礁）	低吸引力（地方娱乐地点）
6	私有（迪士尼主题公园）	公有（加拿大班夫遗产区）
7	内容主题：历史的、文化的、音乐的、体育的、军事的、艺术的、水族的、动物的	

---

[1] 徐嵩龄. 中国文化与自然遗产的管理体制改革[J]. 管理世界，2003（6）.
[2] MACCANNELL DEAN. The tourist: a new theory of the leisure class[M]. California: Univ of California Press, 2013.
[3] P PEARCE, P BENCKENDORFF, S JOHNSTONE. Tourist attractions: evolution, analysis and prospects, in tourism in the 21st century: Lessons from Experience[M]. London: Continnum, 2000.

Leask 根据自然或人造、收费或免费、公有或私有、地方市场或区域市场、国内市场或国际市场对旅游景区进行了分类，但他没有提出分类后各种旅游景区的名称，只是提出了分类标准。

二、国内旅游景区的分类

中国旅游景区协会在团体标准《旅游景区分类》（T/CTAA 0001—2019）中，依据景区规模、核心旅游吸引物、景区功能与产品、景区运营主体及其目标四个维度将旅游景区进行了分类，共计 44 个基本类别，如表 1-2 所示。

表 1-2 我国的旅游景区分类

分类依据及代码	类别及代码	
依据景区规模进行分类 G	特大型旅游景区 G-1	
	大型旅游景区 G-2	
	中型旅游景区 G-3	
	小型旅游景区 G-4	
依据核心旅游吸引物进行分类 X	综合吸引类景区 X-1	
	自然景观类景区 X-2	山岳型景区 X-2-1
		森林型景区 X-2-2
		湖泊型景区 X-2-3
		河川型景区 X-2-4
		海洋型景区 X-2-5
		沙漠型景区 X-2-6
		草原型景区 X-2-7
		温泉型景区 X-2-8
	人文景观类景区 X-3	古迹遗址型景区 X-3-1
		宗教型景区 X-3-2
		非物质文化遗存型景区 X-3-3
		工业型景区 X-3-4
		科普型景区 X-3-5
		纪念地型景区 X-3-6
		文化园型景区 X-3-7
		度假（村）型景区 X-3-8
		小镇型景区 X-3-9
	乡村田园类景区 X-4	村落型景区 X-4-1
		农业景观型景区 X-4-2
		生产地型景区 X-4-3
		民宿型景区 X-4-4

续表

分类依据及代码	类别及代码		
依据核心旅游吸引物进行分类 X	现代娱乐类景区 X-5	主题公园型景区	X-5-1
		文化演艺型景区	X-5-2
		购物娱乐型景区	X-5-3
		文化场馆型景区	X-5-4
		特色街区型景区	X-5-5
	其他吸引类 X-6		
依据景区功能与产品分类 C	综合服务型旅游景区 C-1		
	观光体验型旅游景区 C-2		
	休闲娱乐型旅游景区 C-3		
	度假旅居型旅游景区 C-4		
	康复疗养型旅游景区 C-5		
	会奖节事型旅游景区 C-6		
	研学教育型旅游景区 C-7		
	运动体育类型旅游景区 C-8		
	其他型旅游景区 C-9		
依据景区运营主体及目标进行分类 J	公益性旅游景区 J-1		
	准公益性旅游景区 J-2		
	商业性旅游景区 J-3		

旅游景区还可按照其主要功能与用途分为开发型旅游景区与遗产型旅游景区，如表 1-3 所示。前者突出其经济功能，后者突出其保护功能。

表 1-3 旅游景区分类

开发型旅游景区	遗产型旅游景区
主题公园 旅游度假区	风景名胜区 自然保护区 文物保护单位 森林公园 地质公园 历史文化名城/镇/村

第四节　旅游景区基本理论

一、可持续发展理论

可持续发展理论源自人类对传统发展观的反思和否定。工业革命带来了前所未有的经济成就，同时也引发了大量全球性环境问题，从而导致传统发展观开始在人们的质疑中蜕化，而可持续发展观开始进入人们的思维。1972年在瑞典召开的世界大会首次使用了"可持续发展"这一表述，并将"可持续性"定义为"在不牺牲子孙后代需要的前提下，满足我们这代人的需要"。1987年，世界环境和发展委员会正式将"可持续发展"界定为"既满足当代人的需要又不损害后代人满足其需要的能力的发展"，可持续发展理论成为被全世界广泛接受的理论。可持续发展理论最早产生于在生态领域，后来被广泛应用于生态、经济、社会三方面。《人类环境宣言》《21世纪议程》等文件推动可持续发展理论逐渐成熟并应用于实践。

（一）可持续旅游发展的定义

旅游业是一个资源产业，是一个依赖自然秉赋和社会遗赠的产业（Murphy，1985）。[①] Sadler（1988）认为，由于在许多情况下，旅游业取决于对自然环境及以其自身生存为目的的自然作用的维持，因而是一项应该运用可持续发展概念的活动。1989年在荷兰召开的各国议会大会首次正式提出可持续旅游发展的口号。虽然关于可持续旅游这一概念，国际上还没有形成统一的认知与表述，但人们对这一概念已形成基本共识，即旅游业的发展"既要扩大接待规模和提高产品质量，同时又不对其赖以生存的自然环境产生消极作用"（Cronin，1990）。[②] 目前，关于可持续旅游发展，应用得最广泛的定义出自1990年世界大会文件《可持续旅游发展行动战略》，即"可持续旅游发展是在保持和增强未来发展机会的同时，满足外来游客和旅游接待地区当地居民的需要，在旅游发展中维护公平。它通过指导各种资源，使人们在保护文化的完整性、基本生态过程、生物多样性和生命维持系统的同时，满足经济、社会和美学需要"。

（二）旅游景区可持续发展的目标

可持续旅游发展的概念要求人们以长远的眼光对旅游景区进行经济开发活动，并对经济不断增长的必要性提出质疑以及确保旅游活动的开展不会超越旅游接待地区未来吸引和接待游客来访的能力。根据1990年世界大会上所提出的战略，旅游景区可持续发展的目标可概括为以下五个方面的内容。

（1）增进人们对旅游所产生的环境影响与经济影响的理解，加强人们的生态意识。
（2）促进旅游的公平发展。
（3）改善旅游接待地区的生活质量。
（4）向旅游者提供高质量的旅游经历。
（5）保护未来旅游开发赖以存在的环境质量。

二、旅游地生命周期理论

"生命周期"起初是生物学领域中的一个基础概念，用以描述生物体从出生到成长直至死亡的生命演变过程。后来，人们将原本只有生物学意义的"生命周期"用来模拟和说明

[①] P MURPHY. Tourism: a community approach[M]. New York: Methuen, 1985.
[②] C LINDA. A strategy for tourism and sustainable developments[J]. World Leisure & Recreation, 1990, 32(3): 12-18.

产品在市场的生存周期,并形成了产品生命周期理论(product-life cycle,PLC)。一般认为,旅游地生命周期(tourism area life cycle)理论的概念最早是由德国学者Christaller(1963)在研究欧洲旅游发展时提出的。[1]Stansfield(1978)在研究美国大西洋城盛衰变迁时也提出了类似的概念。[2]目前被国内外学者公认并广泛应用的旅游地生命周期理论是由加拿大学者Butler(1980)提出的。[3]Butler对传统产品生命周期理论的尾部进行了修正,提出了S形旅游地生命周期演化模型,他认为旅游地生命周期一般经历探索阶段、参与阶段、发展阶段、稳固阶段、停滞阶段、衰落阶段或复苏阶段(见图1-3),各阶段的特征如表1-4所示。

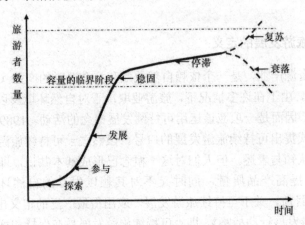

图1-3 Butler的旅游地生命周期模型

表1-4 旅游地生命周期各阶段的特征[4]

阶 段	特 征
探索	少量的"多中心型"游客或"探险者";少有或没有旅游基础设施,只有自然的或文化的吸引物
参与	当地投资于旅游业,具有明显的旅游季节性;旅游地进行广告宣传活动;客源市场地形成;公共部门投资于旅游基础设施
发展	旅游接待量迅速增长;游客数超过当地居民数;明确的客源市场;大量的广告宣传、外来投资,并逐渐占据控制地位;人造景观出现,并取代自然的或文化的吸引物;"中间型游客"取代"探险者"或"多中心型"游客
稳固	增长速度减缓;进行广泛的广告宣传以克服季节性和开发新市场;吸引了"自我中心型"游客;居民充分了解旅游业的重要性
停滞	游客人数达到顶点,产生容量限制;旅游地形象与环境相脱离;旅游地不再时兴;严重依赖于"回头客",低客房出租率;所有权经常更换;向外围地区发展
衰落	客源市场在空间和数量上减少;对旅游业的投资开始撤出,当地投资可能取代撤走的外来投资;旅游基础设施破旧,并可能被代以其他用途
复苏	全新的吸引物取代了原有的吸引物或开发了新的自然资源

---

[1] W CHRISTALLER. Some consideration of tourism location in europe: the peripheral regions-under developed countries-recreation areas[J]. Regional Science Association Papers, 1963(12): 103-105.
[2] C STANSFIELD. Atlantic city and the resort cycle[J]. Annals of Tourism Research, 1978 (5): 238.
[3] R BUTLER. The concept of a tourism area cycle of evolution: implications for managem ent of resources[J]. The Canadian Geographer, 1980, 24(1): 5-12.
[4] GETZ DONALD. Tourism planning and destination life cycle[J]. Annals of Tourism Research, 1992(4): 752-770.

自旅游地生命周期理论产生后，学者们对其贬褒不一，有些学者认为其逻辑存在漏洞；主观性太强，不能指导实践；衡量指标单一，在预测方面毫无用处。相反地，丁健、保继刚（2000）对该理论在研究旅游地演化过程中的理论框架作用给予了肯定。[1]Cooper 等（1993）认为，旅游地生命周期理论在作为旅游地的解释模型、指导市场营销规划和作为预测工具等方面具有重要价值。[2]虽然学者们对旅游地生命周期理论还未达成共识，但该理论为旅游目的地的研究提供了有益的思路。在未来的研究中，该理论还将不断地完善与发展。

三、体验经济理论

1970 年，美国未来学家阿尔文·托夫勒在《未来的冲击》一书中首次提出了"体验经济"的理念。[3]未来学家甘哈曼在《第四次浪潮》一书中也宣告了一个以"休闲者"为中心的特种服务性经济时代即将到来。1998 年，美国学者约瑟夫·派恩与詹姆斯·吉尔摩在《哈佛商业评论》中发表文章《欢迎进入体验经济》，指出经济价值演变过程可分为商品、货币、服务和体验四个阶段，两人随后于 1999 年出版了合著的《体验经济》一书，首次对体验经济的形成历程及特征进行了系统的论述，提出体验经济是"以商品为道具、以服务为舞台、以提供体验为最主要经济提供品的经济形态"。[4]

旅游的本质与体验的实质具有高度的一致性。Boostin（1964）作为旅游体验研究的源起者，将旅游体验定义为一种流行的消费行为，一种人为的、预先构想的大众旅游体验。[5]MacCannell（1973）认为，旅游体验是旅游者为了克服生活困窘而追求的一种对本真的体验。[6]Cohen（1979）进一步丰富了旅游体验的概念，提出了体验赋予旅游者和他们的群体以不同的意义。[7]在国内的研究中，谢彦君在《基础旅游学》一书中较早地提出了"旅游体验是旅游个体通过与外部世界取得联系从而改变其心理水平并调整其心理结构的过程，是旅游者心理与旅游对象相互作用的结果，是旅游者以追求旅游愉悦为目标的综合性体验"这一定义。[8]在体验经济理论的指导下塑造旅游体验，不仅可为景区管理提供有益的见解，同时对旅游营销、旅游消费、旅游服务、旅游产品和区域旅游等方面也有重要意义。

（一）体验经济时代的游客需求：快乐的体验

体验分为四类：消遣、教育、逃避和审美。对旅游景区来说，终极的体验就是"快乐"。游客希望在旅游景区实现自身"求补偿、求解脱"的目的，在旅游过程中补偿自己，获得在日常生活中没有得到的东西，从日常生活的烦恼中解脱出来。

过去的游客是向往大自然的（sunlust）、缺乏经验的大众消费者，而体验经济时代的游

---

[1] 丁健，保继刚. 特类喀斯特洞穴旅游生命周期探讨：以云南建水燕子洞为例[J]. 中国岩溶，2000, 19 (3): 294-289.
[2] C COOPER, J FIETCHER, D GILBERTAND. Tourism principles and practice[M]. London: Pitman Publishing, 1993.
[3] 托夫勒. 未来的冲击[M]. 蔡伸章，译. 北京：中信出版社，2006.
[4] 派恩，吉尔摩. 体验经济[M]. 夏业良，鲁炜，等，译. 北京：机械工业出版社，2002.
[5] D J BOOSTIN. The image: A guide to pseudo-events in America[M]. New York: Harper&Row, 1964.
[6] D MACCANNELL. Staged authenticity: arrangements of social space in tourist settings[J]. American Journal of Sociology, 1973, 79(3): 589-603.
[7] E A COHEN. Phenomenology of tourist experiences[J]. Sociology, 1979, 13(2): 179-201.
[8] 谢彦君. 基础旅游学[M]. 北京：商务印书馆，2015.

客发生了变化，其特征是：更愿意选择散客而非团队；更愿意选择个性化定制的旅游产品而非标准化产品；不是购买整体产品而是购买零件，自己组装；从跟随他人去名胜古迹变为自己发现旅游胜地；从"走马观花"式的巡游变为"下马赏花"式的游览；从"旁观"变为"参与"；从"领受"变为"奉献"；从只重视"到此一游"的结果变为同时重视"结果"与"过程"；从"被组织""被安排"变为"自己组织""自己安排"。[①]游客的旅游终极目标是追求快乐的体验。

（二）体验经济时代的景区管理模式：快乐剧场

从本质上说，旅游景区就是一个"快乐剧场"，游客与居民、员工共同演出一场欢乐剧。旅游景区可以通过体验主题化，以正面线索强化主题印象、淘汰消极印象，提供纪念品与重视对游客的感官刺激等方法为游客塑造畅爽的旅游体验。[②]

景区既要为游客创造快乐体验，又要保护地方资源与环境并促进当地社区长期发展。快乐的游客体验是由新鲜感、亲切感与自豪感构成的，而新鲜感来自差异，亲切感来自交流，自豪感来自赞美，[③]这就需要景区做到以下五个方面。

（1）在总体管理上，旅游景区要长期规划、总体控制，实行全程空间管理。

（2）在项目配置上，强调差异性、参与性和挑战性。差异性表现为唯一、第一与多样，以制造新鲜感。参与性强调游客不仅是体验的主体也是体验的成分，体现在项目本身需要游客参与以及游客可参与项目的设计两个方面。挑战性是指设置可让游客突破自我极限，证明自己生命价值的旅游项目，从而培养游客的自豪感。

（3）在资源与环境管理方式上，梯度开发或循环利用，"减"人数、"增"植被，资源与环境的多样性是创造独特游客体验的必要条件，也是新鲜感的产生基础。

（4）在社区参与上，社区是塑造游客体验的重要道具，而且社区居民本身是构成游客体验中"友好气氛"的必要成分，能为游客产生新鲜感及亲切感提供必要的基础。

（5）在景区服务上，良好、适宜的员工服务是游客亲切感与自豪感的重要来源。

四、地格理论

在全球化的背景下，旅游景区开发与营销过程忽视了地方的本质特征，使得旅游景区竞争走向"无地方性"与"无个性"的地方趋同陷阱。邹统钎融合地理学的地方性理论、营销学的品牌个性理论、旅游学的推拉理论及管理学的资源基础论，概括了旅游目的地个性特征，提出了地格理论（placeality）。他指出，避免地方趋同，成功开发与营销旅游景区的关键是以目的地长期积累形成的生活方式的本质特征（即地格）为依托。游客之所以选择游览某个旅游景区，最重要的原因是其对旅游景区构建的生活方式的向往。地格理论从生活方式角度提炼出了旅游景区的本质特征，为旅游景区品牌营销提供了理论依据。

地格理论基于这样一个假设：只有那些源自地方，具有地方代表力同时又区别于客源

---

① 吴正平，邹统钎. 现代饭店人际关系学[M]. 广州：广东旅游出版社，1996.
② B J PINE, J H GILMORE. Welcome to the experience economy[J]. Havard Business Review, 1998, 76(4): 97-105.
③ 邹统钎. 体验经济时代的旅游景区管理模式[J]. 商业经济与管理，2003（11）：41-44.

地,具有市场吸引力且竞争地难以模仿或不可替代的,具有竞争力的生活方式(即旅游地格)才是旅游景区获得持久竞争优势的源泉。旅游景区市场竞争的基础是旅游地格,地格是旅游景区构建的生活方式的本质特征,而对目的地有代表力、对客源地有吸引力、对竞争地有竞争力的生活方式特征就是旅游景区的旅游地格。

作为旅游景区品牌基因的旅游地格必须是地方特有(place specific)的人文与自然属性及核心价值,表征为地方的生活方式,它必须具有代表性、吸引性与竞争性。旅游景区品牌塑造就是围绕目的地旅游地格再造地方生活方式的过程,是一个旅游景区在全球竞争中保持特色和竞争力的根本。

地格理论提出了旅游景区品牌基因的源泉,也提出了地格的自然环境、人文环境与群体性格三个测量维度。地格理论构建了旅游景区品牌基因筛选的"三力(RAC)"模型,即选择旅游景区生活方式中具有代表力(representativeness)、吸引力(attractiveness)和竞争力(competitiveness)的因素作为品牌基因,塑造旅游景区的生活方式。打造旅游景区品牌战略的过程就是找出那些源于本地、能够吸引游客、使竞争对手难以模仿的地格因子(旅游地格)作为旅游景区的品牌基因,以这些旅游地格为依托,再造地方生活方式以吸引旅游者。

除地格理论,邹统钎(2021)还提出了个性化生活方式再造理论,包括分区管理的文化隔离机制、本土化与活化的传统文化强化机制、内外文化活化机制及主客型与邻里型生活方式再造机制。

旅游景区品牌塑造过程是基于旅游地格的旅游景区生活方式再造过程。国内外的许多景区都是基于本土独特生活方式来塑造旅游景区品牌战略的例证。例如,"100% Pure New Zealand""Truly Asia""好客山东"等基于生活方式的旅游景区品牌实践就是成功的典范。独特的本土生活方式正在成为旅游景区吸引力的重要源泉。

第五节 旅游景区的管理模式分类

旅游景区管理包括三个相关方面:自然与文化资源管理、游客与旅游业管理、管理组织的管理。旅游景区管理的核心使命有两个:旅游景区资源的保护与旅游景区资源的开发。

旅游景区管理新思维融合了可持续旅游论与旅游体验论,它的核心思想是"持续的人文关怀"。持续的人文关怀的核心理念有两个:一是以人为本;二是均衡发展。以人为本强调旅游景区的开发要以人为中心,均衡发展意味着要兼顾他人及未来的发展机会。持续的人文关怀强调人的价值、人的尊严和人格完整。它要求关注旅游景区所有利益相关者的福祉:不但要关心游客,还要关心旅游景区社区居民;不仅要关注游客和社区居民的人文环境,还要关注生态环境;不仅要关注现在,还要关注未来。成功的旅游景区要为游客带来快乐的体验,为投资者带来合理的投资回报,为旅游景区社区居民带来积极的社会效应、经济效应与环境效应,为未来提供发展机会。

旅游景区管理模式分为分类管理模式与标准(型)管理模式,而分类管理模式又可细分为遗产型管理模式与剧场型管理模式,如图1-4所示。

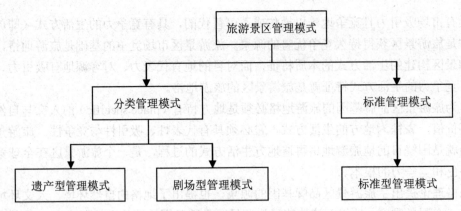

图 1-4 旅游景区管理模式分类

（1）遗产型管理模式。该模式适合国家垄断资源，如世界遗产、国家风景名胜区、国家自然保护区等旅游景区。这类旅游景区以资源保护为主要目标，严格接受政府的监管。虽然有政府适当拨款，但实际现状是景区主要依赖自身的经营收益来维持与发展，其中的关键是将竞争性业务（如餐饮、旅游、休闲等）的经营权通过拍卖、招标等方法交给能力最强的经营者，以创造更高收益，同时积极争取各种社会团体的捐赠，充分发挥旅游景区的科学教育功能。可持续发展理论是遗产型管理模式的核心指导理论。

（2）剧场型管理模式。该模式适合主题公园、旅游度假区等以经济开发为主要目的的旅游景区。这类旅游景区的核心是通过满足游客的快乐体验需求获利，因此，其成功的关键是满足游客的需求。体验经济理论是剧场型管理模式的指导理论。

（3）标准型管理模式。该模式属于统一管理方式，适合所有旅游景区，主要采用分级的管理标准，带有示范、奖励意义。

不同旅游景区不可能采取一种通用的管理模式，应该根据旅游景区的类型采用不同的管理模式，具体如表 1-5 所示。

表 1-5 旅游景区管理模式特征比较

内 容	分类管理模式		标准管理模式
	遗产型管理模式	剧场型管理模式	标准型管理模式
细分	—	—	绿色标准 等级标准 示范标准
理论指导	可持续发展理论	体验经济理论	综合标准管理理论
资源特征	垄断性资源	完全竞争性资源	任何资源
利益主体	地方居民	投资商	国民
主要功能	保护第一、科教第二、休闲第三	休闲娱乐第一	公益导向
核心目标	地格的维系与变迁	畅爽体验的塑造	高质量管理的维持
管理原则	多样性 完整性 真实性	差异性 互动性 挑战性	一致性 标准化 先进性
产品开发导向	知识性与文化性的挖掘	文化移植与创新	统一标准

续表

内容	分类管理模式		标准管理模式
	遗产型管理模式	剧场型管理模式	标准型管理模式
措施	生态补偿 自然恢复 边界隔离 分区管理 容量管理 社区参与	移植 创新	—
管理主体	政府和遗产地	企业	政府和民间组织
政府规制扶持方法	规划、拨款、监督、宣传	投资、指导、服务	指导、加盟
资金运作	资金、赞助、运营收入、特许经营	运营收入	基金、补贴或无资金运作
典型案例	世界遗产 风景名胜区 自然保护区 森林公园 文物保护单位 地质公园	主题公园 旅游度假区 一般风景区	绿色环球21 5A级旅游景区 国家级旅游度假区 全国工农业旅游示范区 国家旅游扶贫示范区

第二章　旅游景区管理前沿

> **引言**
> 以新一代人的需求特征为核心，产生了新一代的旅游景区管理体系。旅游景区管理者面临诸多挑战，旅游景区之间的竞争愈发激烈，空间聚类机制在旅游景区的发展过程中扮演着越来越重要的角色，旅游景区将承担更大的社会责任，合作共赢是未来旅游景区发展的趋势。

第一节　旅游景区概念与分类的发展

一、旅游景区概念的发展

国内外关于旅游景区的概念一直尚未统一。在国外，学术界多用旅游吸引物、游憩场所等概念开展研究。Gunn（1972）在他的著作 *Vacationscape* 中把旅游景区（tourist attraction 或 visitor attraction）定义为"愉悦的首要力量与磁石（first power and lodestone），一个地区旅游的增能器（energizer）……没有旅游景区，其他旅游服务就没必要存在"。[1] Pearce（1998）提出"规模、吸引力、管理体制、知名度、重要吸引物和商业化是定义旅游景区的重要因素"。[2] Swarbrooke（2001）讨论了旅游景区与旅游目的地的区别，他认为旅游景区通常是个体，一般具有鲜明的特征和明显的地理界线，而旅游目的地一般范围较大，由多个单一的旅游景区组成并为游客提供相关服务[3]。Hu & Wall（2005）指出，旅游景区是"自然或人工建造的一种永久性资源，旅游景区被开发和管理的主要目的是吸引游客"[4]。VisitEngland（2014）指出，一个景点收费的唯一目的就是观光游览，这个景点一定是一个永久性游览目的地，能够满足游客的兴趣、娱乐、教育和宗教等需求，而不是一个简单的零售店、体育场或者观看电影戏剧的地方[5]。Reichel & Haber（2005）提出应该建立一种能

---

[1] C A GUNN. Vacationscape: Designing Tourist Regions[J]. Bureau of Business Research, The University of Texas at Austin, Austin, Texas, 1972, 238.
[2] P PEARCE. Marketing and management trends in tourist attractions[J]. Asia Pacific Journal of Tourism Research, 1998, 3(3): 1-8.
[3] J SWARBROOKE. Key challenges for visitor attraction managers in the UK[J]. Journal of Retail & Leisure Property, 2001, 1(4): 318-336.
[4] W HU, G WALL. Environmental management, environmental image and the competitive tourist attraction[J]. Journal of Sustainable Tourism, 2008, 11(5): 617-635.
[5] VisitEngland. Visitor attraction trends in England 2013. http://www.visitengland.org/Images/VA%202013%20Trends%20in%20England-Full%20Report_FINAL%20version%20for%20publication_tcm30-42199.pdf.

够应用到实践中的机制，形成衡量旅游景区的一系列恰当的绩效指标[①]。Sharpley 等（2009）认为，旅游景区是对旅游产品和旅游经历等因素的整合，不仅仅是为了让游客参观游览，而且能够带动旅游景区周边居民的就业、收入和地区的发展[②]。

我国旅游景区概念的产生可追溯到封建社会，当时人们出于政治游说、游历休闲、商旅迁徙等需要而到达的，能够满足某种自我实现需要的场所都可被认为是原始的景区。宁志中（2020）认为，广义上，景区的本质是具有社会、经济、生态多重职能的，可供人们异地消费的不动遗产，旅游物质载体可溯源到险峻秀美的名山大川、规模浩大的皇家园林及别致风雅的私家园林[③]。国务院2006年发布的《风景名胜区条例》指出，"风景名胜区是指具有观赏、文化或者科学价值，自然景观、人文景观比较集中，环境优美，可供人们游览或者进行科学、文化活动的区域。"原国家旅游局（现国家文化和旅游部）在1999年发布《旅游区（点）质量等级的划分与评定》（GB/T 17775—1999），扩大了旅游景区的范围，由此引发对有关不同政府部门的职能重叠及其不良后果的热议。2003年，原国家旅游局修订了 GB/T 17775—1999，在新标准（GB/T 17775—2003）中将旅游景区规定为"以旅游及其相关活动为主要功能或主要功能之一的空间或地域"，具有参观游览、休闲度假、康乐健身等功能，具备相应旅游服务设施并提供相应旅游服务的独立管理区，具有统一的经营管理机构和明确的地域范围。修订后的旅游景区概念包括风景区、文博院馆、寺庙观堂、旅游度假区、自然保护区、主题公园、森林公园、地质公园、游乐园、动物园、植物园及工业、农业、经贸、科教、军事、体育、文化艺术等各类旅游景区。从旅游发展的实践来看，扩大后的旅游景区的范围更符合人们美好生活的内涵，但在行业标准、政府管理、学术研究等方面，其概念仍有待商榷。

二、旅游景区分类的发展

在旅游学科中，关于旅游景区的研究有待深入。针对旅游景区的研究最早产生于19世纪七八十年代，主要涉及其地理、规划、构成和分类等方面。

Leask（2010）认为讨论旅游景区，主要应该讨论旅游景区的永久性、主要目的、实质内容及选址等内容[④]。Pearce（1998）提出旅游景区可以根据自然环境特征、文化特征、历史特征及商业化特点进行分类[⑤]，这种分类方式深受 Galbraith（2006）的推崇，后者也利用这种方式对旅游景区进行了分类，如城堡类、园林类、宗教场所等[⑥]。Sternberg（1997）认为旅游景区可分为自然型景区、人文型景区、流行文化型景区与科幻型景区[⑦]。Swarbrooke（2001）将旅游景区分为四种类型：自然型景区（山峰、湖泊、雨林、沙滩等）、节事与活

---

① A REICHEL, S HABER. A three-sector comparison of the business performance of small tourism enterprises: an exploratory study[J]. Tourism Management, 2005, 26(5): 681-690.
② R A SHARPLEY, B FYALL, A GARROD, etc. Wanhill Managing Visitor Attractions: New Directions second ed. 2008 Butterworth Heinemann Oxford 9780750685450 364(pbk)[J]. Tourism Management, 2009, 30(1): 145-146.
③ 宁志中，王婷，崔明川. 中国旅游景区功能演变与用地分类构想[J]. 中国土地科学，2020，34（03）：58-65.
④ A LEASK. Progress in visitor attraction research: towards more effective management.[J]. Tourism Management, 2010, 31(2): 155-166.
⑤ P PEARCE. Marketing and management trends in tourist attractions[J]. Asia Pacific Journal of Tourism Research, 1998, 3(3): 1-8.
⑥ L B GALBRAITH. Scotland's Churches Scheme, 1000 Churches To Visit In Scotland[J]. Journal of Stained Glass, 2006.
⑦ E STERNBERG. The iconography of the tourism experience[J]. Annals of Tourism Research, 1997, 24(4): 951-969.

动型景区、不以旅游为目的建造的人工型景区（教堂）、人工建造的旅游型景区[①]。

我国于 1985 年正式加入《保护世界文化与自然遗产公约》（以下简称《公约》），由此世界遗产分类标准为我国旅游景区分类实践提供了重要的参考作用。依据《公约》和《实施"世界遗产公约"操作指南》（2019 年 7 月）的规定，世界遗产分为文化遗产、自然遗产、文化和自然混合遗产。《公约》指出，文化景观作为"自然与人的共同作品"，属于文化遗产范畴。1999 年，原国家旅游局在《旅游区（点）质量等级划分与评定》中将旅游景区按质量等级划分为四级，从高到低依次为 AAAA 级旅游景区、AAA 级旅游景区、AA 级旅游景区、A 级旅游景区，2003 年修订后在划分等级中新增了 AAAAA 级旅游景区，五个景区质量等级保持至今。2019 年 12 月，中国旅游景区协会实行《旅游景区分类》团体标准，依据景区规模、核心旅游吸引物、景区功能与产品、景区运营主体及其目标 4 个维度对旅游景区进行了分类，共计 44 个基本类别，相关内容在第一章已有介绍，此处不再赘述。

第二节　新一代人的市场需求

Y 代人与 Z 代人在数量和价值观上足以代表各自独特的市场，他们在当下对社会经济的影响力越来越大，因此需要旅游景区管理者对他们的需求予以关注并应用于旅游景区的开发变革。

一、X、Y、Z 三代人的界定

X、Y、Z 三世代是来自于欧美国家的流行用语，每个世代分别持续 15 年，每个世代人群的消费特征各有不同。

X 世代（Generation X，又称 Gen X，1965—1980 年出生）即婴儿潮（1945—1965 年）之后出生的那一批人，这批人的成长环境与其父辈大相径庭。X 在数学运算中代表未知变量，在 X 世代的语义里则代表着这代人对生活的迷茫与期待。

Y 世代（Generation Y，1980—1995 年出生）即 X 世代往后顺延 15 年期间出生的人群，这代人被称为"千禧一代"；因这一代人的生育率再次大幅回升，故又被称为"回声潮世代（echo boomers）"。在我国，Y 世代通常指"80 后"。这批人是第一批接触互联网的人，科技变革使 Y 代人产生与其前辈不同的生活态度与价值观[②]。

Z 代人（Generation Z，1995—2010 年出生），按照时间的维度来看，就是社会讨论中常见的"95 后""00 后"。这代人与互联网等新型信息技术共同成长，被称为"互联网的原住民"。这代人更加追求个性和体验。随着时代发展，Z 代人已经开始成为影响当下社会经济发展的重要群体。

[①] J SWARBROOKE. Key challenges for visitor attraction managers in the UK[J]. Journal of Retail & Leisure Property, 2001, 1(4): 318-336.

[②] B R KUPPERSCHMIDT. Multigeneration employees: strategies for effective management[J]. Health Care Manager, 2000, 19(1): 65-76.

二、X、Y、Z 三代人的特征

（一）X 代人的特征

X 代人由于家庭、社会中充满了不安定的因素，故对于旧观念持怀疑的态度，有深刻的生存危机意识。他们不喜欢受到约束，比较独立自主，不喜欢依靠别人；具有极强的主观意志，知道自己想要什么；崇尚"消费至上"，已经积累了一定的经济基础，因此不会特别在乎费用的高低，通常是喜欢什么就买什么。

（二）Y 代人的特征

1. 一般特征

在消费上，Y 代人追求自由消费、即时满足、体验而非交易，注重娱乐，看重品牌美誉度，忠诚度有限。在体验上，他们喜欢参与和共同创造，关注前、中、后完整的游览体验，注重服务场景，追求极限、享乐、可逃避现实的体验，寻求幻想满足和感官刺激，同时希望获得多种体验，以满足其独特的细分需求。在采用和利用数字媒体方面，Y 代人受信息通信技术和社交媒体的影响产生数字化移情、网络沉迷、广泛应用社交媒体、以技术为中心的生活方式。Y 代人对文化多样性和社会问题持乐观态度，这在一定程度上是源于他们的受教育程度较高。

2. 消费特征

Y 代人在旅行消费上有更多的可自由支配收入。Nusair 等的研究表明，2010 年，全球 Y 代人的旅行消费约为 1360 亿美元，而消费额大约是 2000 亿美元[①]。相比于 X 代人喜欢储蓄、注重旅游基础性消费而言，Y 代人倾向于悦己型消费，追求即时满足。Y 代人喜欢将收入花在个人服务、商品和经历上，将旅游消费体验升级，而不是储蓄起来。对于 Y 代人来说，消费的性价比必须很高，他们追求便宜或者物有所值；对商品或服务的质量有相对较高的要求；对服务的要求是要更加快捷；希望消费能够同时满足以上这些需求。

（三）Z 代人的特征

Z 代人是非常有个性、有思想的一代人。他们有强烈的自我意识，乐于积极地表达自己的见解。相比于 Y 代人，他们更推崇科技的应用，更加善于利用网络，会花费很多的时间在计算机或者移动设备上，能够充分地利用现有的平台来展示自己。Z 代人推崇一种"娱乐至上"的观念，更加注重娱乐消费，追求前沿的新潮的消费体验，懂得如何取悦自己。

三、X、Y、Z 三代人对旅游景区的要求

目前，X 代人已进入中老年阶段，他们具有较高的可自由支配收入并且有较多的闲暇

---

① NUSAIR KHALDOON, A BILGIHAN, OKUMUS, etc. Generation y travelers' commitment to online social network websites[J]. Tourism Management, 2013, 35, 13-22.

时间，其旅游目的以观光度假为主，山水风光、文物古迹、民俗文化是对他们最具有吸引力的旅游吸引物（张艳亲等，2013）[1]。但是，单纯的观光度假并不能满足他们的需求，旅游景区可以适当地结合寻根游、探亲游、红色旅游等主题开展活动，吸引这一代人。目前，针对中老年旅游市场的旅游景区很少并且旅游景区当中的相关旅游设施也不够完善，总体来说，真正属于中老年的旅游产品很少。旅游景区应当有针对性地提供中老年旅游产品，要符合中老年人的生理和心理特点。另外，由于这一代人在健康方面不如年轻一代，因此旅游景区的医疗设施一定要完备。

相比 X 代人，Y 代人更追求难以忘怀的体验性经历，他们在参观时更喜欢"少听多做"（Benckendorff 等，2010）[2]，而且 Y 代人希望旅游景区能把他们当作目标群体，让他们能够频繁地参与旅游景区的活动。因此，旅游景区在保持原真性的同时，要提供不同类型的活动来满足 Y 代人经常参与活动和经历的欲望，在冒险感、趣味性和放松之间寻找平衡点。对于 Y 代人来说，他们需要更低的价格和具有吸引力的环境，环境中必须有很多的可供选择的娱乐设施（Kim 等，2005）[3]。因此，旅游景区需要为 Y 代人提供以娱乐为本的经历，提供值得参与的活动，延长开放时间，展示地方特色、给游客创造更多与亲人和朋友一起游玩的机会。

目前，随着 Y 代人正式步入社会，旅游景区也在原有旅游景区管理体系的基础上对 Y 代人的核心特点、消费观念和经验特征进行了研究，开发了针对 Y 代人的旅游景区管理体系。

伴随移动互联网长大的 Z 代人接棒千禧一代成为全球最大的消费群体，并潜移默化地引领着我国市场的消费习惯及未来。随着 Z 世代势力的崛起，社交媒体发挥出了巨大的潜能，旅游类内容的互动指数在社交媒体中位居前列，紧跟时尚美妆、健身版块。同时，Z 世代的旅行方式和消费偏好也与上一代旅行者有着很多不同之处，相比前往热门目的地和知名景点，他们更喜欢个性化、小众化的旅游目的地，兴趣是他们旅行的最大动因。此外，他们对数字科技的应用有所期待，渴望沉浸式的参与和体验机会。因此，旅游景区要紧跟他们的喜好，专注于增强互动性，开展个性化、定制化服务和内容，如此才能在下一轮竞争中抢占先机。

第三节　旅游景区管理者面临的挑战

随着竞争的加剧，旅游景区管理者面临的挑战也在增多，John Swarbrooke、Watson 和 McCracken 比较系统地对各种挑战进行了整理；而在我国旅游景区管理中，旅游危机处理、都市开放式旅游景区、自媒体营销等成为旅游景区管理者面临的新挑战，这些挑战无疑对管理者的技能提出了新的要求，包括法律、伦理认知和员工管理等方面。

---

[1] 张艳亲，刘奇. 老年人出游习惯及出游目的区域差异浅析——以浙江省、河南省、四川省为例[J]. 北方经济，2013，44-46.
[2] P BENCKENDORFF, G MOSCARDO, P BENCKENDORFF, etc. Understanding generation-y tourists: managing the risk and change associated with a new emerging market[J]. Tourism & Generation Y, 2010, 38-46.
[3] E Y KIM, Y K KIM. The effects of ethnicity and gender on teens' mall shopping motivations[J]. Clothing & Textiles Research Journal, 2005, 23(2): 65-77.

一、中外旅游景区管理者面临的挑战

John Swarbrooke（2001）对旅游景区管理者面临的挑战做过以下总结：竞争日益加剧；"不公平"竞争；员工流失严重；旅游景区规划不合理；不能满足有特殊需求的游客；旅游景区的产品质量不能使消费者满意；缺乏新技术应用；媒体关系处理不当；缺少"惊艳元素"和独特的卖点等[1]。

此外，Leask A（2010）通过文献回顾归纳出了影响旅游景区管理的 12 个主要挑战[2]：① 在总需求下降和季节性需求存在的前提下增加的供给；② 休闲消费竞争的加剧和休闲行为的改变；③ 缺乏对无形服务的体验的相关性研究；④ 缺乏精确的市场和管理数据来支持决策；⑤ 旅游景区行业在地理和竞争力方面具有分散的特性；⑥ 公共资金的减少和产品价值与多样性增加的需要；⑦ 行业内资金、准入费用和支持的不平衡；⑧ 管理重点的改变和协调管理者管理过程中的价值观和意识形态的需要；⑨ 低效管理遗留下来的员工技能和管理不足；⑩ 众多的利益相关者和冲突方；⑪ 资源保护与真实性的矛盾；⑫ 个别资源保护的需要。

对我国的旅游景区管理者而言，除上述内容外，还存在一些其他挑战，如旅游危机处理不当、都市开放式旅游景区管理欠缺、自媒体营销不善等。

二、对管理者能力的要求

Watson & McCracken（2002）提出，为适应旅游景区复杂多变的经营环境，更好地应对挑战，管理者需要提高外部感知能力，更具开放性和适应性。他们通过从样本景点的管理者观点中提取出普遍认同的技能和能力发现，战略管理在管理者的认知中并没有那么重要，而法律和伦理感受到普遍重视，二者同时提炼出旅游景区管理者应具备的 11 个核心技能：① 与相关法律保持同步；② 为游客提供安全、舒适的环境；③ 理解顾客需求；④ 懂得如何领导员工；⑤ 培训和发展员工；⑥ 在组织成员之间建立信任；⑦ 对旅游景区怀有热情并承担责任；⑧ 满足顾客需求；⑨ 激励和吸引员工；⑩ 有效沟通；⑪ 诚信经营[3]。

第四节 旅游景区管理理论的演进

一、旅游景区管理的主要内容

旅游景区管理的主要内容包括游客管理、资源管理、产品管理和景点管理四个方面[4][5]。

---

[1] J SWARBROOKE. Key challenges for visitor attraction managers in the UK[J]. Journal of Retail & Leisure Property, 2001, 1(4): 318-336.

[2] A LEASK. Progress in visitor attraction research: Towards more effective management[J]. Tourism Management, 2010, 31(2): 155-166.

[3] S WATSON, M MCCRACKEN. No attraction in strategic thinking: Perceptions on current and future skills needs for visitor attraction managers[J]. International Journal of Tourism Research, 2002, 4(5): 367-378.

[4] J CONNELL, S J PAGE. Visitor attractions. Chapter in Page, S. Tourism management e Managing for change[M]. Oxford: Butterworth Heinemann, 2009.

[5] J SWARBROOKE. Key challenges for visitor attraction managers in the UK[J]. Journal of Retail & Leisure Property, 2001, 1(4): 318-336.

（一）游客管理

国外关于景区游客管理理论的研究与实践起步于 20 世纪 60 年代的"游憩承载力"（recreation carrying capacity，RCC）研究，其背景为西方国家公园游客量剧增而造成环境冲击。而后相继提出的可接受的改变极限（limits of acceptable change，LAC）、游憩机会谱系（recreation opportunity spectrum，ROS）、游客活动管理程序（visitor activity management process，VAMP）、旅游管理最佳模型（tourism optimization management model，TOMM）和游客体验与资源保护（visitor experience & resource protection，VERP）等管理框架体系模型完成了由过去的"以管理人员为中心"向"以游客为中心"的旅游景区管理中心的转移，旅游景区开始关注游客的多样性需求和体验。

国内关于游客管理的研究起步较晚，较早的研究内容是旅游容量及游客影响，始于 20 世纪 90 年代末；随后，部分学者开始将国外的 LAC、VERP 等游客管理框架引入我国，使游客管理的方法和手段成为研究的重点。马勇（2006）将景区的游客管理分为狭义和广义两类。狭义的景区游客管理是指通过各种手段对旅游景区中游客的行为进行控制，使其不造成对自身和他人的负面影响，从而维护景区秩序。广义的景区游客管理除了对游客行为的控制之外，还包括对游客安全的监督及对景区资源的保护等内容[①]。游客管理的任务和核心就是平衡旅游目的地的休闲游憩功能和生态完整性。其主要作用就是从管理、调控的角度出发，提高游客体验质量，实现旅游资源的永续利用和旅游目的地经济效益的最大化。

（二）资源管理

旅游资源是旅游景区创造游客体验的基础，旅游资源管理有利于促进旅游资源的合理开发和充分利用及旅游业的进一步发展。西方发达国家对旅游资源的管理意识产生于 19 世纪 70 年代对美国国家公园的建设和管理。20 世纪 60 年代，John Krutilla（1967）在《美国经济评论》上发表了《自然保护的再认识》，提出了"舒适性资源的经济价值理论"，他认为基于科学研究、生物多样性保护和不确定性等原因，需要对一些稀有的、珍奇的景观和生态等舒适性资源进行保护，在可再生限度内严格地控制使用。1972 年，联合国教育、科学及文化组织（简称为"联合国教科文组织"）在法国巴黎通过了《保护世界文化和自然遗产公约》，又称《世界遗产公约》，此后，世界遗产作为具有"突出意义和普遍价值"的文化与自然资源，其保护与管理理念在世界各国的旅游资源管理中得到了研究和推广。

国内学界对旅游资源管理的讨论兴起于 20 世纪 90 年代以后，研究主要围绕如下三个领域展开。

（1）旅游资源的产权管理。刘旺等（2002）总结并分析了我国现有旅游资源产权制度的三大基本特征：第一，旅游资源的所有权主体只有国家；第二，政府代表国家支配旅游资源，即旅游资源的行政管理代替旅游资源的产权管理；第三，旅游资源管理部门被分割，造成资源低效利用[②]。钟勉（2002）从理论上对旅游资源所有权与经营权"相分离"做出了界定，并指出"不可分离"的理论已远远落后于改革与发展实践[③]。而后，杨晓霞（2004）

---

① 马勇，李玺. 旅游景区管理[M]. 北京：中国旅游出版社，2006.
② 刘旺，张文忠. 对构建旅游资源产权制度的探讨[J]. 旅游学刊，2002（04）：27-29.
③ 钟勉. 试论旅游资源所有权与经营权相分离[J]. 旅游学刊，2002（04）：23-26.

按"国家所有、分级管理、授权经营、分工监督"的原则,提出旅游资源管理应实行所有权、管理权和经营权"三权"分离模式[①]。

(2)旅游资源的保护管理。田玲等(1998)指出,传统发展经济观和现代发展经济观会产生两种截然不同的旅游资源保护态度[②]。刘振礼(2005)指出,必须加强世界遗产保护,但同时应注重其利用,"禁止入内"不利于保护[③]。梁文婷(2010)提出,我国在立法模式选择上及保护旅游资源的原则和制度设计上必须以可持续发展理念为指导,充分贯彻旅游资源保护优先原则,平衡旅游资源保护与经济发展的关系[④]。

(3)旅游资源的开发管理。曹诗图等(2003)剖析了当今旅游开发中忽视文化的误区并阐明了"文化是旅游开发的灵魂"的重要观点[⑤]。郑耀星等(2007)指出,景区资源的开发必然要转向以旅游体验为中心[⑥]。

综上所述,国内外学者都十分重视对旅游资源管理的研究,从多方面研究了旅游资源管理的必要性和可能性。旅游资源开发是旅游业发展的前提,只有实现了旅游资源的有效管理,才能有力地保障旅游景区的可持续性发展。

(三)产品管理

旅游产品是一个复合概念,至今还没有统一定义。Medilk & Middleton(1973)最早将旅游产品定义为构成游客全部旅游体验的一系列活动、服务和利益并提出旅游产品分组模型,即旅游产品包括目的地景点、目的地设施、可达性、形象和价格。而后,Smith S.(1994)认为,旅游产品定义的核心在于旅游产品是旅游企业与游客互动的结果,旅游企业提供给游客的旅游体验是最终产品,该定义引发诸多争议:首先,随着学者对景区产品的研究逐渐深入,学界普遍明确旅游景区是旅游产品的生产单位和生产场所,旅游产品不同于旅游资源、旅游商品、旅游纪念品。林南枝、陶汉军(2000)[⑦]认为,"旅游产品是旅游经营者凭借旅游吸引物、交通和旅游设施向旅游者提供的,用以满足其旅游活动需求的全部服务"。基于经济学角度,谢彦君(2004)[⑧]认为,旅游产品是在旅游场景下为进行交换而生产出来的物品或服务并存在资源依托型和资源脱离型两种类型。其次,旅游产品不能等同于旅游体验。从制造业角度来说,企业所生产的与旅游所消费的均为物质产品,但旅游者消费旅游产品是为了获得该产品的使用价值,不仅包括上述学者所说的体验,还应包括产品功能(罗浩等,2019)[⑨]。

景区产品是旅游产品的重要组成部分。关于景区产品的经济属性,学界普遍从公共产品理论视角出发,按照排他性和竞争性的标准把景区产品分为纯公共产品和准公共产品(彭德成,2003;唐凌,2005)[⑩]。因为在景区旅游活动中并不发生消费对象物的所有权转移,

---

① 杨晓霞. 我国旅游资源产权问题探析[J]. 经济地理, 2004(03): 419-422.
② 田玲, 齐子鹏. 论当前对旅游资源保护认识的几个问题[J]. 旅游学刊, 1998(03): 3-5.
③ 刘振礼. 世界遗产保护若干问题思辨[J]. 旅游学刊, 2005(06): 26-29.
④ 梁文婷. 可持续发展理念下旅游资源立法问题研究[J]. 中国人口·资源与环境, 2010, 20(05): 158-163.
⑤ 曹诗图, 袁本华. 论文化与旅游开发[J]. 经济地理, 2003(03): 405-408+413.
⑥ 郑耀星, 周富广. 体验导向型景区开发模式:一种新的旅游开发思路[J]. 人文地理, 2007(06): 16-20+89.
⑦ 林南枝, 陶汉军. 旅游经济学[M]. 天津: 南开大学出版社, 2000: 29-30.
⑧ 谢彦君. 基础旅游学[M]. 北京: 中国旅游出版社, 2004: 107.
⑨ 罗浩, 冯润. 论旅游景区、旅游产品、旅游资源及若干相关概念的经济性质[J]. 旅游学刊, 2019, 34(11): 116-123.
⑩ 唐凌. 对旅游景区产品性质的重新界定[J]. 统计与决策, 2005(19): 161-162.

所以旅游景区（点）向旅游者提供产品是共享使用权（郭淳凡等，2005）[①]。对于不收费的遗产型景区，当景区的载客量不影响旅游者正常消费景区产品时，该景区产品即同时具有非排他性和非竞争性时，该产品属于纯公共产品。但为保持景区的可持续发展，收取门票往往作为景区重要的产品管理手段，增加了景区的排他性。因此，收费且拥挤的景区、收费但不拥挤的景区和免费且拥挤的景区为准公共产品（崔凤军等，2008）[②]。

旅游景区产品管理的研究主要包括产品开发、收益管理、市场营销等方面。开发多样的产品被认为是增加旅游景区收入、提高旅游景区竞争力、鼓励顾客重游和维持顾客忠诚度的工具，优化景区产品的体验性设计被认为是增强旅游景区产品管理的有效手段。学者认为，景区产品的体验性设计应该把握以下步骤：① 提炼主题与设计体验线索；② 设计场景和营造体验氛围；③ 策划活动和设计体验过程；④ 塑造意象和体验意象（吴文智等，2003）[③]。收取门票是景区产品收益管理最常用的手段，收入的增加可以促进遗产保护，提升旅游景区的质量（Heo等，2009；Leask等，2013）[④⑤]。差别定价策略作为增收的一种手段被认为阻碍了社会整合和参与，而相关研究也指出，遗产地应采用免门票策略，因为游客带来的间接收入超过了门票收入（Ahebwa等，2012；Schwartz等，2012）[⑥⑦]。同时，旅游景区产品可通过建立品牌、策划活动等营销手段来提升吸引力，使用感官体验、文化符号、情感联系等方式增强旅游者对景区的依恋，优化产品的生命周期。

（四）景点管理

景点管理涉及利益相关者、员工、交通、技术影响等多个方面。对于景点管理的研究主要集中在利益相关者方面。利益相关者在价值观、兴趣、期望、优先项选择上的不同是导致其发生冲突的根源，而这种冲突给旅游景区的管理和保护带来重大的挑战，尤其是对于遗产型景区。在所有景点管理问题中，人力资源管理是最重要的一个方面，因为这一方面是保障景点服务质量和游客满意度的关键。与其他产业相比，旅游景点对短期雇员有更强的依赖性。Milman（2003）研究了中小型旅游景点钟点工（hourly employee）的流动问题，结果发现在短期雇员的心目中，内心的满足和良好的工作条件比经济收入更重要[⑧]。另外，旅游景区作为目的地发展的最重要的驱动力之一，缺少来自目的地层面的支持和认可，因此未来应注重关于旅游景区在目的地中的作用的研究，以指导目的地层面的政策制定。此外，标杆管理可以通过树立杰出典型来指导旅游景区实践，在提供标准的同时促进行业

---

① 郭淳凡，李定安. 基于公共产品理论的资源类景区产品经济属性研究[J]. 财贸经济，2007（S1）：119-122+129.
② 崔凤军，杨娇. 公共资源类旅游景区产品性质界定的再思考——公共经济学视角[J]. 旅游论坛，2008（05）：162-165.
③ 吴文智，庄志民. 体验经济时代下旅游产品的设计与创新——以古村落旅游产品体验化开发为例[J]. 旅游学刊，2003（06）：66-70.
④ C Y HEO, S LEE. Application of revenue management practices to the theme park industry[J]. International Journal of Hospitality Management, 2009, 28(3): 446-453.
⑤ A LEASK, A FYALL, B GARROD. Managing revenue in scottish visitor attractions[J]. Current Issuesin Tourism, 2013, 16(3): 240-265.
⑥ W M AHEBWA, R V D DUIM, C SANDBROOK. Tourism revenue sharing policy at bwindi impenetrable national park, Uganda: a policy arrangements approach[J]. Journal of Sustainable Tourism, 2012, 20(3): 377-394.
⑦ Z SCHWARTZ, W STEWART, E A BACKLUND. Visitation at capacity-constrained tourism destinations: exploring revenue management at a national park[J]. Tourism Management, 2012, 33(3): 500-508.
⑧ A MILMAN. Hourly employee retention in small and medium attractions: the central florida example[J]. Hospitality Management, 2003, 22: 17-35.

竞争。树立标杆是对一个旅游景区的持续评价过程，通过相关研究确定标杆旅游景区的绩效指标对未来旅游景区管理十分重要。

二、旅游景区管理体系

旅游景区管理的影响因素可分为决定因素（determining factors，DFs）、有效性度量（measures of effectiveness，MEs）和管理工具（management tools，MTs）(Leask，2010)[①]。

（一）决定因素

决定因素即影响和决定管理方法的因素，包括竞争环境、所有制范畴、吸引物类型、游客特征和行为、年营业额（annual turnover）、管理和员工技能、产品开发机遇、利益相关者的范围（range of stakeholders）以及资源特质。

（二）有效性度量

有效性度量指利益相关者设定的各类评估指标，包括游客价值、游客数量、游客满意和体验、创收或收支平衡点、教育目标、社区目标、投资者目标、资源禀赋和原真性以及部门认可。

（三）管理工具

管理工具是旅游景区采取的管理方法，包括游客活动信息搜集、游客行为管理、员工和管理技能培训、公私合作、专业的游客管理工具开发、个体认同和竞争优势、标杆学习、旅游景区内外的合作、产品多样性和新产品开发。

Leask（2010）以决定因素、有效性度量和管理工具为基础，结合Y一代的核心特征、消费特征和体验特征，分析信息技术和社交媒体的影响，确定旅游景区管理研究方向，形成了新一代旅游景区管理体系（见图2-1）。

三、旅游景区管理思维

（一）旅游景区可持续发展

景区发展对目的地的经济增长有巨大的促进作用，但其日益扩大的影响力也导致了一系列问题。学术界对景区发展的负面影响的关注可以追溯到20世纪60年代时关于承载力（carrying capacity）的研究，反映出当时人们对经济和人口发展影响的担忧。承载力的概念为研究景区负面影响提供了重要的理论基础，但经过多年的发展，承载力理论在实践中出现了诸多问题（O'Reilly，1986；Wall，1982）[②][③]。1987年，布伦特兰委员会（Brundtland Commission）发布报告 *Our Common Future*[④]，提出将可持续概念作为环境管理思想。自此，

---

① A LEASK. Progress in visitor attraction research: towards more effective management[J]. Tourism Management, 2010, 31(2): 155-166.
② A M O'REILLY. Tourism carrying capacity: Concept and issues[J]. Tourism Management,1986,7(4).
③ G WALL. Cycles and Capacity: Incipient Theory of Conceptual Contradiction?[J]. Tourism Management, 1982, 3(3): 188-192.
④ WCED. Our Common Future[M]. Oxford: Oxford University Press, 1987.

可持续概念开始应用于旅游业,以指导景区发展(Bill 等,1993)[1],并在实践中逐渐取代承载力概念。上述报告将可持续发展定义为既满足当代人的需要又不危及后代人满足其自身需要的能力的进程。1995 年,联合国教科文组织、联合国环境规划署和世界旅游组织在"世界旅游可持续发展"会议上通过《旅游可持续发展宪章》和《旅游可持续发展行动计划》,确定了可持续发展模式在旅游业中的主导地位。世界旅游组织将旅游可持续发展定义为既要能满足当前旅游目的地与旅游者的需要,又要能满足未来旅游目的地与旅游者的需要(1998)[2]。根据该定义,景区可持续发展强调景区发展的需求和资源的可持续利用(Anne 等,2002)[3]。可持续性取决于三个综合因素——生态、社会文化和经济,同时需要遵循三个基本原则——未来主义、公平主义和整体主义(Jarkko Saarinen,2006)[4]。同时持续理论应用于景区管理的目的在于:① 增进人们对旅游带来的经济效应和环境效应的理解;② 促进旅游的公平发展;③ 改善景区社区居民的生活质量;④ 为旅游者提供高品质的旅游产品;⑤ 保护未来景区开发赖以存在的资源和环境质量(戴学军等,2002)[5]。

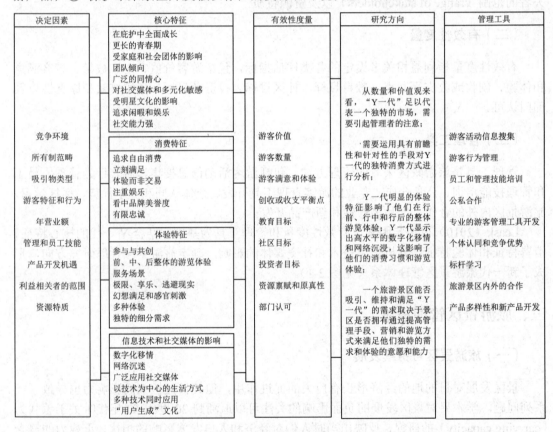

图 2-1 旅游景区管理体系

---

① BRAMWELL BILL, LANE BERNARD. Sustainable tourism: An evolving global approach[J]. Journal of Sustainable Tourism, 1993, 1(1).
② World Tourism Organization(WTO). Guide for Local Authorities on Developing Sustainable Tourism[M]. Madrid: World Tourism Organization, 1998.
③ HARDY ANNE, BEETON ROBERT J S, PEARSON LEONIE. Sustainable Tourism: An Overview of the Concept and its Position in Relation to Conceptualisations of Tourism[J]. Journal of Sustainable Tourism, 2002, 10(6).
④ SAARINEN JARKKO. Traditions of sustainability in tourism studies[J]. Annals of Tourism Research, 2006, 33(4).
⑤ 戴学军,丁登山,林辰. 可持续旅游下旅游环境容量的量测问题探讨[J]. 人文地理,2002(06):32-36.

随着旅游景区的快速发展，大量游客到访、商业经济的发展、资源的过量使用等因素给目的地的环境和未来造成负面影响。一些学者批评可持续理论具有模糊性、缺乏指导实践的可操作性（Garro 等，1998；Richard，2000）[1][2]。有学者将传统的可持续旅游研究划分为三类：第一类是以资源为基础，保护目的地的自然和文化资源不受破坏；第二类是以活动为基础，通过协调产业对发展的资源需求，维持旅游经济的发展；第三类是以社区为基础，强调各利益相关者的广泛参与和赋权（Jarkko Saarinen，2006）[3]。景区可持续性需求的增加是认识与关注旅游业影响和一般环境问题的结果（Holden，2003）[4]，可持续理论在景区的深入催生了新的旅游形式或管理办法，如生态旅游、低碳旅游等。生态旅游强调对自然景观的保护，是可持续旅游的一种重要实践形式。景区积极利用科学技术，探索出了提高旅游可持续发展的效率的办法，如清洁生产（Kian，2001；Fitzgerald，2003）[5][6]、可再生能源（Evanthie，2009）[7]、旅游生态足迹（Colin，2002）[8]、生态银行（崔莉等，2019）[9]等。2015 年，联合国可持续发展目标峰会提出 2030 年需要完成的 17 个可持续发展新目标。旅游业将从社会、经济和环境等维度助力解决全球可持续发展问题，而景区可持续管理方法仍有待探索。

（二）旅游景区集群竞争与区位

旅游景区集群之间竞争的核心在于游客对于旅游景区的选择意愿，影响游客选择意愿的关键在于旅游景区如何影响旅游者在景区内的时间和金钱分配。

现在，人们对旅游景区的研究越来越多地关注于旅游景区空间竞争机制（Adi Weidenfeild 等，2014）[10]。各旅游景区集群的竞争水平与集群内景点的聚集程度密切相关，集群内景点的聚集程度越高，旅游集群呈现出的竞争水平越高。与此同时，旅游景区集群内部各独立旅游景区的竞争水平与集群的竞争水平呈现出正相关的关系，旅游景区集群的竞争水平越高，其内部各独立旅游景区的竞争水平越高。由于各景点之间的距离较近，主题具有相似性，为保持稳定的客源增长，各旅游景区必须时刻关注自身的产品，不断地进行创新，通过细分市场、网上营销等方式保持自己的竞争优势。这也从侧面说明地理位置较为独立的旅游景区产生"骄傲心理"的根源在于其与其他旅游景区的空间距离较远。

旅游景区竞争优势的核心在于产品的区位，这在旅游景区集群中体现得尤为明显。处

---

[1] GARROD BRIAN, FYALL ALAN. Beyond the rhetoric of sustainable tourism?[J]. Tourism Management, 1998, 19(3).
[2] RICHARD SHARPLEY. Tourism and Sustainable Development: Exploring the Theoretical Divide[J]. Journal of Sustainable Tourism, 2000, 8(1).
[3] JARKKO SAARINEN. Traditions of sustainability in tourism studies[J]. Annals of Tourism Research, 2006, 33(4).
[4] HOLDEN ANDREW. In need of new environmental ethics for tourism?[J]. Annals of Tourism Research, 2003, 30(1).
[5] LEE KIAN FOH. Sustainable tourism destinations: the importance of cleaner production[J]. Journal of Cleaner Production, 2001, 9(4).
[6] FITZGERALD YAW. Cleaner technologies for sustainable tourism: Caribbean case studies[J]. Journal of Cleaner Production, 2003, 13(2).
[7] EVANTHIE MICHALENA, JEREMY HILLS, JEAN-PAUL AMAT. Developing sustainable tourism, using a multicriteria analysis on renewable energy in Mediterranean Islands[J]. Energy for Sustainable Development, 2009, 13(2).
[8] HUNTER COLIN. Sustainable Tourism and the Touristic Ecological Footprint[J]. Environment, Development and Sustainability, 2002, 4(1).
[9] 崔莉，厉新建，程哲. 自然资源资本化实现机制研究——以南平市"生态银行"为例[J]. 管理世界，2019，35（09）：95-100.
[10] WEIDENFELD ADI, M WILLIAMS ALLAN, W BUTLER RICHARD. Spatial competition and agglomeration: the visitor attraction sector[J]. The Service Industries Journal, 2014, 34(3): 175-195.

于旅游景区集群边缘及外围的旅游景区倾向于采用激进的竞争策略，包括细分客源市场，细分产品以提高产品的可辨识度，增强旅游景区的发展协同增效效应，保持对市场以及产品的敏感度等。还有一些旅游景区选择迁移景点，开发如清洁的环境与风景等新的区位属性。与此相反，处于旅游景区集群中心的旅游景区倾向于采用较为保守的竞争策略，如改变定价或者与类似的景点进行合作，这样的策略不刻意强调对客源市场的细分，对于周边的景点不会构成直接的威胁。

经济的快速发展带动了各产业要素的繁荣，以主题公园为代表的旅游景区早已突破发展单一主题要素的局面，转为将大型综合性主题旅游景区作为核心，涵盖旅游景区、酒店、购物、演艺等多种业态，依靠原有品牌影响力加强对新产品的传播，丰富产业链，通过各要素功能上的差异定位优势互补，实现旅游景区的规模经济效益，从而使得旅游景区竞争优势得到进一步增强。

（三）旅游景区的社会责任

随着社会思想的发展与进步，人们对于旅游景区的需求已不仅仅局限于关注旅游景区的资源本体，而是越来越关注旅游景区与社会发展、个人发展之间的联系，游客对于旅游景区的认可已从资源本身价值属性扩大到旅游景区所承担的社会责任。海南三亚南山旅游景区在全国旅游景区中首开环境管理与保护的先河，它转变了传统市场对于资源本体的依赖性，抓住了市场对于生态环境需求增长的契机，形成了对生态环境负责任的主体意识，通过加强旅游景区的环境质量来打造具有生态特征的旅游景区，以此抢占市场先机。旅游景区运营中的环境策略的实质在于充分调动政府、游客及投资者这三大主体的积极性，在主体对于生态环境保护的相互协作中提升旅游景区的发展效益，从而达到多方共赢的目的（Wei，2005）[1]。在当前我国旅游景区实践中，景区发展与社区发展不协调问题普遍存在，"孤岛现象"在旅游景区中日益凸显，景区和社区的差异越来越大，景区和社区的矛盾不断激化。景区孤岛将导致景区与社区之间存在经济关系上的割裂性、社会文化上的挤出性和景观生态上的破碎性等问题（田里等，2016）[2]。社区是影响周边旅游景区成功运营的关键因素，社区作为旅游资源的拥有者与守护者，是促进旅游景区持续发展的重要推动力，其支持能提高旅游景区的发展效率，这就要求旅游景区要与社区居民建立良好的信用关系，做社区居民意志的代表。

同时，旅游景区内部的分工合作呈现出越来越细化的发展趋势，越来越多的外部力量参与到旅游景区的运营之中，通过内部与外部的协作与统一，可共同提升旅游景区的影响力。在未来的旅游景区管理中，应该更多地关注其所带来的社会效益，将旅游景区的发展上升到对于区域发展产生影响的层面进行设计，通过相关主体之间的相互协调与合作提升旅游景区的整体竞争力。

（四）旅游景区的产业融合

旅游业是具有高度综合性的产业，其因边界模糊、与其他产业联动性强等特性，具有

---

[1] HU WEI, WALL GEOFFREY. Environmental management, environmental image and the competitive tourist attraction[J]. Journal of Sustainable Tourism, 2005, 13(6): 617-635.
[2] 田里，钟晖，杨懿. 旅游景区孤岛效应理论研究[J]. 思想战线，2016，42（04）：149-152.

产业融合的必然性（徐虹等，2008）[①]。产业融合始于技术领域，Rosenberg（1963）[②]认为不同产业使用同一技术，使产业要素相互渗透，导致产业融合的发生；Sai等人（2008）[③]认为技术在不同产业场景下实现了应用创新，扩大了产业的基础而导致了产业融合。旅游景区的产业融合通过景区发展要素与其他相关产业要素的相互交叉、相互渗透，使景区能够提供新业态产品，丰富游客体验，增强景区发展动能，如景区演艺、文化创意、虚拟现实体验等产品形式。景区产业融合不仅能够丰富景区行业的内涵和外延，优化游客体验，还能为其他产业发展提供物理空间、创意空间和市场空间（李美云，2008）[④]。

随着市场需求变化与技术迭代，我国旅游景区市场的产业融合正持续推进。2018年3月，应机构改革需要，我国政府成立了国家文化和旅游部，使得文化和旅游融合迎来发展高峰。时任文化和旅游部部长雒树刚在"2018旅游集团发展论坛"上提出"宜融则融，能融尽融，以文促旅，以旅彰文"的工作思路，使各地景区的文化和旅游融合发展路径逐渐清晰。各产业与旅游景区产业的融合主要有资源融合、技术融合、市场融合和功能融合四条路径（麻学锋等，2010）[⑤]。

（五）基于旅游地格的景区品牌

旅游目的地的竞争已经从简单的资源和产品竞争转向品牌竞争（Dwyer，2003；Usakli等，2011）[⑥⑦]。景区品牌构建是通过筛选一系列品牌要素，使景区与竞争地区分开来的过程，因其依赖于游客的复杂决策过程而具有挑战性（Cai，2002）[⑧]。旅游规划者及旅游开发者在旅游开发中忽视了旅游目的地的灵魂——旅游地格，许多旅游景观从一个地方被"复制""粘贴"到另一个地方，产生了很多没有特色的旅游目的地或旅游景区品牌。

地格（placeality）就是一个地方长期积累形成的生活方式的综合特征，它的载体包括标志物（marks）、环境（environment）、仪式（rites）与氛围（atmosphere）。地格基础论认为，游客去往旅游景区是因为旅游景区能够提供代表地方、不同于对手、令游客向往的另类生活方式。旅游景区建设的核心是形成差异，构建有别于竞争对手及客源地的生活方式，而这种差异化的生活方式必须根植于地方，同时又要是游客期望的、有别于客源地游客日常生活的，是竞争对手难以模仿的和无法替代的。

基于地格的旅游景区品牌建设过程应该包括以下步骤：第一步，提炼地格本质，即地方生活方式的本质特征，通过核心要素与文化符号来标识旅游景区品牌。第二步，"桥接"目的地景区与客源地之间游客的地方依恋，既要满足"逃离到异地的主张"，又要促生真实的情感联系。第三步，在地格的基础上构造旅游目的地景区的独特品牌，包括设计标志、口号等一系列宣传要素，构建生活方式全景（panorama），塑造另类的生活方式。第四步，

[①] 徐虹．范清．我国旅游产业融合的障碍因素及其竞争力提升策略研究[J]．旅游科学，2008（04）：1-5．

[②] ROSENBERG NATHAN. Technological Change in the Machine Tool Industry, 1840—1910[J]. The Journal of Economic History, 1963, 23(4).

[③] PRAKASH R SAI, SINHA DEEPAK K. Technological change: Random shock or conscious choice?. 2008, 19(1): 1-10.

[④] 李美云．论旅游景点业和动漫业的产业融合与互动发展[J]．旅游学刊，2008（01）：56-62．

[⑤] 麻学锋，张世兵，龙茂兴．旅游产业融合路径分析[J]．经济地理，2010，30（04）：678-681．

[⑥] L DWYER, C KIM. Destination competitiveness: determinants and indicators[J]. Current Issues in Tourism, 2003, 6(5): 369-414.

[⑦] A USAKLİ, S BALOGLU. Brand personality of tourist destinations: an application of self-congruity theory[J]. Tourism Management, 2011, 32(1): 114-127.

[⑧] L A CAI. Cooperative branding for rural destinations[J]. Annals of tourism research, 2002, 29(3): 720-742.

开发支撑生活方式的产品与服务,制造地方(place making)并相应地构建生活方式(lifestyle construction)的过程。第五步,用本地化(localization)、标准化(standardization)、适应性再利用(adaptive reuse)、基于地格的创造(placeality-based creation)等手段来维持持久的竞争优势(邹统钎等,2021)[①]。

第五节 我国旅游景区管理的实践创新

习近平总书记在党的十九大报告中指出,"中国特色社会主义进入了新时代,这是我国发展新的历史方位"。新时代的中国,社会经济发展正经历着前所未有的巨大变革,与此相适应,我国旅游景区也在这种变革中不断地探索着。

从国家战略层面来看,国家产业政策进一步鼓励和发展旅游业,特别是"十三五"以来,旅游业被推上了经济社会发展的"前台"。中央和各地党委、政府一方面强化旅游业在经济社会发展中的地位,另一方面出台扶持旅游业发展的系列政策措施,营造了旅游大发展的良好环境,对旅游景区的变革产生了积极的推动作用。我国旅游业经过"十二五"的加速发展,提升了地位和影响并于2016年开始全面融入国家战略体系。国家公园体制是我国《国民经济和社会发展第十三个五年规划纲要》《国家"十三五"时期文化发展改革规划纲要》确定的国家重大文化工程,也是坚持从国家战略的高度实施景区体制改革的创新性举措。

从经济发展状况来看,《2019年国民经济和社会发展统计公报》显示,2019年,我国国内生产总值达到990 865亿元,人均国内生产总值达到70 892元,我国文化和休闲消费迎来快速增长的机遇。经济的快速发展、交通技术的进步、可支配闲暇的增多等因素都影响着旅游产业的不断发展壮大。2015年8月,国务院办公厅下发《关于进一步促进旅游投资和消费的若干意见》(国办发〔2015〕62号),鼓励错峰休假和弹性作息,促使休闲旅游成为人们的生活常态,为旅游景区经济形态的发展和消费场景的延展奠定了坚实的基础。

从社会文化环境来看,随着经济的迅速发展,人们的物质生活水平显著提高,社交、自尊、信仰、求知、审美、成就等高层次需求不断增强,这为旅游业的发展提供了良好的契机。当前,我国正从旅游大国迈向旅游强国,大众的旅游消费观念已从观光赏景转变为文化体验,人们更青睐于参与度高和体验感强的文化旅游方式,这对景区的文化内涵提出了更高层次的要求。因此,具有IP优势的主题公园乘势兴起,沉浸式景区演艺发展得如火如荼,打造具有创意性、创造性和创新性的文化场景与文化内容成为景区变革的方向。

从技术背景层面来看,自2018年12月"中央经济工作会议"确定2019年重点工作任务时首次提出"加强人工智能、工业互联网、物联网等新型基础设施建设"后,国家大力推动新型基础设施建设,5G、人工智能等技术加速落地,不断助推景区数字技术变革。如今,旅游产业和高新技术的融合成为促进旅游创新发展的主要动力,直接影响着旅游业发展的内容、质量、规模与速度。随着虚拟现实、增强现实、人工智能等新一代信息技术的发展,旅游景区不断加速新科技在旅游中的利用、创新、扩散和渗透,带动产业的转型升

[①] 邹统钎,赵英英,常梦倩,等. 旅游目的地地格的理论源流、本质与测度指标[J]. 旅游导刊,2021,5(01):1-22.

级,提升智慧化和数字化水平,以满足国民旅游休闲的新需求。

一、国家公园体制创新使景区保护上升为国家战略

"国家公园"的概念源自美国,最早由美国艺术家乔治·卡特林(Geoge Catlin)提出。作为世界自然保护联盟(International Union for Conservation of Nature and Natural Resources, IUCN)定义的保护区的一种类型,国家公园是指大面积的自然或接近自然的区域,其建立目的是保护大规模(大尺度)的生态过程及相关的物种和生态系统特性;它们是环境和文化兼容的精神享受、科研、教育、娱乐和参观机会的基础(Dudley, 2008)[①]。

2015年5月8日,国务院批转《发展改革委关于2015年深化经济体制改革重点工作意见》,该意见指出在9个省份开展"国家公园体制试点"。2017年9月,中共中央办公厅、国务院办公厅印发《建立国家公园体制总体方案》,推进国家公园试点工作。2019年《政府工作报告》中提出要深化国家公园体制改革。2019年6月26日,中共中央办公厅、国务院办公厅印发《关于建立以国家公园为主体的自然保护地体系的指导意见》,总体目标为:到2020年,完成国家公园体制试点,设立一批国家公园;到2025年,健全国家公园体制,完成自然保护地整合归并优化;到2035年,全面建成中国特色自然保护地体系。自国家公园体制试点开展以来,国家林业和草原局(国家公园管理局)立足我国国情,加快国家公园立法进程,编制国家公园空间布局方案和发展规划,构建并完善国家公园标准规范体系。目前,我国已建立三江源、东北虎豹、大熊猫、祁连山、海南热带雨林、神农架、武夷山、钱江源、南山、普达措10个国家公园试点,总面积约为22.29万平方千米,涉及吉林、黑龙江、浙江、福建、湖北、湖南、海南、四川、云南、陕西、甘肃、青海12个省份。除上述10个自然保护地外,我国还积极探索国家草原公园、国家湿地公园等生态区保护体制创新。

除了以保护自然生态系统为主要目的的国家公园得以正式设立以外,文化型景区也正加速对体制机制变革的有益探索,致力于从文保单位向国家文化公园转变。2019年7月24日,中央全面深化改革委员会第九次会议审议通过了《长城、大运河、长征国家文化公园建设方案》,这标志着我国国家文化公园建设进入试点推进阶段,同时也开启了文旅融合发展的新纪元,意味着沿线文化型景区的保护和发展上升到了国家战略高度。

国家公园的正式设立和国家文化公园的试点推进都是我国景区体制创新变革的新举措,为自然生态的保护和文化遗产的传承空间提供了新选择,对于促进人与自然和谐共生,推进美丽中国建设和彰显中华优秀传统文化的持久影响力具有极其重要的意义。

二、新一代信息科学技术助力智慧景区嬗变

随着信息技术的快速更迭和人们生活需求的不断变化,智慧旅游正高速改变着旅游业的发展。国家层面始终重视对旅游智慧化的投入:2013年,国家旅游局办公室发布《关于

[①] N Dudley (2008) Guidelines for Applying Protected Area Management Categories. IUCN,Gland, Switzerland. x+86pp. WITH Stolton S, Shadie P, Dudley N (2013) IUCN WCPA Best Practice Guidance on Recognising Protected Areas and Assigning Management Categories and Governance Types, Best Practice Protected Area Guidelines Series No. 21. IUCN, Gland, Switzerland. X+143pp.

印发 2014 中国旅游主题年宣传主题及宣传口号的通知》（旅办发〔2013〕189 号），将"智慧旅游"作为 2014 年度宣传主题和口号开展了全年旅游工作；2016 年 2 月 19 日，国务院办公厅发布《关于加强旅游市场综合监管的通知》（国办发〔2016〕5 号），再次强调用智慧化技术来促进旅游景区的发展；2020 年 4 月，国家文化和旅游部办公厅修订《国家全域旅游示范区验收标准（试行）》，将"智慧旅游"相关标准的分值由 30 分调整到 35 分。

智慧景区是在"智慧地球"及其在我国实践的"智慧城市""智慧旅游"的背景下产生的，是指能够实现可视化管理和智能化运营，能对环境、社会、经济三方面进行更透彻的感知、更广泛的互联互通和更深入的智能化的景区。智慧科技与景区行业的融合将重塑传统文旅休闲的供给模式和业务流程，网络化、云化、虚拟化、智能化的技术令旅游新场景、新业态不断产生，无人酒店、无人驾驶、智慧餐厅、机器景区巡检等智能化休闲场景迅速涌现，为景区游览与体验创造了更好的环境与条件。智慧景区生态架构包括基础设施层、全域数据层、To G 生态层、To B 生态层和 To C 生态层。其中，在基础设施层，以人工智能物联网、5G 网络、数据中心等为代表的新型基础设施共同组成智慧景区的基础，直接服务于景区数字化建设与转型，为智慧文旅发展提供技术保障和实现手段。2019 年，受 COVID-19 疫情影响，全球旅游业停摆，以 5G、云计算、大数据为核心的新一代信息技术为景区优化产品提供了重要的技术支撑，云逛展、景区直播、预约分流、扫码入园等智慧手段成为疫情期间文旅产业复工复产的标配。

世界互联网大会的召开使乌镇不再仅仅是千年水乡，更成为文化古镇智能化发展的典范。2018 年，乌镇旅游携手高德地图发布首个人文智慧景区产品"一张地图游乌镇"，实现精准的步行导航、明星语音导游、一键找点位、获取活动实时信息等，打造了智慧景区标杆。同时，除刷脸进园、智慧交通等成熟的智慧服务以外，"5G+应急通信""5G+智慧消防""5G+智慧警务"等一大批 5G 创新行业应用已落地乌镇，使得乌镇依托互联网产业的发展契机向"全球智慧名镇"迈进。旅游景区智慧化的发展显示了我国旅游业的发展趋势，即为游客提供更便捷的服务和沉浸式体验，为社会创造更大的价值。

三、IP 应用赋能景区差异化发展

IP（intellectual property）即知识产权，源于法律概念，其被我国旅游产业从文化创意产业引入景区后，便被奉为景区竞争的制胜法宝。旅游 IP 源于旅游咨询策划和营销推广（夏蜀，2019）[①]，是旅游目的地或旅游产品的形象认知或者是具有项目地特色的一种元素和符号，它代表着个性和稀缺性，赋予目的地独特的性格特点和生命力，对目的地形象的塑造、品牌的推广、旅游核心吸引力的提升及产业带动具有极大的作用。在景区开发同质化的背景下，创造旅游 IP 被认为是创造差异化竞争优势的重要手段。2016 年是国家"十三五"规划的开局之年，我国旅游业由此走向高质量发展的变革道路。同年，IP 影视、文娱作品的爆发使"旅游+IP"在行业内掀起一阵热潮，主题化的旅游开发、节事策划、纪念商品、服务流程赋予景区发展新动能。

故宫是以 IP 激活传统文化获得成功的典型代表。拥有超过 186 万件（套）藏品的故宫

---

① 夏蜀. 旅游 IP 概念探微：范式转换与信息产品[J]. 人民论坛・学术前沿，2019（11）：102-111.

通过选择符合时代需求的藏品，深挖其文化内涵，把创新精神和工匠精神渗透到文化创意产品的研发、制作、营销等环节，打造出了具有文化传播力的 IP 文创，丰富了景区的文化内涵并创造了可观的经济效益。故宫博物院院长单霁翔表示，2017 年，故宫文创的销售收入高达 15 亿元，这足以体现出 IP 对景区发展的巨大动能。

"旅游+IP"产业开发有助于文化品牌符号和文化价值的输出，也能推动旅游业转型升级，使其紧跟时代潮流进行跨界融合、延伸产业空间，形成多样化的产业体系，赋予旅游景区独特的内涵与生命力。

四、夜间经济延展景区消费场景

2019 年 8 月，国务院办公厅印发《关于进一步激发文化和旅游消费潜力的意见》（国办发〔2019〕41 号）和《关于加快发展流通促进商业消费的意见》（国办发〔2019〕42 号），明确强调"大力发展夜间文旅经济"。夜间经济源于大都市为改善城市中心区夜晚空巢现象而提出的经济学概念，Beer（2011）将其定义为"在下午 6 点到次日凌晨 6 点之间发生的，以服务和娱乐业为主的生产或消费行为"[①]。夜间经济已成为都市经济的重要组成部分，是彰显城市特色与活力的重要载体。

自 2017 年开始，清明上河园大力发展夜间经济，推出了"夜游清园"，再现了北宋时期全面取消宵禁制度后夜间经济空前繁荣的景象，带给游客一种全新的视觉享受和夜游体验。为了全面升华清明上河园的夜游产品，2018 年，清明上河园通过现代光影科技打造了全新的《清明上河图》光影秀，带动了整个区域的夜间经济市场，再现了大宋不夜城的景象。

2019 年 2 月，北京市委宣传部联合故宫博物院举办的"紫禁城上元之夜"引发市场热议，随后各景区纷纷开始通过声、光、电、影等形式打造夜间景区产品，推动夜间经济发展走向高潮。

夜间经济不仅是城市消费的新"蓝海"，更是满足人们日益增长的美好生活需求的新方式。夜间经济势必会通过时空轴的拓宽对夜景文创、夜间经济和城市活力造成深刻影响，进一步促进城市消费升级，挖掘城市经济增长潜力，寻找旅游经济发展多元动力。

五、数字文博创造交互式沉浸新体验

虚拟现实技术的成熟为数字文博场馆的建设和发展提供了充分的保障作用，使数字资源永久保存和云端旅游成为可能。数字博物馆一般是由博物馆建设的，为实现文博资源为全社会公平享有的愿景而为用户提供数字化物质及非物质遗产服务的网站[②]。具体来说，就是用数字化技术在互联网和博物馆网络之间实现信息的采集、管理、开发与利用，把枯燥的数据变成鲜活的模型，打破时间和空间的限制，满足大众对游览和欣赏的新需求，引领博物馆进入公众可参与的交互式新时代，从而实现文物的活化保护与创新性发展。

2016 年，敦煌研究院实施"数字敦煌"工程，向全球正式发布敦煌石窟 30 个经典洞

[①] C BEER. Centres that never sleep? Planning for the night-time economy within the commercial centres of Australian cities[J]. Australian Planner, 48(3): 141-147.

[②] 张小李. 从社会发展及用户需求角度看数字博物馆的定义[J]. 东南文化，2011（02）：97-100.

窟的高清数字化内容及全景漫游。2020年，敦煌研究院联合人民日报新媒体、腾讯共同打造的集探索、游览、保护敦煌石窟艺术功能于一体的微信小程序"云游敦煌"体验版上线。"数字敦煌"和"云游敦煌"利用现代数字技术拍摄、扫描、获取、存储敦煌石窟文物信息，并通过建立多元化、集成化的数字敦煌数据库、数字资产管理系统、数字资源永久保存系统，在实现永久保存敦煌文化艺术资源的同时，为旅游利用和体验提供无限可能。

博物馆的数字化建设是继数字图书馆之后的一次重大革新，文物数字化既是文化遗产永续传承的新路径，也是博物馆旅游的新突破。多模态传播方式与全景漫游体验服务优化了受众的观展体验，打破了欣赏传统文化的时空限制，满足了人民群众日益增长的文化需求，扩大了优秀文化的传播面与渗透力，增强了文化自信。

第三章　旅游景区的规划与开发

第一节　旅游景区规划的基础

一、旅游景区规划的内容、目的与原则

（一）旅游景区规划的内容

旅游规划在经历"资源导向—市场导向—产品导向—形象导向"后，已经进入体验导向的新时代。景区作为旅游产业的"龙头"、旅游出行的"由头"、旅游系统的"重头"，需要发展呼应旅游体验的规划模型，以指导其开发建设。基于对景区"二元属性、三重境界、四大要素"的理解认识，提出功能定位看市场、主题选择看资源、项目策划讲故事、场所设计讲意境、设施系统特色化和解说服务角色化六个方面的景区规划内容及其技术路径，从而构建了一个针对旅游景区规划的"钻石模型"（李山，2019）[①]，如图3-1所示。结合案例阐释表明，钻石模型提出的"六要素"内容框架和规划技术能有效指导旅游景区的开发建设和优质发展，具有良好的普适性和生命力。

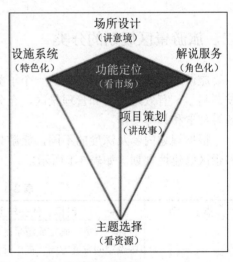

图 3-1　旅游景区规划的"钻石模型"

（二）旅游景区规划的目的

旅游景区规划的目的在于对未来发展进行预测、协调并选择为达成一定的目标而采用的手段。Gunn 和 Var 指出，旅游规划应实现四大目标：① 提高游客满意度；② 提高经济效益，改善旅游企业状况；③ 可持续利用资源；④ 整合社区与地区。Inskeep 提出，景区规划的主要目的是保护景区特色、开发游客设施、使游客在景点的体验和对景点的评价最优化。景区的规划和管理需注意：① 确定规划和管理的政策基础；② 利用人造环境和资源保护的方法平衡保护和游客利用之间的关系；③ 适当利用规划程序、方法和原则；④ 组织游客对景点资源的使用；⑤ 对资源进行持续性管理。

[①] 李山. 旅游景区规划的钻石模型[J]. 城乡规划, 2019（06）: 69-78.

（三）旅游景区规划的原则

旅游景区是由多种要素组成的复杂体系，规划者应在充分了解当地社会、经济、环境整体状况的前提下，兼顾投资者的盈利需求、旅游者需要、当地社会经济发展目标、社区居民的利益等，保证所有景区要素都能发挥最优作用。要科学合理地进行旅游景区规划编制工作，规划者应严格遵守如图 3-2 所示的原则。

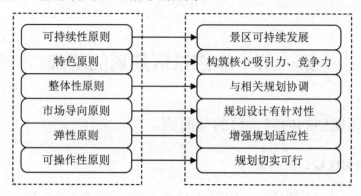

图 3-2　景区规划应遵守的原则

二、旅游景区规划的分类

旅游景区规划是旅游规划的一个子类型，是指为了对各项资源进行科学保护及合理开发，科学、有效地经营和管理景区，充分发挥景区资源的价值而进行的对各项旅游要素的统筹部署和具体安排。

根据规划内容及深度的不同，旅游景区规划分为景区总体规划、景区控制性详细规划和景区修建性规划，如表 3-1 所示。

表 3-1　景区规划的分类

类　　型	目标、任务与主要内容	规 划 期 限	图 件 要 求
景区总体规划	目标、任务：确定旅游景区的性质，规定用地范围及空间发展方向，提出开发实施战略，处理好近期建设与远期发展的关系，指导景区合理发展。 规划内容：评价景区旅游资源；确定景区性质、用地范围、旅游容量；策划重点旅游项目；功能分区和土地利用；景区内外交通系统布局、规模、位置、走向；服务设施、附属设施、基础设施、管理设施布局；景观系统和绿地系统布局；防灾系统和安全系统布局；景区资源保护等	一般为 10～20 年	所需规划图件较少，规划图纸比例一般为 1∶1000～1∶5000
景区控制性详细规划	目标、任务：控制景区各种土地的使用，将景区中的土地划分成若干块，并按照资源的分布来规定每一块土地的用途。 规划内容：规定规划区建筑类型；控制地块建筑高度、密度、体量、色彩、风格、容积率、绿地率等指标；确定道路红线、控制点坐标等	一般为 10～15 年	图件要求相对较高，包括景区土地利用现状图和土地利用规划图等，需要比例为 1∶2000 左右的较大比例尺图纸

续表

类　型	目标、任务与主要内容	规 划 期 限	图 件 要 求
景区修建性规划	目标、任务：在景区总体规划和景区控制性详细规划的基础上进一步深化、细化，指导各项建筑和工程设施的设计和施工。 规划内容：综合现状与建设条件进行用地布局、景观系统设计、道路交通规划、园林绿化规划、服务设施规划、工程管线设计、环境保护规划等工作	近期规划	比例尺为1∶500左右。图件除了给排水、供电、交通、环卫、绿化等内容外，还涉及建筑景观效果、景观环境分析等。兼有景区规划与建筑设计特点，专业性强

在上述三个规划类别之外，旅游景区还可以根据景区特点编制景区旅游策划或概念性规划、旅游项目策划或针对具体建设项目编制开发规划。不同类别的规划在编制内容、深度和方法上有所不同，在学界主要形成了园林派、建筑派、经营派三大旅游景区规划主张。

（一）园林派旅游景区规划

园林派的专家学者认为，景区规划的重要组成部分当属景区的绿化美化，景区的绿化美化水平是反映景区规划科学性的重要标志。因此，加强景区开发建设的首要任务是必须做好景区园林规划设计。科学的景区绿化美化应突出自然生态和谐与人造景观设计，更重要的是应注重景区绿化美化的保值与增值效果。

1. 景区园林规划的目标与任务

（1）景区功能的完善和主题的明确。景区环境的规划设计应根据其服务对象的不同明确功能和主题，以不破坏景区既有景观为基础，对景观区、绿化区、服务区依照自然、和谐的原则进行规划，使既有景观和当代景观完美融合。

（2）提高景区人造景观的艺术品位。高品位的园林工程犹如美丽的立体画，是各种园林要素的艺术组合，是巧夺天工的人造"大自然"，可使人在其中有融于大自然之感。

（3）具有历史文化内涵。将自然与历史文化紧密联系是园林造景的关键之一。能否画龙点睛，使历史人文景观与周围环境协调并符合人们的审美心理，这需要经过反复设计和论证，甚至是模型推演，才能得出结论。

（4）提升游客参与度。在景区绿化美化方面，设计方案应当有意识地提升游客的参与度，使游客获得审美心理的满足和历史文化的体验。

（5）环境友好和可持续发展。规划者应当对景区规划的方方面面进行科学论证和认真计算，以保证景区规划对自然环境的影响最小，从而实现景区的可持续发展。

2. 景区园林绿化的实施

（1）因地制宜、合理布局。充分利用自然条件、建设状况、人文景观、经济能力等条件，将自然、人文景观组织成一个有机体，注重历史和时代特征的结合，构成独具特色的风貌，努力创造舒适、安静、优美的环境。

（2）优化绿地结构，丰富植物材料、种类与配置。遵循适地适树的原则，积极引进多种优良适生的乔、灌、草及花卉植物物种（品种），增加景区绿化的物种资源，提高绿化水平，优化绿化结构，强化生态系统的稳定性。

（3）加快基础设施建设，增加环境建设的资金投入。如确保景区内各个地段均摆有果皮箱，这会使环境绿化产生质的飞跃，真正达到清洁、优美、文明的效果。

（二）建筑派旅游景区规划

建筑派旅游景区规划的专家学者认为，旅游景区建筑规划设计和一般的建筑规划设计不同，具有一定的特殊性，需要贴近旅游景区的文化主题，体现当地的文化特色并与自然环境相融合。旅游景区的建筑风格与外形特点直接影响着景区的整体形象，为此必须充分认识到景区建筑规划设计的特殊性，合理布局与策划，注重景区与当地自然环境和文化风俗的融合，形成独特的建筑风格，增加景区美感，具体有以下六点要求。

1. **充分体现当地文化特色**

我国幅员辽阔，地理位置的差异造就了极具特色的地方文化与民俗特色。就地理景观而言，我国呈现出北壮美南秀丽、东精致西粗犷的特点，而各民族也都有着鲜明而独特的风俗文化，这从他们的建筑造型与风格中就能窥探一二，如蒙古族的蒙古包、傣族的竹楼等。因此，景区建筑规划设计必须重视建筑的地域文化属性，在设计时应融入地方文化风格与特色，注重当地文化符号在旅游建筑景观中的表达。例如，在设计江南地区的旅游建筑时应体现出精致、秀美、婉约的风格，而在设计西北地区的旅游建筑时应以粗犷、豪放风格为主。

2. **与自然环境和谐统一**

自然原则是旅游景区建筑设计的第一原则，设计时要把握好建筑的选址、地形地貌特点，适当进行改造。人类的生存与发展主要依赖于自然环境，因此，旅游景区建筑设计不能破坏自然环境，建筑景观设计的关键点在于利用自然特点来营造良好的人居环境。景区建筑应遵循"以自然为本，以人工为辅"的设计原则，通过人工点缀，师法自然，力求将建筑与自然环境融为一体。建筑的造型风格、色调、比例、体量、尺度等方面均应顺应整体环境，以自然为主，不可喧宾夺主。建筑物宜低不宜高、宜小不宜大、宜分散不宜集中。在设计时可以以自然环境为背景，充分利用现有的环境优势，做到因地制宜、依山就势。同时，景区建筑要采用当地传统建筑样式并以其为主体，根据功能、空间需求的不同进行合理组合与规划，从而充分体现景区建筑的特色。

除了要适应当地自然环境外，景区建筑所使用的材料也应尽量就地取材，多运用当地常见的建材，如砂石、石灰、竹、木、砖瓦等材料，这不仅能让建筑的色调与质感更加质朴，带有当地的特色风情，还能与自然环境协调一致，从而增加景区建筑的地方特色。

3. **与整体空间布局一致**

旅游景区建筑的选址应考虑到整个景区的空间规划。建筑功能不同，对选址的要求也不同。同时，功能不同的建筑对自然环境的要求也有所差异。例如，景区大门必须设置在方便停车、售票、管理、服务的地方，要有相对较大的集散空间，这样既能控制游客进出，也方便景区管理。景区建筑应与自然环境相协调，不能过于显眼而影响主要景观，也不能过于隐蔽而导致游客不方便寻找。规划设计时应从地貌、地址、气候、水文条件等因素出发，充分考虑排水、日照、通风等因素。

4. 富有创意，符合景区文化主题特点

旅游景区想要求新求异，旅游景区建筑规划设计就必须重视创意的新颖性。创意是指旅游建筑景观的总体设计意图必须围绕一个文化主题进行，而这个主题要具有文化意蕴与美学品位。景区文化主题是充分解读景区的资源特色、文化氛围与地理环境条件并结合游客审美心理需求分析所形成的一种设计理念，具有独创性。每个旅游景区都具有一个文化主题，包括宗教、民俗、文化遗产、传统农家乐等。设计师在设计建筑时应确保设计风格与景区的文化主题相符，要将文化主题作为设计的出发点，挖掘区域文化整体的深层内涵，从中寻找内在的秩序，了解传统不变的文化因素，在设计中加以恰当的诠释与体现。对历史遗迹周边景区进行建筑设计时，也应注意建筑风格的和谐统一，反差过大会给游客带来不好的旅游体验。在设计游客中心、厕所、旅游购物场所等服务性旅游建筑时，也必须围绕景区旅游主题进行设计。

5. 重视使用功能

旅游景区建筑布局既要突出景观功能，也应重视使用功能，建筑的外在表现形式应匹配其使用功能。例如，旅馆、酒店、饭店等建筑应突出餐饮、住宿的使用功能；庙宇、道观、教堂应突出宗教信仰功能。现实中，不少景区都忽视了建筑的基础使用功能，由此引发不少问题。例如，部分景区饭店对后厨与前厅的布局不合理，无法让游客顺利就餐。再如，部分景区的厕所建得非常漂亮，造型别致、新奇，装修也非常豪华，但存在不少功能缺陷，有的未设计前室，有的未配备无障碍厕位，还有的无法保护使用者的隐私等。

6. 富有美感，具有景观化效果

旅游景区建筑是旅游景区的重要组成元素，在设计时，要让建筑产生景观化效果。在具备相关使用功能的基础上，要使其与附近景观环境相融合，以满足游客的审美需求，从而吸引更多的游客。以观景亭为例，其对选址的要求较高，这是因为不同观赏位置与距离产生的观景效果是有明显不同的。只有位置合适才可产生良好的观景效果，让游客驻足欣赏。因此，建筑设计必须做到全方位、立体化考虑，对建筑的局部与整体都必须充分分析与比较，这样才能确定完美的建筑设计方案。

总之，在对旅游景区建筑进行规划设计时，必须从自然环境、地域文化、整体布局、景观效果、使用功能等方面加以考虑，不仅要制造良好的景观效果，使游客产生视觉美感，也应与当地自然环境相协调，传承地方文化。正所谓"优则添彩，劣则败兴"，旅游景区建筑规划设计必须要在旅游景区规划工作中受到重视。

（三）经营派旅游景区规划

经营派旅游景区规划的学者主张旅游景区规划的经济导向及产业效果。我国旅游景区的管理经历了纯公益性、政府专营、企业经营以及应用现代企业管理制度经营四个阶段。然而，随着景区的快速发展，其所面临的管理和治理问题也逐渐凸显，其中最为凸显的就是行政型治理、高负债情况下债权治理的软约束以及所有权的治理主体缺位等，这不仅直接导致了景区类旅游公司利益相关者众多、关系复杂、冲突不断，而且由于其追求短期经济效益，造成了对旅游资源和环境的破坏，严重制约了景区类旅游公司的可持续发展。因此，必须充分利用市场机制，积极探索旅游景区经营管理的新模式：国家直接经营管理模式、市场化经营管理模式。

1. 国家直接经营管理模式

国家直接经营管理模式就是国家作为风景旅游区的所有者和经营者，景区的管理和保护由国家负责，开发经费由国家财政承担，景区的门票及其他旅游项目由国家定价（定价一般很低），收入上缴国库。这种管理模式在保护遗产、体现社会公共利益、资源整合等方面尤为有益。但从实践来看，这种经营管理模式存在着明显的缺陷：效率低下，资源得不到有效配置且经济价值得不到应有的体现，严重阻碍了风景旅游区的健康发展。

2. 市场化经营管理模式

市场化经营管理模式就是将所有权和经营权分离，真正把风景区作为一项产业来对待，将其作为独立的主体推向市场。市场化经营方式主要有两种：一种是以项目的形式招商引资，由多个投资主体进入景区行使经营权；另一种方式是垄断经营权，以一家企业作为投资主体，对景区进行垄断经营。由于政企职能分开，产权比较明晰，企业作为市场主体的积极性得到充分调动，效率得到了提高。近年来，碧峰峡、太湖源等一大批景区（景点）相继将经营权拍卖出去，这种经营意识是对传统管理意识和管理体制的一大突破。

在此种管理模式下，景区经营者应该认识到，旅游业是以持续为目标的，需要将经济、社会和环境效益结合起来考虑。而目前企业经营者往往只注重经济效益，忽视社会、环境效益，这导致完全按市场机制经营景区的方式遭到了质疑。部分企业为追求高盈利，必然尽可能以高消费方式将尽可能多的游客留在景区内，由此必然造成遗产质量被破坏，从而引发"景区的环境卫生和安全质量提高，而遗产质量反而恶化"的现象。另外，这种纯商业化经营必然因其垄断性而伤害游客的正当利益。

由于风景旅游区不同于一般的企业，有着自身的特殊性，因此在引进市场化机制时一定要慎重。要让市场化经营管理模式健康、有序地发展，必须建立一套完善的法律及制度作为保障。

（1）建立规制风景旅游区开发和保护的体系。虽然有《风景名胜区条例》《中华人民共和国自然保护区条例》《森林公园管理办法》等行政法规，但是这些规定缺少实施细则，对一些新做法缺少裁决的依据，对实际执行中的一些破坏资源、侵蚀国有资源、使用权不明确的现象难以做出有效认定和判罚。尤其是在民营企业开发旅游景区的过程中，由于没有相应的具体法律法规对旅游资源开发行为进行规范，因此在具体操作上对旅游资源的权利归属没有清晰的界定。要明晰风景旅游区产权并使其规范化运作，就要建立健全相关法律体系，对景区开发行为予以规范，对破坏景区资源的行为和做法给予惩罚。

（2）改革管理体制。我国风景区旅游资源的所有权主体是国家，国务院代表国家行使风景旅游区资源所有权。为保证国家产权的统一和国有资产的收益，国务院可以指定一个权威机构代理行使风景旅游区资源产权，对产权进行统一管理，负责风景旅游区规划的审批，土地使用权的转让、租赁，风景旅游区资源使用权的转让，风景旅游区资源保护规划等工作。被指定的权威机构可视需要在各省或各片区设立派出机构，建立、发展风景旅游区日常管理机构并对其拥有领导权、监督管理权和对风景旅游区资源开发经营企业经营活动的监督管理权。日常管理机构由派出机构代表、地方政府各职能部门代表、当地群众代表、开发经营单位代表等组成，具体负责风景旅游区开发建设的监督管理，监督国有资源的用途，保证国有资源的保值、增值并进行风景旅游区日常的市场管理、资源管理和环境管理。整个管理系统的经费均由国务院按旅游税收的一定比例统一拨付，避免受地方政府部门和经营者的牵制。

（3）加强对旅游资源的管理。风景旅游区不是特指景观资源，而是指以景观资源为核心，由产品系统和支持系统组成的一个综合体。在风景旅游区经营管理体制改革中，要分清旅游景观资源和旅游经营资源。其中，旅游经营资源（包括住宿、餐饮、娱乐设施等）才是改革的重点，旅游经营资源的改善可以增强竞争活力，提高风景旅游区的收入。旅游景观资源不应作为风景旅游区创收的主要途径，对其要以保护为重。国家应建立景区财政补贴制度，为景区维护经费来源提供保障；对那些交由企业运作的经营性景区，应制定门票价格管理制度。

三、旅游景区规划的流程

作为一项对科学性要求相当高的专业性活动，旅游景区规划要确保具有科学性与客观性并在规划过程中遵循一定的程序。旅游景区规划流程大体可以分为三个阶段，每个阶段都需要委托单位和承担单位共同合作完成，具体如图3-3所示。

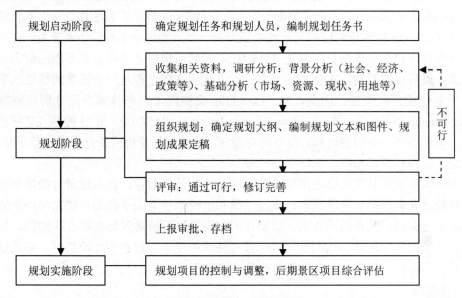

图3-3　旅游景区规划流程

其中，规划任务书是对旅游规划内容的基本叙述与概括，主要内容包括规划编制背景、规划范围、任务、目标、时段、思路、方法与技术路线。

规划大纲包括基础系统、主体系统、支持系统和保障系统。表3-2所示是旅游景区总体规划的大纲示例。规划提交成果一般包括三种类型：规划文字报告、规划图件和多媒体资料。

表3-2　景区总体规划大纲示例

基础系统	主体系统	支持系统	保障系统
旅游发展背景与基础条件分析 资源与评价 客源市场分析 旅游投资效益分析	景区发展定位 形象创意 功能分区与项目设计 旅游产品配置 营销系统	景区环境容量 环境保护措施 旅游接待设施 交通与基础设施	旅游组织管理 人力资源开发规划

四、旅游景区规划的方法与技术

（一）旅游景区规划的基本方法

旅游景区规划涉及的内容有旅游景区发展条件分析、旅游资源的考察、旅游市场的预测分析等。根据这些规划内容的需要，在大量社会实践和借鉴相关学科方法的基础上，旅游行业形成了以下旅游规划的基本方法。

1. 系统规划法

系统规划法最早是由 Manuel Baud-Bovy 提出的，其编制总体规划的思路反映了系统规划的思想方法。Manuel Baud-Bovy 指出，总体规划的过程是一个周期性的重复过程，每隔一段时间要重做一次规划，间隔一般为5年，每一次的规划称为总体规划。总体规划有四个步骤，即确定目的、目标，收集和分析市场与资源数据，制定策略和决策。

Brain Mc Loughlin、George Chadwick 和 Alan Wilson 最早将系统规划法引入旅游景区规划。Mc Loughlin 认为规划过程呈直线关系发展，然后通过一个网络不断重复。在编制规划时，需要列出目标并根据目标制定具体的任务，然后根据这些任务和可能的财力来评价各个方案，最后采取行动，实施最优方案。以上这种规划过程是一个简单的线性动态控制过程，对系统的研究不够。因此，Mc Loughlin 又提出了户外休闲产品分析序列规划法（product's analysis sequence for outdoor leisure planning，PASOLP）并用 PASOLP 法进一步制定出一个非线性动态规划过程，即系统规划法。系统规划法由四部分构成，即开发计划、监控系统、反馈和校正系统、重新规划过程。

旅游景区系统规划法实际上是以旅游景区系统为规划对象，在对旅游目的地和客源市场及与目的地和客源地有紧密联系的支持系统和出游系统等因子的调查研究与评价的基础上，制定出全面的、具有适应性的、可操作的旅游景区可持续发展战略及其细则，以实现旅游景区系统的良性运转，达到整体最佳且可持续的经济、社会与环境效益，并通过系列的动态监控与反馈调整机制来保证该目标的顺利实现。

2. 社区法

社区法的主要倡导者为 Peter E. Murphy，他在《旅游：一个社区方法》一书中较为详细地阐述了旅游业对社区的影响和社区对旅游业的响应以及如何从社区角度去开发和规划旅游业。他把旅游业看作社区的一项产业，认为旅游目的地的社区是一个生态社区，社区的自然和文化旅游资源相当于一个生态系统中的植物，它们构成了食物链的基础，过分地索取会导致"植物"的减少或自然退化；当地居民相当于生态系统中的动物，是社区吸引物总体中的一部分，既要让当地居民过日常生活又要将其作为社区展示的一部分。旅游业类似于生态系统中的捕猎者，而游客则是猎物。旅游业的收益来自游客，游客关心的则是旅游吸引物（自然和文化旅游资源及娱乐设施）和服务，它们是消费的对象。这样，吸引物和服务、游客、旅游业及当地居民便构成了一个有一定功能关系（生物链）的生态系统中的主要成分，这些功能关系之间的比例是否协调关系到系统是否健康和稳定。

Murphy 在运用社区法时引入了系统理论的分析方法。进行系统分析时，他着重考虑了四个基本部分：① 人们的活动，即发生在特定的时空条件下的有规律的行为模式；② 交通，如媒体、信息领域和运输；③ 空间，即活动和交通发生的空间；④ 时间因子。社区法强调社区参与规划和决策的制定过程。景区当地居民的参与能使规划反映他们的想法和对旅游的态度，这样可以减少规划实施后居民对旅游的反感情绪和由旅游引发的冲突。

3. 门槛分析法

门槛分析（threshold analysis）法最初应用于城市发展门槛分析，是评价城市发展可能的综合规划方法。1968年，B.马列士首次将门槛分析法应用于旅游开发中。他从门槛分析的角度出发，把资源分为两类：一类是容量随需求的增加而成比例地增加；另一类是容量只能跳跃式地增加并产生冻结资产现象。同时，他按照旅游资源的特征把旅游资源划分为旅游胜地吸引物、旅游服务设施（住宿、交通、给排水等）和旅游就业劳动力三种类型。在旅游服务设施中，住宿可以随着需求的增加而逐渐增大容量，因此属于第一种资源类型；而给水条件属于第二种资源类型，因为给水量在不超过现有水资源的限制条件下可渐增，但增加到一定限度后需要大量投资以开辟新的水源，这个限度便是供水量发展的门槛。

目前，门槛分析法已被广泛地应用到旅游地整体规划开发上。

（二）旅游景区规划的技术

1. 遥感技术

遥感（remote sensing，RS）是指利用装载于飞机、卫星等平台上的传感器捕获地面或地下一定深度内的物体反射或发射的电磁波信号，进而识别物体或现象的技术。遥感主要可分为光学遥感、热红外遥感和地面遥感三种类型。此技术具有观察范围广，直观性强，能实时、客观地获取信息，反映物体动态变化特征的特点，可以应用于军事、林业、旅游等多个领域。

遥感技术在旅游景区开发规划中的应用主要表现在探查旅游资源、提供制图基础和动态规划管理三个方面。

（1）探查旅游资源。遥感相片（图像）可以辨别出很多信息，如水体（河流、湖泊、水库、盐池、鱼塘等）、植被（森林、果园、草地、农作物、沼泽、水生植物等）、土地（农田、林地、居民地、厂矿企事业单位、沙漠、海岸、荒原、道路等）、山地（丘陵、高山、雪山）等。从遥感图像上能辨别出较小的物体，如一棵树、一个人、一条交通标志线、一个足球场内的标志线等。

（2）提供制图基础。遥感图是对景区当地空间发展现状的描述，由于其更新速度快，能够反映被规划区域的最新状况，因此一般用来做规划图的底图。

（3）动态规划管理。由于遥感图片是实时的、动态的，通过不同时期的遥感图片的叠加可以清晰地观察到旅游地的发展状况，因此，遥感图片还可用于旅游规划与开发的动态反馈和修正。

此外，遥感技术对于提高野外调查的效率、保护服务旅游资源、分析旅游规划区旅游要素、分析规划区与其他区域之间的空间关系、描绘规划设施布局图或鸟瞰效果图等方面具有重要的实践价值。

2. 地理信息系统

地理信息系统（geography information system，GIS）是采集、存储、管理、描述和分

析空间地理数据的信息系统。它是以计算机软硬件环境为支持，采用地理模型分析方法，以地理坐标和高度确定三维空间，将各种地学要素分别叠加于其上，组成图形数据库，具有有效输入、存储、更新、加工、查询检索、运算、分析、模拟、显示和输出空间数据等功能的技术系统。其优点在于：① 数据可以分层运算；② 空间分析能力强；③ 表达形式形象、直观；④ 易于识别与阅读。

地理信息系统技术在景区开发规划中的应用表现在：为旅游地的开发和管理提供相关信息；构造求知型和互动型导游系统。

（1）为旅游地的开发和管理提供相关信息。通过构建旅游地理信息系统，可以将各种规划管理数据输入系统中并定期加以维护和更新。借助该系统平台，旅游规划和经营管理者能直观地获得区域内的各种数据。依托地理信息系统构建旅游管理决策支持系统的方法在国外旅游规划和管理中早已启动，而在我国则刚刚起步。

（2）构造求知型和互动型导游系统。由于地理信息系统具有良好的图形界面且蕴含大量的信息，景区可以充分利用计算机多媒体的技术方法构建旅游地电子导游系统，通过声音、图像、视频甚至味道为旅游者全面展示区域内的风土人情。此外，信息系统的查询功能还可为旅游者提供路线查询和景点查询服务，同时借助计算机的外设产品将查询结果输出，从而为旅游者提供可随身"携带"的个性化游览咨询服务。

3. 虚拟现实技术

虚拟现实（virtual reality，VR）是用计算机模拟的三维环境对现场真实环境进行仿真，使得用户可以走进真实环境，可以控制浏览方向并操纵环境中的对象进行人机交互。虚拟现实技术分为虚拟实景（境）技术（如虚拟游览故宫博物院）与虚拟虚景（境）技术（如虚拟设计的波音777飞机等）两大类。

旅游规划设计运用虚拟现实技术的流程主要包括以下几个步骤：首先，搜集各种数据，建立背景条件数据库和目标条件数据库；其次，把背景条件数据输入虚拟现实技术处理系统进行处理，生成具有沉浸感和交互能力的虚拟背景；再次，把目标条件数据输入虚拟现实技术处理系统进行处理，生成具有沉浸感和交互能力的虚拟建筑物、游线、服务等旅游产品；最后，把虚拟背景与虚拟旅游产品叠加，通过人机对话工具，让游客、业主或规划设计人员进入虚拟旅游环境中漫游和亲身体验，提出意见并不断进行修改，最终生成最佳规划设计方案。

4. 信息技术

信息技术（information technology，IT）是从20世纪90年代中期发展起来的新技术，它把互联网上分散的信息资源融合为有机整体，实现了资源的全面共享和有机协作，使人们能够透明地使用资源的整体能力并按需求获取信息。

信息技术在旅游规划中主要应用于以下几个方面：① 旅游规划委托方搜集有关信息。目前，我国已建立了旅游管理信息系统，包括旅游规划招投标信息、规划资质单位信息及相关规划成果评审信息等。许多规划委托方都是通过互联网比较、筛选、了解规划编制单位的相关信息的。② 旅游规划编制单位了解规划区情况。进行野外实地考察之前，旅游规划编制专家往往通过互联网搜集较为详尽的规划区的相关情况，以便更有针对性地做好规划前期准备工作。③ 规划编制信息沟通。旅游规划自始至终需要不断地在规划委托方与规划编制方之间、规划编制者之间、规划主管部门与当地社区居民之间沟通规划信息，在这个过程中，互联网是最便捷、最经济适用的沟通工具。④ 发布网上问卷，征询、收集数据。⑤ 规划设计虚拟旅游信息中心。

5. 全球定位系统

全球定位系统（global position system，GPS）是美国国防部研制的一种卫星无线电定位、导航与报时系统。

在旅游规划中使用 GPS 的目的在于：① 准确地测量旅游景点、旅游设施、旅游地域的经纬度和海拔高度；② 计算旅游资源的分布面积，即利用 GPS 接收机，自动对所行轨迹封闭区域计算面积，无须苦心劳力地测量多种数据，然后多次运算；③ 导航并编辑航线。

全球定位系统在旅游景区规划与开发中的应用主要表现为：① 定点，就是在野外考察时利用 GPS 手持机确定某个旅游景点的精确位置，包括其三维坐标和地理空间坐标，这在旅游景区详细规划中能够发挥重要的作用。② 定线，即为规划者的游线设计提供指导，同时为旅游者提供导航服务。例如，通过无线传输技术将旅游区的 GPS 信息发送到区域范围内，那些装载有相应设备的旅游者就可以通过 GPS 的引导进行全程游览了。③ 定面，即精确地计算出规划范围内某个区域的面积。

6. 旅游卫星账户技术

（1）旅游卫星账户的概念与建立的意义。旅游卫星账户（tourism satellite account，TSA）是一种新的旅游统计方法，这种方法是在国民账户之外设立一个虚拟账户，将所有涉及旅游的部门由于旅游而引起的产出部分分离出来单独列入这一虚拟账户。旅游卫星账户是当前联合国和世界旅游组织等国际机构所积极推广的一种测度旅游业经济影响的方法体系，被视为一种新型、权威、有效的衡量工具，已成为世界旅游组织和联合国统计委员会推选的国际标准并成为各国政府部门制定旅游经济发展政策的有力工具。

旅游卫星账户测算出的结果包含以下内容。

① 旅游业对 GDP 的贡献率。
② 与其他行业（如农业、信息产业等）相比，旅游业的总体规模。
③ 旅游活动引来的就业数量。
④ 与旅游业相关的公共及私人投资额。
⑤ 国际旅游收入对本国平衡国际收支的贡献。
⑥ 旅游业所带来的财政税收。

旅游卫星账户可以准确地测度旅游业对 GDP 的贡献率，并且可以将旅游部门和国民账户中的其他经济部门进行比较。其统计结果可以使我们认识到旅游业的真实规模，提供国家之间、地区之间以及旅游部门与其他经济部门之间可比且具有说服力的关于旅游业的数据与事实。

（2）旅游卫星账户的计算[①]。

① 旅游业对国民经济的直接影响（贡献率）。旅游业对国民经济的直接影响（贡献率）主要通过旅游业按可比价计算的直接增加值增量占 GDP 增量的比例来测量，即

$$GXL(Z) = \frac{TVA(ZL)}{GDP(ZL)} \times 100\%$$

---

① 黎洁，李瑛. 旅游卫星账户：理论与案例[M]. 天津：南开大学出版社，2011.

其中，GXL(Z)为旅游业对国民经济的直接贡献率；TVA(ZL)为旅游业直接增加值的增量，TVA(ZL)=TVA（旅游业本年度直接收入、本年度可比价格）-TVA（旅游业上年度直接收入、上年度可比价格）；GDP(ZL)为本年度国内生产总值的增量（可比价格）。

② 旅游业对国民经济的完全影响（贡献率）及间接影响（贡献率）。如果用 GXL(W) 表示旅游业对国民经济的完全贡献率，则

$$GXL(W) = \frac{TVA(WL)}{GDP(ZL)} \times 100\%$$

其中，TVA(WL)为旅游业完全增加值的增量；TVA(WL)=TVA（本年度完全增加值、本年度可比价格）-TVA（上年度完全增加值、上年度可比价格）；GDP(ZL)为本年度国内生产总值增量（可比价格）。

如果用 GXL(J)表示旅游业对国民经济的间接贡献率，则

$$GXL(J) = GXL(W) - GXL(Z)$$

③ 旅游业对就业的影响。根据计算出的增加值，可以利用旅游卫星账户中生产账户的计算结果与国民经济各部门的劳动生产率来计算旅游业对当地就业的影响。旅游业对就业影响的计算公式为

$$RS = \frac{SR}{LL}$$

其中，RS 表示就业人数；SR 表示旅游业引起的各部门增加值（包括直接、完全和间接增加值）；LL 表示国民经济各部门的年度劳动生产率（利用现有国民账户的计算结果）。

④ 旅游业对税收影响的计算。旅游业对税收（生产税）影响的计算公式为

$$SS = SR \times SSBL$$

其中，SS 表示国民经济各部门生产税与增加值的比率；SSBL 表示国民经济各部门生产税与增加值的比率（利用现有国民账户的计算结果）。

⑤ 旅游业对居民收入影响的计算。旅游业对居民收入影响的计算公式为

$$JS = SR \times JSBL$$

其中，JS 表示年度居民增加收入；SR 表示旅游业引起的各部门增加值（包括直接、完全和间接增加值）；JSBL 表示国民经济各部门劳动报酬与增加值的比率（利用现有国民账户的计算结果）。

7. 旅游资源评价技术

所谓旅游资源，就是具有旅游吸引力的自然、社会景象和因素，其内涵包括具有旅游吸引功能和旅游价值的内容；未开发和已开发的内容；物质的、有形的内容及形态、行为。

(1) 旅游资源的定性评价方法。卢云亭提出的针对旅游资源"三大价值""三大效益""六个条件"的评价体系是旅游规划者常借助的方法。"三大价值"指旅游资源的艺术价值、历史文化价值和科学考察价值。"三大效益"指旅游资源开发后带来的经济效益、社会效益和环境效益。"六个条件"指旅游资源所在地的地理位置和交通条件、景物或景观的地域组合条件、旅游景区（点）的旅游容量条件、投资条件、施工条件和旅游客源市场条件。这种"三三六"的评价方法同样适用于旅游景区内资源的评价。

(2) 旅游资源单因子与多因子评价方法。单因子评价法针对发挥作用的关键因素进行适宜性评价和优劣评价，需要运用大量的技术性指标，一般只限于自然旅游资源评价，如

模糊数学控制法，模糊数学控制法对景区的制约因素进行量化，利用计算机计算出影响各风景区开发价值的各项综合指标，然后经过优化排序，提出决策方案。

旅游业使用得较多的多因子评价法是综合评分法，该方法设有"评价项目"和"评价因子"。评价项目包括"资源要素价值""资源影响力""附加值"。其中，"资源要素价值"项目中含"观赏、游憩、使用价值""历史、文化、科学、艺术价值""珍稀或奇特程度""规模、丰度与概率""完整性"五个评价因子；"资源影响力"项目中含"知名度和影响力""适游期或使用范围"两个评价因子；"附加值"含"环境保护与环境安全"一项评价因子。评价项目和评价因子的分值为：资源要素价值和资源影响力的总分值为100分，其中，"资源要素价值"为85分，"资源影响力"为15分。"资源要素价值"中评价因子的分值分配如下："观赏、游憩、使用价值"30分、"历史、文化、科学、艺术价值"25分、"珍稀或奇特程度"15分、"规模、丰度与概率"10分、"完整性"5分。"资源影响力"中评价因子的分值分配如下："知名度和影响力"10分、"适游期或使用范围"5分。"附加值"中的"环境保护与环境安全"分正分和负分。每一个评价因子分为四个档次，其分值相应地分为四档。

第二节　旅游景区产品配置

一、旅游景区产品配置概述

旅游景区的产品是指旅游景区经营者通过开发、利用景区资源提供给旅游者的旅游项目与服务及其组合，即旅游景区为游客提供一次旅游经历所需要的各种要素及其总和。从某种意义上说，旅游景区的核心产品是游客所获得的有益的体验，故旅游景区的产品配置要围绕"体验"来进行。

（一）配置原则

1. 产品配置

为了给游客提供舒畅的旅游经历，实现旅游景区社会、经济与环境的可持续发展，以体验为中心的旅游产品配置应遵循以下三大原则。

（1）平衡性原则，即旅游景区的发展要平衡旅游业、环境与地方社区的需要，重视游客、社区与目的地的共同目标，注重三方的协作。

（2）高效性原则，即在资源、资金等有限的条件下，对不同类型的旅游产品以合理的布局、合适的规模进行有机编排，为游客提供最佳的旅游体验组合。

（3）针对性原则，即根据景区自身类型和特色进行旅游产品的配置。

简而言之，共赢是旅游景区产品配置的基本准则。旅游产品配置在文化得到传承与发扬、环境得到保护的前提下，要保证资源的多样性、完整性与真实性；要为游客提供物有所值的、舒畅愉悦的体验；在企业经营业绩方面，要保证合理回报与较低风险；在区域贡献方面，要为社区提供更多的就业机会、税收，改善基础设施。

2. 项目配置

旅游景区项目的配置要遵从差异性、参与性与挑战性的原则。PineII 和 Gilmore 提出了塑造体验的五种方法：体验主题化、以正面线索强化主题印象、淘汰消极印象、提供纪念品与重视对游客的感官刺激。因此，旅游景区项目的配置首先必须要有一个主题且主题必须鲜明、有特色。

例如，碧峰峡通过八个方面的景区项目配置来突出"生态乐园"的主题，塑造了游客的欢乐体验，即良好的生态环境、独特的生态动物园、神秘的女娲文化、旅游与体育的巧妙结合、众多的参与性项目、悦目的资源整合、不同的消费档次满足不同层面消费者的需求、高质量管理与温情服务。碧峰峡强调观光休闲与度假健身功能合一、文化挖掘与体育参与齐头并进、传统项目与特色品种互为补充、返璞归真与现代享受结合、中国旅游与世界潮流实现接轨的中国示范性生态。

3. 服务配置

员工服务是游客亲切感与自豪感的重要来源。为了给游客塑造一种愉悦的体验，旅游景区必须研究游客的消费心理。例如，地中海俱乐部与众不同的 G.O（Gentle Organizer）是其服务的"灵魂"。来自世界各地的 G.O 不同于一般饭店的服务人员，他们以热情的态度和高素质的服务著称，能说多种语言且拥有独特的专长，与游客同吃、同住、同娱乐，与游客一同营造快乐的度假氛围。迪士尼公司的 Bruce Laval 提出了顾客学（guestology）的概念。顾客学的本质是把顾客（customers）当客人（guests）对待并且从客人的角度来管理企业。服务配置要遵从给客人提供美好的体验的原则，从三个方面努力：服务产品（service product）、服务背景（service setting）与服务交付（service delivery）。现在的服务业特别重视对服务场景中员工与顾客面对面接触的真实时刻（moment of truth）的管理。

（二）单体产品构成

旅游景区的产品按照旅游要素可分为餐饮、住宿、交通、观光、购物和娱乐等类。随着旅游需求的日新月异，旅游形式不断丰富和发展，康体、科教等专项产品在景区旅游产品配置中的地位日益突出。

在景区规划开发过程中，产品开发体系要依据景区的资源禀赋、周边设施、目标市场、游客规模、投资资本和开发周期等因素，在不同种类的单体产品开发上进行选择和侧重，不需要样样俱全。对于单项旅游产品，其配置主要涉及类型、分布和规模等方面的内容，同时需要适当考虑时间因素。在体验经济时代，产品开发要注重满足游客的体验需求，要更加重视产品文化内涵的提升，服务质量及产品体系的多样、创新和有序。

1. 餐饮产品

开发餐饮产品应结合历史、民族、文化或地域特色，赋予产品文化内涵。另外，就餐环境与氛围也越来越受到游客的重视。

餐饮产品有美食街、快餐店、自助餐厅、兜售车、农家乐、户外餐厅等类型。开发时应依据景区的游客消费水平和规模来设计餐饮体系，细分产品及产品规模，同时依据景区内游客的旅游线路和聚散格局来确定餐饮产品的空间分布及布局。

2. 住宿产品

景区需要建立规模适当、结构合理、功能完善、风格多样的旅游住宿接待体系。住宿接待设施要分批次建设,与景区不断变化的游客规模相适应。另外,应将旅游、地产、商业、娱乐等元素纳入住宿接待体系中,拉长旅游产品链。

住宿产品配置需要根据市场需求及景区自身的产品定位来确定。度假酒店、度假别墅等高档度假住宿设施应建设在环境、景观较好的地段。星级宾馆在景区中最为常见,可为一定规模的游客提供标准化的住宿、餐饮等综合服务。主题酒店和青年旅社以个性化的服务让顾客获得了丰富的文化体验。受到越来越多的游客青睐的民宿以温馨的居住环境和别样的风土民情体验体现出了更为多彩的个性文化。另外,主打新奇、冒险体验的创新性住宿产品,如设计独特又亲近自然的野外露营设施、造型各异的树屋、机动灵活的车房及胶囊旅馆等都可以为游客带来不同的感官体验。

3. 交通产品

交通产品配置的目的是增强景区的交通连续性,构建完善的交通格局,实现"进得来、散得开、游得畅"的交通目标。另外,一些别具特色的交通产品不仅是游客的代步工具,也是创新的观景平台,有助于提升游客的体验。

由于交通产品会影响和冲击其沿线的原有环境与景观格局,因此,线路布局和交通工具设计等环节需要进行前期环境评估、可行性分析、开发建设、运营管理等,以考察适用性。

一般地,景区道路可以分为主干道、次干道和游览步道。主干道和次干道是景区道路系统的"骨干",形成内部交通网络系统;游览步道是指连接景区内部景点的步行小径、登山步道等,能使游客更接近自然、增添游览情趣。景区的交通方式多种多样,具体如表3-3所示。

表 3-3 景区的主要交通方式

交通方式	举例	
空中交通	水上飞机、观光飞艇、升空气球、直升机、降落伞、滑翔伞等	
地上交通	人力:人力车、自行车、轿、滑竿、溜索等	
	畜力:马、牛、牦牛、驴、狗、骆驼等	
	机械:火车、观光巴士、索道缆车、电动车等	
水上交通	游船、游艇、竹筏、皮筏、乌篷船、碰碰船等	
水下交通	潜水观光船、水下观光走廊等	

4. 观光产品

传统的大众型观光产品的重心在于资源优势,其通过旅游设施的粗放型增长来满足游客走马观花式游览的需求。对以体验为核心的新型观光产品来说,开发者不仅需要赋予其文化内涵和鲜明的主题,形成系统的、多样的观光产品族群,同时应注重游客的参与性、体验性及旅游服务属性。

5. 购物产品

目前,我国景区旅游商品收入在旅游总收入中的比例还不到30%,与国际水平的40%~

60%仍有差距,由此可见,我国旅游景区通过购物产品的有效配置增加经营收入的潜力还有待挖掘。购物产品的配置内容分为三部分,即购物业态的完善、购物商品的打造和购物服务的打造。

购物业态包括商业街、区域购物点、单体购物点和流动兜售车等形式。业态体系的完善是指针对不同消费水平的游客群体设立档次齐全的购物业态,根据景区的旅游线路、聚散格局和周边环境设立不同的业态。购物点的设置要遵循三个原则:一是有利于消费者消费;二是有利于组织商品货运;三是有利于获取最大收益。

购物商品即通常所讲的旅游商品或旅游纪念品。在购物商品的开发配置过程中,应重视地方特色和统一主题,树立品牌意识,塑造有号召力的地方旅游商品品牌。

购物服务是影响游客购买行为的重要因素,所以应提高服务管理水平,杜绝经营主体的"弱、小、散、差"并统一规范市场秩序,完善"三包"服务,以赢得游客的信任。

6. 娱乐产品

旅游娱乐产品是为游客提供愉悦体验的各种设施、活动,是丰富旅游内容、延长游客滞留时间、增加旅游收入的重要手段。娱乐产品的开发要围绕为游客创造舒畅的旅游体验这一核心展开,培养游客的"新鲜感、亲切感、自豪感"。

传统旅游娱乐产品注重项目活动的娱乐性,业态形式为大型游乐设施、仪式节庆活动、歌舞晚会等,如皮艇漂流、风俗婚礼和《印象·刘三姐》之类的舞台剧等。而在体验经济和城市化进程突飞猛进的双重背景下,新型产品更加注重休闲性和教育性,如康体旅游产品和科教旅游产品。尤其是随着康体旅游在全民养生热的狂潮下变得炙手可热,景区纷纷开展了森林氧吧、温泉水疗等娱乐产品。

7. 专项产品

专项产品是指内容集中满足游客的某项特殊需求的主题产品,也有人称之为特殊兴趣产品。专项产品有别于传统的观光型、大众型旅游产品,它更注重游客的深度参与。许多地方都把专项产品单独列为旅游产品的一种,其实专项产品仍可划分到单体产品的范畴,它可以是上述六类单体产品中某几类或所有种类的特殊组合形式,目标是满足游客某一特定的体验需求。

常见的专项产品形式有民俗旅游、教育旅游、体育旅游、宗教旅游、康体旅游和养生旅游等。

(三)产品主题

景区产品的主题和具体配置是互相影响的。首先,在对景区资源基础和市场分析实施评价的基础上进行综合研判,确定景区开发配置的单体产品的类型和规模。然后,结合资源类型、当地文化、目标市场需求等完成景区主题的策划,使各种类型的单体产品匹配统一的产品主题。最后,根据确定的产品主题进行具体的产品开发和配置。景区产品主题的具体策划流程如图3-4所示。

主题的设计不仅影响旅游产品的开发,也影响着通过何种方式利用产品和线路有序组织内部空间,从而为游客带来系统、统一的体验过程。游客的游览目的是放松自己或者寻求平常生活中缺乏的特殊体验,所以景区产品主题应为游客提供或强化其在平时生活中欠缺的现实感受或使其产生有别于现实的感觉。主题是空间、时间和事物等相互协调的总体风格，而游客的体验也是综合的，包含了空间、时间和事物的整合。因此，景区产品主题配置应契合当地文化和游客心理，策划者应善于寻找相互关联的文化内涵和产品形式并根据不同时间的游客的心理特点和体验、感受推出符合主题的产品体系。产品体系就是设计配置系统化的旅游产品，从吃、住、行、游、购、娱等角度包装、策划产品，让游客对诱人的美食、畅达的交通、环境、住宿、美景、丰富的纪念品和愉悦的活动有更深层次的感受。

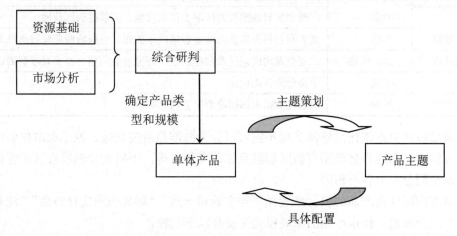

图 3-4　产品主题策划流程

二、开发型景区的产品配置

开发型景区主要包括旅游度假区和主题公园。由于开发型景区自身的经济功能，其依托的资源都是具有强竞争性的，很多都是针对市场开发的人造景区，因此，其产品配置主要以满足游客需求为根本目的。随着市场的成熟，为了给用户提供更优质的服务，旅游度假区和主题公园的产品正在相互延伸，特别是主题公园通过地产积极拓展度假业务，打造了产品多元的休闲娱乐度假平台。

（一）旅游度假区的产品配置

旅游度假区是指具有良好的自然环境和配套的旅游基础设施，集住宿、度假、休闲、游览、娱乐为一体的综合功能区。住宿产品、观光产品和娱乐产品是旅游度假区的核心吸引物，其收入在旅游度假区总收入中所占比例较大，而尽管餐饮产品、交通产品和购物产品所占的比例相对较小，但它们也是旅游度假区不可缺少的组成部分。旅游度假区力求通过不同类型、规模的旅游产品的配置，创设宁静、愉快、温馨的环境，以满足旅游者休闲、度假、康体的需要。

1. 住宿产品配置

在国外，许多成熟的旅游度假区的经济收益主要来自住宿产品。在国内，风格不一、类型多样、规模适当、功能完善的住宿产品同样是旅游度假区的核心产品。度假区的住宿产品一般拥有便捷的交通条件和良好的社区配套设施，能为游客提供完善的度假服务。

为了满足多种层次度假者的需要，度假区一般都配有不同等级的住宿产品，其类型如表 3-4 所示。

表 3-4　度假区住宿产品的类型

类　　型	级　　别	举　　例
度假村	高端	巴厘岛安缦努沙度假村、三亚亚龙湾人间天堂鸟巢度假村
别墅	高端	巴厘岛安格列克别墅、西比斯卡斯度假别墅、金巴兰桃花庄别墅
公寓	高、中端	澳大利亚腓尼基度假村公寓酒店、中国杭州绿城千岛湖度假公寓
营地	中端	广州七星岩旅游度假区瑞士花园营地、芙蓉度假区营地
汽车旅馆	中端	澳大利亚科夫斯港海滩度假区汽车旅馆、百斯特威斯登日落汽车旅馆
星级饭店	高、中端	三亚亚龙湾度假区希尔顿酒店、万豪度假酒店、喜来登假酒店
民宿	中端	中国台湾淡水民宿
乡村旅馆	低端	深圳观澜山水田园度假区乡村茅庐

　　旅游度假区根据依托的资源类型不同可以分为海滨旅游度假区、湖泊旅游度假区、滑雪旅游度假区、山地森林旅游度假区和温泉旅游度假区等，不同类型的度假区在住宿产品的设计及空间分布上各不相同。

　　旅游度假区住宿产品的设计应遵循"与主题相一致""彰显当地文化特色""注重休闲娱乐性"三个原则。住宿产品的布局模式主要有以下三种。

　　（1）一线式空间布局模式。我国现有的旅游度假区中有三分之一以上为濒海旅游度假区，这类度假区的住宿产品一般是沿着海岸线一线式分布的。

　　（2）三区结构模式。在功能分区上可以把旅游度假区分为核心保护区、游憩缓冲区和密集游憩区。核心保护区是受到严密保护的自然区，该区限制甚至禁止游客进入；围绕着核心保护区的是游憩缓冲区，可配置游客所必需的基础服务设施；最外层的是密集游憩区，可为游客提供各种服务设施及高密度的娱乐设施。

　　（3）核式环布局模式。这是指旅游度假区的住宿设施以自然景观为核心环绕分布，我国的温泉旅游度假区和滑雪旅游度假区等一般采取此种空间布局模式。

2．观光产品配置

　　度假区的主要消费群体是现代城市人群，他们在竞争激烈的日常工作之余大都希望寻找一个风景秀丽、环境优美的地方，躲避城市的喧嚣，享受生活的乐趣，因此大部分旅游度假区都选择建设在风景优美的地方，如我国长白山、太湖、武夷山、千岛湖等度假区。

3．娱乐产品配置

　　娱乐产品是旅游度假区的核心产品，不同的旅游度假区所配置的娱乐产品的类型和规模各不相同，具体示例如表 3-5 所示。

表 3-5　不同旅游度假区的娱乐产品配置

旅游度假区类型	娱乐产品举例	注 意 事 项
海滨旅游度假区	海滨地区：游泳、游艇、潜水、水上摩托艇、滑水、赛艇、帆船、帆板冲浪、皮划艇、滑沙入海、深潜水、帆伞、浮潜、水球、水上自行车等活动； 海岸沙滩：日光浴、野炊、徒步、自行车、沙滩排球、网球、骑马、高尔夫、驾车兜风等活动	以海为主题，突出度假区特有的自然环境，如天然海滩等，充分展示自然风貌

续表

旅游度假区类型	娱乐产品举例	注意事项
湖泊旅游度假区	游泳、垂钓、拉网打鱼、水上活动（包括漂流、溜索过河、溯溪、溪降）、赛龙舟、水上竹筏等活动	依托内陆湖泊或河流建设，滨水的环境特点决定了其主要娱乐产品应该是各种水上运动
滑雪旅游度假区	夜间滑雪、越野滑雪、雪上汽车、平地雪橇、滑冰等冬季滑雪产品，在夏季也应配置一些其他的娱乐产品，如矿泉疗养、健身运动、徒步旅行等	滑雪本身就是一种特色娱乐活动，具有运动健身和休闲娱乐的双重功能，应配置参与性、娱乐性都很强的娱乐产品
山地、森林旅游度假区	野营、森林探险、登山、攀岩、定向越野、体能训练、露营、徒步、骑马、骑自行车等活动	配置适宜在山地与森林开展的娱乐产品
温泉旅游度假区	主要配置：温泉泡浴、水疗、康体、养生、戏水等 其他配置：欧洲的温泉地往往设有赛马场、体育运动场、剧院、大型音乐厅等，日本的温泉地周围常设有美术馆、博物馆、高尔夫球场、滑雪场等	作为传统的度假旅游形式，温泉度假区也会配置一些其他的运动及休闲项目

4. 餐饮产品配置

追求高品质生活的旅游者在享受特色度假环境的同时会十分看重度假区提供的具有地方风味和民族特色的餐饮及餐饮环境，因此餐饮产品也是旅游度假区的核心吸引物之一。旅游度假区的餐饮产品种类及其特点如表3-6所示。

表3-6 旅游度假区的主要餐饮产品种类及其特点

种 类	特 点
快餐店	食物虽然有限，但是都是经过精心挑选的，很受欢迎；有的位于游泳池、高尔夫球场、网球场、滑雪场或其他消遣设施附近，也有的位于在购物中心附近，以吸引当地人
豪华餐厅	提供种类丰富的菜肴，如法国菜、中国菜等；相比其他饮食店，需要更多的烹调用具、更大的储存空间、更宽敞的用餐空间和更专业的劳动力
咖啡厅	主要提供种类齐全的早餐、简单的午餐和晚餐；重点经营已准备好的成品菜；许多游览地都设有咖啡厅
露天餐厅	通常是为户外烹制食品而建设的餐厅，如烧烤等，也供应各种精美的自助冷餐、海味或其他特产食品；在热带地区很流行
果蔬饮料及保健食品出售柜台	提供天然、清淡的食品，富含维生素和具有保健作用的食品；只需要有限的制作和存储设备，对用餐空间的要求低；通常紧靠健身俱乐部
酒吧	设在游泳池、网球场、高尔夫球场或其他客人活动场所旁；饮料及小吃种类根据酒吧的设施条件、与服务场所的距离及客人的需求决定

5. 交通产品配置

旅游度假区应按照游客的需求和旅游度假区本身的地形特征来设计不同的道路系统，配置不同的交通产品，采用不同的游线实现不同的旅游目的，而且总体上应符合舒适、悠然、慢生活的度假风格。

6. 购物产品配置

购物产品在度假区所有产品中所占的比例较小,其分布主要集中在度假区的进出口处及娱乐设施周围。

旅游度假区的购物产品主要包括礼品店、服装店、体育用品店、书店、杂货店以及设在度假区内的理发店、美容店和花店等。

(二)主题公园产品配置

主题公园是开展创意性活动的现代旅游场所。它根据特定的主题创意,采用文化复制、文化移植、文化陈列及高科技技术等手段,以园林环境为载体塑造虚拟环境来迎合消费者的好奇心,其主题创意贯穿整个公园的所有休闲娱乐活动空间。主题公园按照功能和用途分为四类:一是活动参与型;二是影视城;三是艺术表演型;四是微缩景观型。

主题公园产品开发有五大要素:准确的主题选择与定位、恰当的园址选择、独特的主题创意与主题文化内涵、灵活的营销策略和主题产品的深度开发。

在主题公园产品中,娱乐和观光产品所占的比例较大,其次是购物和餐饮产品,而随着市场需求的变化,占比日趋增大的住宿产品逐渐成为主题公园最主要的产品,如迪士尼乐园已从传统的主题公园转型为迪士尼主题乐园度假区,其突破了单一的娱乐产品配置,与度假区趋同。

1. 娱乐产品配置

娱乐是主题公园的"灵魂",在现代主题公园中,娱乐产品占据着非常重要的地位,具有类型多样、分布集中、规模庞大的特点,是主题公园的核心产品。不同类型的主题公园会根据不同的主题特点配置不同规模、不同类型的娱乐产品。主题公园的娱乐产品主要可以分为两大类、八小类,具体如表3-7所示。

表3-7 主题公园娱乐产品的类型

大 类	小 类	举 例
表演展示型	地方艺术类	法国"驯蟒舞女"、日本茶道、吉卜赛歌舞等
	古代艺术类	唐乐舞、祭天乐阵、编钟乐器表演、戏剧表演等
	风俗民情类	绣楼招亲、对歌求偶、皮影戏、飞天高跷、提线木偶等
	现代演艺类	话剧、演唱会、电影(环幕电影、动感电影、水幕电影)等
参与体验型	机械刺激类	过山车、海盗船、摩天轮、云霄飞车、碰碰车、旋转木马等
	运动健身类	徒步、攀岩、射击、骑马、各种球类运动等
	亲和休闲类	滑水、滑草、游泳、潜水、温泉疗养等
	节庆体验类	泼水节、火把节、啤酒节、音乐节、山地祈福节、庙会等

2. 观光产品配置

观光产品在配置上要体现与主题相一致、与环境相符合的原则。在四类主题公园中,观光产品在微缩景观型主题公园中所占比例最大,其次是影视城和艺术表演型主题公园,而活动参与型主题公园中几乎没有观光产品。

3. 购物产品配置

主题公园作为休闲娱乐产业,购物产品(购物商品)在其中占据着非常重要的地位。购物产品是除娱乐产品外,对主题公园收益贡献率最大的产品,旅游商品主要可分为主题旅游商品、节庆活动商品和一般旅游商品。例如,欢乐谷根据不同主题园区、节庆活动开发了不同类型的主题旅游商品,具有如表 3-8 和表 3-9 所示。

表 3-8　欢乐谷不同主题园区的旅游商品

主题园区	旅游商品
香格里拉	东巴风铃系列、东巴人系列、东巴文字系列、东巴相框系列
飓风湾	帆船系列、老船长系列
金矿镇	美国西部文化、西部牛仔系列、西部文化纪念品精品
魔幻城堡	魔幻骑兵系列、儿童雨伞系列、欢乐谷旅游纪念品
玛雅水公园	玛雅文化系列、玛雅文字系列、玛雅书签系列
西班牙广场	欢乐谷旅游纪念精品

表 3-9　欢乐谷不同节庆活动及其相关主题旅游商品(2007 年)

节庆活动	主题旅游商品
国际魔术节	魔法师高比、魔术小道具
玛雅狂欢节	热带风情文化衫、沙滩裤、拖鞋
时尚文化节	滑板、轮滑、小轮车等儿童玩具
万圣文化节	面具、南瓜灯
圣诞节	圣诞节相关主题商品
新春滑稽节	中国传统民俗造型系列商品

4. 交通产品配置

主题公园的交通产品配置应从全园总体出发,以交通功能与景观效果的综合效益最大化为原则,做到既能分隔空间,也能引导空间,同时要成为联系各个景点的纽带,满足人流的疏散、供应及消防安全等要求。另外,主题公园的交通产品应联系各景区,让游客在游乐活动流程之中保持体力和激情,达到游憩和放松的目的。

5. 餐饮产品配置

主题公园的餐饮产品主要有宴会餐厅、主题餐厅、特色餐馆、快餐餐厅和美食流动车等。餐饮产品配置同购物产品一样,要满足游客的需求,便于游客消费,既要做到在每一个主题园区都有分布,同时也要与主题公园的主题文化保持一致,打造主题特色餐饮。例如,迪士尼乐园在各个主题区都设有不同风格的餐厅。

6. 住宿产品配置

主题公园的住宿产品包括景观居住区和度假别墅、酒店、公寓、养老住宅、养生会所、会展中心等。

以主题公园创造出的区域性旅游资源为核心,再依托其关联带动作用引来的人流、物流,可进行商业配套、康体娱乐、休闲度假和房地产项目开发的"1+N"体系的构建,形成多产业融合的城市功能区。国外的迪士尼乐园度假区以及国内的深圳华侨城、广东长隆旅游度假区都是此类城市综合体的代表，它们以主题公园发展为核心扩展产业链，强调商业地产、酒店、办公、会展等与主题旅游、休闲娱乐等的良性互动。

三、遗产型景区的产品配置

遗产型景区主要包括自然遗产型景区和文化遗产型景区，它们是分别以自然遗产和各种物质或非物质文化遗产为资源依托并将资源开发视为核心旅游产品的旅游景区。遗产型景区的产品配置基本上是围绕保护资源进行的，不需要按照旅游要素进行产品配置。

（一）自然遗产型景区的产品配置

自然遗产型景区拥有原生态、和谐、系统的自然环境，它随着生态旅游、低碳旅游的兴起愈发受到游客的青睐。自然遗产型景区的产品配置过程应坚持"保护第一"的理念，即在保证基本的生态进程、生物多样性和生命支持系统的前提下发挥自然遗产的观光、休闲和教育等功能。

1. 风景名胜区的产品配置

风景名胜区具有观赏、文化和科学价值，自然景观、人文景观比较集中是其突出特点。风景名胜区根据资源品级划分为国家级风景名胜区和省级风景名胜区，国家级风景名胜区可以等同于国家公园。风景名胜区一般围绕着自然景观或人文景观来配置产品。

以武夷山的观光娱乐产品为例，武夷山风景名胜区根据资源的不同特征分为西部生物多样性、中部九曲溪生态、东部自然与文化景观以及闽越王城遗址四个保护区，具体如表3-10所示。

表3-10 武夷山风景名胜区的观光娱乐产品

产品名称	备注
黄岗山观光	我国东南最高峰，拥有东南大陆面积最大、保存得最完整的中亚热带森林生态系统，以丹霞地貌观光为主
九曲溪观光	曲折萦回的九曲溪乃自然景观的精华段，贯穿于丹崖群峰之间，构成"一溪贯群山，两岩列仙岫"的独特美景，竹筏漂流和清舟漂流的游览方式实现了完美的山水观光与水上漂流体验
古闽越文化游览	体现古闽越文化特征的绝壁"架壑船棺""虹桥板"以及汉代闽越王城遗址观光
水帘洞观光	为武夷山瀑布观光产品，水帘洞洞穴深藏于收敛的岩腰之内，两股飞泉倾泻百余米，宛若两条游龙喷射龙涎，又像两道珠帘从长空垂下
国家森林公园观光	包括龙凤谷、翡翠谷、神秘谷三个峡谷，构成三条观光游线，瀑布群景观、原始森林和竹海各具特色
漂流娱乐活动	武夷山最具特色的娱乐观光体验产品，竹筏漂流有青龙大瀑布景区及大峡谷漂流两段，清舟漂流途中还可以弃舟登岸

武夷山观光产品依托景区内最为优质的自然景观资源进行基础设施建设，同时设计游览路线把不同的景观点串联起来。其中，黄岗山的景观资源位于核心区域，其生态环境脆

弱,开发建设成本过高,故景区并未完全对外开发,而是选用缓冲区景观资源为依托开发观光产品。

2. 自然保护区的产品配置

自然保护区有广义和狭义之分。广义的自然保护区不仅包括自然保护区本身,而且包括国家公园、风景名胜区、自然遗迹地等各种保护地区。狭义的自然保护区是指以保护特殊生态系统进行科学研究为主要目的而划定的自然保护区。按照保护的主要对象来划分,自然保护区可以分为生态系统类型保护区、生物物种保护区和自然遗迹保护区三类。自然保护区配置产品时要求以保护为主,即在不影响生态保护的前提下,把科学研究、教育、生产和旅游等活动有机地结合起来,使保护区的生态、社会和经济效益都得到充分发挥。

以扎龙国家自然保护区为例,保护区中的扎龙湿地是一片面积约为2100平方千米的沼泽地,由许多小型浅水湖泊和广阔的草甸、草原组成。扎龙自然保护区既是全球16个湿地保护成功范例之一,也是研究恢复与重建退化湿地生态系统的天然参照系统。保护区内有鸟类240余种,其中尤以丹顶鹤最为珍贵。扎龙自然保护区的核心产品可以这样概括:一是世界鹤类饲养和培育中心;二是我国鸟类宣传教育中心;三是我国东北鸟类繁殖中心,其分区情况和产品配置情况如表3-11和表3-12所示。

表3-11 扎龙自然保护区的分区情况

分 区	面积(平方千米)	功 能	活 动 范 围
核心区	约为700	稳定自然生态系统、保护种源	核心区内居民外迁,停止生产活动,严禁外部干扰
缓冲区	约为670	核心区的保护缓冲地带	从事研究、观测活动
外围区	约为730	多用途的实验区域	从事驯养繁育、野化放飞、旅游活动和小范围的生产活动

表3-12 扎龙自然保护区的产品配置情况

产 品		具 体 说 明
景点观光	榆树岗	游客接待,观看扎龙自然保护区和鹤类的录像影片,登望鹤楼远眺鹤类和湿地景观,参观展览厅和鹤类驯养繁殖场
	龙泡子	水面景观,观察雁鸭类、秧鸡类、鸥类等游禽及在近水草甸栖息的小涉禽
	九间房	芦草沼泽景观,鹭类、鹳类的群巢区和鹤、鹳等涉禽及沼泽猛禽观赏区
	扎龙苗圃	草甸景观、林栖鸟类和草原旷野鸟类观赏区
旅游活动	野化驯飞	人工孵化丹顶鹤放归自然前的野化训练成为景区最吸引游客的活动项目
交通	工具	专线车、游览电瓶车、电瓶船
	道路	步行栈道、车行道
旅游纪念品		丹顶鹤工艺品、羽毛画、芦苇画、扎龙风光摄影集册、手工编织品
食宿		保护区外围区域开设少量农家乐,绝大部分食宿安排在远离保护区的市区内

扎龙自然保护区以保护湿地生态为使命,实施了湿地补水、核心区居民外迁等一系列大型湿地生态保护工程。扎龙自然保护区不仅在丹顶鹤的人工孵化与野化驯养方面成绩斐

然,而且在生态保护的基础上适度开发了旅游项目,最值得一提的是丹顶鹤野化驯飞项目,高峰期每天大约有三千人观看,该项目兼顾了保护区丹顶鹤的野化驯飞与游客游览这两方面需求。

3. 地质公园的产品配置

截至 2020 年,我国共有世界地质公园 41 处,主要分布于中东部地区,如黄山、庐山、嵩山、泰山、克什克腾、雷琼等世界地质公园。地质公园以具有一定规模和分布范围的地质遗迹景观为主体并融合其他自然景观与人文景观。地质公园作为地质科学研究与普及的基地,应重点保护地质遗迹景观和生态环境,其核心产品配置为地质博物馆,同时配置了具有较高科学品位的观光旅游、度假休闲、保健疗养和文化娱乐产品。表 3-13 所示为北京房山世界地质公园主要产品情况。

表 3-13 北京房山世界地质公园主要产品情况

园区名称	特 点	主 要 构 成	核心产品	其他产品
周口店园区	古人类遗存	猿人洞、山顶洞、田园洞	周口店遗址博物馆	—
石花洞园区	溶洞地质	石花洞、银狐洞等	石花洞岩溶博物馆	—
十渡园区	岩溶走廊、峰林峰丛	拒马河、仙栖洞、仙峰谷等	十渡国家地质公园博物馆	漂流、蹦极、农家休闲等
上方山—云居寺园区	岩溶地貌、佛教文化	云水洞、天柱峰、云居寺、佛教名山、千年经文和古柏	规划建设准备中	宗教
百花山—白草畔园区	造山运动、高等植物和珍稀野生动物自然保护区	高山草甸、冰瀑、云海	—	休闲避暑
圣莲山园区	岩溶地貌、宗教人文	莲子峰、圣水洞、长星观等	—	养生、宗教
野三坡园区	岩溶嶂谷	百里峡、龙门天关、天生桥等	野三坡地质博物馆	休闲、狩猎、度假、避暑
白石山园区	峰丛、新华夏构造体系	拒马源、十瀑峡、鱼鳞坡、白石山长城等	白石山地质博物馆	玻璃栈道

4. 森林公园的产品配置

森林公园的产品配置如果仅仅以观光产品为主,游客的滞留时间就会大大缩短,从而使各个单体产品的需求量减少。设置丰富的功能和产品可以为森林公园带来生机并引起联动效应。因此,森林公园在开发配置产品时应围绕着游客体验这一核心,使产品的外延和类型更加丰富,让游客有更多的选择。

以德国的森林公园为例,其旅游活动以观光为主,丰富多样的原始森林景观为游客提供了独特的旅游感受,深山湖泊、幽谷水坝、原始景观、高架渡桥等深深地吸引着游客,具体如表 3-14 所示。

表 3-14 德国森林公园主要产品配置

功 能	产 品	产 品 说 明
生态保护与教育	博物馆、展览室	有图片、幻灯片、录像、光盘、标本,可以使广大观众受到潜移默化的生态知识教育

续表

功　能	产　品	产品说明
交通服务	一般交通设施	汽车道、自行车道、步行游道及指示牌等
	特色体验徒步小径	巴伐利亚森林公园红豆杉、孔雀蝴蝶主题小径约660千米长、穿越整个东巴伐利亚的金色陡径；世界最大的树梢路径，全长约1300米，游人可自由行走在离地8~25米的森林中，为游客提供无与伦比的体验
标志记忆	特色标志物	巴伐利亚森林公园在动物区入口处的螺旋式缓慢上升的高塔通道提供了自由观赏的路径，游客通过约1300米的通道可上升到约44米高的观景塔顶，是广为人知的特色标志物
食宿	依托附近市镇	小镇餐厅、酒吧、旅馆、酒店等
度假疗养	疗养中心	以冷杉树为主的拜尔斯布龙林区占地约160平方千米，是德国最大的林场。浓密的树林、湿润的空气、一流的疗养设施使之成为德国最大的休养中心
传统文化及手工艺传承	手工工厂家庭作坊	在黑森林地区，传统的手工业主要是木雕业、玻璃吹制业、管风琴制造业、打铁业和制革业等。当地州政府会为这些传统手工业的保护和发展提供相应的资金与技术支持。黑森林的杉木布谷鸟钟因其独特的手工绘制外形而享誉世界

国内的森林公园旅游产品开发得较晚，产品种类相对单一，但随着森林公园旅游进一步发展，未来将会成为旅游产品开发最活跃的领域。

（二）文化遗产型景区的产品配置

文化遗产资源具有垄断性、独特性、不可再生性和脆弱性，同时文化遗产中承载着历史文化气息，是不可模仿和复制的。因此，文化遗产型景区在进行产品配置时应更多地体现对文化遗产的保护和传承功能。

1. 观光、餐饮与购物产品配置

（1）观光产品配置。对于文化遗产型景区来说，观光产品是重要的基础产品和核心产品，包括以古城镇、古建筑、工业遗址等人文景观为欣赏对象的观光游览活动。观光产品的开发配置主要从功能与形式两个方面着手。功能方面，文化遗产观光产品开发要以游客体验为核心，根据旅游动机和需要形成涵盖文化学习、文化认知、文化体验等功能的不同类型的产品体系，而形式方面则要求展现文化遗产的真实性和完整性，使游客融入遗产地的历史场景中。

文化遗产型景区大多位于人杰地灵之处，非物质文化遗产也较为丰富，如地方戏剧、民间艺术等，深入开发将使其变得更有价值和吸引力。例如，丽江古城将纳西鼓乐深度开发，使之成为一个具有浓烈少数民族文化特色的节目，而云南楚雄开发了以彝族傩舞为核心的娱乐产品，通过设立"傩舞馆"将傩舞演出经常化、品牌化。除特色娱乐产品外，景区可适当配置一般的娱乐产品或休闲娱乐场所。节庆表演作为景区的新型旅游产品，可以更好地演绎人文遗产文化内涵，深化主题；完善娱乐产品形式，延长游客停留时间，增加其过夜消费；打造核心产品，延长景区生命周期。

（2）餐饮产品配置。文化遗产型景区餐饮产品的开发要立足于当地菜肴，在特色上下功夫。一方面，要开发一系列具有鲜明地方特色的菜肴，应更多地采用当地的食材；另一方面，要根据目标市场游客的口味、喜好，注重对传统菜肴的改造和提炼，使之更适合旅游者的需要。另外，要对具有地方特色的民间小吃进行挖掘，丰富地方的饮食文化。餐饮产品需融合景区当地文化内涵，迎合现代都市人追求健康和养生的餐饮消费观念。

（3）购物产品配置。购物产品是衡量文化遗产型景区发展水平的重要指标，直接影响着旅游收入。因此，文化遗产型景区在发展初期就应着手全局开发配置购物产品，完善步行街、购物中心、土特产市场等购物业态，提升购物环境档次。配套商品要与文化紧密结合、推陈出新，发掘有地方特色的旅游商品，这样既可以增加当地的旅游收入，同时可以发挥文化展示功能，让游客带着商品、载着回忆回家。

2. 历史文化名城、历史文化街区

历史文化街区是经政府核定公布的保存文物特别丰富、历史建筑集中成片、能够较完整和真实地体现传统格局与历史风貌并有一定规模的区域。街区是城市文明的重要遗存，也是历史文化名城保护的重点抓手，在开发规划中会遇到保护与开发哪个更重要的决策问题。应该说，文化遗产资源类型不同，其允许开发程度也是不同的（见表3-15）。

表 3-15 街区文化遗产资源的产品开发

文化遗产开发分类	资源类型说明	产品开发建议
不宜开发	需要特殊保护的文物古迹，未修复、有安全隐患的古旧建筑，不宜转化为旅游产品的其他资源	保护为主 限制游客进入
限制开发	具有重要保护价值的历史建筑、公共建筑、历史遗迹、民居、街道、城墙、非物质文化遗产等	开发观光产品，控制游客数量和游客停留时间，控制周边商业业态
低度开发	具有一般保护价值的民居、非物质文化遗产等	开发高品位的文化赏游设施和高端旅游服务设施
高度开发	不具有特殊保护价值的商业设施、现代建筑、仿古建筑	开发大众化的旅游服务设施

3. 历史文化名镇、名村

历史文化名镇、名村是保存文物特别丰富且具有重大历史价值或纪念意义的、能较完整地反映一些历史时期传统风貌和地方民族特色的镇与村。古镇、古村产品要处理好保护与开发的关系。

乌镇是我国首批历史文化名镇，其魅力在于自然、建筑、文化和谐共生，开发中保存了原有水乡古镇的风貌和格局。乌镇的东栅景区和西栅景区先后于1998年、2003年开发，分别采用了两种不同的产品开发模式，如表3-16所示。从乌镇的总体发展看，二者相辅相成，缺一不可，使乌镇成为古镇保护与保护开发相结合的典范。

表 3-16 乌镇东栅景区与西栅景区产品开发

项 目	东栅景区	西栅景区
开发模式	"老街+博物馆"传统古镇开发模式	"多元"的现代功能植入的再利用模式
产品类型	观光型	"观光+休闲度假"体验

续表

项　目	东栅景区	西栅景区
开发内涵	保护了乌镇宝贵的历史风貌和遗产，风格质朴，体现原汁原味的江南水乡古镇历史风貌	保护性开发，建筑与外围环境协调，历史建筑空间更适合人居住，公共配套设施和旅游配套更加完善
限制	保护修复任务重，无法提供完善的服务	商业化气息明显，受到追求原生态文化游客的排斥
游览	蓝印花布染坊、公生糟坊、江南民俗馆、江南木雕陈列馆、余榴梁钱币馆、茅盾故居、夏同善旧宅第、古戏台、汇源当铺等二十多个景点	湿地、泛光夜景、精美的明清建筑、古石桥、水阁、老街、小岛、水景等
休闲娱乐活动	皮影戏、花鼓戏、船拳、高杆表演	喝茶、听戏、泡吧、看电影、逛图书馆、购物、养生SPA
当地居民活动体验	传统作坊体验	书场听书、参观老店、创意区、DIY纪念品
商务活动场所	没有	会议中心、商务会馆
住宿度假场所	很少	档次、风格不同的经济度假酒店、高档会所、江南人家风情民宿
交通工具	游船	观光车、观光船、水上巴士
配套设施	设有住宿配套设施、星级厕所、智能化旅游停车场	游客服务中心、直饮水、宽带网络、卫星电视、电子巡更、泛光照明、星级厕所、天然气、智能化旅游停车场

4. 文物保护单位

文物保护单位为我国对确定纳入保护对象的不可移动文物的统称，需依据《中华人民共和国文物保护法》（以下简称《文物保护法》）对其进行严格保护。近年来，人们逐渐认识到文物价值的发挥与文化传承的重要性，鼓励公众参与文物保护，允许社会资金投入文物保护并享有一定期限的使用权和经营权。这里的关键在于政府的监管要做到真正保证文物的安全。

北京智珠寺文物建筑修缮与再利用为文保单位保护与利用开辟了一条可以借鉴的路径。之前的智珠寺几经加建和拆改，文物与主体建筑亟待修缮。2008年，"东景缘"团队在主要投资人兼创始人——比利时人温守诺（Juan von Wassenhove）的带领下对智珠寺进行了修缮，其中的文物修复工作具有极高的专业性，堪称文保行业的典范之作。2011年，智珠寺修缮阶段性竣工，通过了北京市文物局下属北京市文物工程质量监督站的验收。2012年，该修缮工程荣获了联合国教科文组织颁发的亚太地区文物保护工程年度范例奖。

在修缮完成后，"东景缘"团队依据此前签订协议中规定的"合法经营"权，利用智珠寺非文物建筑开设了一家西餐厅、一个画廊和一家小型的旅馆。其中，西餐厅面向所有顾客开放。除利用天王殿作为入口处的候餐区以外，其他所有就餐区、厨房均位于保留下来的工厂厂房建筑中，确保文保范围内无明火、文物建筑内无就餐活动。画廊常年举办免费的文化艺术展，供观众在展期内自由参观。都纲殿也经常举办小型音乐会和舞蹈演出，任何人都可以购票进入。在非用餐高峰期或者包场时间段以外，公众可以进入寺内参观。虽然这些做法引发了一些争议，但在文物建筑的再利用上是一次探索。

在国外，欧洲文物古迹的"活化""再利用"更加灵活多样，荷兰马斯特里赫特的"天堂书店"就是其中一个例子。该书店前身是拥有八百年历史的多米尼加教堂，经过修缮、改造设计，原本教堂庄严凝重的氛围与当今书店的主题气氛不谋而合，使得整个书店呈现出与众不同的现代元素与哥特式建筑风格，不仅保持了多米尼加教堂的历史古貌，也给现代人一个别致而恬静的购物休憩场所。

第三节 旅游景区的空间规划布局

旅游景区的空间规划布局涉及旅游景区的选址、功能分区与空间布局，需要经济学、地理学、风水学、景观学与建筑学的相关理论做支撑，对提升游客体验和保障旅游景区可持续发展都有着重要作用。

一、旅游景区的选址

旅游景区的选址其实就是寻求最佳区位的过程。在实际操作中，各个国家和地区的旅游景区选址除了受资源和市场的影响外，往往还为决策者的价值判断左右。

（一）旅游景区选址的标准与条件

Smith在其所著《游戏地理学：理论与方法》中提到，对于旅游景区区位的选择应至少在以下五个方面做可行性研究：① 投资商的营销策略；② 市场区域的社会特征；③ 市场区域的经济特征；④ 市场区域的交通设施；⑤ 所选择位置的自然条件。

（1）投资商的营销策略。投资商对区位的选择有多种策略，要寻找能产生最高效益的产品与区位。

（2）市场区域的社会特征。旅游业的成败取决于是否有旅游者消费旅游产品与服务，因此景区所处区位及客源地的社会人口特征对旅游景区的发展具有重要作用。这就要求规划者分析市场区域内人口的数量、收入、婚姻状况、家庭规模、闲暇时间、教育水平、职业、宗教、对旅游的态度、对各种旅游产品与服务的偏好等。另外，当地社区对旅游的态度（支持或反对）也深刻影响着旅游业的就业、土地产权、游客经历和基础设施建设等方面。

（3）市场区域的经济特征。经济特征包括收入、消费习惯、区域经济状况及企业关系。区域经济状况往往影响土地、劳动、资金的可获得性及成本。企业关系涉及同行业的竞争及与其他行业的竞争，前者主要争夺客源，后者主要争夺资源。

（4）市场区域的交通设施，主要考察交通流量、交通方式等。交通影响旅游景区的可进入性，而这涉及大量的基础设施建设问题。交通规划不合理会使旅游资源得不到开发利用，也会破坏旅游景区环境，降低游客体验。

（5）所选择位置的自然条件。自然条件包括地质、地貌、水文、气候、动植物、土壤等基本因素。地质和地貌主要影响景区所在地的承载力、稳定性和有关工程建设的经济性等。气候主要影响景区的排水设计、道路布局等方面。景区选址还应该尽可能地减少对周边动、植物生活环境的打扰,保护它们的生活区。另外,土地的内在性质和再生能力也应该纳入选址考察范围,以免将来对项目开发产生不良影响。

Inskeep 认为,旅游景区的选址标准包括以下内容。

① 设施与自然背景相协调。
② 具有与开发类型相适应的小气候条件。
③ 自然环境有吸引力。
④ 有足够的、可开发的土地。
⑤ 与游客进出境口岸有良好的交通联系。
⑥ 供水、供电、排水排污、通信等基础设施具有开发可行性。
⑦ 有足够的土地用于修造缓冲带,同时没有空气、水或噪声污染。
⑧ 居民对旅游业发展持积极的支持态度。
⑨ 有适用的劳动力供给。

(二)旅游景区选址的实践

一般来说,对于以人造型景观为主的旅游景区区位的选择以市场指向为主,即期望接近市场地,而以自然型景观为主的旅游景区区位的选择以资源指向为主,即接近资源地。当然,基于实际情况,不同国家或地区对旅游景区区位选择的标准也会有所差别。

墨西哥开发旅游度假区的选址标准是:新的旅游中心必须设在有客源的地区并能创造新就业机会;必须位于那些收入较低并能在不远的将来开发其他生产活动的重要乡村中心附近;必须能刺激区域的新农业、工业及手工业活动的发展。

斐济旅游景区的选址标准是:有杰出的旅游资源,足以吸引并满足海外及当地游客的各种不同需要;具有自然的真实性,足以代表斐济的特征;具有考古、历史、生态的特殊性、代表性与重要性;具有开发的可行性;在居住设施与人口中心之间有方便的交通;有助于保护和恢复传统活动、风俗及工艺;能促进文化交流与国际间的理解。

加拿大国家公园的设立需要五个步骤:鉴别典型的自然区;挑选潜在的国家公园;评价国家公园建设的可行性;谈判磋商新公园协议;立法建立新的国家公园。选址的因素主要包括自然区域代表性的质量、独特的自然特征、文化遗产特征、地方政府原先的计划、户外游憩机会、可进入性、教育价值、不相容的土地利用、对环境的潜在威胁、地方的支持等。

二、旅游景区的布局

旅游地及旅游景区的开发与规划不仅要满足游客的游憩体验需求,还要做好生态环境及资源的保护,不可过度影响当地居民的生活。因此,做好旅游景区的布局工作十分重要。空间的分区能够有效缓解不同经营者或利益群体间的矛盾,同时最大程度地保护原有自然资源和生态环境不被破坏,是一种最为直接有效的旅游地开发、规划、管理技术。

（一）布局原则

1. 合理化功能分区

功能分区是旅游规划的一个重要方法，是根据规划区的资源禀赋、土地利用、项目策划等状况对区域内空间进行系统划分，以确定次一级旅游区域的名称、发展主题、形象定位、旅游功能和突破方向的过程。

在规划区域内进行合理的功能分区，不仅可以实现对区域内旅游资源和土地资源的优化配置与合理布局，还可使旅游开发战略、资源保护与开发以及容量控制等规划理念具体化为空间框架，从而保证旅游区的可持续发展。另外，旅游区内的功能分区不仅有利于其下一步的规划，也有助于今后的管理。通过对旅游区进行合理的功能分区，可以方便管理者对游客的活动进行有效控制和分流，可以避免旅游活动对保护对象造成破坏，以保证核心保护区的资源与环境得到有效保护。

2. 充分利用空间集聚效应

在管理中对游客过于密集采取的最常见措施是分散，但分散否认了集聚效应的优势。无论从游客还是从服务的角度看，集聚都有很强的功能效用。Balmer 于 1977 年指出，集聚布局有以下五个方面的优势。

（1）开发方面。集聚布局能使基础设施以低成本获得高效用。随着旅游发展深入与居民市场规模扩大，集聚布局可使新的旅游、商业部门更易生存。经验表明，当酒店与餐馆相邻布局时，更容易形成市场营销优势。

（2）经济方面。吸引物多种多样可以使游客的滞留时间更长，从而增加各个旅游服务部门的收入，进而推动地方经济增长。吸引物多样化还可以促进社区经济的稳定，同时大型、综合的旅游产品更容易形成有技能的、可靠的劳动力，减少"肥水外流"现象。

（3）社会方面。集中布局有利于游客与景区当地居民进行交流，建立友谊，也有利于某些风俗的强化，使之可开发成一种吸引物，而且许多设施可以同时为游客和当地人使用。

（4）环境方面。集中布局有利于环境保护与控制，对污染物的处理亦更为便宜。其中，敏感区能得到有效保护；深度开发区通过采用连续的控制管理，实施合理的设计标准，能够有效地消除其影响。集中布局可以防止布局散乱，亦可以防止主要自然景观的视觉污染。

（5）宣传方面。集中布局有利于主题形象的形成且规模效应对举办各种促销活动可以产生一定的助力。

（二）旅游景区的典型空间布局模式

旅游景区的类型不同，其空间布局的原则和方法也不尽相同。下面介绍几类典型的旅游景区空间布局模式。

1. 保护区——同心圆空间布局模式

1973 年，Foster 提出了同心圆空间布局模式，该模式将景区（保护区）从内到外分成核心保护区、游憩缓冲区和密集游憩区并得到了世界自然与自然资源同盟的认可。目前，我国的自然保护区也参照这种空间布局模式进行管理和规划。

(1) 核心保护区。核心保护区是旅游景区系统结构的核心，是受到绝对保护的地区，也是人为活动干扰最少、自然生态系统保存得最完整、野生动植物资源最集中的地区或者是具有特殊保护意义的地区。核心保护区担负着有效保护目标的功能，其大小和形状应能满足目标的保护需要。根据实际情况，在一个旅游景区内，核心保护区可以有一个，也可以有多个。核心保护区内的人为活动应受到严格的控制。

(2) 游憩缓冲区。游憩缓冲区处于核心保护区外围，处于与周边社区互相交错的地带。它是核心保护区与密集游憩之间的过渡区域，既可以有明确的界限，也可以只确定一个范围，但为了便于管理，其边界最好与自然村或相应的行政界线相一致。该区的作用主要是减少周边人为活动对核心保护区的干扰并通过自然生态系统的保护与恢复以及必要的景观建设逐步扩大核心保护区对周边地区的影响。除少量科研活动外，该区只允许开展有限的旅游活动（包括控制游客数量和旅游活动类型），只允许步行或不会对环境造成伤害的简单交通工具进入。

(3) 密集游憩区。密集游憩区是游客在旅游景区内的主要活动场所。由于该区域内的旅游活动相对比较集中，因而可以允许较多数量的游客和一定数量、类型的机动车辆进入，可以集中布局旅游接待设施，包括与旅游、娱乐、体育活动相关的各类永久性设施。该区内可能由于历史原因而存在数量不等的农田、村落或从事其他产业（如林、牧、渔业）的产区，但对于上述产业，特别是对于影响和破坏旅游景区整体景观的产业，应该限制其发展，同时区内的居民也应出而不进。

2. 保护区——游憩分区空间布局模式

1988 年，Gunn 根据人们多样化的游憩体验需求将密集游憩区进一步细化，结合生态旅游、国家公园和保护区的旅游功能整合，提出重点资源保护区、低利用荒野区、分散游憩区、密集游憩区和公园服务社区的空间布局模式。这一空间布局模式建议将大部分的旅游服务设施布置在公园之外，这样可以对公园主体部分进行有效保护，而细化的游憩分区更有利于景区的后期管理。1991 年，加拿大国家公园局借鉴该模式，将公园划分为特别保护区、荒野区、自然环境区、户外游憩区及公园服务区。

3. 度假区——目的地地带空间布局模式

2002 年，Gunn 在"社区—吸引物综合体"的基础上提出了旅游目的地地带（tourism destination zone，TDZ）的概念，旅游目的地地带由通道、入口、吸引物综合体、服务社区等部分组成。其中，吸引物综合体是一系列通过线路而有序集聚的吸引物，是旅游者进行旅游休闲活动的场所；服务社区是提供食宿、交通、旅游购物等服务的场所，两者通过连接通道联系在一起。

4. 度假区——娱乐同心圆布局模式

1970 年，Wolbrind 在制订夏威夷室外娱乐综合规划时提出了"娱乐同心圆"的空间布局模式。这种空间布局模式是在旅游度假区中心布置一个服务中心，在服务中心的外围地带布置吸引物，服务中心与外围吸引物之间通过连接通道连接，适合山地避暑型旅游度假区或温泉疗养型旅游度假区。

5. 度假区——双核布局模式

1974年，Travis提出度假区的"双核原则"，就是游憩中心区与商务中心区分离，组成两个组团。这种空间布局模式在游客需求与吸引物之间搭建商业纽带，通过精心设计将游憩服务集中在一个辅助型社区内，处于吸引物的边缘，因此特别适合海滨旅游度假区。

（三）遗产型景区分区布局

1. 国家公园分区布局

分区布局是国家公园的主要管理手段，用以保证公园内的土地及自然资源保持在野生状态，把人为干扰控制在最小范围内。世界各国都十分重视对国家公园的土地利用分区布局，由此形成各自统一的分区模式，用于指导国家公园的规划和管理。

（1）IUCN（世界自然保护联盟）国家公园分区方案。成立于1948年的世界自然保护联盟于1972年提出的国家公园分区布局方案将国家公园分为三类八区，具体如图3-5所示。IUCN认为国家公园是以生态系统保护和游览为主要目的而实施管理的保护区，因此应做到对现在及将来的一个或多个生态系统进行完整性保护，禁止有损于保护区规定目标的资源开发或土地占用活动，为精神、科学、教育、娱乐及旅游等活动提供一个环境和文化兼容的基地。

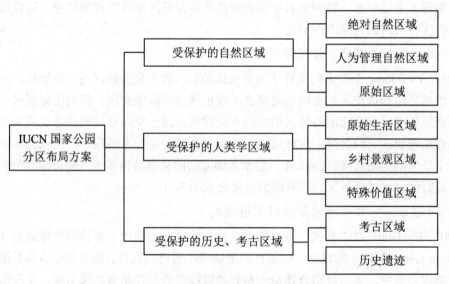

图3-5　IUCN国家公园分区布局方案

（2）NPS（National Park Service，美国国家公园管理局）公园分区布局方案。美国国家公园管理局于1982年制定了较为完善的公园分区布局方案，即在自然区、历史区、公园开发区和特殊用途区四大分区下直设若干次区，各国家公园可根据自身的自然、文化、社会、科研等资源特征的不同分设不同的分区和次区（见图3-6）。

（3）PC（Parks Canada，加拿大国家公园）分区布局方案。加拿大国家公园以自然风景和海域风光著称，国家公园署对"国家历史古迹""国家历史公园""传统运河"等自然历史遗产按照需要保护的情况和可对游人开放的条件，以资源状况为基础划分为不同区域，包括特别地区、荒野游憩区、自然环境区、一般户外游憩区和高密度使用区，如表 3-17 所示。加拿大国家公园的分区布局在保护生态系统完整性的基础上特别注重游客游憩需求的多样性，因此其在生态系统承载力范围内，在荒野游憩区到一般户外游憩区的不同区域均提供了不同的游憩体验活动，以使游客充分领略国家公园的魅力。

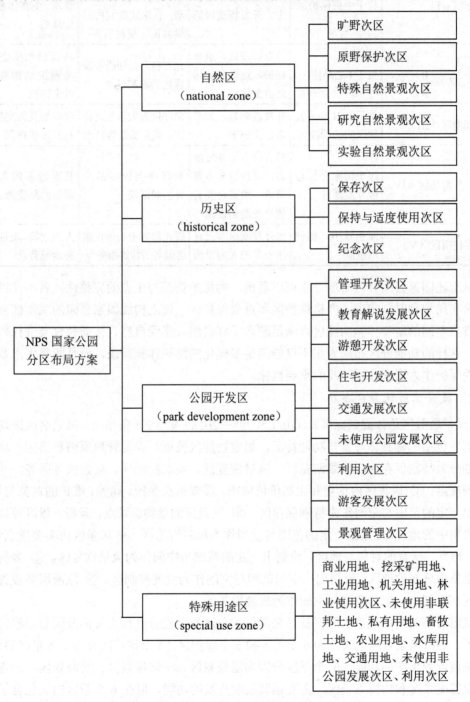

图 3-6　美国国家公园管理局的公园分区布局方案

表 3-17　加拿大国家公园分区布局方案

分　区	分区特点	开发程度	游憩活动	景观特征
特别地区（I）	位于中央保护区	维持自然及原始状态，开发程度极低	未经许可，禁止人、车入内进行任何活动；在限定时间内提供解说、观察服务	具有独特而优美之景观、生态体系及文化体系
荒野游憩区（II）	位于I之外围	开发程度低，重在保护，仅供非破坏之游憩使用	允许骑马、划船等较原始的游憩活动	具有自然生态演进及野生动物观赏之景观特征
自然环境区（III）	位于I、II与开发地区间的缓冲区	开发较频繁，如车道、设施等	允许接近大自然之住宿、乘车赏景等活动	含自然及人文景观，具有游憩资源
一般户外游憩区（IV）	属于国家公园边缘开发地区	具有极大的开发潜力，可设置车道露营地、眺望台及其他户外游憩设施	允许种类较多的户外游憩活动	具有较多的人文景观与游憩资源
高密度使用区（V）	面积较小，但使用度高	已开发或原本已有相当多的人为设施	提供游客中心解说服务及各类旅游服务	人为建筑、庭院与服务设施普及

从上述国家公园分区布局方案可以看出，为保护资源与生态的完整性，各国在进行公园分区布局规划时划定出了严格保护区和重要保护区，使之构成国家公园的主体部分；同时，设立不同的游憩体验功能区以满足游客了解自然、享受自然、接受教育及进行研究的需求。这样的功能分区布局方案不仅能满足多样化的游憩体验需求，而且能将生态系统的完整性保护作为国家公园开发的重要目标。

2. 风景名胜区分区布局

《风景名胜区总体规划标准》（GB/T 50298—2018）第 3.2.5 条指出，风景名胜区功能分区规划应包括明确具体对象与功能特征，划定功能区范围，确定管理原则和措施。功能分区应划分为特别保存区、风景游览区、风景恢复区、发展控制区、旅游服务区等，并应符合下列规定：① 风景区内景观和生态价值突出，需要重点保护、涵养、维护的对象与地区，应划出一定的范围与空间作为特别保存区。② 风景区的景物、景点、景群、景区等风景游赏对象集中的地区，应划出一定的范围与空间作为风景游览区。③ 风景区内需要重点恢复、修复、培育、抚育的对象与地区，应划出一定的范围与空间作为风景恢复区。④ 乡村和城镇建设集中分布的地区，宜划出一定的范围与空间作为发展控制区。⑤ 旅游服务设施集中的地区，宜划出一定的范围与空间作为旅游服务区。

我国著名的黄山风景名胜区就是采用保护分区与功能分区相交叉的分区布局模式的典型例子。黄山风景名胜区共分为 6 个景区和 5 个保护区。5 个保护区分布于各景区的外围，主要强调资源保护的功能；6 个景区分别为温泉景区、玉屏楼景区、北海景区、云谷寺景区、松谷庵景区和钓桥庵景区，主要强调旅游开发的功能，但在 6 个景区内又包含了分级保护分区和功能分区（见图 3-7）。

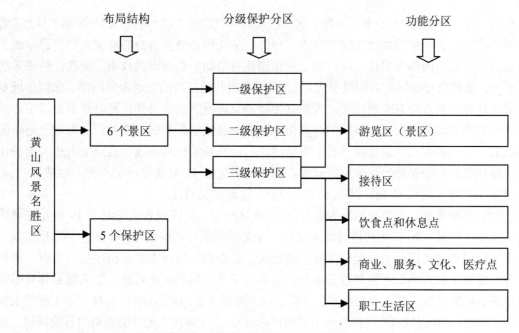

图 3-7　黄山风景名胜区分区布局模式

（四）开发型景区分区布局

1. 旅游度假区的分区布局

旅游度假区是服务设施（住宿餐饮设施、康体休闲设施和商业服务设施）综合配套的旅游者短期居留地，可为旅游者提供综合性服务。旅游度假区需要涵盖能够满足游客各种需求的服务、娱乐设施，以方便游客消费，同时还要考虑与周围环境及社区的匹配度与融合度，因此旅游度假区必须进行分区布局规划。在对旅游度假区进行功能分区时，除了要统筹规划，保持住宿、服务、娱乐设施和景区的协调性外，还要注重对度假区旅游资源和环境的保护。

墨西哥的坎昆旅游度假区是世界公认的综合性旅游度假区的成功开发案例之一，其在进行功能分区时充分考虑到了对生态与环境的保护，不仅在酒店规划建设时着力打造大型综合度假酒店，除保证住宿、餐饮、会议等功能外，还依托当地的红树林等资源在度假酒店内兴建了集红树林探险、大型水族馆、水上乐园、高尔夫等为一体的主题乐园，如此既满足了入住旅客的不同需求，也打造了吸引游客的一大卖点。同时，坎昆旅游度假区在统筹规划时十分重视生态环保，以库库尔坎滨海大道两侧的规划设计为例，一侧是滨海度假酒店，另一侧则是保存完好的红树林，这一建设布局完美地体现了在保护中发展、在发展中保护的生态环保理念。

2. 主题公园的分区布局——迪士尼乐园的分区规划与非连续性布局

（1）合理选址。迪士尼乐园作为人造景观，其选址是灵活的、可变的，主要遵循以下两个原则：① 选择中心城市的边缘或远郊地段，这是因为城市中心地块不仅狭小且价格昂贵，而城市边缘或远郊地段可以购买、使用的土地面积大且价格相对便宜，可以节约成本。例如，位于中国上海浦东新区川沙镇的上海迪士尼乐园，距市中心约 40 千米；位于法国马恩河谷镇的巴黎迪士尼乐园，距市中心约 32 千米；位于日本千叶县浦安市舞滨的东京迪士尼乐园，距市中心约 10 千米。另外，这样的选择也"迫使"游客的就餐及留宿行为大多数在园内发生，进一步增加了乐园的收入。另外，依托中心城市自身的庞大人口资源，迪士尼乐园具有稳定的游客群体，同时迪士尼乐园还可借助中心城市的政治、文化、经济等的影响力，拓展自身的辐射力和吸引力。② 有可利用并能拓展的交通服务网络。乐园选址要能最大程度地整合现有交通设施，为建立便捷的交通网络创造条件，同时还要借助中心城市高水平的基础服务设施拓展新的游客引入、输出交通服务系统。例如，上海迪士尼乐园建设前，川沙镇周边交通线路已有上海市浦东国际机场的机场快线，直通上海市区的沪川线、塘川线。而随着迪士尼乐园的建成，上海轨道交通 11 号线开通了"迪士尼站"，上海公交集团开通了浦东 50 路、浦东 51 路、浦东 52 路公交线路。

（2）合理布局。合理布局分为两种：① 分区规划。分区规划法起源于 19 世纪末德国的土地分区管理，20 世纪初被美国所采用，是美国国家公园规划与管理的一种常用方法。迪士尼乐园借鉴美国国家公园分区规划的经验，结合自身发展需求对园区按"主题"进行划分，既便于游客感知主题和进行选择，也确保了各区域的文化内涵、娱乐项目等互不影响，保证每个区域具有不同的氛围、特质。以上海迪士尼为例，"明日世界"用于展现未来的无尽可能，"梦幻世界"能体验迪士尼的精彩故事，"宝藏湾"是体验刺激的冒险区域。在景观营造上，各区域内均有标志性构造物，便于游客寻找。仍以上海迪士尼乐园为例，各区域标志性构造物分别为：米奇大街——欢乐广场，奇想花园——故事家雕塑，探险岛——雷鸣山，宝藏湾——沉落宝藏之战。对于整个园区而言，其标志性建筑就是迪士尼奇幻童话城堡，这也是每个迪士尼乐园的地标。② 非连续性布局。非连续性布局是指迪士尼乐园的各个区域之间并非"串联"的组合关系，而是采用"并联"的、放射的组合方式。各迪士尼乐园都有美国大街这一主题区（东京迪士尼乐园和上海迪士尼乐园的名称不同），它除了供游客参观、游玩之外，还具有集散游客的功能。美国大街为乐园的中心轴，其他区域分布于其四周且各区域均为环形布局。与连续性布局（如山岳旅游区布局中的分叉式山岳景区布局模式以及环式山岳景区布局模式）相比，非连续性布局使得游客可选择的游览方向更多，有利于游客直奔主题，选择自己喜欢的项目，迅速沉浸在乐园所营造的氛围中，避免游客因路线过长产生厌倦情绪。同时，非连续性布局在路径上给游客以充分选择——既能在区域内连续游览，也可在游览完一个区域后回到中心轴去选择下一个浏览区域。

3. 旅游综合体——曲江旅游综合体：一个核心，一条轴线

旅游综合体在空间上必定是以围绕旅游景区为核心布局的。旅游综合体的建设目的是服务游客，满足游客的多元化需求。各个不同的企业聚集在一个特定的空间里，它们是旅游综合体价值链中的各个部分。在旅游综合体的布局中贯穿着一条或多条轴线，而所有相关企业是按照轴线的走向进行布局的。这些企业包括高星级酒店、餐饮设施、娱乐中心、酒店式公寓、购物中心、体育健身场所等，它们在空间上具有一定的连续性，通过前期的规划有机地结合在一起，实现了功能的组合，形成了高效的服务体系，可为景区游客与当地居民提供良好的休闲娱乐活动场所。旅游综合体的空间布局首先要考虑的便是旅游吸引物与游客服务中心（度假区、服务区）之间的关系。

曲江旅游综合体在空间范围上并没有明确的边界，它是逐渐发展的。从空间角度上可以将其分为内核区与外延区，内核区集中分布着旅游相关产业，而外延区是城市区域向商

业游憩区过渡的空间。由于旅游设施或旅游相关企业的功能关联，曲江旅游综合体可分为广场区域、街道区域、建筑区域和交际区域。从较大的空间尺度上看，旅游综合体主要是围绕着旅游景区建设而成的，而曲江旅游综合体内的各个旅游服务设施正是围绕着大雁塔、大唐芙蓉园等景区建立起来的。曲江旅游综合体在前期规划时以对曲江区域内历史文化遗迹进行保护性开发为原则，在景区建设的不断完善中，越来越多的旅游相关企业开始在景区开发与相关政策的吸引力下向曲江旅游综合体内集聚，建设了大唐不夜城、大唐通易坊等相应的旅游休闲区域。随着时间的推移，周边环境与基础设施提升，土地资源稀缺，地价上涨，综合体可以对土地进行高效利用，这也符合曲江旅游综合体的利益趋势。2011年，曲江旅游综合体列入国家 5A 级文化景区后，整体旅游服务水平质量得到了巨大的提升并逐步由休闲观光景区向旅游文化产业过渡。从小的空间尺度上来看，旅游综合体区别于传统旅游景区的特色之一就是聚集了多种旅游功能，既能突出旅游的某项功能，又能够一站式满足游客全方位的旅游体验需求。旅游综合体的结构构成主要是以旅游相关服务产业为主导，服务对象是游客。曲江旅游综合体的空间布局结构特点可总结为以下几个。

（1）以大雁塔景区为核心。为提升旅游活动的服务质量与经济效益，满足游客日益增长的旅游需求，旅游综合体在发展过程中需要多个产业（如文化产业、休闲服务业、餐饮业、商业等）的支持。曲江旅游综合体以大雁塔为核心，以周边地区为辐射范围，致力于为景区周边地区的游客与居民的休闲、购物、娱乐、餐饮等消费活动提供更多的便利条件。

游客以曲江大雁塔广场为中心，面对不同方向前行会有不同的旅游体验。如果想购物，可以选择世纪金花、银泰城等档次、大小不同的购物中心；如果想品尝特色美食，可以选择大唐通易坊与美食一条街；如果想要娱乐，可以选择大唐不夜城；如果想要休闲，可以选择曲江池遗址公园、唐城墙遗址公园等。

（2）以大雁塔南路为发展轴线。从曲江旅游综合体资源空间布局图上可以很清晰地看出，曲江旅游综合体在空间布局结构上具有一条明显的发展轴线。在以大雁塔景区为核心的同时，曲江旅游综合体内的旅游企业在这一发展轴线周边进行布局，相对于其他核心点周边较为密集。

在大雁塔南路这一轴线周围分布着不同的古代与现代建筑，游客不仅可以在这里体验到大唐文化的神韵，也可以在这里购买到最为新潮、时尚的商品。经过改造后的曲江南广场周边建筑古典、大气，具有浓厚的大唐文化气息。除了对后期的建筑进行改造之外，曲江旅游综合体极大地统一了曲江景区内部建筑的风格样式，从而使古代建筑风格下蕴藏着现代社会的需求内涵。

位于大雁塔南路大唐不夜城的贞观盛世浮雕群向人们展现出了大唐盛世时的繁华景象。另外，垃圾箱、座椅、游步道、扶栏等公共服务设施上的文化符号从细节上表达出了唐文化元素的特点，让游客在休闲与购物时犹如置身于大唐时代。

（3）区域内外交通紧密衔接。景区交通分为内部交通与外部交通。曲江旅游综合体外部交通方便，景区连接着多条质量较高的城市道路。其内部交通中新建成的景区轻轨全面覆盖了曲江旅游综合体内部的各个景点与重要的服务建筑设施，同时与外部地铁站相邻，减少了游客通往外部火车站、汽车站、机场的时间，方便游客更好地就近出入综合体。近期内新增的景区游览大巴使游客在综合体内部通行时有更多的选择性，也更加便捷，提升了整个综合体内部各个核心景点的流量。

三、旅游景区空间规划布局的利益相关者及其冲突解决

在旅游景区规划过程中，不同利益相关者对空间规划、旅游开发和自然价值保护的观点往往不同，因此难免发生冲突。深入分析引发冲突的原因对于采取适当的办法来解决冲突是至关重要的。

1999年，"利益相关者"这一概念首次出现在世界旅游组织制定的《全球旅游伦理规范》中，这标志着这一概念在旅游官方组织中得到了认可。旅游景区开发过程中的利益相关者是指在旅游景区开发过程中影响开发和受开发影响的群体或个人。一般意义上的旅游利益相关者包括旅游景区规划师、当地商户、当地居民、积极团体、旅客、国家商务链、竞争者、政府部门及员工等。通过分析旅游景区开发过程中的利益相关者的构成，旅游景区开发中的利益相关者的利益冲突可归纳为以下几个方面。

（1）主要利益相关者之间的利益冲突。旅游景区开发中的主要利益相关者包括政府管理部门、政府经营部门（旅游经营企业）、当地居民、旅游景区规划师、旅游者五个利益主体。从政府管理部门的角度来看，应做到既要保证旅游景区的开发能够顺利进行，又要保证旅游景区的开发不偏离轨道。但是，从我国的实践来看，许多管理部门都只关心自己部门的利益，而不会考虑到旅游景区全局的发展。从旅游景区经营者的角度来看，他们所关注的是旅游景区的创收和盈利，因此有可能以破坏环境为代价来实现利润的最大化，这就会和政府管理部门的管理目标相冲突。从当地社区居民的角度出发，他们所关注的是社区居住环境的变化及旅游景区的开发能给他们带来多少利益。从旅游景区规划师的角度看，如果规划设计得不好就会造成旅游景区开发的不成功，从而会和旅游景区经营者产生利益冲突；如果旅游规划设计会对当地社区的环境造成很大的破坏，就会和政府管理部门及当地的社区居民产生利益冲突。从旅游者的角度看，若旅游者的旅游需求得不到满足，他们就必然会和旅游景区的经营者、旅游景区规划师产生利益冲突。

（2）主要利益相关者与次要利益相关者之间的利益冲突。旅游景区开发中的次要利益相关者包括旅游从业人员和环保部门。旅游从业人员包括旅游景区经营企业所属的员工、旅行社的导游以及从事旅游相关活动的工作人员。他们是直接跟旅游者接触的一线工作人员，其工作表现及工作态度决定了旅游者的感受。因此，旅游从业人员与旅游者就是一对存在利益冲突的利益相关者。另外，旅游者与旅游从业人员发生利益冲突，最终还会影响到旅游经营企业的利益，因此，旅游者与旅游经营企业之间也存在利益冲突。环保部门关注的是旅游景区的环保问题，故环保部门与政府管理部门、景区经营部门、旅游景区规划师等主要利益相关者之间存在环保目标上的利益冲突。

（3）主要利益相关者与一般利益相关者之间的利益冲突。专家团体和社会媒体为旅游景区开发的一般利益相关者。专家团体的研究有助于旅游景区改善存在的经营管理问题，从而在一定程度上推动旅游景区的健康发展。但是，如果旅游景区的管理者和经营者不采纳专家提出的改进意见，则该旅游景区有可能被当成反面教材，从而给该旅游景区造成不良的影响。

要解决旅游景区各利益相关者的利益冲突，最关键的是要平衡各利益相关者之间的利益关系，加强对旅游景区各利益相关者的管理，让他们有效地参与到旅游景区的管理中并分享到一定的利益，这样才有可能缓解各利益相关者之间的矛盾，促进旅游景区的有序开

发。以下为协调旅游景区开发规划过程中冲突的几项措施。

（1）明确各利益相关者的角色定位。各利益相关者的角色定位是指在旅游景区开发的过程中，各利益相关者应各司其职，明确自己的利益主体和责任，尽量只行使自己的权利，不要越权去干涉别的利益主体。明确自己的角色定位，做好自己的本职工作，这对解决利益相关者之间的矛盾和冲突具有重要的意义。例如，政府管理部门的责任是控制、协调、引导、规范其他利益相关者的目标和行为，而不是去干涉旅游景区经营中的日常工作或是参与旅游景区的利润分配。

（2）完善利益相关者参与旅游景区管理的机制。旅游规划中涉及的利益群体较多且关系复杂，因此，如何进行利益协调、保持各方利益的平衡尤为重要。一般来说，首先要开展对利益相关主体诉求的调查。诉求调查的范围比较广泛，包括社区居民的社会发展诉求调查、管理机构的绩效诉求调查、投资机构的盈利诉求调查、潜在旅游者的体验诉求调查及弱势群体的诉求调查等，调查结果可为旅游规划的目标设置、产品或项目设计、相关政策的制定等提供充分的依据。其次，要建立有效的沟通机制。在旅游景区开发规划过程中，要充分考虑各方利益，就要做到上情下达和了解民意，相关的有效沟通方法包括召开咨询论证会、实行区域公投制度等，这样可以将利益相关群体召集起来共同商议规划事宜并在信息充分公开的前提下让各利益群体自主选择需要的结果。沟通机制的建立可以让利益相关主体了解政府举措并积极配合政府行动，促使旅游规划的编制、实施成为各利益相关主体的责任，以利于地方旅游业的健康发展。最后，要提高各主体的参与度。旅游规划中，利益相关者的参与十分必要，根据各主体的不同价值观和利益要求制定出参与旅游规划的经济、社会与环境目标能够更好地助力旅游可持续发展。一方面，要全方位地提高当地社区参与的广度、深度和可行度，参与内容包括旅游资源的挖掘、旅游产品的开发、配套服务设施的建设、环境的保护等；在参与方式上，社区居民除了要以主人翁的身份参与决策外，还可以表演者的身份参与到一些旅游项目之中，如日常生活状态展示、民俗表演活动等。另一方面，可聘请顾问和领导小组参与规划，方式有两种：一是聘请相关的职能管理部门的成员组成专业顾问小组，为旅游规划的标准化和规范化提供保障；二是聘请由当地政府、企业等旅游投资方的代表组成的规划领导小组，这类领导小组成员的意见对于旅游规划的内容具有较大影响，而且在大多数情况下，项目、产品设计方案需要得到他们的认可，因此，规划过程中要多听取规划领导小组成员的意见。

（3）重视对利益相关者的管理。利益相关者管理是为综合平衡各个利益相关者的利益要求而进行的管理活动，其最终目的是要变不利因素为有利因素，争取利益相关者最大程度的支持。科学有效的利益相关者管理可以平衡旅游景区各利益相关者的利益要求，优化他们之间的关系，从而实现基于整个旅游景区的管理和经营。

第四章　旅游景区运营管理

第一节　旅游景区日常服务管理

一、接待服务管理

接待服务是旅游景区满足游客需求，使其产生良好印象的关键，也是旅游景区中难度最大的工作。从迎接游客入园、提供咨询、安排导游、安排住宿、联系娱乐到送游客离开旅游景区的工作过程都需要服务人员与游客面对面地交流，因而需要服务人员掌握灵活的处事方式并具有较强的应变能力。

接待服务的工作内容包括票务服务、入门接待服务和投诉受理服务。

票务服务工作的流程为售票前准备、售票、检票和交款统计，这是旅游景区实现收入的直接环节，虽然工作相对单调，但责任重大，因此售票人员必须有耐心、宽容心、很强的工作责任心和良好的职业道德，同时需要具备一定的会计、出纳知识和相应的服务技巧。例如，为避免收到假钞，售票人员应掌握娴熟的鉴别货币真伪的方法；当优惠票存在争议时，售票人员应礼貌、耐心地向游客说明相关制度，争取游客的理解。

入门接待服务的工作内容包括验票服务、入口排队服务和咨询服务。验票工作关系着旅游景区的经济效益，同时也担负着维持旅游景区良好秩序的重要职责。尽管随着现代科技的发展，越来越多的旅游景区开始使用电子检票系统，但仍需要有工作人员提供接待服务，以防意外发生。入口排队是旅游景区为了让游客顺畅地进入旅游景区而采取的必要的管理手段，可以避免旅游旺季时出现入口堵塞的情况。不同的旅游景区可以根据游客量采取不同的排队和接待方式。一般地，旅游景区会将咨询服务工作归于游客中心，其主要工作包括散客接待、团队接待、导游服务、旅游咨询、旅游商品销售、失物招领、物品寄存、医疗服务、邮政服务及残疾人设施提供等。游客中心一般设在旅游景区入口或游客相对集中的位置，以方便游客到达。

游客投诉是旅游景区运营过程中经常发生的事，因而，投诉受理服务也是旅游景区接待服务管理的重要内容之一。一般而言，游客对旅游景区的抱怨来源于对旅游景区服务、旅游景区产品及旅游景区硬件和环境的不满，其目的不外乎三种：求尊重、求平衡、求补偿。旅游景区应本着真心实意地解决问题、不与客人争辩及维护旅游景区利益不受损害的原则，在换位思考的同时尊重事实，用恰当的处理方法将游客的不满情绪降至最低，从而提高旅游景区在游客中的信誉度。

二、商业服务管理

旅游景区商业服务是指满足游客吃、住、购、娱等方面需求的服务，其中，餐饮和住宿是游客的基本需求。旅游景区商业服务的内容丰富，形式多样，是优化游客旅游体验、提高旅游景区经济效益的重要渠道。由于受类型、规模及其他条件的限制，并非所有旅游景区都可提供全面的吃、住、购、娱等服务，有些景区可能只提供其中一种或几种服务。

（一）旅游景区餐饮服务管理

随着旅游业的迅速发展，各旅游景区的餐饮业也逐步发展壮大起来。旅游景区的餐饮不仅是美食那么简单，更反映着当地的饮食文化特色和风俗民情。

现代社会已经步入体验经济阶段，从这一角度来看，旅游者进行餐饮消费的目的已经不再是单纯地满足自身的生理需求，而是为了体验整个旅游过程中的个性化服务，以满足某种特殊心理需求。旅游者都渴望在旅游目的地品尝到别具一格的、具有浓郁风情的美味佳肴，因此，旅游景区的餐饮应以鲜明的特色吸引旅游者，餐饮企业应当注重从当地的历史文化、传统习俗、地方特产、民间风味小吃等寻找灵感，对菜品进行创新。例如，无锡三国水浒景区的"三国宴"就是由"草船借箭""三顾茅庐""舌战群儒""曹操鸡""张飞红烧肉""八卦豆腐"等具有三国特色的菜肴构成的。

另外，景区餐饮企业可以让旅游者参观菜品的制作过程，这样既可以使旅游者体验到餐饮的乐趣，又能宣传当地的饮食文化。特别是对于散客和背包旅游者来说，这种形式有助于他们增加在景区的旅游时间，同时这种形式也有利于异国旅客亲身参与、体验异国文化。

（二）旅游景区住宿服务管理

规模较大的旅游景区一般都配有相应的住宿设施，其位置可能设在旅游景区内，也可能设在旅游景区外，其经营管理方式一般为旅游景区直接经营，也有租赁经营、委托饭店集团经营等方式，但无论采取何种方式，都应将其视为旅游景区的一个组成部门进行管理。

旅游景区住宿服务应符合整洁、安静、安全和亲切等基本要求。到旅游景区住宿的客人多为到旅游景区观光、游览、度假的游客，客源相对较为单一并且易受旅游淡旺季的影响。因此，旅游景区住宿的规模相对较小，功能也不全面，需借助旅游景区其他部门（如餐饮部、娱乐部等）的力量进行弥补和配合。

（三）旅游景区购物服务管理

旅游购物一直是我国旅游业中力量比较薄弱的环节。从旅游景区自身来看，旅游购物主要存在着商品雷同、缺乏旅游景区自身特色、诚信服务意识差、购物陷阱多、售后服务不完善等问题。旅游景区应该注意统一购物服务管理，建立诚信的购物环境，开发具有旅游景区自身特色的旅游商品并建立高效的投诉管理机制，满足旅游者购买欲望的同时，维护其合法权益。

要解决目前游客在旅游景区内购物欲望较低的问题，就必须了解和掌握游客的购物心理和基本的推销技巧。总体而言，游客的购物心理主要有求实、求名、求美、求新、求廉、求趣、求知和求尊重，旅游景区应该以此为基础，做好旅游商品的设计和生产，同时要善于利用推销技巧激发游客的购物欲望。

（四）旅游景区娱乐服务管理

旅游景区娱乐服务是指旅游景区工作人员借助旅游景区的活动设施开展表演性、欣赏性和参与性活动，以使游客身心愉悦。这类活动按场地可分为舞台类、广场类、村寨类、街头类、流动类（如吉普赛大篷车歌舞）及特有类（如滑雪基地）；按活动规模和频次可以分为：① 小型常规娱乐活动，是指旅游景区长期提供的娱乐设施及活动，这类活动占用的员工较少，规模一般也较小，因而对中远距离游客的吸引力较小，客人主要来自当地和景区周边地区，常见的有过山车、摩天轮和碰碰车等。② 大型主题娱乐活动，即旅游景区经过精心筹划组织，动用大量员工和设备推出的大型娱乐活动，这类活动在推出前一般会进行较密集的广告宣传，以营造特定氛围，吸引大量游客入园。大型主题娱乐活动是主题公园的主要营销方式，其按照活动方式可以分为三种类型：一是舞台豪华型，如"印象·刘三姐"；二是花卉队列型，如深圳民俗村的"民族大游行"；三是分散荟萃型，如开封清明上河园推出的以宋文化为主题的表演节目。

第二节 旅游景区的环境容量[①]管理

一、环境容量的含义及测算方法

（一）环境容量的含义

根据《旅游规划通则》（GB/T 18971—2003），环境容量是指在可持续发展前提下，旅游区在某一时间段内，其自然环境、人工环境和社会经济环境所能承受的旅游及其相关活动在规模和强度上极限值的最小值。它涉及生态、社会心理、功能技术等多方面，既是限制某时、某地游人过量集聚的警戒值，也是景区开展旅游活动、进行旅游规划的前提。

虽然对游客的数量控制已被证明是存在很大缺陷的，但不可否认的是，游客的体验水平、游客对环境的负面影响程度与游客数量还是普遍相关的，这也是环境容量理论虽然存在缺陷但仍被运用于实践的原因。例如，对喀斯特溶洞、石窟等环境造成负面影响的直接因素是二氧化碳、细菌含量的增多，而这种情况主要与游人数量过多相关。因此，景区必须考虑限制游客进入数量。

（二）测算环境容量的基本程序

根据以往实际案例的操作经验，确定一个景区的环境容量一般需要通过如图 4-1 所示的主要程序。

（三）环境容量指标的选择

由于地域的差异性、风景资源类型的复杂性和游览方式的多样性，不同景区选择的环境容量指标不会完全相同。规划人员在确定不同风景区的环境容量时，应从实际出发，对指标的具体内容做一定的取舍。

表 4-1 所示是欧洲不同类型的旅游区针对旅游容量的研究重点。欧洲旅游区的分类与内涵与我国有一定的差别，尤其体现在山地型风景区上，虽然同是重要的旅游观光载体，被称为滑雪胜地的欧洲山地与我国名山的性质截然不同。

---

① 环境容量的称谓很多，如游人容量、旅游容量、景区承载量、环境承载力等，本书统一称为"环境容量"。

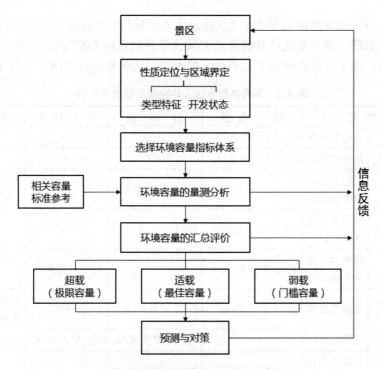

图 4-1　测算景区环境容量的基本程序[①]

表 4-1　欧洲不同旅游区环境容量的研究重点[②]

旅游区类型	旅游区特点	环境容量研究侧重点
滨海型	具有大众旅游特点，大尺度、大规模的设施建设，深度的土地利用，广泛的城市化，如大多数地中海旅游目的地流行的模式	游客密度、沙滩使用情况、旅游服务设施情况、基础设施情况、海水纳污力等
海岛型	中小尺度的设施建设，通常与居住地、乡村、小型社区相结合	旅游对当地社会文化的影响、旅游对当地制造业和海岛经济的影响、居民生活质量等
保护区型	活动一般限制在欣赏、观察自然、科考、科学教育等方面；在严格控制和管理下将对环境的干扰最小化，限制基础设施发展	游客人数、游客流及空间集中的模式、保护自然和生态系统功能的游客分散模式、游客体验质量等
乡村型	包括广泛的动机和目的，常常表现为参观等浅层次的旅游活动，零星地分散在偏僻乡村	游客流，旅游对当地社会文化、乡村经济的影响，游客流空间分布模式
山地型	深度发展的风景区，大众旅游类型，集中各类活动	自然中基础设施或可达道路对环境的影响、人工造雪对气候的影响、植被破坏和土壤流失情况、风景破坏情况、交通堵塞情况和废物管理情况
历史城镇型	主流的大众旅游地，大规模游客集中在纪念碑、博物馆等短时停留	交通堵塞情况、土地使用的改变等

---

① 魏民，陈战是. 风景名胜区规划原理[M]. 北京：中国建筑工业出版社，2008.
② H COCCOSSIS, A PARPAIRIS. Tourism and the environment: some observations on the concept of carrying capacity.in J. VAN DER STRAATEN, H BRIASSOULIS(eds.). Tourism and the environment: regional, economic and policy issues[M]. Amsterdam: Kluwer Academic Publishers, 2000.

2014年，我国国家旅游局发布了《景区最大承载量核定工作导则》（LB/T 034—2014），用以规范景区管理，要求景区核算游客最大承载量并制定相关游客流量控制预案，防范踩踏事件的发生。该工作导则给出了七类景区的人均空间承载指标示例（见表4-2）。

表4-2 不同类型景区人均空间承载指标示例

景区类型		核心景区	游步道	其他区域	特殊区域
文物古迹类景区	八达岭长城	1~1.1平方米/人	—	—	—
	故宫博物院	0.8~3平方米/人	—	—	—
	龙门石窟、敦煌莫高窟	—	2~5平方米/人	—	洞窟等卡口：0.5~1平方米/人
文化遗址类景区	秦始皇兵马俑博物馆	2.5~10平方米/人	1~3平方米/人	—	—
古建筑类景区	黄鹤楼、永定土楼	1~3平方米/人	—	>2.5平方米/人	—
古街区类景区	周村古商城	2~5平方米/人	2~5平方米/人	1~2平方米/人	保护建筑：0~30人/栋
古典园林类景区	颐和园	—	0.8~2平方米/人	>60平方米/人	—
山岳类景区	吉林长白山景区	1~1.5平方米/人	0.5~1平方米/人	—	—
主题公园	中华恐龙园	0.5~1平方米/人	—	—	核心游乐项目等候区：0.5~1平方米/人

关于环境容量合理指标的确定，现在普遍运用的数据归纳自已开发景区的接待旅游活动量。虽然学术界对环境容量的精确量测还没有达成共识，但目前的研究工作已倾向于建立一些容量统计方法来检查年度的相关指标变化，以确定环境容量。

（四）环境容量数值量测

环境容量的量测作为服务于实践的关键，是一种非常重要的规划管理工具。现行《风景名胜区总体规划标准》《旅游规划通则》《景区最大承载量核定工作导则》等标准根据已有的研究成果对环境容量做了比较明晰的界定与规定，以作为景区规划设计中量测环境容量的主要技术参考。参考数值一般使用惯常的面积法、线路法、卡口法来计算，具体方法不再赘述。

景区的环境容量受制于游览空间、生态环境、服务设施、基础设施及当地居民心理承受能力等条件。通常，生态容量被看作风景区的极限环境容量，由于其具有刚性特征，故数值很难改变，而设施、社会容量的弹性较大，可以提高其阈值。虽然社会容量在短期内也呈现刚性特征，但经过长期引导与铺垫，不会构成瓶颈。现阶段，景区最关注的是游览空间容量，尤其是以观光游览为主要内容的传统景区，其游览空间容量几乎等同于环境容量。

二、环境容量管理模式

环境容量的复杂性和变异性意味着将容量看作数值进行控制并不能达到有效保护资源

的目的。景区的变化是不可避免的,环境容量的研究和应用应逐步由游人控制向环境影响控制方向发展。正如 J. Alan Wagar 指出的,环境容量本身并不是目的,而是通向目的的一种手段。脱离管理的环境容量是没有意义的,环境容量可以因管理技术的改变而改变。

脱离了"游人数量"计算的环境容量促生了众多实践理论,其中最具代表性的理论是 George H.Stankey 等人于 1984 年提出的 LAC(limits of acceptable change,可接受的改变极限)理论。根据 LAC 理论的基本框架,美国国家公园管理局制定了"游客体验与资源保护"(visitor experience & resource protection,VERP)方法;加拿大国家公园局制定了"游客活动管理规划"(visitor activity management plan,VAMP)方法;美国国家公园保护协会制定了"游客影响管理"(visitor impact management,VIM)的方法;美国林务局发展了游憩机会谱(recreation opportunity spectrum,ROS)理论;澳大利亚制定了"旅游管理最佳模型"(tourism optimization management model,TOMM),这些技术与方法的属性如表 4-3 所示。

表 4-3 各管理技术与方法的属性[①]

属性	管理框架					
	LAC(主要应用于保护区,特别是 IUCN 自然保护地管理分类中的 Ib(荒野保护区))	VIM(主要应用于保护区内)	VERP(适用于美国国家公园)	VAMP(主要适用于加拿大国家公园,也适用于类似区域)	ROS(适用于所有保护区和以自然旅游为基础的多用区域)	TOMM(适用于澳大利亚,也适用于以自然旅游为基础的区域)
能评价/降低游客影响	+	+	+	+	+	+
考虑游客影响的多种原因	+	+	+	+	+	+
提供不同的管理方案	+	+	+	+	+	+
做出可靠的决策	+	+	+	+	+	+
把价值评估与技术信息分开	+	+	+	+	+	+
鼓励公众参与并交流分享	+	+	+	+	+	+
将地方资源利用与资源管理问题合并考虑	+	+	+	+	+	+
必要的投资规划	——	—	——	——	——	——
基于体验的整体有效性	——	—	—	—	—	—

注:+为正面属性;-为负面属性(-到——表示程度渐深)

[①] EAGLES PAUL F J, MCCOOL STEPHEN F, HAYNES CHRISTOPHER D. Sustainable tourism in protected areas: guidelines for planning and management[M]. Madrid: World Tourism Organization, 2002.

以上技术、方法和模型在各国规划与管理实践中，尤其是在解决资源保护和旅游利用之间的矛盾中均取得了很大的成功。它们的共通之处是：① 描述了关于自然资源和游客体验的"令人向往的未来状态"；② 建立了反映旅游体验质量和资源条件的"指标"体系；③ 确立了可接受条件的最低"标准"；④ 提出了为保证相应区域的状态满足上述标准应如何适时而恰当地采取管理手段的"监测技术"；⑤ 开发了确保各种指标维持在特定标准内的"管理措施"。

下面主要介绍 LAC、ROS 和 VERP 的详细情况。

（一）"可接受的改变极限"理论

"可接受的改变极限"理论是从环境容量概念中发展出来的一种理论，用于解决国家公园和保护区中的资源保护与利用问题。

LAC 理论的产生基于如下五点认识：① 为确定各种管理行动所保护的内容，需要先设立一些专门的目标；② 在以自然为主体的系统中总会存在一些环境变化；③ 任何游憩活动都会导致一些变化；④ 管理所面对的问题是"多大的变化是可以接受的（how much is too much）"；⑤ 对管理的结果进行检测是必要的，由此可以确定这些行动是否有效。以下为其基本步骤。

（1）确定规划地区的特殊价值、问题与关注点。
（2）确定和描述游憩机会种类或规划分区。
（3）选定评价资源状况和社会状况的指标。
（4）对资源和社会的现状展开调查。
（5）确定每一机会种类中资源状况和社会状况的评价标准。
（6）确定待选的机会种类的部署方案。
（7）确定每一待选方案中的管理措施。
（8）评价并确定一个优选方案。
（9）推行优选方案中的措施并进行指标监测。

LAC 理论实际上是对规划管理的监测和实施，从而寻找并提出可供参考的监测指标和标准，同时建议在具体实践中通过充分的科学研究加以修改和确定。LAC 理论的诞生促使国家公园与保护区在规划和管理方面展开革命性变革。

（二）"游憩机会谱"理论

1982 年，美国林务局在"尝试对游憩地进行分类分区管理实践"的基础上，发展了包含完善理论框架的游憩机会谱理论。ROS 是解决资源保护与游客体验之间关系的一种技术，它与 LAC 理论密切相关，可以用来给不同的游客体验（visitor experience）制定目标，是一种描述如何在资源保护区内管理不同区域的旅游活动的方法。

游憩机会谱技术的基本逻辑是：人们为了达到满意的游憩体验，在喜爱的环境（物质环境、社会环境、管理环境）中参加喜爱的游憩活动。因此，游憩机会谱的三个主要的组成部分是活动、环境和体验。游憩机会谱的每一级别均根据游憩环境特点、管理力度、使用者之间的相互作用、人类改变自然环境的迹象、机会区域的规模及偏远程度来确定（见

表 4-4）。

表 4-4　游憩机会谱系六个级别序列的环境描述[①]

级　别	环 境 描 述
原始	未经改变的、规模很大的自然区域； 使用者之间的相互作用很低，其他使用者出现的迹象很少； 在管理方面，人类限制和控制的影响很小； 区域内禁止使用机动车辆
半原始无机动车	区域的主要特征是自然环境，中等到大型规模； 使用者之间的相互作用很低，但经常有其他使用者出现的迹象； 在管理方面，人类对使用地点的控制很小但具有一定的限制； 区域内禁止使用机动车辆
半原始有机动车	中等到大型的以自然特征为主的区域； 游客集聚的程度比较低，但经常能够看到其他使用者； 在管理方面，人类对使用地点的控制很小但具有一定的限制； 区域内允许使用机动车辆
通路的自然区域	以自然特征为主的区域，有中等程度的人类迹象出现，但基本与自然环境和谐； 使用者之间的相互作用为低等到中等程度，但其他使用者出现得很普遍； 资源改变和利用的实践很明显，但基本与自然环境和谐； 为机动车辆使用提供标准的建设道路和设施
乡村	主要以改变的自然环境为特征，利用和改变的实践用来提高特殊的娱乐活动，维持植被和土壤； 人类迹象明显，使用者之间的相互作用为中等到多； 有相当数量的设施供游客使用； 为一定的活动提供设施； 非热点区域为中等游人密度； 为密集的机动车使用提供设施及停车场
城市	主要以城市环境为主，虽然背景可能有一些自然要素； 可更新的资源改变和利用的实践用来提高特殊的游憩活动； 植被通常是外来种并且被修剪； 游憩地点的人类迹象明显； 为高度密集的汽车使用提供设施和停车场，而公共交通系统可以载游客进入游憩地点

为了区分不同的活动，游憩机会谱系统使用了一种被称为"机会等级"的预先制定好的分类方法，它可以把保护地的自然资源和它们最适合的活动相匹配。每一种机会等级都包含一套为游客准备的体验和活动以及对生态环境、社会环境和管理环境的指导方针。西藏纳木措生态旅游区根据景区环境的敏感度划分了四个机会等级并分别配置不同的活动类型进行管理，这是对 ROS 规划技术的探讨尝试，具体如表 4-5 所示。

[①] 蔡君. 略论游憩机会谱（Recreation Opportunity Spectrum，ROS）框架体系[J]. 中国园林，2006（7）：73-77.

表 4-5　西藏纳木措生态旅游区分区旅游活动政策[①]

旅游活动	重点资源保护区	低密度荒野区	分散游憩区	密集游憩区和服务社区
1. 摄影摄像	×	×	★	★
2. 徒步行走	×	×	★	★
3. 骑驭	×	×	★	★
4. 山地自行车	×	×	★	★
5. 机动车观光	×	×	×	△
6. 垂钓	×	×	×	○
7. 游泳	×	×	×	○
8. 滑雪	×	×	×	○
9. 温泉浴	×	×	×	○
10. 划船	×	×	○	○
11. 篝火晚会	×	×	×	△
12. 歌舞集会	×	×	×	△
13. 射击射箭	×	×	×	○
14. 狩猎	×	×	×	×
15. 采摘	×	×	×	○
16. 烧烤	×	×	×	○
17. 野营	×	○	○	△
18. 蹦极、攀岩、滑翔等	×	×	×	○
19. 观鸟	×	×	○	△
20. 绘画	×	×	○	△
21. 住宿	×	×	×	△

注：★为应该执行；△为允许开展；○为有条件允许开展；×为禁止开展

（三）"游客体验与资源保护"方法

"游客体验与资源保护"方法是美国国家公园管理局根据 LAC 理论和 ROS 技术等开发的一种适用于美国国家公园总体管理规划的方法。VERP 方法事实上就是一种分区规划，分区是使景区特别是国家公园和保护地得以有效管理的必要手段，而科学合理的功能分区能够帮助管理者同时实现维持生物多样性、为游客提供满意的游憩体验的双重目标。

VERP 方法基本上包括如下九个步骤。

（1）组织一个多层次、多学科的小组。
（2）建立一个公共参与的机制。
（3）确定国家公园的目标、重要性、首要解说主题，规划主要课题等。
（4）资源评价和游憩利用现状分析。
（5）确定管理政策的不同类别（zoning description）。

[①] 杨小兰. 原生态旅游区科学保护与开发的规划技术探讨——以纳木措生态旅游区总规划为例[J]. 旅游规划与设计，2011（1）.

（6）将管理政策落实在空间上（zoning）。
（7）为每一类分区（zone）确定指标和标准，建立监测系统。
（8）监测指标的变化情况。
（9）根据指标变化情况确定相应的管理行为。

西藏纳木措生态旅游区多学科规划小组利用 GIS 技术对纳木措旅游资源敏感度进行了分析与评价，以坡度、坡向、植被、动物分布为指标进行分权打分，通过栅格赋权求和的方式将结果落实在空间上，将旅游区划分为重点资源保护区、低密度荒野区、分散游憩区及密集游憩区和服务社区，并针对每个分区根据不同的旅游方式提出了详细的发展策略，包括管理活动策略、旅游活动策略、科研活动策略、设施建设管理策略等，同时根据监测标准进行相应的管理（见表 4-6）。

表 4-6　西藏纳木措生态旅游区的分区监测指标和标准[①]

指　标		分　区			
		重点资源保护区	低密度荒野区	分散游憩区	密集游憩区和服务社区
指标类型：自然指标					
1. 空气中被选化学成分浓度		—	—	等级 1	等级 3
2. 空气湿度		等级 0	等级 0	等级 1	等级 3
3. 道路边缘或分区范围内的土壤状况	监测范围	—	—	项目范围内	游憩与服务范围内
	标准	—	—	表面裸露度不低于 2%，土壤多孔性不低于等级 1	表面裸露度不高于 15%，土壤多孔性不低于等级 3
4. 优势植物营养水平		—	等级 0	等级 1	等级 3
5. 优势动物营养水平		—	等级 0	等级 1	等级 3
指标类型：社会指标					
1. 游客拥挤度		—	—	旺季游客每天所遇见的游览人数不超过 3000 人	旺季游客每天所遇见的游览人数不超过 3000 人
2. 游客满意度		—	—	80%的游客对游览感到满意	60%的游客对游览感到满意
3. 视觉景观		—	—	80%的游客在指定的经典景点没有被干扰到欣赏景观	60%的游客在指定的经典景点没有被干扰到欣赏景观

三、环境容量调控管理

环境容量的调控方式类型多样且因地、因时而异，从限制环境容量的因素角度，目前，国内景区常见的主要有游客调控、环境调控两种方式。前者是针对环境容量的压力部分进行调控，以达到减压的目的（主要针对游客）；后者是针对环境容量的承载部分进行调控（主要针对环境供给），通过工程或者技术手段改变发挥限制性作用的某项容量的阈值，其目的

[①] 杨小兰. 原生态旅游区科学保护与开发的规划技术探讨——以纳木措生态旅游区总规划为例[J]. 旅游规划与设计，2011（1）

是扩大容量自身的规模、范围或利用程度。

（一）游客调控

游客调控是针对游客进行的容量管理方式，即当旅游活动强度超过了环境容量时，对游客进行控制，从而在有限的环境容量下合理、充分地进行游客配置的最大化。游客调控可以是对旅游者的数量进行直接控制，也可以是其他游客管理手段。例如，故宫自2012年开始陆续使用了多种时空调控客流举措，包括每日限流、淡旺季差价、淡季主题日免费、预约游览、新增游览空间、设定单向游览线路等，收到了非常好的管理效果；九寨沟于2010年提出游客时空分流管理系统，该系统根据空间的相对静态性和时间的动态性原理，在景区及其景点集群的一定时空条件下和信息技术监控条件下设计出了若干条优化的游览路线，利用时间移动形成的相对"空置"空间对游客的分布进行分流导航，使游客在景区内均衡分布、有序交换，从源头上消除了景区因游客拥挤而导致的危机。

除了时空调控，旅游活动同样是决定景区可容纳旅游活动量的基本因素。对于同一景区，如果承受的旅游活动的类型、游客停留时间、游览方式、空间分布等发生了改变，其环境容量值也会随之改变。人均占地面积大、持续时间长的活动与占地少、用时短的活动相比，所需的空间容量肯定大得多。因此，针对旅游活动的管理可以有效达成对环境容量的调控。

（二）环境调控

环境调控是针对环境进行容量管理，即通过对制约旅游活动的环境因素进行调节来提高环境容量的阈值，从而提高环境容量空间。

对于人工环境，提高阈值的常用方式有：① 景区扩建、新建；② 废弃物处理工程规模的扩大；③ 按时封闭部分景点，进行生态恢复；④ 区域协作，突破经济制约；⑤ 交通条件的改善、交通工具的增加，等等。

自然环境一般通过改造空间结构、生态系统来提高承载阈值，如山地风景区内登山道路的加宽和台间空地的设置、改变使用资源的方式、扩大绿化面积进行生态补偿等；也可以对资源的易接近性进行管理，如增加抵达难度或隔离新建设施等。

环境调控的效果虽然明显，但是也可能带来一些难以预料的负面影响。譬如，黄山为了提高山上北海玉屏景区的资源空间、住宿、供水等容量，扩建了宾馆、改造了供水供电工程，建设了多条索道，但这些立竿见影的措施对景观、生态造成了长期的破坏。虽然不同的管理目标决定了不同的环境容量，但就可持续发展来讲，还是应从自然生态环境容量出发寻找其根本的立足点。

第三节 旅游解说管理

一、旅游解说概述

（一）旅游解说的含义和特征

旅游解说是指通过运用沟通媒体帮助游客了解特定信息，发挥保护资源、服务和教育的基本功能，从而进一步实现资源、游客、社区和管理部门之间的互动交流。世界旅游组织指出，解说是旅游目的地诸要素中十分重要的组成部分，是旅游目的地的教育功能、服务功能、使用功能得以发挥的必要基础，是管理者管理游客的手段之一。[①]

Freeman Tilden 在其 1957 年出版的《解说我们的遗产》中提出，"解说是一项旨在通过直接的体验和媒介的介绍来揭示事物内涵和相互关系，而不仅仅是简单地传递客观信息的教育活动"[②]，这一定义被认为是对解说所做的最早的定义。Orams（1995）认为，一个有效的解说系统应具备基本的环境教育功能，不仅应改变参与者的环境知识，而且应影响其对于环境的态度和价值观念，使其一次性获得对环境更透彻的欣赏，从而潜在地影响旅游者的行为。[③]

（二）旅游解说的功能

游客管理是指旅游管理部门或机构通过运用科技、教育、经济、行政、法律等各种手段组织和管理游客的行为过程。游客管理的目标是在不破坏旅游地资源、环境质量的前提下，最大程度地满足游客需求和提供高质量的游客体验，同时实现旅游地经济、社会和环境三大系统的可持续发展。[④]

早期的游客管理是硬性管理为主，主要通过法律、行政等手段来约束和控制旅游者的行为，但是，这种游客管理模式是按照环境特征约束游客的行为，忽视了游客的旅游体验质量，影响了游客的旅游质量，降低了目的地对游客的吸引力，不利于旅游地的可持续发展。可持续发展要求从"硬性管理"转向"柔性管理"，即以教育和引导为主。旅游景区解说系统运用某种媒体和表达方式，使旅游特定信息得到传播并到达旅游者，帮助旅游者了解旅游景区相关事物的性质和特点，它具有如下基本功能。

（1）信息功能。旅游解说能为游客提供多角度的基本信息服务并指导各方面的服务，以便捷、自主的方式为旅游者提供导航指引服务。

（2）教育功能。一是知识教育，即有助于游客深入理解旅游资源的内涵，以增强体验感，使其对旅游资源的科学和艺术价值有更深入的了解；二是技能教育，如探险旅游，应清晰地告知游客在户外活动时的注意事项和禁忌。

（3）环保功能。解说有助于引导游客遵守文明旅游准则，减少因不当旅游行为带来的环境破坏。

（4）沟通功能。解说可加强旅游者同旅游景区管理部门、经营者、社区居民等利益相关者的交流和互动，促进相互了解，实现旅游景区的和谐发展。另外，景区可通过反馈系统提供一个对话的平台，鼓励旅游者参与旅游目的地的管理和再开发，实现旅游目的地的良好发展。

（三）旅游解说的分类

按照不同的分类方法，可将旅游解说分为不同类型：根据旅游解说依托的场所可分为区域内解说和区域外解说；根据旅游解说媒介可分为人员解说、视听解说、展示与陈列解

[①] 张明珠，卢松，刘彭和，等. 国内外旅游解说系统研究述评[J]. 旅游学刊，2008，23（1）：91-96.
[②] TILDEN FREEMAN. Interpreting our heritage[M]. Chapel Hill: University of North Carolina Press, 1957.
[③] M B ORAMS. Using interpretation to manage nature-based tourism[J]. Journal of Sustainable Tourism, 1995, 4(2): 81-94.
[④] 曹霞，吴承照. 国外旅游目的地游客管理研究进展[J]. 北京第二外国语学院学报，2006，（1）：23-31.

说、书面解说等;① 根据旅游解说的内容和功能可分为诱导型解说、说明型解说、环境地图型解说、警示型解说和公共设施指示型解说;按旅游解说方式可分为静态平面解说、动态口头解说和时空立体解说;② 按旅游解说资源的自然与文化属性可分为环境解说和遗产解说;按旅游解说物质的存在性可分为物质解说与虚拟解说等。③

吴必虎根据信息传递方式将旅游解说分为自导式解说和向导式解说两种类型。在一个旅游景区里,二者相辅相成,共同构成旅游景区的旅游解说系统。旅游解说系统是否完善已经成为影响游客旅游体验好坏和评价旅游景区服务水平高低的重要因素与标准。④

1. 自导式解说

自导式解说是指以书面材料、标准公共信息、图形符号、语音等无生命设施设备向游客提供静态的、被动的信息服务。旅游者获取自导式解说提供的信息时不受时间的限制,可以根据自己的爱好、兴趣和体力自由决定获取信息的时长和深度。因而,此类解说对散客旅游者来说显得尤为重要。

2. 向导式解说

向导式解说亦称导游解说,其以具有能动性的专门导游人员向旅游者进行主动的、动态的信息传导为主要表达方式。导游解说是一种面对面的双向型信息传播方式,其最大的特点是双向沟通,能够回答游客提出的各种各样的问题,可以因人而异提供个性化服务。导游接待的旅游者具有种族、身份、年龄、性别、职业、文化程度等方面的差异,所以讲解时要认识到这些差异并针对不同的对象提供满足其需要的个性化服务。导游是信息传播的主导者,在导游提供讲解服务时,旅游者可以随时对导游的讲解做出反应,而导游收到旅游者的反馈信息后,可以有针对性地回答问题。

二、旅游解说系统的要素

良好的旅游解说系统能为旅游者提供优质的旅游体验。从本质而言,解说是一个信息传播的过程。著名的拉斯韦尔 5W 模式提出了大众传播的五大要素:谁(who)、说什么(what)、对谁(whom)说、通过什么渠道(what channel)和取得什么效果(what effect)。对旅游解说来说,其同样具备类似的五大要素,即解说主体、解说内容、解说受众、解说媒介和解说效果(见表 4-7)。

表 4-7 旅游解说"5W"要素

5W	含义	解析	说明
who	解说主体	解说行为的实施者	不仅包括人员解说,也包括非人员解说(即各类解说设施)。两种解说主体各有利弊,优势互补,需综合运用
what	解说内容	解说传递的内容和要素	解说主体向解说受众展示传递的内容和要素

---

① 吴忠宏. 解说对动物保育的重要性[J]. 台湾社教杂志,1987,24(5):1-6.
② 李红翔. 景区解说系统构建及解说方式适用性研究[D]. 大连:东北财经大学,2007.
③ 罗芬,钟永德,李健,等. 黄山国内旅游解说类型与有效性分析[J]. 旅游科学,2005,(5):5.
④ 吴必虎,金华,张丽. 旅游解说系统研究——以北京为例[J]. 人文地理,1999,(2):4.

续表

5W	含义	解析	说明
whom	解说受众	现存游客及潜在旅游者	不仅包括现存游客，还包括潜在旅游者，需进行市场细分和定位，选择合适的解说方式和技巧
what channel	解说媒介	将各种信息展示、传递给旅游者的载体	可分为自导式解说媒介和向导式解说媒介；也可分为传统媒介（如印刷物、解说牌、音像制品等）和现代化媒介（如虚拟3D系统、蓝牙无线、电子触摸屏等）
what effect	解说效果	解说的有效性和满意度评估	最容易被忽略的领域。只有对解说的有效性和游客的满意度进行反馈评估，才能有效地提高解说的服务质量

（一）解说主体

解说主体包括人员解说和非人员解说，它是解说工作最重要的要素，贯穿于解说活动全程，具有十分重要的意义。旅游解说人员包括经过相关知识培训，熟悉旅游地自然、社会条件且具有能动性的专门导游人员，广义上还包括短期的志愿解说员和专家解说员。

Enos Mills（1920）在《一个自然导游的探险》（*Adventures of a Nature Guide*）中指出，令人印象深刻的解说员应具备风趣、细心的特质及总览全局的能力，使一般人也能清楚地了解解说的内容。旅游解说人员应具备以下几项特质和能力包括。

（1）了解游客的目的与期待。旅游解说人员不应只想着把自己懂的知识传递给游客，而应该根据游客需求及目的来调整自己的解说内容。

（2）能适当地选择解说内容。旅游解说人员应根据游客的不同特征，如年龄层次，适当地选择解说内容及时间长短，以达到质、量并重。

（3）良好的表达能力。旅游解说人员除了要具有丰富的经验与知识外，还要做到口齿清晰，音量、语速适中，解说内容有组织、有条理。

（4）人格特质，包括友善、自信、热情、耐心、幽默、善于沟通等。

（5）自我提高。一个好的解说员必须要充实自我，熟悉时事、潮流趋势，这样才能保证解说内容与时俱进。

（二）解说内容

旅游解说的内容多种多样，从游览的对象看，可以依托旅游资源分类，按照解说的主旨、生境、解说目标、受众、采用手段等对解说内容进行梳理；[①]从管理的角度，可以参照《风景名胜区游览解说系统标准》（CJJ/T 173—2012），按照管理的内容对风景区概况、景区景点、服务设施、旅游管理和旅游商品等对象进行介绍。

1. 按照旅游资源解说

旅游解说资源在旅游资源总体分类的基础上包括解说对象、现状分析、解说等级、游客层次、周围景观、解说媒体、解说主旨、解说文本等内容，据此可以形成旅游解说资源调查表，如表4-8所示为美国国家公园管理局的旅游解说资源调查表。

---

① 钟永德，罗芬. 旅游解说规划[M]. 北京：中国林业出版社，2007.

表 4-8 美国国家公园管理局旅游解说资源调查表（实例）[①]

美国国家公园解说重要资源问题	
主题：草地	项目描述：略
主旨：特别护理 草地生态系统具有多样性与动态性，为了保持草地生态的健康，需要给予特殊的保护	项目/问题：在近一百年甚至更长的时间里，约瑟米蒂国家公园的草地受到严重的人类影响。结果是，草地的范围与物种多样性显著减少。
目标：向公园游客解说草地的形成与动态变化过程；为草地恢复项目的成功获取支持	解决/信息：随着时间的推移，因人类对草地影响的逐步减少和先前损坏的草地得到修复，草地将得到恢复或保持原有水平；
项目目的：在项目结束时，参观者或参与者应该做到以下几点。 ● 能够定义草地； ● 能够描述草地产生的自然过程； ● 能够讲述草地丰富有机质的一些原因； ● 能够激发游客仅在设计的步道上通过草地，仅在铺砌的道路上骑自行车，从而避免因游客在潮湿与脆弱的草地上步行或骑车而破坏草地	生物多样性关联：草地为各条食物链提供了最基本的物质（如草地—老鼠—猫头鹰；草地—昆虫—尖鼠—兽类）。在约瑟米蒂国家公园，草地被认为是国家公园的雨林（例如，约瑟米蒂国家公园中36%的植物物种出现在3.5%的陆地上）。
受众：来约瑟米蒂国家公园参观的、兴趣广泛且受过良好教育的游客；重点对象为在草地附近行走的步行者	策略：在约瑟米蒂国家公园，游客可随意行走的道路将被取消，同时规定登山者只能在规划道路上行走
技术：解说员解说1个小时，其中20分钟为多媒体展示	

2. 按照管理对象解说

作为管理手段，旅游解说的内容既涉及游客服务也涉及资源保护，并通过不同层级的游览空间和不同功能的服务设施予以体现。表 4-9 所示为《风景名胜区游览解说系统标准》所规定的旅游解说内容。

表 4-9 按照管理对象划分旅游解说内容

管理对象	主要解说内容
景区概况	地理位置、自然环境、社会文化环境、经济环境
景区景点	主题特色、景物介绍、历史背景、符合科学分类标准的资源特点；文化景观解说；自然风光解说；自然、文化相结合的解说；不同类型景区的解说
服务设施	各类服务设施的分布地点、开放时间及使用方法等
旅游管理	管理措施、安全管理、友情提示、政策解说、警示警告
旅游商品	特色旅游商品介绍，包括特点、价值、价格等

注：根据《风景名胜区游览解说系统标准》分类信息整理而成

（三）解说媒介

尽管解说媒介随着技术的发展日新月异，但传统解说媒介中的游客中心、指示牌、印刷品及人员解说等形式依然是景区解说媒介的主流。与此同时，伴随着现代移动通信技术、VR 虚拟现实技术等高新技术的快速发展，智能自导式解说媒介因更加匹配散客旅游者的需求而越来越受到大众的青睐。手机移动解说、网络互动解说、VR 展示、影视解说等新兴解

[①] 钟永德，罗芬. 旅游解说规划[M]. 北京：中国林业出版社，2007.

说方式不仅丰富了解说媒介的种类，也增加了旅游过程的趣味性和生动性。各种解说媒介的优缺点如表 4-10 所示。

表 4-10 各种解说媒介的优缺点

解说媒介	优　点	缺　点
指示牌	可进行景观化设置，持久性、稳定性强，使用时不受时间限制，一般设立于被解说物旁，对照性强，可多人同时使用，参观方便	一次性投入大，启动成本高；文字有限，信息易陈旧化；易受外界因素的破坏；参观时间长时易导致游客疲倦
游客中心	可同时容纳多种解说媒介，综合性强	占地面积大，人力、物力成本高
展览厅	实物配以照片资料便于理解，受天气因素的干扰小	吸引力随陈列项目的增多而递减
音像制品	效果强，减少周围干扰能实现音响效果；戏剧性、吸引力强	易受设备影响；成本高
印刷品	可用多种文字撰写，可适应国际游客的需要；效果好且持久，适合特定主题的解说；使用时间长，具有纪念价值	易被丢弃，易损坏，空间有限，需要一定的分发系统支持
幻灯片	制作简单，内容更换相对容易，重点突出；可同时欣赏摄影艺术	受拍摄、配音制作水平的制约；非动态的视觉效果
人员	可面对面地交流，具有亲切感，信息接收速度快；能适时调整人员，能动性与互动性强	人员招聘、培训的成本高；讲解时间受限，服务人数有限
影视	可视，故事性强，旅游景区内外均可使用，效果好且持久，适合特定主题的解说，使用时间久，具有纪念价值	制作难度大，修改困难，成本高，互动性差，对游客的文化水平要求较高
网络信息	信息量大，实时功能强大，游客的自我选择余地大，不受时空限制	对计算机操作有一定的技能要求，不适合老年人
移动终端	受众广泛，游客的随身设备均可用于实时互动，如手机、平板电脑等	对 Wi-Fi 信号的稳定性、终端的支持性要求较高，需要开发专门的支持程序
虚拟景区 VR 展示	形象生动，具有震撼力，能对原貌进行还原增强，不受时空限制	成本高昂，对研发维护和设备技术的要求高，中小旅游景区无力承担
电子触摸屏	信息丰富，交互性强	设备容易损坏，排他性强，单位时间内不能容纳较多游客
游戏平台	参与性强，能有效地激发年轻人的兴趣，增强旅游体验	能展现的内容有限，只能集中于某一方面，娱乐性较强，知识性较弱

（四）解说受众

旅游解说面对的受众具有年龄、性别、文化、收入等方面的客观差异，即使是同样的解说主体、同样的解说信息，最后起到的解说效果也可能截然不同。受众对旅游解说信息的理解和接受差异表现出较为典型的群体相似特征，其中，游客的出游动机和行为特征是众多学者研究的热点。

事实上，不同的使用者利用解说的方式、途径各不相同。

1998年，Emma J Stewart 等在新西兰库克山国家公园的案例研究中对此进行了讨论：根据解说的不同用途，将游客划分为四大类（见图4-2）。对于游客中占大多数的信息搜寻者（46.9%）、信息受阻者（40.6%）来说，旅游景区解说系统的作用尤为重要，而占少数的信息从属者（7.8%）、信息避让者（4.7%）对于解说信息的使用也有其选择性和特点。[①]

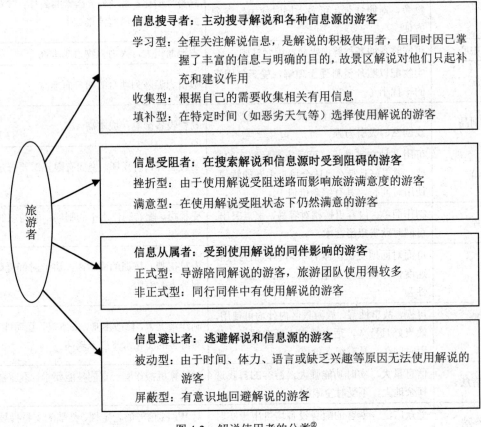

图4-2　解说使用者的分类[②]

（五）解说效果

旅游解说效果好坏是衡量解说系统是否合格的重要指标，是解说管理环节的重点和难点领域。国外对于解说系统有效性的研究开展得相对比较早，主要对比解说前后，游客在自然区域的知识获取、态度改变和行为修正的变化，如表4-11所示。对于解说员与游客沟通过程的研究主要是评估解说员沟通技巧的效率和沟通过程的可靠性，对接受不同级别人员解说的游客在刚刚接受解说及数月后的记忆理解情况进行问卷调查，对比游客前后知识获取与记忆存储的差异，间接检测不同级别解说者的交流技巧。满意度理论模型研究是最近几年的研究热点。

---

① 唐鸣镝. 景区旅游解说系统的构建[J]. 旅游学刊，2006，12（1）：64-68.
② E J STEWART, B M HAYWARD, P J DEVLIN. The"place"of interpretation: a new approach to the evaluation of interpretation [J]. Tourism Management, 1998, 19(3): 257-266.

表 4-11　旅游解说服务效果的评价方法[①]

评价的方法	描述	优点	缺点	评论
受众的直接反馈	解说者面对面地分析游客的回应	可以当即分析游客对于解说者和解说服务的反应	较为主观，因为游客对于解说者和解说服务的反应是由解说者自己来"解说"的	游客提问的次数及其面部表情、不安的状况等通常是判断其是处于愉快状态还是厌倦状态的指标
由专家进行审查	请一位经验丰富的专家对一项解说展示进行观察和评判	使得更有经验的专业人士加入解说项目之中	专家个人对某项解说效果所做出的评判会影响游客的看法，因此，这个方法是主观的	如果无法当场评价一项现场展示，可以用录像形式
对于行为的直接评估	在为游客提供了一些选项（如徒步旅行和看电影）以后，看看他们是如何做出选择的	可以看出哪些服务是最受欢迎的	可以看出游客最喜欢什么服务，却无法明白该类服务为何最受欢迎	此类信息通常是根据游客数量或计算售票存根的方法来统计的。同时，可以使用问卷调查或访问的方式来确定游客为什么会做出该种选择
观察游客的注意力	设置监视器，观察并记录有多少游客把注意力放在解说者身上	可以观察并确定游客在讲解期间的各种反应	前提是把游客看着解说者等同于游客对解说感兴趣、理解解说的内容并喜爱解说等	—
观察或倾听的时间长度	记录游客观看或倾听一次展示的平均时间，把这个时间与讲解的完整时间长度做个比较	可以确定游客是否在一个展品或牌示前花了足够长的时间来从中获取信息	不能确定游客喜欢、理解或感兴趣的程度，因此无法就信息过长得出结论	什尔纳和什弗尔发现，"如果阅读或倾听全部信息的时间长度为100，游客通常只会用15~64的时间来观看各种展示"，"信息越长，游客阅读或倾听的时间就越短"

三、旅游景区解说规划

（一）IFM 解说规划理论模型

IFM 模型，即 information flow model（信息流向模型）。"信息流向模型"按游客与景区的接触将规划分成五个不同的层次（Andrusiak and Kelp，1983），如图 4-3 所示。

IFM 模型主要包括以下几个要点。

1. 旅游前（pre-visit）

旅游前告诉将会前来景区的游客可以旅游的地点及旅游资源；提供一个正确的区域性导向；帮助将来访的游客获得最基本的知识，使他们能够对即将进行的旅游发展出正确的期望。

[①] 约翰·A. 维佛卡. 旅游解说总体规划[M]. 郭毓洁，吴必虎，于萍，译. 北京：中国旅游出版社，2008.

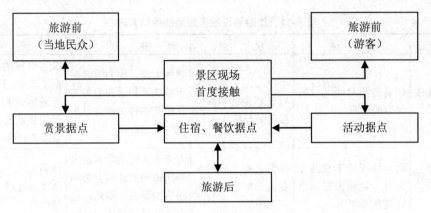

图 4-3　IMF 模型示意图①

2. 景区现场首度接触（first park contact）

景区现场首度接触时必须对所有来访的游客简介景区内特殊的资源并使之产生到了一处特殊的、友善的地方的感觉。所有这些资讯必须简明且容易了解，有时还需提供一些利用及管理方面的讯息。

3. 一日旅游或住宿的目的地（day-use and/or accommodation destinations）

游客抵达目的地现场后将进入各旅游地区，因此，游客需获得旅游地区的资讯，包括当地及下一个旅游目的地的资讯与旅游信息。

4. 活动目的地（activity destinations）

必须让游客知道除了据点、一日使用及团体使用地区、露营区及公园总体性系统之外还有哪些游憩性及教育性机会可以配合使用，如步道、观景台、游憩设施、活动节目地点等。

5. 旅游后（post visit）

旅游后提供并发送信息，以推广并加深游客对景区的体验。这项工作包括发放叙述详尽的小册子、墙报、画册及书刊等，使游客返回后进一步阅读欣赏。

（二）SMR 模型

SMR 模型即 sender-message-receiver communication model（传递者—信息—接收者交流模型）。"传递者—信息—接收者交流模型"在 1976 年首次出现在刊物上，后经 Cherem（1977）润饰，如图 4-4 所示。

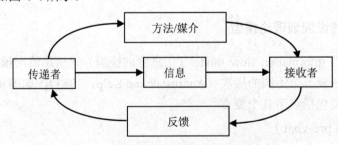

图 4-4　Cherem 的 SMR 模型图②

---

① 钟永德，罗芬. 旅游解说规划[M]. 北京：中国林业出版社，2007.

② G J CHEREM. The professional interpreter: agent for an awakening giant[J]. Journal of Interpretation, 1977, 2(1): 3-16.

SMR 模型包括以下几个要点。
(1) 为何解说？为何要提供解说服务与设施？即针对解说计划及活动目标加以界定。
(2) 对何事、何物解说？可通过资源库的建立为各项资源配置解说设施提供基础。
(3) 为何人解说？解说服务以游客为服务对象，可通过对游客资料的收集与相关经验，建立未来解说媒体规划的依据。
(4) 如何解说？在何时解说？在何地解说？研究解说媒体运用方式并考量最适当的时间、地点，作为媒介规划方案的参考。
(5) 做了又如何？在考量前述 IFM 模型各阶层所需资讯后决定解说内容及媒介的效益，发展整个解说计划或任一活动及人员设置的所需。

(三) Veverka 解说规划模型

Veverka（1996）从信息、技术或服务与游客三者之间的联系出发，提出了一般性解说过程交流模式，加以改进后形成了如图 4-5 所示的规划模型。

图 4-5　Veverka 解说规划模型[①]

Veverka 解说规划模型包括以下几个要点。
(1) 解说内容——解说的资源、主题和副主题。
(2) 解说目的——解说所应当实现的具体目标。
(3) 解说受众——景点的游客，需要解决如何让景区的主题与他们发生联系的问题。
(4) 解说方式/时间/地点——提供解说项目和解说服务的方式、时间和地点。
(5) 实施与操作——全面实施计划将付出的成本（时间、资源、预算、人力）。
(6) 解说评估——解说评估的方法，判断是否所有的目标都得以实现。

(四) TORE 主旨导向规划模型

"主旨"一词由美国解说专家 Lewis 在 1978 年提出。Ham 于 1992 年首次提出主旨式解说，他认为旅游解说的四个特性——主旨性（thematic）、组织性（organized）、相关性（relevant）和愉悦性（enjoyable）中，最为重要的是主旨性，其余三个特性均为之服务。[②]解说规划总是从主旨（theme）开始，接下来组织（organize）成四个次主旨，最后让它们与听众相关

---

① J A VEVERKA. Interpretation as a management tool[J]. The Interp Edge, 1996(01).
② S H HAM. Environmental interpretation[M]. Colorado: North American Press, 1992: 11-18.

(relevant）并且是有趣的（enjoyable）。目前，主旨式解说是国际上最为流行的解说方式，如图 4-6 所示。①

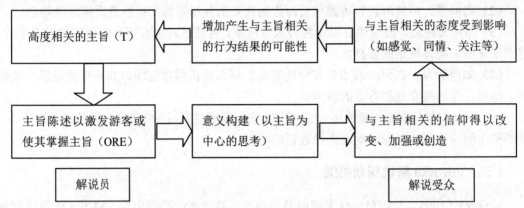

图 4-6　解说主旨对解说员与解说受众的相关作用②

TORE 规划模型包括以下几个要点。

（1）一个好的主旨能够把景区资源内的有形事物（物体、地点等）与其所包含的无形内涵（意义、观点、情感等）联系起来。

（2）指导解说规划的方向，节约时间并使解说人员的注意力更加集中于故事的相关信息。

（3）提供项目的拱形组织结构，项目中的所有要点或主旨都需适宜与支持中心信息或主旨。随着时间的流逝，大多游客仅会记住主旨而会忘记事实。

（五）5M 解说规划模型

景区旅游解说系统的规划由"管理、信息、市场、媒体、技术"五个要素组成③，这五个要素渗透于旅游解说规划的整个过程。④

5M 解说规划模型包括以下几个要点。

（1）管理（management）是指对旅游解说系统策划的整体过程及各个步骤的控制。管理贯穿于旅游解说系统策划的始终，是成功策划的关键，其他四个要素都围绕管理要素展开，因此管理处于"5M 要素"的核心位置。

（2）信息（message）是所有旅游解说系统的基础，渗透于整个旅游解说系统。

（3）市场（markets）即旅游解说系统的受众——游客。旅游解说系统的策划必须对游客的市场构成、细分、特征等有明确的了解，尽可能做到为游客"量身定做"。

（4）媒体（media）即解说信息的工具或渠道。合适的媒体能确保旅游解说系统的服务质量，同时提升游客的旅游体验。

（5）技术（mechanics）是以上四个要素的辅助性要素。策划者应重视对旅游解说系统的实用性、空间分配、设施分布、成本估算、实际操作和时间控制等方面的评估。

---

① 罗芬，钟永德，李健，等．主旨导向的旅游解说规划"七步法"[J]．社会科学家，2008，（4）：103-113．
② 钟永德，方世敏，李丰生．旅游景区管理[M]．长沙：湖南大学出版社，2005：176-185．
③ L BROCHU. Interpretive planning: The 5M model for successful planning projects[M]. Fort Collins, CO: InterpPress, 2003: 44-50.
④ 屈银莹．基于 5M 分析的民族村寨解说系统设计——以龙胜县金竹壮寨为例[J]．现代商贸工业，2010（09）：43-44．

第四节　游　客　管　理

一、游客管理的原则

游客管理（visitor management）是 UNWTO（United Nations World Tourism Organization，世界旅游组织）、IUCN 提倡的管理理念，特别是在保护地旅游中，其被看作有效减少旅游负面影响、管理旅游影响的重要方法。游客管理可以通过各种方法来规范游客行为，教育、引导游客正确认识环境并应贯穿游客入园后的全部旅游体验。一般来说，行为规范是自愿的自我规范，但也有法规规章对旅游交通、健康、安全和卫生等做出严格的规定。制定措施的前提是明确游客管理的一些基本原则。[①]

（1）适当的管理取决于目标，而目标具有权威性，需要公众参与。
（2）资源的多样性和保护区的社会条件是必须的、不可避免的。
（3）通过管理来影响人类导致的变化。
（4）人类利用保护区必定对自然资源和社会环境造成影响，而决定影响的可接受范围是所有游客规划与管理的核心问题。
（5）影响在时间或空间上可能是间断的，但是相互关联。
（6）存在许多影响资源利用、造成影响关系的因素。
（7）许多管理问题都不取决于使用者的人数。
（8）限制对资源的使用只是管理方法中的一个。
（9）决策过程中应该把技术决策与价值判断分开。

二、游客管理的手段

（一）分区管理

分区是安置游客的最主要的方法，它为特定水平和一定强度的人类活动及保护需要分配了地理区域。实现集中和分散的适当组合是分区的关键。集中策略可以将娱乐用途集中在较小区域内进行高度管理，从而限制负面影响。分区可以是长期稳定不变的，也可以是暂时的，需要根据不同的用途来安排。分区通常需要两步：第一，描述步骤，以识别重要价值和游憩机会类型，提供一个列明资源特色和游憩机会类型的详细目录；第二，定位步骤，对保护区应该提供的游憩机会和价值做出判断，与利益相关者共同决定目标、内容与行动计划。

（二）交通管理

交通管理是一项复杂的挑战，需要在分区的基础上制定交通事项管理，并要求适当的立法法规和政策支持。例如：

[①] P EAGLES, S MCCOOL, C HAYNES. Sustainable tourism in protected areas: guidelines for planning and management[M]. Madrid: World Tourism Organization, 2002.

（1）规定监督景区内交通工具的数量、类型与速度。
（2）允许公共交通运送的专用通道。
（3）规定使用时间对道路进行半封闭管理。
（4）使用禁行的隔离带管理；等等。

（三）价格管理

通过价格管理能实现很多管理目标，如赢利、减少或者增加使用量、调控游客的时空分布等，同时也能达到期望的社会目的，如帮助当地居民或鼓励弱势人群使用景区。

实践表明，适度收费通常对景区游览没有明显的影响，增加费用的同时增加服务，会让游客更容易接受。同时应该看到，高收费对于国家垄断的资源区并不是一个有效的办法，其资源价值的保护和公共产品的属性需要配合其他管理手段才能实现双赢。

另外，国内对景区调价的论证与通告不充分一直是造成矛盾与受人关注的焦点。当景区门票费用占到整体旅行费用的绝大部分时，游客会考虑推迟游览或去其他地方，而对于决策者来说，价格事关景区的可持续发展，这是一个值得特别重视与思考的问题。

（四）游览管理

规范游客对资源的使用包含直接的规范措施、间接的措施及指导性措施。通常直接的规范措施是借助法律法规的力量，对违法违规的行为施以合适的惩戒。间接的规范措施是通过提高游客的相关意识，以引导其做出正确的决策。指导性措施是引导游客做出合适的行为，以下为具体的操作方式。

（1）雇用看守人、导游和保安进行景区监管，以防止发生违反守则的行为，如盗窃和人为破坏。
（2）限制场地的使用，如用警戒线隔离、禁止入内等。
（3）采取保护性措施，如遮盖贵重的物品、加强步行道建设、要求游客穿拖鞋或鞋套进入。
（4）建造复制品（替代品），如为防止游客近距离接触珍贵遗迹导致其受损而建造替代品以供游客近距离观察、接触。

表4-12列出了一系列需要采取管理行动的问题并分析了仅仅基于信息和解说的间接规范措施对它们的影响。

表 4-12 使用信息和解说协助解决管理问题[①]

问题类型	示例	信息和解说的潜在影响	
违法行为	捕猎（珍稀的）鱼、鸟、野生动物；在荒野地使用机动车	低	教育的有效性逐渐增强
不可避免的行为	人体废物；露营地点草地减少	低	
粗心的行为	垃圾；噪声或其他干扰活动	中	
经验不足的行为	潜水时触碰到珊瑚；选择了不适宜的露营地	高	
未告知的行为	划船到离海洋哺乳动物极近的地方；收集枯木做薪柴	非常高	

---

① P EAGLES, S MCCOOL, C HAYNES. Sustainable tourism in protected areas: guidelines for planning and management[M]. Madrid: World Tourism Organization, 2002.

(五)信息和解说

旅游者和潜在旅游者通常需要景区相关信息,如关于景区区位、开放时间、费用及更多关于历史文化的详细信息,以加强对景区的了解。而景区解说作为管理工具,可以通过宣传使游客在了解的基础上产生认同感,从而影响其行为并使其获得良好的旅游体验。随着信息技术的发展,新媒体、新展示工具在信息解说系统的应用将对游客管理有极大的帮助。

三、游客管理的具体策略

在游客管理中有大量的策略可以用来控制景区的旅游影响。通常解决游客数量过多的策略要与吸引游客的策略相结合,其主要包含四大方面:管理旅游需求、管理旅游供给、管理旅游资源承载力和管理旅游的影响。游客管理的具体方法请参考表 4-13。

表 4-13 游客管理的具体策略和措施[1]

策略	定义	示例	使用频率	益处	代价
季节性和暂时性限制景区使用	直接限制进入景区的人数	限制日使用人数;限制公共交通承载人数等	常用于野外徒步、独木舟、历史建筑等	控制过度使用导致的生物、物理和社会影响	经济费用;社会争议
团队规模限制	限制旅游组团或同行的最大人数	限制露营组团的人数;限制潜水或接近珊瑚礁的人数	常用于边远乡村、分散的景点和自然保护区	减少过度使用导致的生物、物理和社会影响	旅游业从业者接受困难;经费高且有潜在成本
游憩场地的预先配置	在进入景区前,预先确定个人游憩位置/范围	预订露营地;预订进入风景古迹	越来越广泛地应用于汽车露营、乡村露营、水上景点、历史景点等	适用于著名且承载力低的景点,最优化使用,最小化竞争;了解游客信息,保证出租率;提高服务水平	预订程序产生大量管理费用;由于信息的通达度,国外游客会有预订障碍;灵活性小
区域封闭	在特定区域禁止所有或部分类型的旅游使用方式	距离水域特定范围内禁止露营等	常用于历史类景区、博物馆和其他高频率使用的景点	人类所有直接影响和负面影响均被消除	限制游客自由,需要做出解释并强制实施
限制用火	减小用火的可见影响和生物影响	完全禁火;在特定区域内禁火;限制火种类型;高海拔地区限用气炉	经常用于经济发达地区	减少野火发生的潜在可能性,减小生态方面的不良影响	需要强制执行;游客体验度降低;景区需要提供替代燃料

---

[1] P EAGLES, S MCCOOL, C HAYNES. Sustainable tourism in protected areas: guidelines for planning and management[M]. Madrid: World Tourism Organization, 2002.

续表

策略	定义	示例	使用频率	益处	代价
团队性质限制	禁止某些特殊团体进入	限制有特定设备（枪支、交通工具等）的队伍或有特定活动（徒步越野、狩猎）的队伍	用于几乎所有国家公园和一些娱乐景点，广泛用于对机械化、摩托化交通工具的使用	减少游客冲突；减小生物、物理影响；保证游客安全，提高游客满意度	游客的自由受限，对景点的接近度降低；必须提供相关说明信息；强制执行
停留时间限制	对个人或团体在景点的停留时间做出规定	不允许过夜；不允许超过三晚	广泛应用于供不应求的区域（遗迹、河流边，游客被要求每晚更换露营地）	增加更多游客到达该区域的机会	强制执行和行政管理费用；减少了游客享受的机会
技术要求	出于环境和安全考虑，强制要求游客携带特定设备	无木材，必须携带气炉；个人垃圾袋；合适的安全设备	广泛用于特定地点，如干净的水体、荒野区等	减少生物、物理等影响；提高安全性	设备昂贵；强制实施费用和行政管理费用；进行技术培训
旅行日程管理	单一团队在游览区域的时间和景点安排	河上木筏使用时间；历史景点参观时间等	常用于经济发达地区内涉及历史资源和游客中心的情况	减少拥挤；提供享受静谧的机会；便于解说；减少有限空间的竞争；使景区管理更加便利	游客自由度受限；产生计划执行费用；游客个人花费较高
设置障碍	经充分考虑后设置障碍，限制游客移动	繁育区/野生珍稀动物生活区的隔离栏；湿地、沼泽的隔离沟渠；防止践踏草坪的隔离栏等	常用于经济发达地区，乡村不多见；不要求所有隔离屏障显眼	减小相关游客的影响；减少对公共财产的破坏	限制游客自由；产生费用，包括建设费用、实施费用和管理费用；设计差的屏障可能使游客产生厌恶情绪
加固景点	建设便利的旅游设施和建造合适的路径以减少对环境的影响	加固地表材料以减少路径水土流失；加固公路表面	广泛用于不适宜踩踏和车辆碾压的自然地表	减少地表水土流失，从而减少维护费用	经费需求大；材料使用不当会对植物等造成伤害
景区信息	向游客提供关于生物信息、地理位置信息、旅游设施信息及景区规定和行为守则等	手册、书、地图；网站、当地电台；游客中心；面对面咨询、建议等	广泛应用，几乎所有保护区都会采用此举措；经费不足的景区可依靠旅游运营商提供	使游客更了解景区，行为更规范，减少对景区的负面影响；提高游客满意度	有些信息的费用较高，有时效性；摆放位置、语言形式的要求高；互联网信息成本低且有效
解说	向游客提供相关数据和信息，使游客明白并欣赏景区的价值	自然小径，野外指南、导游、手册、解说牌，交互的展示、宣教中心等	发达国家，保护区会提供多种解说材料	游客对景区的价值认可并欣赏，景区获得更多公众支持，减少游客影响	根据解说形式的不同，花费也不同

续表

策略	定义	示例	使用频率	益处	代价
价格差别	针对同一景区的游玩机会，制定两种或两种以上不同的价格	节假日期间收费更高；住宿条件不同，价格不同；老人和孩子享受优惠等	很多景区，不同价格策略与社会公平、市场反应及管理策略结合	重新分配景区各点的使用程度；达到社会目标；旺季收益最大化	可能使员工和游客困惑，甚至产生不满
游客/旅游机构资格限制	仅对拥有相关资格的人或机构开放	潜水员必须有资格证才能进入海洋保护区；进入保护区的游客必须由有资格的当地导游陪同	广泛用于高危活动，如潜水、爬山；一些商业性导游服务	有利于为景区当地创造就业机会；游客可以享受更好、更专业的服务，安全得到保障等	涉及与不同团体的交涉，需要建立高水平的外部系统；强制实施费用高
旅游营销	将旅游者需求与产品供给匹配	网站信息；简化旅游手续；通过与机构的协议推动保护区旅游	对保护区发展市场客源很重要；目标性营销、反营销各有用处	可带来高经济收入；减少景区与游客的冲突	必须充分了解目标游客的特征、需求、偏好；研究和广告费很高

第五节　旅游景区标准化管理

一、旅游标准化体系

在全球经济一体化、有形贸易壁垒日渐薄弱的大背景下，标准化工作已经越来越被各国重视，成为技术壁垒的重要选择。尤其是在入世谈判中，服务业占据重要地位，国际社会对我国服务业提出了深度进入的迫切要求，这就要求我国旅游标准化及服务业标准化快速发展。旅游景区的等级划分和评定正是顺应这种标准化的要求而产生的，也是促进旅游业健康和快速发展的重要管理手段。面对当前的国际、国内旅游形势，旅游景区要生存和发展，就要不断提升和改善旅游景区的质量，就要进一步提升景区质量认证的等级。

（一）国际旅游标准化工作体系

从全球范围看，旅游标准化的中心在欧洲，尤其以西班牙、法国、德国等国的旅游标准化研究最为突出。旅游标准化工作一般由一国或多国政府或非政府组织进行统筹，且多从市场角度出发，所颁布的标准获得企业的认可度较高。此外，标准的编制周期较短，一般为1~2年，修订得也较快，一般在发布后3~5年即进行修订，对于市场变化的适应性较强。

国际层面的旅游标准化机构主要有国际标准化组织（ISO）于2005年成立的"旅游及其相关服务"技术委员会（ISO/TC 228）、"运动和休闲设备"标准委员会（ISO/TC 83）以及区域性组织"欧洲旅游服务"技术委员会（CEN/TC 329），而涉及的旅游领域与工作机构如表4-14所示。

表4-14 国际标准化组织（ISO）及其相关旅游工作机构[①]

标准化机构	工作组名称	秘书处
ISO/TC 228	WG1 潜水服务（diving services）	奥地利标准研究所（ASI）
	WG2 保健旅游服务（health tourism service）	西班牙标准化和认证协会（AENOR）
	WG3 旅游信息中心信息提供和接待服务（tourist information and reception services at tourist information offices）	阿根廷标准研究院（IRAM）
	WG4 高尔夫球服务（golf services）	西班牙标准化和认证协会（AENOR）
	WG5 海滩（beaches）	哥伦比亚标准技术和认证学会（ICONTEC）
	WG6 自然保护区域（natural protected areas）	西班牙标准化和认证协会（AENOR）
	WG7 探险旅游（adventure tourism）	英国标准化学会（BSI）
	WG8 游艇俱乐部和码头旅游服务标准（the standardization of tourist services in yachting clubs and marinas）	—
ISO/TC 83	SC2 露营帐篷（camping tent）	德国标准化学会（DIN）
	SC4 滑雪设备（snowsports equipment）	德国标准化学会（DIN）
	SC5 冰上曲棍球设备和设施（ice hockey equipment and Facilities）	德国标准化学会（DIN）
CEN/TC 329	WG1 饭店和其他各类旅游住宿（hotels and other types of tourism accommodation）	西班牙标准化和认证协会（AENOR）
	WG2 旅行社与旅游经营者（travel agencies and tour operator）	德国标准化学会（DIN）
	WG3 旅游性潜水服务（recreational diving services）	奥地利标准研究所（ASI）
	WG4 语言修学游（language study tours）	奥地利标准研究所（ASI）
	WG5 导游服务（tourist guide services）	奥地利标准研究所（ASI）

上述国际机构大多集中在欧洲，制定的相关旅游标准主要集中在滑雪、潜水、水疗、接待服务、安全规范等方面，重点集中在术语、服务规程等方面。

（二）我国旅游标准化体系建设

为了更好地引导旅游业健康、可持续发展，促进旅游产业的转型升级，我国国家旅游部门自20世纪90年代开始逐步推进旅游标准化体系建设，形成了"政府部门主导、行业协会运作、企业共同参与"的发展态势，完全覆盖了旅游各要素，内容涉及旅游业的各个领域。

《我国旅游业标准体系表》自2000年首次发布实施以来，历经多次修编，形成覆盖"吃、住、行、游、购、娱"等旅游要素的基本框架结构。

[①] 张凌云，朱莉蓉. 旅游标准化导论[M]. 北京：旅游教育出版社，2014.

为顺应文化和旅游融合的发展趋势，适应旅游业发展新格局，我国于 2020 年对《旅游业标准体系表》进行了修编。《旅游业标准体系表（2020）》以 2015 版的框架为基础，包括已发布的旅游业及相关国家标准 55 项和行业标准 71 项，结构清晰、业态全面、编码简洁，具有较强的科学性和实用性，有助于指导行业完善标准结构，推动旅游标准化工作进一步发展，如图 4-7 所示。

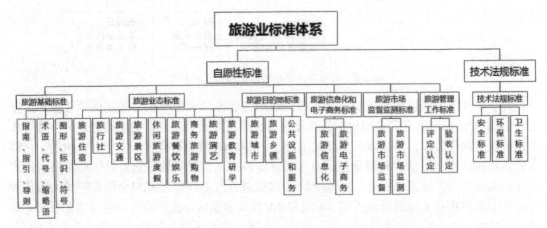

图 4-7　《旅游业标准体系表（2020）》结构框架图

二、旅游景区管理标准

（一）旅游景区质量等级管理

国家标准《旅游区（点）质量等级的划分与评定》（GB/T 17775—1999）自 1999 年出台，并于 2003 年在原有的基础上修订了 5A 景区的标准和内容，增加了细节性、文化性和特色性要求；细化了关于资源吸引力和市场影响力方面的划分条件，强调以人为本的服务宗旨。同时，国家旅游局对与该标准配套的管理办法也进行了多次修改：1999 年 9 月制定了《旅游区（点）质量等级评定办法》，2005 年修订为《旅游景区质量等级评定管理办法》，2012 年又修订为《旅游景区质量等级管理办法》，要求以此进行旅游景区质量等级的申请、评定、管理和责任处理。管理办法的三次制定与修改使旅游景区质量等级的管理更加明确、严格、规范和系统。经过十多年的宣传、贯彻和实施，A 级景区在社会各界的影响日益扩大，已逐步成为旅游景区规划、建设、经营及旅游者衡量景区质量的重要标尺。

《旅游区（点）质量等级的划分与评定》适用于我国接待海内外旅游者的各种类型的旅游景区。凡在中华人民共和国境内正式开业从事旅游经营业务一年以上的旅游景区，都可申请参加质量等级评定。旅游景区质量等级共分为五级，从高到低依次为 5A、4A、3A、2A、1A 级旅游景区。景区评定标准主要涵盖了旅游交通、游览、旅游安全、卫生、邮电服务、旅游购物、经营管理、资源和环境的保护、旅游资源吸引力、市场吸引力、游客接待量、游客满意率这 12 个方面。景区质量等级标准体系由"服务质量与环境质量评价体系""景观质量评价体系""游客意见评价体系"构成，需要配合管理办法一同使用，如图 4-8 所示。

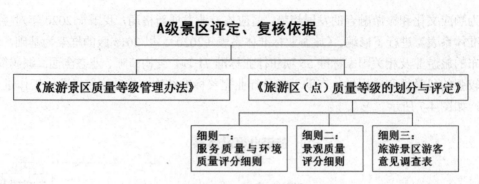

图 4-8 旅游景区质量等级标准的结构框架

为了加强旅游景区质量等级评定工作的组织与管理，根据《旅游景区质量等级评定办法》，国家旅游局已成立了全国旅游景区质量等级评定委员会，负责全国旅游景区质量等级评定的组织指导工作，并具体负责评定全国 5A 级和 4A 级旅游景区。各省、自治区、直辖市旅游局相应设立了地方旅游景区质量等级评定机构来负责本地区旅游景区质量等级评定工作，具体负责本地区 3A 级、2A 级和 1A 级旅游景区的评定，并向全国旅游景区质量等级评定委员会推荐本地符合条件的 5A 级和 4A 级旅游景区。旅游景区质量等级的标志、标牌、证书由国家旅游行政主管部门统一规定，全国旅游景区质量等级评定委员会负责颁发。

（二）旅游景区服务质量管理

《旅游景区服务指南》（GB/T 26355—2010）于 2011 年 1 月 14 日发布，并已于 2011 年 6 月 1 日开始实施，这是继《旅游区（点）质量等级的划分与评定》后，我国政府发布实施的第二个旅游景区类标准。《旅游区（点）质量等级的划分与评定》虽然也涉及服务质量要求，但考虑到等级评定的可量化和可操作性，其主要侧重对旅游资源和旅游设施进行标准化与等级划分，《旅游景区服务指南》更多的是从服务质量和服务规范的角度提出要求与建议。

《旅游景区服务指南》主要从旅游者的角度，针对旅游者在景区游览过程中经常遇见的服务质量问题规范景区服务人员的仪表、服务态度、服务时效和服务流程。以旅游者的景区游览流程为顺序，针对旅游者在游览过程中经常遇到的问题，主要从以下四个方面进行标准化。

（1）从进入景区开始到游览结束所需要的人员服务，包括停车场服务、售检票服务、入口服务、景区工作人员服务、导游讲解服务、交通服务、餐饮服务、购物服务、卫生保洁服务和咨询服务等。

（2）对提供服务的设施的基本要求和管理要求，包括停车场设施和管理、售检票设施和管理、入口区设施和管理、游步道设施、交通通信设施、标识指引、游览和活动项目设施设备、餐饮设施和管理、购物服务设施、卫生设施（如厕所和垃圾箱的设置）等。

（3）旅游者在游览过程中的安全管理，包括安全管理体系要求、特种设备安全、旅游景区治安、医疗救援等。

（4）游客投诉处理和管理，包括投诉制度的建立、人员的配备、投诉的处理等。

（三）旅游度假区等级管理

随着我国经济社会的发展和城镇居民消费结构的不断调整，休闲度假日益成为我国居民旅游消费的重要方式。为正确引导国家级旅游度假区建设，国家旅游局于2011年1月14日发布了国家标准《旅游度假区等级划分》（GB/T 26358—2010），并于2011年6月1日起实施；随后又先后制定了《旅游度假区等级划分细则》和《旅游度假区等级管理办法》（于2019年《国家级旅游度假区管理办法》发布施行之日起废止）；2015年，正式开展国家级旅游度假区评定工作并确定长白山旅游度假区等17家度假区为首批国家级旅游度假区。

创建国家级旅游度假区是促进和引领旅游行业由观光型向休闲度假型转变的一项重要工作，对我国旅游产品体系的建设和完善具有重要意义，对我国旅游业今后的长期发展有深远的影响。

国家标准《旅游度假区等级划分》的内容体现出以下几个特点。

（1）以度假区环境、度假设施和项目布局为核心。该标准采用的旅游度假区的定义是："具有良好的资源与环境条件，能够满足游客休憩、康体、运动、益智、娱乐等休闲需求的，相对完整的度假设施聚集区。"旅游度假区是以良好的资源环境为基础，以完备的服务设施为依托，以丰富多彩的休闲方式为内容的旅游区，强调目的地属性。

（2）评定内容的全面性。该标准的评定内容涵盖了度假区由外部到内部，由硬件到软件，由自然环境到人文环境，由专家评审到游客调查的方方面面，评定内容全面、细致。该标准以资源、区位、市场、空间环境、设施与服务和管理六大项为等级划分的一般条件。相应的《旅游度假区等级评定细则》中具体为资源、区位、市场、空间环境、核心度假设施及服务、支撑性设施及服务及管理七个部分，每一部分由若干小项组成，并且每一个小项都给出了具体细则及相应分值。评定人员由专家组、技术组和参与问卷调查的游客共同组成，总分2000分，达到1700分即可通过国家级旅游度假区等级评定。

（3）评定程序的严谨性。申报国家级旅游度假区的单位需通过自评、问卷调查、递交材料至省级或相应旅游主管部门初审后方可上报，然后由旅游度假区申报委员会组织专家进行实地考察、打分，在确认参评旅游度假区满足资源条件、边界与面积、环境质量等十项强制性指标且度假区游客问卷综合满意度结果为75%以上之后，再由专家组、技术组及游客进一步评分，最终决定入选、推迟入选或淘汰名单，并进行复查、定期自检与不定期抽查。

三、分类示范管理

与景区标准化管理类似的是不同类型示范区的建设，国家旅游局开展的全国工、农业旅游示范点，国家生态旅游示范区和国家全域旅游示范区等，都是旅游主管部门对景区履行行业管理职责所做的有益尝试。

（一）工、农业旅游示范点

2001年全国旅游工作会议上，时任副总理钱其琛强调要在经济结构调整中更好地发挥旅游业对其他产业的关联带动作用，并对加快发展工业旅游、农业旅游提出了要求。之后，国家旅游局把推进工业旅游、农业旅游工作列入2001年旅游工作要点，并于2002年颁布施行了《全国农业旅游示范点、工业旅游示范点检查标准（试行）》。

农业旅游点是指以农业生产过程、农村风貌、农民劳动生活场景为主要旅游吸引物的旅游点；工业旅游点是指以工业生产过程、工厂风貌、工人工作生活场景为主要旅游吸引物的旅游点。示范点以工/农业与旅游业收入双渠道，双业共生产生协同效应、范围经济，具有生产、教育、休闲三种功能。

2004年4月，国家旅游局组成30个验收组，对申报验收的单位进行了全面的检查验收。在汇总和审议各验收组验收结果的基础上，决定命名北京韩村河、蟹岛绿色生态度假村等203个单位为"全国农业旅游示范点"，首钢总公司、北京燕京啤酒集团公司等103个单位为"全国工业旅游示范点"。

（二）国家生态旅游示范区

2001年，国家旅游局、国家计划委员会、国家环境保护总局共同提出国家生态旅游示范区的概念，并共同制定认定标准，经相关程序共同评定此荣誉称号。2007年7月，国家旅游局、国家环境保护总局共同授予东部华侨城"国家生态旅游示范区"的荣誉称号，东部华侨城成为我国首个获得此项殊荣的旅游区。

此后，国家旅游局联合其他机构相继制定并颁布实施了《国家生态旅游示范区建设与运营规范（GB/T 26362—2010）》《国家生态旅游示范区管理规程》《国家生态旅游示范区建设与运营规范（GB/T 26362—2010）评分实施细则》。

国家旅游局、国家环保部在汇总和审议各验收组验收结果的基础上，于2013年12月授予39家单位"国家生态旅游示范区"称号，包括北京南宫国家生态旅游示范区、上海明珠湖·西沙湿地国家生态旅游示范区；于2014年授予天津市黄崖关长城风景名胜区、河北省保定市野三坡景区等37家单位"国家生态旅游示范区"称号；于2015年授予广东惠州市南昆山生态旅游区等35家单位"国家生态旅游示范区"称号。

（三）国家全域旅游示范区

2016年，国家旅游局为推动旅游业创新、协调、绿色、开放、共享发展，促进旅游业的转型升级、提质增效，构建新型旅游发展格局，提出了"全域旅游"的概念，并大力开展"国家全域旅游示范区"创建工作，推动旅游业发展模式由"景区旅游"向"全域旅游"转变。

全域旅游是将特定区域作为完整旅游目的地进行整体规划布局、综合统筹管理、一体化营销推广，促进旅游业全区域、全要素、全产业链发展，实现旅游业全域共建、全域共融、全域共享的发展模式。为此，国家旅游局提出了旅游业增加值占本地GDP的15%以上；旅游从业人数占本地就业总数的20%以上；年游客接待人次达到本地常住人口数量的10倍以上；当地农民年纯收入的20%以上来源于旅游收入；旅游税收占地方财政税收10%左右；区域内有明确的主打产品，丰富度高、覆盖度广这申报"国家全域旅游示范区"的六大标准。

经过地方人民政府自愿申报、省级旅游部门推荐、国家旅游局组织专家审核，海南省和北京市昌平区等262个市县成为首批国家全域旅游示范区创建单位。

四、旅游景区绿色标准管理

国外旅游景区绿色标准管理主要是通过国外非政府组织采用认证、培训与奖励等方法引导旅游产业向绿色产业方向发展。旅游生态认证制度是目前旅游产业绿色管理的突出代表，而比较有代表性的旅游生态认证制度是绿色环球21（Green Globe 21）。

绿色环球 21 是目前唯一的全球性旅行及旅游业可持续发展的标志，由世界旅行及旅游理事会（world travel and tourism council，WTTC）于 1993 年创建，以《21 世纪议程》和里约地球高峰论坛的可持续发展原则为指导，为企业、社区及消费者提供可持续旅游的路径[①]。2002 年，以绿色环球 21 认证制度为基础，澳大利亚生态旅游协会和澳大利亚可持续旅游合作研究中心共同起草完成了《国际生态旅游标准》并由绿色环球 21 独家掌握执照发放和管理权。《国际生态旅游标准》提出了生态旅游的基本原则及生态旅游产品的八大原则，如表 4-15 所示。

表 4-15 生态旅游的原则

生态旅游的基本原则	生态旅游产品的八大原则
● 生态旅游政策、实践和法规框架 ● 注重自然区域 ● 解释与教育 ● 生态兼容的基础设施 ● 生态可持续实践 ● 为自然保护做出贡献 ● 造福当地社区 ● 尊重文化和敏感性 ● 游客满意度 ● 诚信营销 ● 影响最小化行为守则	● 生态旅游的核心在于让游客亲身体验大自然 ● 生态旅游通过以多种形式体验大自然来增进人们对大自然的了解、赞美和享受 ● 生态旅游代表环境可持续旅游的最佳实践 ● 生态旅游应该对自然区域的保护做出直接的贡献 ● 生态旅游应该对当地社区的发展做出持续的贡献 ● 生态旅游应尊重当地现存文化并予以恰当的解释和参与 ● 生态旅游始终如一地满足消费者的愿望 ● 生态旅游坚持诚信为本、实事求是的市场营销策略，以形成符合实际的期望

绿色环球 21 标准是以可持续发展为原则，为旅行及旅游部门专门制定的，因此，绿色环球 21 不同于之前的各种"绿色"认证，其特点在于不仅注重企业内部的环境问题，而且关注企业外部的社会与经济发展问题。此外，绿色环球 21 标准体系还针对旅行及旅游行业的特点制定了可测定的指标体系，要求所有加入绿色环球 21 认证的企业必须首先通过量化的可持续性达标评估，以此根据旅游行业的特点对企业的管理进行定量的有效评估和审核。

绿色环球 21 一共有四个标准：绿色环球 21 企业标准、绿色环球 21 社区标准、绿色环球 21 国际生态旅游标准和绿色环球 21 设计与建筑标准。该标准体系要求实施独立的第三方认证并且每年进行一次评审，促使评估对象承诺年年有所改进。注册申请绿色环球 21 认证可以分为 A、B、C 三个步骤。

A 步骤：加盟成为"绿色环球 21"会员。

B 步骤：申请达标评估。

C 步骤：申请认证评估。

绿色环球 21 有三种徽标，如图 4-9 所示。通过认证评估的单位将获得绿色环球 21 颁发的合格证书并获得使用绿色环球 21 打钩徽标的权利。

绿色环球 21 作为独特的品牌，在国际旅游业享有很高的声誉，所以加入绿色环球 21 有助于改善企业的社会形象，提升企业的国际竞争力并吸引新型"绿色"消费者。到目前为止，全球已有一千多家企业开展了绿色环球 21 认证。中国国家环保总局和绿色环球 21

[①] 邹统钎. 中国旅游景区管理模式研究[M]. 天津：南开大学出版社，2005：187-196.

于2002年10月15日签订了在中国推行绿色环球21可持续旅游标准体系的合作协议。目前，我国的九寨沟、黄龙、三星堆遗址博物馆、蜀南竹海国家级风景区、蟹岛生态园区、浙江世界贸易中心大饭店、深圳圣廷苑酒店等都已经通过绿色环球21企业标准认证。其中，蟹岛生态园区成为我国首家通过绿色环球21认证的企业；三星堆遗址博物馆成为全球第一家通过绿色环球21认证的博物馆；蜀南竹海国家级风景区是全球第一家通过绿色环球21认证的以竹资源和竹文化为特色的旅游景区；浙江世界贸易中心大饭店则是我国第一家通过绿色环球21认证的五星级大酒店。

（a）绿色环球21加盟徽标　　（b）绿色环球21达标徽标　　（c）绿色环球21认证合格徽标

图4-9　绿色环球21徽标

第六节　安　全　管　理

一、旅游安全

对于旅游业而言，安全是影响旅游决策和旅游发展的重要因素之一。近年来，各类安全事故在不同类型的旅游景区时有发生，所以旅游安全成为消费者关注的焦点问题之一。尤其是随着探险旅游、极限运动等项目的兴起，发生安全事故的概率大大提高。对于出现安全问题的旅游景区而言，损失的不仅仅是金钱，还有旅游景区的形象。因此，安全管理应该是旅游景区各项管理工作之中不可忽视的重点，也是其他各项管理工作开展的基础。

广义的旅游安全指旅游活动中的一切安全现象，既包括旅游活动中各相关主题的安全现象，也包括人类活动中与旅游活动相关的安全事态和社会现象中与旅游活动相关的安全现象。Yoel Mansfeld 等（2005）[1]指出有四种安全事件会对景区当地社区、旅游产业和旅游者产生影响：犯罪事件、恐怖主义、战争和政治动荡。

狭义的旅游安全指旅游活动中各相关主体的一切安全现象，既包括旅游活动各环节中的安全现象，也包括旅游活动中涉及人、设备、环境等相关主体的安全现象；既包括旅游活动中安全的观念、意识培育、思想建设与安全理论等"上层建筑"，也包括旅游活动中安全的防控、保障与管理等"物质基础"。狭义的旅游安全涉及事故、负面事件、突发事件和危机等多种不同类型的安全问题（见图4-10）。

---

[1] YOEL MANSFELD, ABRAHAM PIZAM. Tourism, security and safety: from theory to practice[M]. Oxford City: Butterworth-Heinemann, 2005: 1-29.

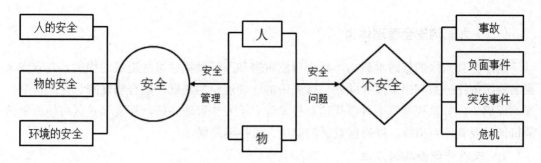

图 4-10　旅游安全相关概念的关系[1]

风险是旅游系统内部的潜在隐患，当它受到激发时，可以变为现实状态，从而导致旅游事故的发生。风险可以从事件场景、发生概率及可能造成的负面后果三个方面来防范。2012 年，北京"7·21"特大暴雨山洪泥石流灾害带来的巨大损失使房山、门头沟的灾害风险升级，为旅游景区地质灾害的防治敲响了警钟。

事故是主观不希望出现的意外突发现象。事故的后果可分为死亡、疾病、伤害、财产损失或其他损失五大类。事故的发生原因很复杂，很难预测。旅游景区由于路况复杂、管理水平参差不齐，在旅游安全事故中，交通事故占一半以上，特别是在旅游旺季，交通安全问题尤为突出。

事件包括自然事件和社会事件。自然事件包括地震、雪灾等，社会事件包括负面事件和突发事件。2015 年 1 月 1 日凌晨发生在上海外滩的踩踏事件被定性为一起对群众性活动预防准备不足、现场管理不力、应对处置不当而引发的拥挤踩踏并造成重大伤亡和严重后果的公共安全责任事件，暴露了上海在城市公共安全管理方面的不足。

二、旅游安全管理

（一）安全管理系统

旅游安全管理的主要内容是研究安全风险，发现安全漏洞，解决安全问题，从防范事故、化解危机到恢复正常的旅游秩序，这是一项全方位、全过程的管理工作。旅游安全管理可以消除风险与危害因素，防止经营过程中因设施、设备故障而引发事故，保障旅游系统内人员的安全与健康，保护旅游地的资源和财产安全。

通过构建旅游安全管理系统，可以将安全管理融入企业日常工作之中，使之成为旅游企业的常态管理活动，其目的是减少旅游安全事故发生的可能性，消除或者降低旅游事故造成的危害和损失。国内有部分学者以旅游景区旅游安全为研究对象分析了景区旅游安全问题的表现形态，构建了景区安全管理体系，阐述了较为完善、系统的旅游景区安全管理措施。[2][3]

---

[1] 孔邦杰. 旅游安全管理[M]. 上海：格致出版社，2015.
[2] 王瑜，吴贵明. 风景区旅游安全问题表现形态及管理体系构建[J]. 莆田学院学报，2008，15（4）：24-29.
[3] 谢朝武. 我国高风险旅游项目的安全管理体系研究[J]. 人文地理，2011（02）：133-138.

（二）九寨沟安全管理体系[①]

为了提高景区的旅游承载力，减少自然灾害和不可预见性事故造成的损失，九寨沟风景名胜区依托一系列国家重大课题，以先进的管理理论为基础，融合物联网、空间信息、遥测遥感、计算机视频等多种现代信息技术建立了安全管理系统，探索了景区可能面临的危机问题及其应对措施，以确保景区的健康、可持续发展。

1. 预测可能面临的危机

以自然风光为主的九寨沟，岩层结构以喀斯特地貌为主，植被类型丰富，其主要灾害形式表现为森林火灾、泥石流、山体滑坡、洪水等，同时，当地也存在所有旅游景区所共有的人为危机，如经济危机导致的旅游市场萎缩、重大疫情等。为了更好地应对危机，该景区根据可能产生的影响将危机归纳为四种类型：一是对景区内人员的生命财产安全造成影响的危机；二是对景区资源环境或旅游配套设施造成影响的危机；三是影响景区品牌形象的危机；四是影响景区经济效益的危机。

2. 三段式危机应对策略——"防范、处理、善后"

百治不如一防，避免危机的发生是最好的危机管理方式。九寨沟景区从强化危机意识、建立组织保障、制定危机应急预案、完善保险制度四个方面给出了应对危机的措施。

危机处理的目的是有效减轻危机对景区造成的破坏，尽量减少人员伤亡和财产损失。九寨沟景区管理者拟采用的办法是：首先，启动危机应急预案，根据预案成立危机应急指挥小组，迅速做到"相关人员、危机信息、处置措施"三到位；其次，强化媒体协作，做到信息的及时、主动发布，主动引导正面舆论，以赢得公众的理解和支持。

善后是景区危机发生后的恢复过程。"5·12"汶川大地震后，九寨沟制定了"2008—2020年针对性战略规划目标及实施方案"，按照九寨沟旅游在未来发展的侧重点分成恢复、发展和提升三个阶段：恢复阶段（2008—2010年），应尽快将旅游市场恢复到灾前水平，增加景区的经济效益并依托九寨沟的核心竞争力，实现产品项目多元化，为九寨沟的发展奠定坚实的物质基础；发展阶段（2011—2015年），通过前期的产品项目多元化实现经济增长持续化，在积极、稳步提高景区经济效益的同时，积极寻求景区与环境、景区与社区、景区与区域、景区与产业的和谐联动发展模式，使经济增长方式从传统的数量型经济转变为综合质量型经济，达到九寨沟景区健康、可持续发展的目的；提升阶段（2016—2020年），围绕建设国际旅游目的地的要求，全面打造国际旅游品牌的新内涵，进入国际旅游目的地的产能发挥期，进一步增强国际影响力。

3. "智慧九寨"基础上的安全管理平台

九寨沟管理系统提出了以云为框架、打造2个支撑平台、支撑3个核心业务、建立6个主题数据库为主体的"1236"工程，并以此为核心研发了旅游景区危机管理体系，打造了常态危机管理平台和旅游运营平台，以落实九寨沟景区综合管理、营销管理和游客体验等，创建具有危机意识和危机执行力的"智慧九寨"。

[①] 中国网讯. 王强 分享九寨沟作为国际旅游目的地危机管理案例[EB/OL].（2013-01-19）. http://www.china.com.cn/travel/txt/2013-01-19/content_27737614.htm.

近年来，九寨沟管理局参与了一系列国家重大课题，如国家高技术研究发展计划（863计划）课题"基于时空分流导航管理模型的 RFID 技术在生态景区与地震博物馆的应用"，重点解决景区票务与游客管理；国家科技支撑计划"智能导航搜救终端及其区域应用示范"课题，重点解决景区卫星定位精度、信号覆盖与应急搜救。以此为依托，利用地理信息结合遥感、卫星定位、视频监控与分析、RFID（radio frequency indentification，射频识别）等技术，有效地整合和管理景区的各种信息资源，构建了面向景区特定业务的专项应用，如景区森林防火、生态监测、旅游服务调度、应急指挥、卫生防疫等。现已建成并投入使用的应用系统有景区游客时空分流管理系统、地质灾害监测系统、森林防火监测系统等。

2012 年国庆假期，九寨沟景区游客量呈井喷式增长，日游客量最高达 53 000 余人次，这对景区环境、旅游配套基础设施等造成很大的压力。据此，九寨沟管理局紧急启动了游客量突发性急增接待预案——使用 LED 大屏滚动播放入沟须知及护林防火宣传语，建立微群指挥中心，利用"863"课题研究成果，结合基于人脸识别技术的游客流量视频分析系统，及时、全面地掌握景区内车辆、人流的时空分布状况，统一安排，合理调度，圆满完成了各项工作任务，实现了无重大影响投诉、无重大安全事故、无刑事治安案件的"三无"目标。

三、旅游危机管理

由于旅游活动在空间上的异地性和在时间上的暂时性以及在运行进程中呈现出的高关联度的综合特点，旅游业高度依赖发展和活动环境。世界旅游组织对旅游危机的定义为："影响旅行者对一个目的地的信心和扰乱继续正常经营的非预期性事件。"

（一）《旅游业危机管理指南》

2003 年 6 月，世界旅游组织发布了《旅游业危机管理指南》，该指南用以指导成员国应对和管理旅游危机，使旅游者尽可能快地重返目的地，而良好的危机管理技术有助于加快这一过程。[1][2][3] 该指南提出，基于诚实和透明的良好的沟通是成功的危机管理的关键，同时强调旅游业危机管理的四个特殊途径为信息沟通、宣传推广、安全保障、市场调查。该指南针对危机前、危机中和危机后这三个阶段提出了处理建议（见图 4-11）。

（二）九寨沟"10·2"游客滞留事件

尽管旅游景区自信已做好充分的准备，但扰乱正常经营的非预期性事件依然会发生，继而影响旅行者对整个景区的信心。

1. "牵一发而动全身"的游客滞留事件

2013 年 10 月 2 日，九寨沟发生大规模游客滞留事件。当日中午 12 点左右，因不满长时间候车，部分游客围堵景区接送车辆，由此迅速引发景区多处交通受阻的连锁反应，造

---

[1] 蔡维菁，韩旸. 旅游业危机管理指南（一）[J]. 饭店现代化，2003（03）：14-17.
[2] 蔡维菁，韩旸. 旅游业危机管理指南（二）[J]. 饭店现代化，2003（04）：16-19.
[3] 蔡维菁，韩旸. 旅游业危机管理指南（三）[J]. 饭店现代化，2003（05）：26-27.

成景区运营车辆无法循环运转，上下山通道陷入"瘫痪"。10月3日凌晨，九寨沟管理局、阿坝大九旅集团九寨沟旅游分公司发致歉书向游客致歉。

危机前管理：做最坏的打算

1. 事先制定沟通策略 —制定危机管理方案 —指定新闻发言人 —建立公共关系部门 —与媒体保持沟通 —重视与地方媒体的关系 —对新闻发言人进行安全事务应对技巧的培训 **2. 制订并实施宣传推广计划** —建立旅游业合作伙伴数据库 —建立一个电子邮件或图文传真的群发系统 —宣传推广中要诚信守约 —编制危机预算，为突发事件预留备用金 —避免卷入国家之间的旅游警告战	—加强与旅游者建立安全方面的信息沟通 —鼓励游客学习和掌握食品安全知识 **3. 检查安全保障系统** —保持与其他安全保障部门的工作关系 —制定安全防范的工作程序 —任命一个国家旅游安全事务专员 —对地方官员进行安全管理培训 —建立旅游警察部队和紧急呼救中心 **4. 做好危机调研的准备** —与主要业务合作伙伴建立有效联系 —监测旅游者住院率的信息 —监控与旅游相关的犯罪率

危机中管理：临危不乱、转危为安

1. 前线沟通 —诚实与透明 —不要施加新闻管制 —设立一个新闻发布中心 —迅速采取必要行动 —记住遇难者 —切勿断言推测或空口保证 —限定危机影响范围或程度 —纠正或驳斥不实报道 —利用媒体聚焦来强调积极因素 —互联网发布有关危机的信息 —与其他新闻信息源联网 **2. 果断的宣传推广决策** —直接与业界合作伙伴沟通	—将宣传内容转向对安全的关注 —继续执行既定的宣传活动与展示计划 —争取增加宣传推广的预算 —启动财政援助或调整税收政策来扶持旅游业 **3. 确保安全第一** —设立危机处理热线电话 —关注安全防范体系的改进措施 —与安全部门协调媒体的介入 —加强内部的信息沟通 **4. 短平快市场调查技巧** —对来访游客直接调查 —关注各种媒体的报道

危机后管理：重塑形象、变危为机

1. 加强沟通、重塑形象 —信息沟通要主动积极 —留意正面的新闻报道 —为记者多安排推介式旅游 —牢记每一个特殊纪念日 —应对可能发生的法律纠纷 —在当地网站上开辟新闻窗口 —进行全球交流与合作，重振旅游业 **2. 采用灵活的宣传促销策略** —开发新的市场细分化产品 —瞄准经历丰富和爱好特殊的游客 —提供物有所值的特价服务项目	—促销目标转向最有潜力的市场 —加强国内市场的宣传促销力度 —组织更多的推介式旅游和特殊活动 —高度重视各类旅游警告 —借危机期间形成的团结精神加强目的地内部的合作 **3. 面向未来的安全保障体系** —评估安全程序的每一个环节 —推动软、硬件服务质量的改善 **4. 开展有效研究** —调研客源地市场对目的地的感知形象

图4-11 旅游危机处理建议

2. "目标偏差"的危机管理准备

我国宏观大背景造成景区淡旺季管理问题极为突出，在客观层面造成景区的黄金周困局。同时，我国景区的现行体制使得大多数景区以"门票经济"为首要发展目标，由此产生的管理偏差不仅直接导致了危机的发生，也暴露出危机准备与组织管理的不足。

该事件中，九寨沟景区以最大游客容量为管理极限，其推演过程并没有考虑游客作为人的因素，忽略了在实际流线中游客的心理感受和行动控制力，盲目地相信按时空计算得到的标准、机械数字，由此产生危机预测偏差。同时，旺季景区管理队伍的人员数量、质量，管理细节、手段以及与游客的沟通、理解都存在偏差。凡此种种体现出的景区综合管理水平与问题，致使现有管理体系无法与宏大目标同步，从而造成危机的发生。

3. "信息沟通严重缺失"的危机过程处理

在危机发生过程中，从管理方的陈述看，九寨沟管理局协同相关部门迅速启动应急预案，全力开展疏导工作：一是立即从景区外抽调六十余名工作人员、一百余名志愿者深入一线，开展劝解工作；二是迅速抽派二十名公安干警、二十名武警战士分赴各候车点维护秩序、疏导交通；三是从县上抽调二十辆摆渡车帮助景区转运游客；四是迅速组织力量采购矿泉水、面包等分发给部分滞留游客；五是全面开展退票工作，对未游览完景区的游客进行全额退票处理。通过多方努力，截至10月2日晚10点左右，滞留游客全部安全疏散。[1]

事实上，游客在滞留期间除了在售票广场上的LED屏幕上看到了为滞留旅客退票的公告之外，并未在景区官方微博和网站看到对此次事件的任何解释或信息通告。直到次日凌晨4点，九寨沟管理局才在官网发布了对游客的道歉书[2]，此时距事发时间已过去16个小时，而这期间，在寒冷漆黑的野外，茫然无助的游客除了媒体和游客微博发出的信息，得不到任何通告，而年老体弱者和幼儿更是饱受痛苦和煎熬，由此可以看出危机处理最重要的信息沟通在这次事件中严重缺失。另外，关于限定时间的退票善后规定也反映出景区傲慢的管理态度，实在令人遗憾。

4. 危机后的反思

景区需要反思如何做出更加科学合理的应急预案，特别是针对黄金周高峰期旅游。针对目前的市场规律，管理局需要对目标加以纠偏，在信息沟通、人性关怀上进行深刻反思，对站点设置、车辆调配、应急疏导等问题进行改进，力求做到合情、合理、合法，同时彻查事件原委，核实当日接待人数，调查矛盾激化的前因后果，杜绝此类事件再次发生。

全社会需要反思如何培养合格的旅游者、如何成为一个合格的旅游者，而政府和景区等旅游共同体需要加强对于游客的宣传、教育和引导，在信息透明、畅通的前提下，建议游客更加理性地选择出游的时间和地点，在游览过程中更加理性地对待交通不便、人多拥挤等实际困难，以免造成不必要的损失与伤害。

---

[1] 中国网. 九寨沟管理局回应"滞留事件"建议游客文明出行[EB/OL]. （2013-10-03）. http://www.zj.xinhuanet.com/newscenter/sociology/2013-10/03/c_117590688.htm.

[2] 南方都市报. 亲历九寨沟游客滞留事件[EB/OL]. （2013-10-09）. http://news.ifeng.com/gundong/detail_2013_10/09/30133791_0.shtml.

第五章　旅游景区营销管理

> **引言**
> 　　在旅游景区日益增多、竞争日趋激烈、消费者更加成熟和理性的市场环境中，如何充分体现和强化鲜明的景区形象，如何增强景区的市场竞争能力，如何提高旅游景区的价值，以使潜在旅游者充分意识到景区与众不同的优势，这些都是旅游景区面临的重要问题，因此将营销理念导入景区的经营管理具有十分重要的意义。

第一节　旅游景区形象营销

一、旅游景区形象的含义及构成

　　旅游景区形象是景区客观形成的总体认知，而这种认知和印象是可以被影响、控制的。Crompton（1979）认为，"旅游景区形象是一个人对一个目的地的信任（beliefs）、意见（ideas）及印象（impressions）的总和。"[①] Hunt则强调某人对旅游目的地的形象主要受公众媒介对这个目的地的描述、报道影响。Lawson和Baud-Bovy（1977）将旅游目的地形象定义为"个人或者团体对一个特殊事物或地点的所有认识、印象、成见和心理感受的表达"。[②] Goodall认为，旅游目的地形象主要受可用的信息的限制，人们把形象建立在他们对实际旅游经历的反映上，所以形象不是不变的，而是随信息的变化而改变且人们往往受亲友的传播、教育与公众媒介的影响。旅游目的地形象会对游客满意度产生影响，Say Wah Lee等（2020）对旅游目的地形象从文化、环境和社会经济三个方面进行研究后发现，旅游目的地的文化形象与游客满意度呈正相关，而环境形象和社会经济形象与游客满意度部分相关。[③] 王君怡等（2018）把目的地形象看作系统整体，提出旅游目的地形象要素的认知过程包括信息获取、认知加工和要素变化三个阶段。[④] 李晓明等（2017）提出旅游目的地形象生成的决定因素包括旅游者个体因素、旅游目的地客观因素和旅游信息等刺激物因素。[⑤]

[①] J L CROMPTON. An assessment of the image of mexico as a vacation destination and the influence of geographical location upon that image[J]. Journal of Travel Research, 1979, 17(4): 18-23.
[②] F LAWSON, M BAUD-BOVY. Tourism and recreational development[M]. London: Architectural Press, 1977.
[③] Lee S W, Xue K. A model of destination loyalty: integrating destination image and sustainable tourism[J]. Asia Pacific Journal of Tourism Research. 2020, 25(4): 393-408.
[④] 王君怡,吴晋峰,王阿敏.旅游目的地形象认知过程——基于扎根理论的探索性研究[J].人文地理,2018,33(06):152-160.
[⑤] 李晓明,周轩,徐明.旅游审美判断对目的地形象生成的作用机制研究[J].财贸研究,2017,28(05):100-110.

Gunn（1972）把旅游景区形象分成原生形象和引致形象。引致形象来源于外部，而原生形象是通过对实际感受、经历加工后形成的，是内生的。最常见的引致媒介是收费广告和商业信息等。Fakeye 和 Crompton（1991）在 Gunn 的基础上将旅游景区形象分为三类，即原生形象（primary）、引致形象（induced）和复合形象（complex）并分析了三者之间的关系及它们在目的地选择方面的角色，如图 5-1 所示。

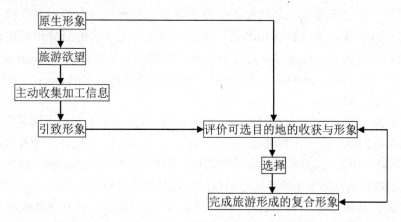

图 5-1　旅游景区形象形成过程[①]

游客在没决定旅游之前，头脑中有一系列的旅游景区为可选方案，心中有由经历或教育形成的各个景区的形象，即原生形象；一旦有了旅游的动机并决定要旅游时，他们就会有意识地搜寻有关可选景区的信息并对这些信息进行加工、比较、选择，形成引致形象。信息获取渠道主要是有关旅游的刊物、报纸、电视节目及旅游机构的宣传手册等。接着，游客会对各可选旅游景区的旅行成本、效益及形象进行比较，从而选择合适的目的地。旅行后，游客会通过自己的经历，结合以往的知识形成一个更综合的复合形象，依据复合形象对各可选景区再进行比较、选择，决定再次到原景区旅行或另择他地。

徐菲菲等（2018）认为，旅游景区形象包括认知形象、情感形象、意动形象和整体形象这四个组成成分。其中，认知形象反映游客对感知的旅行目的地属性的评价；情感形象表示游客对旅行目的地的情绪反应或评价；意动形象指的是游客积极地考虑将一个地方作为潜在的旅行目的地，描述游客想要进行的期望的未来的状态，如想去、推荐等；整体形象是认知形象、情感形象和意动形象的总和。[②]

由此可以看出，游客对旅游景区形象的感知、评定及购买决策与景区形象的策划、塑造和推广活动是密切相关的。

二、旅游景区形象定位

（一）形象定位的含义

为了成功地在目标市场开展营销活动，旅游景区必须与竞争者相区别或在顾客心目中

---

① P FAKEYE, J CROMPTON. Image differences between prospective, first-time, and repeat visitors to the lower rio grande valley[J]. Journal of Travel Research, 1991, (29)2: 10-16.
② 徐菲菲，刺利青，Ye Feng. 基于网络数据文本分析的目的地形象维度分异研究——以南京为例[J]. 资源科学，2018，40（07）：1483-1493.

形成明确定位。①这个定位过程的关键就是创造和管理一个独特的、鲜明的、具有号召力的景区形象（Calantone et al. 1989）。

旅游景区形象定位就是在目标市场游客心目当中占据一个突出位置的过程（Crompton, Fakeye, and Lue, 1992; Kotler, Haider, and Rein, 1993; Echtner and Ritchie, 1993）。旅游者对景区的相对形象感知取决于对互相竞争的景区之间的对比。这个过程将使旅游者区别出某景区的竞争优势及其相对其他潜在选择的独特魅力。旅游景区的形象定位战略包括明确目标市场对景区的感知形象；将这一形象与竞争者的形象相对比；确定能够满足旅游者需求与欲望及将景区与其竞争者相区别的形象关键因素（Aaker and Shansby, 1982; Javalgi, Thomas, and Rao, 1992; Crompton, Fakeye, and Lue, 1992; Ahmed, 1991）。

例如，苏州乐园是一个现代主题公园，其产品的性质决定了它的市场是当地和周边地域范围内的有限市场，而不可能依靠远程游客的一次性消费。在这样一个有限区域市场内谋求发展，不能不依靠回头客，而实际情况表明，苏州乐园的回头客占到了游客总量的40%以上。立足于自身的目标市场特点，苏州乐园将自身形象定位为"建不完的苏州乐园"。为了树立该形象，苏州乐园不断地进行项目创新，以增加乐园的新鲜感和吸引力，从而不断地吸引回头客。项目创新是苏州乐园的追求。根据人们求新求变的心理需求，苏州乐园实施了滚动式项目发展策略，除利用高科技手段不断开发新项目外，还在传统文化的基础上，不断地将现代的文化、时尚新概念或音符注入经典的保留项目，如"百狮园""苏格兰"庄园。

（二）形象定位的方法

确定景区形象定位，应当深入研究景区区域文脉，充分体现景区和区域的个性。在表达上，应针对游客做到语言简短而富有时代气息。领先定位、比附定位、逆向定位、空隙定位和重新定位是形象定位的常用方法（李蕾蕾，1999）。形象定位应符合独特性、垄断性、文化性、创新性、吸引性、认同性、统一性、层次性和艺术性的要求。刘彩凤（2017）认为，景区形象定位的创新要遵循个性特色、市场导向和资源优势特色相结合以及与时俱进的动态定位原则。徐尤龙等（2018）认为，差异化对于旅游形象定位非常重要。②运用适当的定位方法明确形象定位要求将有助于旅游景区形象的塑造和推广。

三、地格与旅游景区形象营销

地格既是进行全球旅游分工（global division of tourism）的基础，也是旅游形象设计的基本依据。Urry 在 1990 年首先倡导全球旅游分工并用游客凝视这一概念来表达游客对某一利基市场（niche markets）偏好的地理含义。③也就是说，地格是游客凝视的对象。

任何旅游目的地都具有自身独特的地方特性，就是地格（placeality）。④旅游景区的地

---

① ABDULLA M. ALHEMOUD. Image of tourism attractions in kuwait[J]. Journal of Travel Research, 1996, (34): 76-80.
② 徐尤龙，韦俊峰，王荣. 旅游形象差异化定位的动因、机理及实证研究[J]. 社会科学家，2018（10）：79-84.
③ J URRY. The tourist gaze: leisure and travel in contemporary society[M]. London: Sage, 1990.
④ 吴必虎. 区域旅游规划原理[M]. 北京：中国旅游出版社，2001.

格是由景区的自然地理、历史文化和民俗风情等因素相互作用而形成的地域特征。它是一个景区最具个性色彩，与其他同类景区相区别的最本质特征。[①]地格包括旅游景区的自然环境、人文环境和群体性格，往往能反映当地的总体吸引物特征，是景区形象构成中的核心要素（见图5-2）。

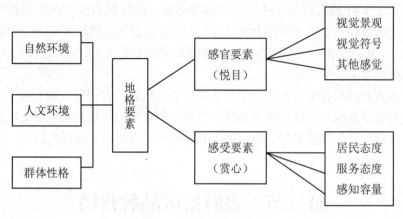

图 5-2　地格的组成要素

（一）地格的展示

邹统钎提出地格展示应该按剧场型管理模式的体验经济规则，坚持一个主题、两条主线、三大阶段、四个季节、五种感官、六大要素，简称为地格展示的"1-2-3-4-5-6"法则。

一个主题：任何景区都要有主题，主题就是地格的核心思想，如贵州镇远的"武城"、乡村旅游的"家"等。

两条主线：地脉主线与文脉主线。地格是地脉与文脉的综合体，展示时要表现这两条主线。地脉方面通过植被、地形、地貌、建材等表现，而文脉通过建筑、餐饮、娱乐、节庆、服饰等展示。

三大阶段：地格的展示在旅游前、旅游中与旅游后三个阶段全面地影响游客。

四个季节：在时间上，一年十二个月、四个季节都有独特的方式展示地格。例如，我国北方地区常见的冰雪、雾凇等具有明显的季节性。

五种感官：让地格通过游客的五种感官——听觉、视觉、味觉、嗅觉、触觉来影响游客。

六大要素：从吃、住、行、游、娱、购六大旅游要素全面地展示地格，也就是在餐饮、建筑、交通方式、旅游吸引物、娱乐活动与旅游商品方面全面展示地格。

（二）长白山国际度假区的地格与形象营销

2015年，万达长白山国际度假区入选首批国家级旅游度假区。该度假区位于天池脚下，同世界著名的山地度假区瑞士的达沃斯、法国的霞慕尼和加拿大的惠斯勒同处于北纬41度的黄金滑雪度假带，有着亚洲最大的顶级滑雪场。得天独厚的地理位置及自然环境使得该度假区直接将"北纬41度的黄金滑雪度假带"作为地格形象进行营销推广，以此打造世

[①] 张万雄，向风行. 旅游目的地开发原理与实践——岳阳旅游研究[M]. 北京：中国旅游出版社，2003.

一流的山地度假体验地。

地处北纬 41 度的长白山生态圈具有丰富的森林资源，可以赋予当地滑雪运动以神秘感，而较长的日照时间形成了当地独特的冬日暖阳气候，加之温度与湿度适宜，该度假区的滑雪场成为世界上不可多得的滑雪度假圣地。

围绕着"北纬 41 度"，万达还打造了"纯净呼吸、没有 PM2.5 的地方"这一营销形象，旨在提供一个远离都市物质与精神尘埃，负氧离子含量过万、PM2.5 低至个位数的天然氧吧，即创造一个可以使游客呼吸纯净空气、释放真我的度假社区，同时打造"22 度的夏天"的避暑度假地形象。

每一个地方的自然和文化都经历了复杂的历史进程，两者相适应则形成了地方特色与地方含义，也就是文脉与地脉构成的地格。在特定的区域内经过特定的历史经历和人文比附，使景区形成特有的形象底蕴，由此生成的形象吸引力是巨大而持久的。

第二节　旅游景区品牌营销

一、旅游景区品牌概述

（一）品牌与品牌营销

美国消费者协会于 1960 年出版的《营销术语词典》把"品牌"定义为"用以识别一个或一群产品或劳务的名称、术语、象征、记号或设计及其组合，以与其他竞争者的产品或劳务相区别。品牌可以带来长远的关注度和强大的吸引力，它是企业和产品的形象，是企业对自身形象高度浓缩之后加以精心设计再尽情发挥市场功能的一种标志物。[①]

品牌营销是企业借助独特的价值观念、团队构成、技术特色和企业无形资产等软性因素逐步建立起一种品牌联想并通过舆论和促销行为传播、移植于消费者的脑海之中，让目标对象对品牌自发地产生良好的印象并主动地购买产生产品。品牌营销也可以说是发现市场的品牌需求并通过创造品牌价值去满足这种需求的过程。自 20 世纪 90 年代以来，品牌已经成为景区营销组织营销战略的一个支柱，所有促销的目的都应该是发展有利的品牌联想（Steven Pike 等，2018）。[②]

构建品牌和实施品牌营销的关键是要把握五个要素：品质、服务、个性、定位和传播，如图 5-3 所示。其中，良好的品质是建立良好品牌的基础[③]；服务在景区品牌构建和品牌营销中起着至关重要的作用；品牌的个性是品牌的核心价值和精髓；市场定位是整个市场营销过程的灵魂（菲利普·科特勒）；在同质化的市场竞争中，唯有传播能够创造出差异化的品牌竞争优势（舒尔茨）。

[①] 解培红. 旅游目的地品牌内涵及塑造[J]. 商场现代化，2008（1）：96-97.
[②] S PIKE, J GENTLE, L KELLY, etc. Tracking brand positioning for an emerging destination: 2003 to 2015[J]. Tourism & Hospitality Research. 2018, 18(3): 286-296.
[③] 郑维，董观志. 主题公园营销模式与技术[M]. 北京：中国旅游出版社，2005.

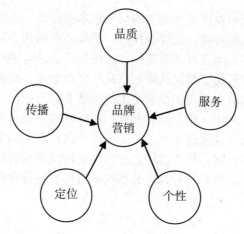

图 5-3　品牌营销的关键因素

（二）旅游景区品牌定位

品牌定位是确立一个旅游景区在旅游者心中的形象与地位的过程，是旅游者的需要特征和景区资源特色的结合。[①]旅游景区或旅游目的地品牌来自游客对目的地进行感知的过程，而且不同游客对同一目的地会有不同的体验。根据 Dunae 等的研究，旅游消费者及其他的利益相关者不断积累的对旅游目的地的特有认识导致了旅游目的地品牌的产生。[②]旅游景区品牌定位要从旅游者的需求和景区资源禀赋这两个方面着手，要注意突出品牌的个性，确定品牌的影响范围和细分目标市场。

不同的旅游景区的品牌为游客提供了多样的选择，而具有不同偏好的游客会选择不同的品牌。例如，偏爱遗产型景区的旅游者会首选贴有"世界遗产"标签的景区，而偏爱自然山水型景区的游客会选择风景名胜区、森林公园类的景区。目前，旅游景区公认的品牌分类是在对景区旅游资源分类的基础上进行的。景区的品牌是对旅游景区品质的认可，也能体现游客对旅游景区的信任度，是景区地位的象征。例如，在具有相同旅游资源和旅游产品的旅游景区中，游客选择贴有"世界级""国家重点""5A"等品牌标签的旅游景区的可能性较大，这是因为在游客心中，贴有这些标签的旅游景区的服务质量高、景色优美、可信度高。

二、旅游景区的品牌经营策略

由于品牌具有体验经济价值，而且能够产生和创造价值，因此品牌可以经营。景区的品牌经营策略要以景区的可持续发展为目标，努力扩展景区的业务，不断提升景区品牌价值。

（一）品牌延伸

品牌延伸是把一个现有的品牌名称使用到一个新类别的产品上。对于一个景区而言，

[①] 陈洪涌. 企业品牌研究[M]. 北京：中国经济出版社，2007.
[②] 李翠玲，秦续忠，赵红. 旅游目的地品牌忠诚度与整体印象影响因素研究：以新疆昌吉州为例[J]. 管理评论，2017, 29（07）：82-92.

引入一个全新的品牌的成本要比品牌延伸的启动成本高得多，失败的概率也高得多，因此品牌延伸已为大多数景区所青睐。品牌延伸后，不同的产品共享同样的品牌名称及品牌意义。利用景区标志、著名品牌进行品牌延伸，推出新产品，可缩短旅游消费者对景区产品的认知过程，也就意味着延长了景区品牌新产品的生命周期。旅游景区可以通过不断扩大品牌的使用范围，围绕旅游六要素实现旅游生产力要素的产业化，使品牌在各个产业领域内得到延伸。旅游交通、文化、纪念品、餐饮、旅行社等企业可以借助著名品牌而获得发展动力。例如，千岛湖可以发展纯净水、茶等绿色产品；泰山的女儿茶、金银泰山酒、泰山烟等是泰山的品牌延伸内容。旅游景区进行品牌延伸应注重对品牌形象的调查，明确和分析品牌延伸的相关产品是否具有对景区品牌的适应性、适合性和提升性，以确保品牌延伸策略的成功实施。

（二）品牌扩张

品牌扩张，即企业利用自己的品牌在市场上的号召力和影响力扩大实力，扩大品牌的经营范围和内容。其意义不在于主业的转移，而是跨行业经营，利用不同行业的相互影响和作用取得综合的经济效益。

旅游景区品牌扩张最成功的要属浙江杭州宋城集团。宋城集团是我国最大的民营旅游开发投资集团，也是国际游乐园及景点协会高级会员，其投资方向以旅游休闲业为主，同时涉及房地产开发、文化传播、高等教育、电子商务等领域。1996年，宋城集团从投资开发浙江省第一个主题公园——杭州宋城开始，迅速向多元化旅游产品开发发展，短短几年间，相继在萧山等地投资开发了杭州乐园、美国城、山里人家等景区，收购了号称世界四大名船的英国皇家游轮"奥丽安娜号"，启动了横跨浙南三县两市的龙泉山国家森林公园和云和湖旅游度假区、南京旅游新城，我国最大的海洋文化旅游项目——中国渔村，创办了可容纳约3000名学生的宋城华美学校。目前，宋城集团开发的旅游景区总面积达17万平方千米，年接待游客达到500万人次。宋城集团在开发旅游景区的同时大量购置周围土地开发房地产，以围绕景区建设宾馆、温泉度假村、高尔夫俱乐部、网球俱乐部等度假休闲配套项目。值得一提的是，宋城集团凭借景观优势成功地进入房地产业，开发了全国独一无二的景观房产。宋城集团以资本运行为纽带，抓住业态转型的机遇，接连完成了观光型、会议型、旅居型、休闲型的转变，从而拥有了雄厚的资本、丰富的资源，营造了大批量产品，成为自成产业体系的大型旅游集团。

（三）品牌的再定位

某个品牌在刚进入市场时，其定位是适宜的，但为了跟随时代发展，紧扣市场需求，需要不时对它重新定位。另外，竞争者后续推出的品牌也可能削减其市场份额，导致游客的偏好发生转移，使景区品牌的需求减少。

目前，许多急功近利的企业为了借势营销，盛行景区改名之风。例如，2016年，随着电视剧《琅琊榜》的热播，安徽滁州琅琊山悄然把"会峰阁"更名为"琅琊阁"，而黄山则想再度更名为"徽州"。景区或城市的名称一般均具有历史沿革，在经年累月、口口相传中广为人知而形成品牌影响。景区借势热播的影视剧而改名，看似搭上了便车，实则效果未必好，因此景区应避免草率更改品牌定位的行为。同样地，部分新兴景区标新立异、不断创新营销手段，但忽视了自身服务能力，使得公共服务水平降低成为其发展软肋，这也是忽略品牌理念的结果。

管理者既要树立品牌意识，把景区作为一个品牌来经营、推广，营造出具有独特文化追求、长远经营理念、丰富内涵的品牌，同时也要充分认识到景区的资源优势，根据其内外部经营环境的变化以及旅游者对品牌认知程度的变化，多角度、多层面地发掘景区的内涵，不断进行品牌创新，加强品牌的内部建设和外部传播，以塑造良好、统一的景区形象，提升景区品牌的商业感召力，从而使景区品牌具有持久的市场号召力。与热点营销相比，品牌理念的延续更加重要。

三、玉龙雪山的品牌建设与营销

玉龙雪山，这座全球少有的城市雪山既是我国 5A 级景区，也是丽江旅游的核心品牌。根据丽江打造世界级精品旅游胜地的发展目标，玉龙雪山旅游开发区先后投资 10 亿元，在 50 平方千米范围内开发了甘海子、冰川公园、蓝月谷、云杉坪、牦牛坪等景点，雪山高尔夫球场等休闲旅游场所和《印象·丽江》大型实景演出、冰川博物馆等文化旅游项目。随着品牌的建设和产品完善，玉龙雪山景区的游客接待量保持高速增长，从 2009 年的 230 万人次达到 2018 年的 432 万人次，游客年均增长率 8.2%。

玉龙雪山景区利用"大玉龙"品牌进行拓展营销，将大玉龙旅游区作为主品牌，把包括玉龙雪山景区在内的八个景区作为子品牌。这样大手笔的旅游景区营销策略既放大了玉龙雪山的品牌效应，使游客产生了良好的品牌联想，又使八个景区所形成的产品的序列清晰可辨，凸显了大玉龙旅游区内的高品质景区和多样化产品。与此同时，通过对"大玉龙"品牌内所有景区进行统一管理，加强各个景区内的设施及服务管理，成功地提升了各景区的品质。品牌拓展使得各景区达成一种互利共赢的合作模式，有效地解决了各景区长时间以来为争夺客源而展开激烈竞争的问题，避免了景区形象捆绑给核心品牌带来的负面影响。

玉龙雪山景区品牌的打造在产品整合、市场营销、文化建设和节目创新等诸多方面均有极为出色的卓越表现。其品牌营销工作做得很扎实，无论是媒体宣传、旅游景区营销还是渠道拓展，都是建立在深入细致的市场调查分析的基础上的。首先是细分目标客源市场及其旅游消费群体，其次是逐一分析每个客源市场的不同类型的游客群体的消费习惯和旅游偏好，然后再针对每个具体市场的不同情况，分别提炼营销宣传主题和景区品牌广告语，设计景区旅游产品和旅游线路，策划文化、体育等多种主题活动。这种建立在细分市场基础上的精细化营销战术具有品牌营销的显著特征。[①]

第三节　旅游景区节事营销

一、旅游景区节事概述

（一）节事的含义及其分类

节事活动既是一种旅游吸引物，也是提高景区知名度的一种重要手段。所谓节事，是

---

① 郑泽国. 丽江玉龙雪山景区营销成功案例分析[EB/OL].（2010-05-06）. http://www.brandcn.com/hangyepinglun/100506_239633.html.

对节庆与事件的统称，通用的对节庆的定义是"有主题的公众庆典"。在事件及事件旅游的研究中，人们常常把节日（festival）和特殊事件（special event）合在一起作为一个整体来进行探讨，英文简称为 FSE（festival and special event），中文译为节日和特殊事件，简称"节事"。[①]

Getz（2005）对节事活动进行了分类，如图 5-4 所示。

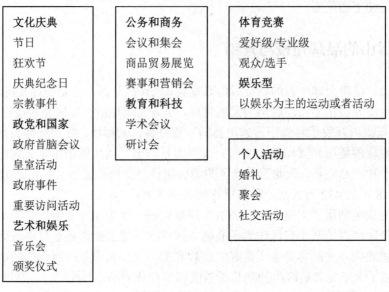

图 5-4　节事活动分类[②]

Renuka Mahadevan（2017）指出，地区性节庆活动不仅具有经济价值，而且还有更高的社会价值。[③]杨洋等（2019）指出，节事是三大旅游吸引物之一，可作为旅游目的地营销的独特卖点，甚至可成为目的地吸引力的一个维度。[④]对于景区而言，开展多种形式的节庆活动有利于景区节事旅游理念创新，有利于加深景区中节事活动的广度和深度，有利于扩大节事的营销作用，以吸引不同类型和具有不同需求的旅游者，同时对改变旅游淡旺季对景区的影响等有实际效果。

（二）旅游景区节事开发

节事活动由于能产生较强的轰动效应，对旅游景区聚集人气、提高知名度具有不可替代的作用而得到广泛应用。景区节事活动的开发其实也是一种旅游产品的开发，可大致分为两类：一类是节事设计，即创新性地策划节事，从无到有进行创意策划；另一类是节事运作，即对已确立的节事活动进行新的运作策划。常见节事活动的开发步骤如图 5-5 所示。

[①] 戴光全，保继刚. 西方事件及事件旅游研究的概念、内容、方法与启发（上）[J]. 旅游学刊，2003，（5）：26-34.
[②] D GETZ. Event management & event tourism[M]. 2nd ed. New York: Cognizant Communication Corporation, 2005.
[③] R MAHADEVAN. Going beyond the economic impact of a regional folk festival for tourism: a case study of Australia's woodford festival[J]. Tourism Economics, 2017, 23(4): 744-755.
[④] 杨洋，李吉鑫，崔子杰，等. 节事吸引力感知维度研究[J]. 旅游学刊，2019，34（06）：85-95.

前期准备：确定可能的节事组织者，对本地历史上曾经或已经举办的节事活动、周边地区乃至国内外知名节事的举办状况做资料搜集和分类

↓

主题选择：评价本地的资源特色、产品和服务质量，分析目标市场的构成及兴趣，寻找具有"唯一性""特殊性"的节事主题，紧扣本地形象定位确定主题内容

↓

节事定位：根据客源市场特征、资源和产品的稀缺度确定节事的规模、地点、时间、过程、吸引对象、目的和任务

↓

行动计划：组织者进行经费预算，寻求可能的赞助者，委托专业公司制定节事日程，制定绩效评估体系，确定节事具体目标和经济指标；确定节事总体口号、标识、吉祥物；开发配套商品等

↓

制定总体方案：确定本届节事的规模、时间、地点（通常应固定）；明确组织者内部的责任分工；制定宣传口号；确定节事内容和主干活动（多为开幕式、大型文娱演出等）；制定突发事件应急方案；经费预算

↓

前期宣传：启动应有相应提前量，包括制作宣传品；对外发布节事新闻，邀请外地或外国记者采访；吸引赞助商并协助其制作赞助广告；在旅游业内及时通报节事信息；传播有关公关资料

↓

战略准备：制定各项子活动方案；开始环境布置，营造整体氛围；加大宣传声势，注意对特定景点（如主会场）、可选择性日程和举办地以外相关目的地的推销；吸引相关活动；制定参加游客的日程安排；工作人员培训；邀请嘉宾、媒体；经费落实

↓

节事实施与绩效评估：节事全程实施；搜集所有信息反馈和节事报道；审核经费开支；追踪、评估与赞助商的合作；分析节事举办的经济和社会影响；总结策划及实施各环节的得失

图 5-5　节事开发步骤

二、旅游景区节事营销策略

旅游景区的节事营销策略属于市场营销"4P"理论中的产品策略，在进行节事营销的过程中有很多值得注意的问题。

（一）明确主题，多形式、多层次、多专题地发展节事活动

在旅游景区形象的塑造中，旅游主题、节事活动和形象应紧密结合，这是因为鲜明且一致的主题往往能稳定地在人们心目中构造一个积极的形象。通过主题的塑造，人们往往

能通过记住几句简单的口号而把旅游景区的名字同一种直观形象联系在一起。明确主题是组织景区节事活动的核心。节事活动主题的确定不仅需要分析景区现有资源，挖掘和整理本地的历史、文化、地理特色，而且要顺应市场需求及其发展趋势，把握住市场脉搏，符合消费者欣赏和享受的心理，这样才能设计、策划出能适应、引导、创造消费需求的旅游景区节事活动主题。

面对竞争日趋激烈的旅游市场，北京欢乐谷结合景区的发展和游客需求的变化，除了在每年的圣诞节、春节、国庆节举办活动以外，还利用景区深厚的文化内涵，以文化为主题，以活动为载体，根据季节性和社会热点引进主题节日，从而使丰富多彩的节事活动贯穿全年，具体如表5-1所示。

表 5-1　北京欢乐谷主题活动一览表[①]（2015 年）

序　号	时　间	名　称
1	2月19日—3月5日	2015北京欢乐谷新春百艺欢乐节
2	3月6日—3月31日	北京欢乐谷——幸福女人月
3	3月16日—6月30日	青少年校外基地
4	4月4日—6月22日	第九届北京欢乐谷国际时尚文化节
5	5月30日—6月7日	三期周年庆——欢乐儿童周
6	6月27日—8月30日	北京欢乐谷狂欢节
7	9月1日—12月31日	金秋小当家，向欢乐致敬
8	9月1日—9月30日	第三届酷玩粉丝节
9	10月1日—10月7日	北京欢乐谷国际魔术节
10	10月10日—11月15日	北京欢乐谷万圣欢乐节
11	11月1日—11月17日	双十一，不要孤单，要狂欢
12	12月5日—次年1月3日	北京欢乐谷第十届冰雪狂欢节

（二）举办体育赛事应注重当地企业及社区的参与和支持

景区举办体育赛事应注重当地社区的参与和支持、事件本身的策划与管理、事件的营销战略等。张云耀（2009）以环青海湖国际公路自行车赛为例进行了标志性体育事件成功的要因分析。通过回归分析，他得出营销战略、当地社区的参与和支持、事件本身的策划与管理对标志性体育事件的成功有着明显的正向影响的结论。从事件本身的策划与管理角度来看，当地政府的支持、当地赞助商被认为是重要因素。从营销战略角度来看，长期的赞助商被认为是重要因素。从当地社区的参与和支持角度来看，热心的当地观众、当地餐饮业的发展与支持、当地的社会赞助、当地住宿企业之间的支持、当地除住宿企业之外其他商业部门的非金钱支持均被认为是重要因素。[②]廉涛等（2017）以上海六个国际体育赛事为分析对象进行研究后发现，居民对体育赛事的支持态度主要受到居民的社区关心、社区依附及居民对体育赛事感知的影响。[③]

---

① 北京欢乐谷官方网站（http://bj.happyvalley.cn）。
② 张云耀. 标志性体育事件成功的要因分析——以环青海湖国际公路自行车赛为例[J]. 旅游学刊, 2009. 24（7）：39-42.
③ 廉涛, 黄海燕. 举办地居民对国际体育赛事支持态度的影响因素[J]. 中国体育科技, 2017, 53（01）：17-26.

（三）节事活动要和谐、融入景区文化

文化是景区不变的主题，是节事活动的永恒主题。文化具有的地域性、民族性越强，对求新、求奇、求知的旅游者来说，感召力越大，所以重视对本土文化的挖掘、利用应是节事活动的重要组织原则。节事活动只有根植于地方文化，突出旅游景区的主题文化，表现出在长期的文化积累中形成的鲜明特色，才能产生旺盛的生命力，获得社会公众的广泛认同。同时，节事活动的发展不能一味地迁就游客，要注重保护节事活动的本真性，警惕过度商业化对传统的破坏。[1]

随着旅游活动的开展，外来文化的示范效应冲击着传统的本地文化，节事活动的组织同样也可借鉴外来文化。旅游景区不要仅仅局限于本土文化，也应该放眼于异地、异国文化，注重研究并移植外来文化。借鉴外来文化应在适应市场需求的基础上，注意与本地或景区文化相协调，与本土文化有联系并能突出本土的形象，以创造出和谐、新奇、鲜明的效果。只有将立足本土文化与借鉴外来文化结合起来组织策划节事活动，使二者协调、融洽，旅游景区才能树立起自尊、热情、包容与开放的良好形象，从而形成更有价值的旅游资源。

（四）追求创新和突破，多层面演绎景区文化和形象

创新是景区保持永久生命力的源泉。巴甫洛夫的消退率提示我们，知名度的保持或巩固必须用优质来强化，否则知名度将消退，甚至走向反面。对于景区而言，节事活动应走向深度开发和组织，根据游客需求心理的变化不断推陈出新，不仅要强调内容的丰富性和创造性，更要着力于采用新颖的表达方式和包装手法，以多样化、立意新颖的表现方式演绎景区文化和形象，以内容的丰富性和形式的生动性充分挖掘、表现景区文化的深刻内涵，使景区主题明确、内涵丰富、形象突出，以独特的体验感受形成的吸引力影响游客的旅游偏好，让游客不断产生新奇的感受，以延长节事活动本身的生命周期，从而增强景区的生命力和吸引力，实现景区的可持续发展。

（五）借助传播媒介推广景区形象和节事活动，形成市场轰动效应

节事活动要引起公众关注，吸引游客参与，形成市场轰动效应，不仅需要组织者具有创新意识，还需要借助传播媒介形成新颖、出彩、有特色的全新推介模式。景区可以通过大型焦点事件来吸引公众传播媒介，产生光环效应，把旅游景区宣传成一个令人向往的目的地。要借助报纸、杂志、网站及新媒体的高强度、大容量、全方位宣传大力传播景区的传统文化、资源特色、节事活动等，提高社会公众对景区的关注度，从而有力提升景区形象和知名度，扩大景区节事活动的影响范围和市场覆盖面。传统媒介在培育乡村文化自尊、文化自信和文化创造力方面具有重要的作用和意义，所以乡村节事活动的发展应从只重视现代媒介向兼顾传统媒介发展。[2]

---

[1] 贾一诺. 文旅融合背景下的节庆旅游发展[J]. 人民论坛·学术前沿, 2019（18）: 108-111.
[2] 王昊. 参与式传播在乡村传统媒介中的应用——基于陕西关中乡村节庆民俗的田野调查[J]. 江淮论坛, 2018（06）: 148-155.

三、天门山节事策划与营销

自 1999 年以来,张家界成功策划实施以"穿越天门,飞向 21 世纪"为主题的世界特技飞行大奖系列赛事二十多次,形成了独特的张家界现象,塑造了个性鲜明的目的地形象,成为旅游景区事件营销的经典范例,相关事件如表 5-2 所示。

表 5-2 张家界历年"穿越天门"相关事件概览[①]

发 生 时 间	事 件 内 容
1999 年	"穿越天门"世界特技飞行表演,创造出人类首次驾机穿越自然山洞的飞行奇迹
2006 年	俄罗斯空军张家界特技飞行表演,虽迫于舆论放弃"穿越天门",但是在天门山上空的表演仍十分震撼
2007 年	法国冒险家阿兰·罗伯特无保护徒手攀爬天门洞百米岩壁成功
2008 年	新疆达瓦孜绝技第七代传人赛买提·艾山在天门山进行高空走钢丝行走挑战
2010 年	瑞士高空王子弗雷迪·诺克与赛买提·艾山在坡度超过 40°且极其光滑的天门山高山索道钢绳上展开高山索道钢绳行走挑战
2011 年	耐寒奇人金松浩和陈可财在海拔 1518.6 米的天门山主峰云梦仙顶进行"冰冻活人"极限耐受力大比拼,双双打破吉尼斯世界纪录
	"2011 翼装飞行穿越天门"极限挑战活动在天门山震撼上演
2012 年	有"轮滑变形金刚"之称的法国轮滑大师让伊夫·布朗杜以 19 分 34 秒成功挑战了天门山 99 弯通天大道
	世界翼装联盟在天门山举办了全球首届世界翼装飞行锦标赛
2013 年	"决战天门·天路漂移对抗赛"在"天下公路第一奇观"天门山通天大道上演
	世界翼装联盟第二届翼装飞行世界锦标赛
2014 年	世界翼装联盟第三届翼装飞行世界锦标赛
2015 年	世界翼装联盟第四届翼装飞行世界锦标赛

张家界策划的一系列重大事件具有明确的主题性及连贯的情节性,与当地自然资源相匹配,从而成功塑造了个性鲜明的景区形象,大大提高了景区知名度。从最初利用天门洞开展特技飞行大赛到后来利用宝峰湖、通天大道及百龙天梯等其他景区资源开展的以冒险刺激为主题的重大事件进行营销,以此不断拓展景区内容,其每年的重大事件都会吸引国内、国际电视台、各大网络媒体的争相报道,特别是随着新媒体传播的加入,张家界的形象变得更加多元、立体,而越来越多的关注度则更加有力地推动了景区发展。

---

① 陈跃,余高波. 事件塑造旅游目的地品牌个性的机理:基于"张家界现象"的案例研究[J]. 吉首大学学报(社会科学版),2015(02).

第六章 遗产型景区的开发与管理

> **引言**
>
> 遗产型景区应以保护为首要目标，重点保护遗产的多样性、真实性与完整性。其开发重点是依托遗产地格塑造地方特有的游客体验。遗产型景区主要分为自然遗产类景区和文化遗产类景区，包括国家公园、自然保护区、风景名胜区、森林公园、地质公园、湿地公园、国家文化公园、历史文化名城、遗址公园、文化生态保护区等。

第一节 自然遗产类景区的开发与管理

一、我国自然遗产类景区管理概述

自然保护地是生态建设的核心载体，是中华民族的宝贵财富，也是美丽中国的重要象征，在维护国家生态安全中居于首要地位。自1956年我国第一个自然保护区——鼎湖山国家级自然保护区建立以来，经过六十多年的努力，我国已建立了数量众多、类型丰富、功能多样的各级各类自然保护地，形成了包括自然保护区、风景名胜区、森林公园、湿地公园、地质公园、沙漠公园及自然遗产地等的自然保护地体系，基本涵盖了我国绝大多数重要的自然生态系统和自然遗产资源。目前，各级各类自然保护地已逾1.18万个，覆盖陆域面积的18%、领海的4.6%，为我国自然保护奠定了坚实的基础。[①]各种管理形式的保护地在相关立法、管理体制及管理制度建设，保护、投入及资源可持续利用等方面均进行了不断探索，形成了具有中国特色的自然保护管理体系，在保护生物多样性、保存自然遗产、改善生态环境质量和维护国家生态安全方面发挥了重要作用，但也存在顶层设计不完善、管理体制不顺畅、产权责任不清晰、保护与发展矛盾突出等问题。

同时，由于遗产的特殊价值属性，以自然保护地为依托的旅游景区也成为有效利用遗产、提供高品质生态服务产品的重要路径之一。如何处理好遗产保护与旅游开发的关系和协调遗产与社区的发展、因地制宜地适度发展旅游、有效地控制旅游规模等是自然保护地可持续发展必须面对的问题。

---

① 新华网. 我国自然保护地进入全面深化改革的新阶段——国家林草局有关负责人就《关于建立以国家公园为主体的自然保护地体系的指导意见》答记者问[EB/OL]．（2019-06-26）[2020-10-15]. http://www.xinhuanet.com/politics/2019/06/26/c_1124675752.htm.

二、以国家公园为主体的自然保护地体系

（一）国家公园体制的提出

党的十八大以来，国家对生态保护高度重视，把生态文明纳入"五位一体"的国家发展战略，明确提出了开展国家公园体系建设改革，为进一步完善现有自然保护地管理体系，解决长期困扰保护地的管理问题，如资源保护与利用的冲突、公共投入与市场机制相融合等问题提供了战略机遇。2015年1月，十三部委发布《建立国家公园体制试点方案》；2015年9月，中共中央办公厅、国务院办公厅发布《生态文明体制改革总体方案》；2017年9月，中共中央办公厅、国务院办公厅发布《建立国家公园体制总体方案》（以下简称《总体方案》）；2017年10月，党的十九大明确提出"建立以国家公园为主体的自然保护地体系"；2018年3月，国家机构改革组建了自然资源部，成立国家林业和草原局，加挂国家公园管理局牌子，统一监督管理国家公园、自然保护区、风景名胜区、海洋特别保护区、自然遗产、地质公园等自然保护地；2019年6月，中共中央办公厅、国务院办公厅发布《关于建立以国家公园为主体的自然保护地体系的指导意见》（以下简称《指导意见》）。从"更严格的保护"到"最严格的保护"，从"构建以国家公园为代表的自然保护地体系"到"建立以国家公园为主体的自然保护地体系"，上述一系列重大举措显示了国家对于生态保护的高度重视。

《总体方案》确定了包括制定国家公园设立标准、确定国家公园布局、优化完善自然保护地体系、建立统一管理机构等十项重点任务。十项任务环环相扣，共同构成我国国家公园体制试点的总体设计图，分别回答了管什么、在哪里管、谁来管、怎么管等基本问题。[1]

《指导意见》是我国自然保护地体系的顶层设计，是指导国家公园体制试点建设、解决自然保护地遗留问题、建立以国家公园为主体的保护地体系的纲领性文件。[2]以国家公园为主体的自然保护地体系强调树立新发展理念，以保护自然、服务人民、永续发展为目标，加强顶层设计，理顺管理体制，创新运行机制，强化监督管理，完善政策支撑，确保重要自然生态系统、自然遗迹、自然景观和生物多样性得到系统性保护，提升生态产品供给能力，维护国家生态安全，为建设美丽中国、实现中华民族永续发展提供生态支撑。

（二）自然保护地体系的建设重点

我国建立国家公园体制的根本目的就是以加强自然生态系统的原真性、完整性保护为基础，以实现国家所有、全民共享、世代传承为目标，理顺管理体制，创新运营机制，健全法治保障，强化监督管理，构建统一、规范、高效的中国特色国家公园体制，建立分类科学、保护有力的自然保护地体系。

1. 构建科学合理的自然保护地体系

要明确自然保护地功能定位；科学划定自然保护地类型；确立国家公园主体地位；编

---

[1] 唐芳林，闫颜，刘文国. 我国国家公园体制建设进展[J]. 生物多样性，2019，27：123-127.
[2] 唐芳林，闫颜，刘文国. 我国国家公园体制建设进展[J]. 生物多样性，2019，27：123-127.

制自然保护地规划；整合交叉、重叠的自然保护地；归并优化相邻自然保护地。

自然保护地类型按照自然生态系统原真性、整体性、系统性及其内在规律，依据管理目标与效能并借鉴国际经验，按生态价值和保护强度排序由高到低依次分为国家公园、自然保护区、自然公园三类。其中，国家公园是指以保护具有国家代表性的自然生态系统为主要目的，实现自然资源科学保护和合理利用的特定陆域或海域，是我国自然生态系统中最重要、自然景观最独特、自然遗产最精华、生物多样性最富集的部分，保护范围大，生态过程完整，国民认同度高，占据自然保护地体系中的主体地位。

针对整合交叉、重叠的自然保护地问题，要做到一个保护地、一套机构、一块牌子。在实际操作中，面对错综复杂的保护地现状，需要制定科学的"保护地分类划定标准"以开展优化整合，需要根据各类保护地的资源价值、历史传统、主体功能和管理目标，实事求是确定每个保护地属性和地位，切忌采取一刀切的鲁莽行动。探索形成以国家公园为主体、自然保护区为基础、风景名胜区为特色[1][2]、各类自然公园为补充的自然保护地分类系统。

2. 建立统一、规范、高效的管理体制

要统一管理自然保护地；分级行使自然保护地管理职责；合理调整自然保护地范围并勘界立标；推进自然资源资产确权登记；实行自然保护地差别化管控。

理顺现有各类自然保护地管理职能，制定自然保护地政策、制度和标准规范，实行全过程统一管理。按照生态系统的重要程度，将国家公园分为中央直接管理、中央地方共同管理和地方管理三类，实行分级设立、分级管理，同时探索公益治理、社区治理、共同治理等保护方式。自然保护地的差别化管控根据各类自然保护地功能定位，既严格保护又便于基层操作。

3. 创新自然保护地建设发展机制

加强自然保护地建设；分类、有序解决历史遗留问题；创新自然资源使用制度；探索全民共享机制。

通过生态系统修复、管理设施建设以及信息化、智能化建设，全面实行自然资源有偿使用制度。依法界定各类自然资源资产产权主体的权利和义务，保护原住居民权益，实现各产权主体共建保护地、共享资源收益。制定自然保护地控制区经营性项目特许经营管理办法，建立、健全特许经营制度，鼓励原住居民参与特许经营活动，探索自然资源所有者参与特许经营收益分配机制。在保护的前提下，在自然保护地控制区内划定适当区域开展生态教育、自然体验、生态旅游等活动，构建高品质、多样化的生态产品体系。完善公共服务设施，提升公共服务功能。

4. 加强自然保护地生态环境监督考核

实行最严格的生态环境保护制度，强化自然保护地监测、评估、考核、执法、监督等，形成一整套体系完善、监管有力的监督管理制度。

---

[1] 中国风景名胜区协会. 自然资源部、国家林业和草原局近期多次明确"风景名胜区体系整体保留"[EB/OL]. （2020-08-26）[2020-11-30]. http://china-npa.org/info/2938.jspx.

[2] 刘秀晨. 风景名胜区是中国自然保护地体系的独立类型[J]. 中国园林，2019，35（03）：1.

建立监测体系,对自然保护地内基础设施建设、矿产资源开发等人类活动实施全面监控。建立健全社会监督机制,建立举报制度和权益保障机制,保障社会公众的知情权、监督权,接受各种形式的监督。引入第三方评估制度,对国家公园建设和管理进行科学评估。根据实际情况,适时将评价考核结果纳入生态文明建设目标评价考核体系,作为党政领导班子和领导干部综合评价及责任追究、离任审计的重要参考。

5. 保障措施

完善法律法规体系,加快推进自然保护地相关法律法规和制度建设;建立以财政投入为主的多元化资金保障制度,健全生态保护补偿制度;加强管理机构和队伍建设,加强科技支撑和国际交流,为全球提供自然保护的中国方案。

(三)国家公园体制建设进展

目前,我国已建立三江源、东北虎豹、大熊猫、祁连山、神农架、武夷山、钱江源、南山、普达措等国家公园试点。这些试点的社会生态特征各有不同,如三江源、普达措、祁连山、大熊猫等西部地区试点的社会特征为多民族聚集,生产、生活方式相对单一且对自然资源的依赖程度较高,经济发展水平相对落后,该类试点的改革难点在于推动产业结构转型,利用国家公园品牌效应发展绿色经济,拓宽社区居民增收渠道,实现保护与发展共赢。钱江源、武夷山、南山试点范围内集体土地权属占比较大,分别为80.7%、66.6%、64.54%,该类试点的改革难点在于创新国家公园土地权利多元化流转方式,对集体土地进行有效用途管制,实现国家公园自然资源统一管理。此外,东北虎豹、大熊猫、祁连山作为跨省的试点,改革难点在于统筹协调各方关系,明确事权责任,打通管理"堵点",构建高效的协同管理机制。特别是东北虎豹试点,作为唯一一个由中央直管的国家公园,保护管理职责由中央直接行使,其建设模式应具有较强的代表性,能够为其他管理模式向中央集中管理过渡提供改革范式。神农架、海南热带雨林等试点具有优质的自然资源禀赋,该类试点的改革难点在于建立特许经营机制,改善地方政府对旅游经济的过度依赖并建立一定的利益分配机制,平衡各方利益。①

2018年5月,国家发展和改革委员会(以下简称"国家发改委")把国家公园体制试点工作整体移交给国家林业和草原局。在国家发改委的前期工作基础上,国家林业和草原局加大工作力度,全面指导国家公园体制试点工作,针对前期存在的问题进行了全面的梳理,采取了针对性措施,终止了不符合资源条件和规模标准的北京长城国家公园试点,推动建立了海南雨林国家公园试点,目前在国家公园管理体制、制度构建、建设规划、保护措施、资金来源、合作机制等方面取得了初步进展。②

从我国国家公园体制改革的发展历程可以看出,国家公园的发展不仅得益于国家政策的支持,也为国家公园自身发展不完善所驱动,其发展遵循着一定的内在逻辑③(见图6-1),即在自然保护地系统发展问题的基础上提出了建设国家公园体系;在国家公园体系建设过程中,从顶层设计层面建立和落实国家公园相关的制度保障并完善国家公园体制;通过落实相应的运行机制,最终实现我国国家公园的发展目标。

---

① 李博炎,朱彦鹏,刘伟玮,等. 中国国家公园体制试点进展、问题及对策建议[J]. 生物多样性,2021,29(03):283-289.
② 唐芳林,闫颜,刘文国. 我国国家公园体制建设进展[J]. 生物多样性,2019,27:123-127.
③ 耿松涛,唐洁,杜彦君. 中国国家公园发展的内在逻辑与路径选择[J]. 学习与探索,2021(05):134-142+2.

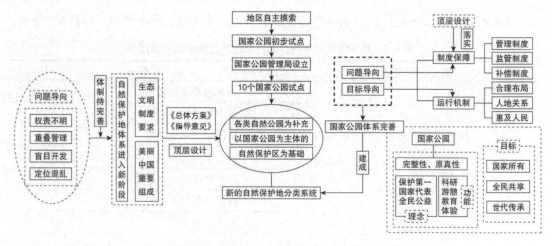

图 6-1　我国国家公园发展的内在逻辑

三、自然保护区的开发与管理

（一）自然保护区概述

1. 自然保护区的概念

世界自然保护联盟（IUCN）于 1994 年公布的《自然保护地管理分类应用指南》（*Guidelines for Protected Area Management Categories*）把保护区定义为"主要致力于生物多样性和有关自然与文化资源的管护并通过法律和其他有效手段进行管理的陆地或海域"。

根据《中华人民共和国自然保护区条例》，自然保护区是指"对有代表性的自然生态系统、珍稀濒危野生动植物物种的集中分布区、有特殊意义的自然遗迹等保护对象所在的陆地、陆地水体或者海域，依法划出一定的面积予以特殊保护和管理的区域"。国家级自然保护区是《全国主体功能区规划》规定的"禁止开发区域"，是禁止进行工业化、城镇化开发的重点生态功能区。

自然保护区作为生物多样性的一种就地保护形式，有其特殊的意义，在保护具有特殊科学文化价值的自然资源中起着其他自然保护形式所起不到的重要作用；它对于物种基因库的保存、社会经济的繁荣和人类生存发展以及科学技术、生产建设、文化教育、养生保健、自然保护等事业的发展具有不可估量的积极意义。尤其是在人类活动对自然环境和自然资源造成的压力日益加重的今天，自然保护区的价值显得更为珍贵。

2. 自然保护区的类型

《自然保护地管理分类应用指南》将保护区类型确定为六种：① 自然保护区/荒野区；② 国家公园；③ 自然纪念地；④ 生境/物种管理区；⑤ 受保护的陆地景观/海洋景观；⑥ 受管理的资源保护区。[①]该指南不仅解释了这六种保护区的含义，同时还规定了各类型保护区的管理目标和指导原则。该指南旨在通过为保护区划分类型来强调保护区的类型要以保护目标为分类依据，但此分类方法在世界各国中仍有争议。

1993 年，我国国家环保局批准了《自然保护区类型与级别划分原则》国家标准。该国

---

① CNPPA/IUCN, WCMC. Guidelines for protected area management categories[M]. Gland, Switzerland and Cambridge, U. K.: IUCN Publications Services Unit, l994.

家标准根据自然保护区的保护对象将自然保护区分为三个类别、九个类型,如表 6-1 所示。

表 6-1 基于保护对象属性的自然保护区的类别与类型

类　　别	类　　型
自然生态系统类	森林生态系统类型
	草原与草甸生态系统类型
	荒漠生态系统类型
	内陆湿地和水域生态系统类型
	海洋和海岸生态系统类型
野生生物类	野生动物类型
	野生植物类型
自然遗迹类	地质遗迹类型
	古生物遗迹类型

既往按照归属的管理部门,各类自然保护区分属于林业部门、环境部门、建设部门、海洋部门、农业部门、地矿部门、科教部门和文化部门等。2018 年后,由于国家机构改革,各类自然保护区全部归属于自然资源部国家林业和草原局自然保护地管理司统一管理。

(二)自然保护区的开发与管理要点

1. 开发意义

第一,为自然保护区的发展提供资金。我国自然保护区建设的资金主要来源于政府拨款,金额有限。由于资金的极度缺乏,许多自然保护区仅停留在简单看护层面,对于自然保护区发展所必需的环境监测、科学研究、环境教育等均无法开展。旅游业为自然保护区的发展开辟了新的融资途径,使得自然保护区中以环境保护为目标的设施得以建立,使环境保护工作落到实处,也使生态环境质量得以提高,从而保证了旅游业的快速、健康发展。

第二,促进区内经济的发展。自然保护区内有许多居民点,妥善地解决区内常住人口的生产和生活问题是保护工作成功的关键。例如,若不解决居民的烧柴问题,就会有人乱伐林木;若不解决粮食问题,就会有人毁林开荒。而旅游属于综合性产业,其发展能够带动一大批相关产业的发展,解决生产、就业等问题,进而促进保护区经济的发展。

第三,增强公众的自然保护意识。自然保护区生态环境的保护不仅仅是经营者和管理者的责任,更需要旅游者、当地居民的积极参与,所以要增强公众的责任感,提高其对生态环境保护、生态环境保护和旅游业及经济发展统一的关系的认识,这样才能从根本上杜绝环境破坏和污染事件的发生,才能解决当前经济发展、环境受损的"外部不经济性"问题,促进环境、经济、社会的可持续发展。

第四,提高自然保护区的知名度。通过开展旅游,让旅游者亲自游览自然保护区,可增强其对保护区的了解和认识,发挥扩散效应,再加上媒体的宣传作用,可以让更多的人知道自然保护区建立的意义,有助于采取措施,更好地保护生态环境,从而提高自然保护区的知名度。

2. 开发原则

第一,保护优先原则。自然保护区的资源与普通资源的不同主要体现在它的脆弱性与保护性。其脆弱性是指资源对作为外界干扰因素的旅游开发和旅游活动的承受能力是有限的，超出限度就会影响和破坏系统的稳定性。为了资源的永续利用，保护是必须的。

第二，科学管理原则。开发不同的自然保护区资源前，要对其对象、形式、范围、强度等进行深入调查、科学研究和论证，以科学调查和评价的结果为依据，避免开发的盲目性，防止出现资源的过度利用，给自然保护区造成破坏。《中华人民共和国自然保护区管理条例》第十八条规定："自然保护区可以分为核心区、缓冲区和实验区。自然保护区内保存完好的天然状态的生态系统以及珍稀、濒危动植物的集中分布地，应当划为核心区，禁止任何单位和个人进入""核心区外围可以划定一定面积的缓冲区，只准进入从事科学研究观测活动""缓冲区外围划为实验区，可以进入从事科学试验、教学实习、参观考察、旅游以及驯化、繁殖珍稀、濒危野生动植物等活动。"

第三，社区受益原则。我国多数自然保护区处于较为贫困的地区，当地政府和居民对于资源的依赖程度很高，而自然保护区的建立在短时间内会限制地方对资源的开发，从而影响地方的财政收入，影响生活在保护区及周边社区的人口对自然资源的利用。在这种情况下，仅仅依靠国家的生态补偿是不够的，因此应在国家和自然保护区管理机构的监督与管理之下，在保护区规定的管辖范围之内，通过保护区和周边社区共同签署合理利用方式和利益分配形式的协议，进行合理和适度的资源利用，这是缓解保护区和周边社区之间矛盾的有效途径。

第四，持续发展原则。自然保护区在旅游开发过程中必须以生态规律和经济规律为指导，将保护目标和经济目标相结合，将近期利益和长远利益相结合，协调资源利用与生态平衡，实现保护区资源的可持续发展。

3. 建立科学管理体系

要落实自然保护区的基本任务，必须有一定的组织机构来领导，有相应人员来承担责任，也就是说，自然保护区应当有完整的科学管理体系。科学管理体系是运用科学的管理方法和程序维持自然保护区的建设和管理，科学管理体系的有效运转是建设高质量、高标准自然保护区的必备条件。自然保护区科学管理体系可分为四大管理系统，如图 6-2 所示。各系统既要有明确分工，又要紧密配合，它们共同组成一个内部互相协调、机能健全、可保障项目实施的科学管理体系。

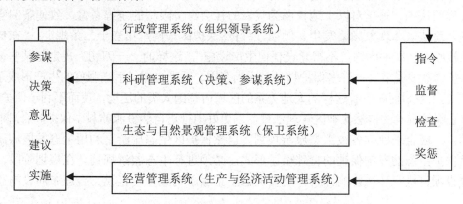

图 6-2　自然保护区科学管理体系

（1）行政管理系统。自然保护区的行政管理是极为重要的管理环节。行政管理部门通过实施组织、计划、人事、宣传教育、基本建设、财务审计等部门职责，发挥承上启下、沟通协调的作用。其主要工作内容是：① 上下级机关行政业务；② 外事业务；③ 劳资人事；④ 财务、审计；⑤ 政策、法令宣传业务；⑥ 后勤、基建、职工福利；⑦ 职工文化教育；⑧ 监督自然保护区计划、规划以及各种规章制度的实施和执行。

（2）科研管理系统。自然保护区是生物学、地学及环境科学的重要研究基地，其科研管理系统主要负责：① 组织综合考察与综合评价；② 安排科研课题、组织课题组；③ 布设定位观测站和确定观测项目；④ 建立基本资料数据库；⑤ 进行种植实验与养殖实验；⑥ 组织自然保护区的短期和中长期发展规划；⑦ 组织研制、评价、审定自然资源的保护与开发利用方案；⑧ 对科研成果进行鉴定、公布和出版；⑨ 对标本室、展览馆、科技档案、信息资料室进行管理；⑩ 组织科技咨询与科普宣传；⑪ 建立有关学会、协会、研究会、科技情报网的基层组织。①

（3）生态与自然景观管理系统。生态与自然景观管理系统是自然保护区的保卫系统，主要负责自然资源与自然景观保护方案的实施。公安局或派出所要负责做好所管地段的保护工作，随时提供有关情报，及时处理自然保护区所发生的违法事件和破坏性事件，对考察者、参观者和旅游观光者宣传安全知识与注意事项，综合分析保护工作中的隐患和一些可能发生的破坏性事件的时间、地点与发展趋势，随时向保护区领导和其他管理系统及地方政府、公安部门提供情报，共同防止破坏性事件的发生和发展。

（4）经营管理系统。在保护好自然资源和自然环境的前提下，有计划地开展各种生产和经营活动，获得更多的资金来进一步发展自然保护区建设事业，这就是所谓的"以资养区"理论，是发展自然保护事业的重要措施。经营管理系统主要负责：① 合理开发利用自然资源方案的落实；② 种植业和养殖业；③ 狩猎业；④ 加工业（地方特产加工、特种手工业和工艺品）；⑤ 旅游业；⑥ 商业；⑦ 妥善安排保护区内群众的生产和生活等。

4. 可持续发展

自然保护区的旅游开发应以可持续发展为指导思想，充分考虑保护区对其他资源、其他要素及整个旅游环境的影响；对当代人和后代人负起同样的道德义务，为他们能够享受旅游乐趣留下充分的余地。

第一，应制定有效的法律法规来进行规范。自然保护区生态旅游业是一个复合交叉型产业，需要完备的法律法规来进行规范。我国现行《自然保护区条例》缺乏对生态系统结构和过程的认识，缺乏对以土地权属为代表的社会经济限制的统筹考量，致使条例实施无法落地，违法破坏现象频繁发生。例如，《自然保护区条例》第三十二条规定："在自然保护区的核心区和缓冲区内，不得建设任何生产设施"，这样的"一刀切"规定与某些情况下生态保护的需要脱节——许多保护物种与适当范围、适当方式、适当强度的生产形成了类似"共生"的关系，而在具有这样的人地关系的区域内禁绝人类的活动，反而不利于保护。②因此应匡正纠偏现有的自然保护区管理法规，以更好地推进自然资源的科学保护和合理利用。

第二，应合理建立各级生态旅游规划。自然保护区生态旅游是利用生态发展旅游、通过旅游保护生态的双向促进的特殊旅游形式，必须进行生态旅游规划。在规划阶段，应对各项建设项目进行环境影响评价：既要考虑生态旅游资源开发建设、合理布局设施和维护

---

① 吴小舟，杨小鹏．对甘肃省自然保护区有效管理的探讨[J]．甘肃林业科技，2001（3）．
② 苏杨．事权统一，责权相当，中央出钱，指导有方——解读《建立国家公园体制总体方案》之一[J]．中国发展观察，2017，Z3（No.175, No.176）：97-104．

生态平衡等，又要与区域所在地的重点发展项目、相关行业紧密配套，减少实施中因盲目性、局限性和短期性造成的不必要损失。另外，应采取有效措施，如预约制、票价调节制、增设配套景点、拓展新旅游景点和增设多类型旅游项目等将游人分流，减轻自然保护区生态环境的压力，维护自然保护区的生态平衡。

第三，应健全资金支撑体系，完善财税支持系统。通过国际组织贷款、政府贷款、外商直接投资、项目融资和创建境外旅游产业基金融资等多元融资方式，积极利用外资开发专项旅游产品、保护旅游资源；运用中央和地方财政手段引导与控制旅游建设项目投资资金流向，促进旅游产业结构调整和合理发展；借鉴国外经验，开辟旅游税和旅游资源税并将所得款项专门用于旅游基础设施建设、旅游资源开发与生态环境保护，实现环境效益与经济、社会效益的有机统一。

四、风景名胜区的开发与管理

（一）风景名胜区概述

1. 风景名胜区的概念

根据我国《风景名胜区条例》，风景名胜区是指具有观赏、文化或者科学价值，自然景观、人文景观比较集中，环境优美，可供人们游览或者进行科学、文化活动的区域。国家级风景名胜区是《全国主体功能区规划》设定的"禁止开发区域"，是禁止进行工业化、城镇化开发的重点生态功能区。

我国风景名胜区源于我国古代的名山大川，具有数千年的发展历史，荟萃了自然之美和人文之胜，是最壮美的国土景观，是中华民族薪火相传的共同财富，是人与自然和谐共生的典范之区。风景名胜区不仅有效地保护了动物、植物、山脉、水系、农田等自然生态，而且传承了思想、哲理、宗教、历史、文学、艺术等文化，对中华民族的宇宙观、价值观、审美观产生了极其重要的影响。自1982年我国正式建立风景名胜区制度以来，经过近四十年的发展，我国风景名胜区已经形成了一套比较成熟的申报、规划、保护、建设、监管督察管理制度，取得了很多宝贵的经验，具有良好的管理基础。[①]

2. 风景名胜区的等级划分

根据《风景名胜区条例》，我国风景名胜区划分为国家级风景名胜区和省级风景名胜区。

（1）国家级风景名胜区。自然景观和人文景观能够反映重要自然变化过程和重大历史文化发展过程，基本处于自然状态或者保持历史原貌，具有国家代表性的，可以申请设立国家级风景名胜区。

（2）省级风景名胜区。自然景观和人文景观能够反映重要自然变化过程和重大历史文化发展过程，基本处于自然状态或者保持历史原貌，具有区域代表性的，可以申请设立省级风景名胜区。

3. 风景名胜区的旅游功能

就一般风景资源而言，主要强调风景资源对游人的观赏价值、体验价值、休憩价值，因此它的旅游功能是第一位的；就具有特殊目的的景观而言，则主要着眼于它的科学知识

---

① 刘秀晨. 风景名胜区是中国自然保护地体系的独立类型[J]. 中国园林，2019，35（03）：1.

价值与其非观赏性价值，如生物多样性、地质史、水源保护等，因此，它的科学功能或其他非观赏性功能是第一位的。

风景名胜区的旅游功能主要包括以下六个。

（1）供人欣赏美的景观。

（2）作为地理、地质、动植物、生态、水文、气候、地球演变等自然科学学习和研究的实践场所。

（3）能反映某些历史时期、某些地域或民族的文化、艺术、科学成就及生产、生活状况，可作为研究和普及知识的实物资源。

（4）自然风景区是生物多样性的保存境域，可提供用于生产或科研领域的多种遗传基因的种质资源。

（5）有些风景名胜能够反映国家、民族争取独立、民主等政治、军事斗争的历程以及历史名人成就，让人民了解国家悠久、复杂的历史过程。

（6）自然风景区良好的植被是保持良好气候、涵蓄水源、防止水土流失、保护江河大地免受自然灾害的重要条件。①

风景资源的旅游功能与它的科研、教育、生态环境功能并不矛盾，而是相互促进的。旅游首先是一种教育活动，而且是最直接、生动的实物教育和现场教育活动；其次，它既可成为科研工具，又可成为科研对象；再次，旅游的经济效益可以为更广泛、深入的科研、教育和生态环境功能提供经济支持。因此，把风景的旅游功能与科研、教育、生态环境功能对立起来，显然是不正确的。②

（二）风景名胜区的开发管理要点

1. 资源保护

风景名胜资源是风景名胜区存在的物质基础，因具有稀奇性且历史久远而十分珍贵，但同时也十分脆弱，一旦遭受破坏就无法再生，继而导致风景名胜区失去生存和发展的条件。随着我国进入全面建设小康社会的时期，风景名胜区事业发展面临大好时机，同时，风景名胜区保护工作面临的形势十分严峻，资源保护任务十分艰巨。

风景名胜区是宝贵的自然和文化遗产，是自然资源和历史文化资源的密切结合和高度融合，具有极高的价值，是民族文化的结晶。因此，对风景名胜区的管理不应以产业效益为目的，不是游人越多越好，也不是创收越多越好，保护风景名胜资源才是第一位的。

常见的人类游览活动对风景名胜区的破坏主要表现在以下几个方面。

（1）要游览就要修筑道路、桥梁等游览设施和遮风避雨的休息建筑，有的地方还要架设索道、缆车，这些设施若选线选址不当、规模过大或形式与原有景观不协调，就会破坏原有景观的统一性和完整性。如果破坏了植被、地貌、水文状况，还会影响生态平衡。

（2）在旅游景区内开办饮食服务设施要用水并会排放污水、废气，产生垃圾，这些都威胁着动植物的生存。如果接待住宿，用水和污染会更加严重，而且会破坏地形、植被。

（3）游客活动的范围越大，人流越多，被破坏的地貌、植被越多；若惊走栖息的动物，会破坏生态平衡。

---

① 张晓，郑玉歆. 中国自然文化遗产资源管理[M]. 北京：社会科学文献出版社，2001.
② 徐嵩龄. 怎样认识风景资源的旅游经营——评"风景名胜区股票上市"论争[J]. 旅游学刊，2000（3）：28-34.

（4）游人对文物的破坏；服务企业在原有文物保护范围内添建房屋甚至拆改原有建筑以满足服务的需要，这也是风景名胜区的大忌。

2. 科学规划

风景名胜区规划是关于切实保护、合理开发和科学管理风景名胜资源的综合规划。经过批准的规划是风景名胜区保护、建设和管理工作的依据。风景名胜区规划包括总体规划和详细规划两部分。

（1）规划的指导思想与原则。风景名胜区规划的指导思想为：明确树立风景名胜区建设发展应以保护为核心的观念，以实施可持续发展战略和促进经济增长方式转变为中心，宏观谋划全国风景名胜区保护与开发战略，统筹安排全国风景名胜区分级建制布局与阶段性发展计划，研究形成具有地方特色的风景名胜区整体形象，构造全国风景名胜资源保护体系，完善区域风景旅游协调发展体系，为全国风景名胜区系统的建设发展构建宏观框架，指导全国风景名胜区建设工作走上科学化、规范化、快速发展的轨道。风景名胜区规划一般应遵循保护优先、综合协调、突出自然、分区管理等原则。

（2）规划理念。风景名胜区的规划理念为：运用景观生态学的基本原理和技术方法对景观生态系统进行全面研究，对影响景观风貌的自然因素和干扰因素进行系统分析，研究构成景观系统的典型生态景观区和特型景观区，规划风景名胜区体系时要对每一个特色景观类型都有所表现。国家级、省级风景名胜区评价的论证因素各有侧重：国家级风景名胜区的评价侧重于景观在全国范围内的典型代表性、珍稀度和原生生态环境状况；省级风景名胜区评价侧重于景观在省内的典型代表性和风景旅游开发潜力与价值。风景名胜区发现阶段和建立决策阶段的研究内容各有侧重：发现阶段的工作侧重对风景名胜区的资源价值及区域典型代表作用的研究；建立决策阶段的工作侧重对休闲旅游市场发展需求及风景名胜区各类设施质量水平的研究。

（3）规划目标。风景名胜区的规划目标为：建立科学、完整的风景名胜区保护与开发利用系统，这既是风景区保护、建设、管理和发展的依据，也是指导风景区地域综合体内各行业协调发展的依据；保护每一种有景观代表作用的风景名胜资源的典型样本和独特的景观，维护生物多样性和生态良性循环，维护自然与人文景观风貌的完整性和可持续性；为全国人民提供可以世代获得审美享受、接受科学教育、进行游憩娱乐的优质的风景境域，系统地展现特色自然与人文景观形象，发展风景旅游业，促进全国经济发展。

（4）管理制度。在风景区内从事各种活动的单位和个人都必须遵守风景区的统一规划部署。风景区内的所有新建工程、复建工程、市政工程等都必须严格遵守上级批准的总体规划，按规定程序办理审查、审批手续，明确办理建设项目与征拨土地的法定程序、项目规划审批程序和规划管理权限等。对确因保护或管理需要新建工程的情况，首先要办理选址批准手续，由建设单位向管理机构提交书面报告，经管理机构同意，报上级主管部门审查批准后再办理立项手续；若是重大项目，还必须经专家与领导相结合的项目论证程序。对现有房屋的维修改造、原地翻新均由建设单位向管理机构申请，规划处签署意见后，经管理机构审批。凡不按法定程序办理审批手续的各类建筑项目，一律视为违章建筑和违章占地处理；对违反风景区规划，擅自改变风景区土地使用性质的，由风景名胜区管理机构责令限期整改，恢复原貌，并按土地面积处以重金罚款。对风景区规划有重大突破而不履行审批程序或超越审批权限非法批准建设项目的单位或个人，由上级机关对单位主要负责人和直接责任人给予行政处分，构成犯罪的，依法追究刑事责任。

3. 严格管控

由于历史原因，目前我国风景名胜区管理的弊端主要表现在五个方面：一是多头管理、互相扯皮；二是投资分散、盲目建设；三是缺乏统一规划、指导思想不统一；四是各自为政，旅游开发与环境保护不协调；五是责任、权利不对等。

风景名胜区的权属问题一直以来广受社会关注。近年来，不少地方出现为追求利益的最大化，盲目或过度开发风景名胜区的现象；还有些地方政府争相把某些胜地出售给富商和大公司，而一些有经济实力的个人和企业也计划出资购买风景名胜区用以经营。2002年8月，国家建设部出台规定：风景名胜区管理机构必须实行政企分开，管理机构的职责是保护资源、执行规划，不得将旅游景区规划管理和监督的责任交由企业承担。2003年1月7日，时任国家建设部部长汪光焘在全国建设工作会议上再一次指出，风景名胜区不能交给企业管理，不能以委托经营、租赁经营、经营权转让等方式将风景名胜区规划管理和资源保护监管的职责交由企业承担。风景名胜区必须按照有关规定设立行政管理机构，管理机构的主要职责是保护资源，监督规划的实施。风景名胜区内的设施维护保养、绿化、环境卫生、保安等项目可以通过竞争方式签订合同，由专业公司承担。

为了有效地贯彻执行《风景名胜区条例》[①]，加强对风景名胜区的依法管理，2020年7月，国家林业和草原局自然保护地管理司向各级林草主管部门下发《关于切实加强风景名胜区监督管理工作的通知》（保监字〔2020〕41号）。该通知开宗明义，"风景名胜区是我国自然保护地体系建设的重要组成部分，在保护和传承自然遗产、建设生态文明和美丽中国中发挥着重要作用"。该通知要求各级林草主管部门、风景名胜区管理机构严格执行政策法规、全面开展排查、强化监督管理；强调"要严格执行《风景名胜区条例》，严格风景名胜区规划的编制、审批和实施，严禁在风景名胜区规划批准前进行各类建设活动，严禁破坏自然生态和自然人文景观，严禁不符合风景名胜区功能定位的开发建设，坚决防止新增违法违规案件"。这是2018年国务院机构改革以来，新的行业主管部门第一次以书面形式正式明确风景名胜区是我国自然保护地体系的重要组成部分，《风景名胜区条例》为风景名胜区管理提供了法律依据，风景名胜管理机构履行对风景名胜区的管理职责。[②]。

党的十九大报告要求构建国土空间开发保护制度，建立以国家公园为主体的自然保护地体系，这标志着风景名胜区将进入一个全新的历史时期，也将迎来更为科学、严格的空间管控。

五、森林公园的开发与管理

（一）森林公园概述

1. 森林公园的概念

《森林公园管理办法》（2016）对森林公园的定义为："森林景观优美，自然景观和人文

[①] 《风景名胜区条例》2006公布，2016修订. 中华人民共和国国务院令第474号[EB/OL]. [2019-02-20]. http://www.gov.cn/gongbao/content/2016/content_5139422.htm.

[②] 中国风景名胜区协会. 自然资源部、国家林业和草原局近期多次明确"风景名胜区体系整体保留"[EB/OL]. （2020-08-26）[2020-11-30]. http://china-npa.org/info/2938.jspx.

景物集中,具有一定规模,可供人们游览、休息或进行科学、文化、教育活动的场所。"《中国森林公园风景资源质量等级评定》(GB/T 18005—1999)中规定,"森林公园是指具有一定规模和质量的森林风景资源与环境条件,可以开展森林旅游,并按法定程序申报批准的森林地域"。国家森林公园是《全国主体功能区规划》规定的"禁止开发区域",是禁止进行工业化、城镇化开发的重点生态功能区。

张杰认为,"森林公园是以良好的森林景观为主体,以自然风光为依托,融自然景观和人文景观为一体,环境优美,物种丰富,景点景物相对集中,具有较高的观赏、文化、科学价值,有一定规模的地域,经科学保护、合理经营和适度建设,可为人们提供旅游观光、休闲度假、疗养或进行科学、文化、教育活动的特定场所。"[1]吴楚材、李世东认为,"森林公园是以森林自然环境为依托,具有优美的环境和科学教育、游览休息价值的地域,经科学保护和适度建设,为人们提供旅游、观光、休息和科学文化活动的特定场所。"

尽管不同学者以不同的方式表述了森林公园的概念,但其表达的实质内容是相似的,即森林公园是以一定规模的森林景观和人文景观为背景,为人们提供游憩、健身、科学研究和教育活动的区域。

2. 森林公园的基本功能

(1) 保护自然景观与森林资源。森林公园最基本、最重要的功能就是保护自然遗产和生态系统,使其自然性、科学性、观赏性得到充分发挥和合理利用。建立森林公园不仅能使森林资源得到有效保护,同时通过停止对区域内森林的商业性采伐,采取科学规划、严格管理、有计划的植树造林、封山育林、林相改造等技术措施,可为野生动植物的生存、繁衍营造良好的环境,促使植物群落的恢复与发展,使野生动物资源得到有效保护。

(2) 提供休憩、疗养的场所。森林公园中风景秀丽,而且空气中含有大量的负氧离子,利于游人消除疲劳、促进新陈代谢、提高免疫力。另外,森林公园中可以开展各种森林游憩活动(即森林旅游),包括野营、游览、观光、狩猎、探险、滑雪、骑马、观赏野生动物等,是强身健体、陶冶情操的好去处。目前,森林游憩已经成为人们现代生活方式的一个重要组成部分,它顺应了现代人回归自然的心理需求,这使得森林公园成为人们游憩的佳地,也成为新世纪旅游市场中的热点。

(3) 开展教育与科学研究。科普教育是森林公园的主要功能之一。森林公园具有完整的森林生态系统,栖息着各种动植物和微生物,保存着各个历史时期形成和遗留下来的地质遗迹、自然现象。人们通过游憩活动与大自然接触,亲身体验和观察,这是比任何一种学习方式都更生动、更持久、更有效的学习方式。中小学生可以通过自然科普夏令营、假日野营等活动理解、认识食物链,生态系统的演替,野生生物的习性、生存条件和空间以及一些自然现象与过程等。游客也可通过导游、牌示、文字材料、标本馆、宣传手册等获取生物、地质、天气、水文、生态等自然知识。因此,森林公园可以说是开展自然教育、普及自然知识的最佳"课堂"。

(4) 发展旅游以促进经济发展。森林公园的建设与开发能够带动一系列相关产业,如旅游业、交通、餐饮业、加工业、种养殖业、零售业等,创造大量的就业岗位,改善森林公园周边居民的生活水平和生活质量。同时,经济的发展也有助于提高社区群众的自然保

---

[1] 张杰. 森林公园管理学[M]. 哈尔滨:东北林业大学出版社,2003.

护意识和生态环境保护意识，促使社区群众真正意识到保护好家园的环境是经济发展的根本。①森林公园还可将部分旅游收入投放到对森林资源的保护中，在风景林的培育、景观保护及生态环境建设上促进资源保护的良性循环。

（二）森林公园的开发与管理要点

1. 资源保护

随着旅游的发展，越来越多的旅游者涌向森林，由此难免会造成对森林生态系统的破坏。很多旅游经营部门在旅游区内大肆兴建各种服务接待设施，这种过度的人为干扰导致了自然植被的破坏、野生动植物的减少和生态环境的污染。

森林资源具有生态性、社会性和经济性功能，这些功能决定了它在实现可持续发展过程中所能起到的重要作用。如果森林风景资源遭到破坏，不仅会影响森林经济功能的实现，还会导致生态环境的恶化，从而影响其生态功能、社会功能的发挥。在开发森林旅游项目的同时，必须从以下角度着手，加强对资源的保护。

（1）加强规划工作。森林公园开发建设要合理规划、精心设计，做好总体布局。森林公园的总体布局应有利于保护和改善生态环境，能妥善处理开发利用与保护、游览、生产、服务及生活等诸多方面之间的关系并从全局出发，综合分析资源现状，充分、合理地利用地域空间，因地制宜地满足森林公园多种功能的需要。要根据森林公园的地域特点、林场经营习惯、发展方向等做好公园的规划设计，对整个公园的景观格局做出定量和定性分析，对功能区划分、旅游环境容量、游览线路、景点设计、服务设施等做出科学合理的安排并在设计中将风景资源的保护放在第一位，制定严格的保护措施。

（2）强化法律意识。森林风景资源的保护必须依靠严格执法。要注意森林"三防体系"的建设，即护林防火、病虫害防治和防止乱砍滥伐，严厉打击非法破坏森林资源的行为，高举保护森林公园的法律武器。要利用各种宣传渠道，教育广大游客和经营、管理人员懂法、守法，自觉地保护森林资源、维护森林公园的各项设施，引导游人做出良好的旅游行为，唤起游客的环境保护意识。在森林公园规划管理过程中，必须参照《中华人民共和国森林法》《中华人民共和国野生动物保护法》《中华人民共和国环境保护法》《文物保护法》《中华人民共和国矿产资源法》《风景名胜区条例》《中华人民共和国自然保护区条例》《中华人民共和国水土保持法实施条例》《森林防火条例》《中华人民共和国野生植物保护条例》《中华人民共和国城市规划法》等相关法规执行。森林旅游环境资源的保护应作为总体规划的重要内容，在上述法规指导下制定切实可行的保护措施。国家林业局于1995年1月颁发了《森林公园管理办法》，为合理利用和保护森林旅游资源做了较为明确的规定。同时，各地也要根据当地森林资源的特点制定出相应的管理条例。

（3）引入以保护为导向的管理机制。森林公园的资源破坏不外乎在开发中造成的破坏和管理不善造成的破坏，而管理机制的不健全是最根本的原因。英国最大的天然松林管理公司 Glen Affric 森林公园的管理机制②值得借鉴，其机制如表 6-2 所示。

---

① 王桂新，刘旖芸. 上海人口经济增长及其对环境影响的相关分析[J]. 亚热带资源与环境学报，2006，（3）：41-50.
② BROADHURST RICHARD, HARROP PADDY. Forest tourism: Putting Policy into Practice in the Forestry Commission, Forest Tourism and Recreation[M]. Cambridge: Cambridge University press.

表 6-2 Glen Affric 森林公园管理机制

分　区	描　述	管　理　政　策
高密度旅游者管理区	以旅游者为发展中心	发展游客中心和以旅游者为导向的主要设施；用国际标志和一系列语言
中密度旅游者管理区	小公路和相关的停车场和小径	提供停车场和小径，提供有关保护主题和游客集中区的解释
低密度旅游者管理区	森林公路和小径	提供停车场和小径，并提供新设施；告知游客保护和主要设施的信息；主要强调对有关保护主题的环境内容的解释
核心保护区，少有介入的旅游管理区	安静的没有被打搅的区域，没有游憩设施	不提供新的发展或信息；允许游客自由游览，但不鼓励

Glen Affric 森林公园的管理目标和园内按旅游者密度进行分区的做法都体现了以保护为首的可持续发展理念。该公园针对不同的保护需要来发展区内的游客，核心保护区并不禁止游客进入，但管理政策允许的其他区域的便利设施会对游客造成很大的吸引力，使其不愿意进入核心保护区，从而达到资源永续利用的目的。

（4）组织、管理好旅游者。对旅游者的管理是森林公园管理的重要一环。生态旅游是现代人类社会经济活动的一个部分。在这种活动中，管理只是一个外在因素，起根本作用的内在因素是游人的素质。因此，通过各种途径来提高全体公民对自然生态环境的认识水平有着非同寻常的意义。森林公园管理者有必要印制宣传画册，宣传环境保护和生态知识，使游人自觉地热爱自然、保护自然。在一些敏感地带，森林公园管理者要采取措施疏导游人，在环境承载力允许范围之内且不降低旅游者的旅游兴致的情况下，调节游客分布密度，这就为相关管理人员提出了较高的要求，以确定游客的最大容量，将游客的数量控制在生态阈值之内。

2. 开发原则

（1）保护生态。森林公园的开发要注重景观资源保护和自然生态平衡，以保护为基础，以开发促保护。保护是森林公园的第一任务。森林公园应在保护森林生态环境的前提下，实现资源保护与公园开发的结合，以保护促旅游，以旅游养保护，实现森林公园的可持续发展。森林公园规划中应区分保护对象制定相应的保护措施并在实施中落到实处，同时需在公园范围内按旅游景区划定保护等级和划分适当范围的保护带。森林公园内的人工建筑等基建工程应从森林旅游开发的内在规律出发，避开主要风景旅游区，服从自然环境和森林特色，坚持建设服从保护。

（2）突出特色。森林公园以森林景观为主体，也涉及自然景观和人文景观等旅游资源，在规划设计时一定以森林资源为依托，形成森林野趣。根据发展旅游需要和游人的审美要求，采用科学的营林措施丰富生物资源，点缀、协调、改善森林旅游景观。森林公园规划、开发和建设的成败在很大程度上取决于自身特色是否鲜明，是否有独特的吸引游客的特色项目。因此，森林公园开发规划中应因地制宜地确定主题特色，体现出美的意境和强的个性、高的质量，实现地方风格、民族气息与时代精神的有机结合，突出"唯一"性。森林公园开发通过对相似的地貌景观和森林景点赋予不同的文化内涵，提高景观的文化品位和个性，以差异化实现新游客群体的开发，同时求得现有游客群体细分导致的利润空间。因此，森林公园应在差异化战略思路下制定发展规划，指导森林公园建设。旅游景区建筑风格应遵循生态学和美学原理，形成各具特色的发展格局。[①]

（3）综合开发。森林公园规划与开发围绕着重点项目挖掘潜力，逐步形成系列产品和配套服务，同时应认真调研旅游市场，做好公园游客容量、客源范围及其影响因素的预测和分析，将游客容量控制在环境容量和旅游容量以内，确保森林公园的可持续发展。森林公园在开发主要旅游景点的同时，要丰富旅游活动的内容，延长游客的停留时间，修建配套设施，实现食、住、行、游、购、娱的一条龙服务，为游客创造良好的服务条件。另外，要做到分区规划、分区管理，将森林公园根据实际情况及旅游功能划分为游览区、娱乐区、生活服务区等，以利于森林公园的规划与管理；分阶段、分步骤，有重点地进行，安排好开发顺序，循序渐进，稳步发展。

（4）讲求效益。开发必须服从当地经济发展的总体规划，要根据当地的经济实力、区域社会经济发展的目标以及有关开发项目的投资效益预测，分批次、有重点地进行。公园的建设首先要分析供求关系，优先考虑投资少、见效快、效益高的项目。公园开发建设资金应采取国家投一点、地方筹一点、向外集一点的多元化渠道筹措方式，实行"以场养园、以园养场、自我积累、滚动发展"的运行机制，建立健全公园资金管理体系，保证公园建设成效。

3. 组织管理

我国的森林公园隶属于国务院林业行政主管部门管理。1992年6月，原林业部设立"林业部森林公园管理办公室"。1994年1月，林业部发布了《森林公园管理办法》。森林公园管理办公室下设各主要机构，其工作具体由森林公园和森林旅游管理处负责。2018年，森林公园归由国家自然资源部林业和草原局统一管理。

我国的森林公园一直采取"事业型编制，企业化管理"的经营模式，这种体制的弊端主要表现在以下几个方面[②]。

（1）经营权、所有权与监督权统一，缺乏有效监督管理，导致资源的过度使用。森林公园既是资源的管理者，又是经营者。作为管理者，森林公园代表国家或集体的利益管理森林旅游资源，实现资源的保值与增值。作为经营者，森林公园无偿地占有、使用国有资源，为追求经济利益，往往忽视科学规划，存在过度开发现象，其行为缺乏有效的监督和约束。

（2）旅游景区管理政出多门、职责不清、分而治之。目前，国家森林公园内的旅游景区管理分散、各自为政，"一个山体、几家分治、相互制约、影响发展"的局面甚为突出。各家风景区往往从局部利益出发，画地为牢，使得旅游景区资源整合优势难以体现且不利于旅游资源的统一开发和旅游景区旅游形象的定位。由于缺乏一个统一的管理机构进行协调、规划，公园内各旅游景区景点建设重复且项目开发雷同，造成了资金和资源的浪费，至于森林旅游产业结构和优化更是无从谈起，从而削弱了产品的独特性与竞争力。

（3）旅游行业管理部门缺乏权威，管理力度不够，出现职能缺位。目前，在国家森林公园内，建设、林业、水利、环保、宗教、旅游、文物等部门均代表国家行使各部门的旅游资产（旅游资源性资产和旅游经营性资产的简称）的所有权和管理权，各管理部门与企

[①] 冯朝鹏. 试论森林公园建设的营销管理[J]. 陕西林业科技，2007（2）：113-115.
[②] 张志，李江风. 我国森林旅游业管理体制创新研究——以大别山国家森林公园为例[J]. 福建林业科技，2006，33（1）：168-170.

业单位级别是平行的，这导致各种类型的旅游资源在短期内难以由一个中央政府职能部门统管起来。旅游局仅作为其中的一个行政管理机构，难以充分发挥其作为行业主管部门的作用，更无法实行法规、标准、政策、规划的宏观管理和监督保护。

（4）森林公园资金投入不足。森林公园的经营者可能会将内部资金用于职工的分红而不是用于积累，也可能将经营费用作为事业费用转嫁到政府头上，而财政收入的减少使森林公园的基础建设和森林旅游资源的维护资金投入严重不足。[①]

针对以上问题，我国森林公园的组织机构设置面临变革：应以资源保护为基础，遵循经济效益与生态效益兼顾的基本原则，设置高效率、弹性化和责权利相结合的组织结构。国有林场代表国家对森林公园享有所有权，对森林公园经营者的行为进行有效监督。在明晰产权的前提下，尝试完善包括股份制、股份合作制等多种财产组织形式的管理体制，共同投资，协作开发，合作经营，共同受益。另外，应分离森林公园非营利性资源和营利性资源。非营利性资源由国家所有并管理，强调保护为主，发挥森林公园的公益性服务作用；营利性资源可引入其他的经营者参与市场竞争，这样才能充分发挥资源原有的潜力。

六、地质公园的开发与管理

（一）地质公园概述

1. 地质公园的概念

地质公园是以具有特殊地质科学意义、稀有的自然属性、较高的美学观赏价值，具有一定规模和分布范围的地质遗迹景观为主体并融合其他自然景观与人文景观而构成的一种独特的自然区域。地质公园既是为人们提供具有较高科学品位的观光旅游、度假休闲、保健疗养、文化娱乐的场所，又是地质遗迹景观和生态环境的重点保护区，是地质科学研究与普及的基地。国家地质公园是《全国主体功能区规划》规定的"禁止开发区域"，是禁止进行工业化、城镇化开发的重点生态功能区。

2. 地质公园的类型

根据批准机构的级别划分，地质公园可分为世界地质公园、国家地质公园、省级地质公园和县（市）级地质公园四个等级。世界地质公园必须由联合国教科文组织批准和颁发证书。国家地质公园必须由所在国中央政府（我国目前由自然资源部代表中央政府）批准和颁发证书。省级地质公园必须由省级政府批准和颁发证书。县（市）级地质公园必须由县（市）级政府批准和颁发证书。

按园区面积划分，地质公园可分为特大型、大型、中型和小型地质公园。特大型地质公园的园区面积大于100平方千米。大型地质公园的园区面积为50~100平方千米。中型地质公园的园区面积为10~50平方千米。小型地质公园的园区面积小于10平方千米。

根据功能侧重点的差异划分，可将地质公园划分为科研科考主导型地质公园和审美观光主导型地质公园。

按园区主要地质地貌景观资源类型划分，地质公园可划分为地质构造类、古生物类、环境地质现象类和风景地貌类。地质地貌景观简称"地景"（geolandscape），是一种极重要

---

① 黄秀娟. 中国入世与森林公园发展方向探讨[J]. 林业经济问题，2002，22（1）：50-53.

的自然资源,也是十分重要的旅游资源,更是地质公园的主要景观内容。

3. 地质公园的功能与效益

地质公园具有保护地质遗迹、推进科学研究、普及地学知识、促进旅游经济、加强环境保护五大功能。其中,促进旅游经济和保护地质遗迹是地质公园的两项主要功能。地质公园的建设必须和地方旅游经济的发展结合起来,获得一定的产业收入,这样才能保护好地质遗迹,把地质公园经营下去。

(1) 地质公园的经济和社会效益。实践表明,国家地质公园的建立可为地区旅游业的进一步发展注入新的活力,尤其可在拓展旅游景区科学内涵、提升科学品位、树立旅游景区形象、打造旅游品牌等方面发挥积极作用。许多以前默默无闻的地方由于地质公园的建立,如今已声名鹊起,吸引了全国乃至世界的游客。

(2) 地质公园的环境效益。地质公园的环境效益在于有效地保护了地质遗迹。建立地质公园后,园区的采石场、矿坑大多关闭了,也停止了森林砍伐和狩猎,一些核心区的居民也陆续搬出,使得园区的生态环境明显得到改善。由于公园收入的增加,保护资金得到一定的保障(如湖南的国家、省地质公园承诺拿出门票的 3%~5% 作为地质遗迹专项保护费用),地质遗迹的生态保护得到了切实加强,为旅游业可持续发展创造了条件。同时,建立地质公园也开辟了一种新的地质资源利用方式。地质遗迹不但有观赏和游览休闲价值,而且是不需要移动位置、不需要改变原有面貌和性质的、可以持续利用的宝贵资源。国家地质公园的建立是对地质资源利用的最好方式。

(二) 地质公园的开发与管理要点

1. 开发原则

(1) 禁止开发原则。禁止开发区域是指依法设立的各类自然保护区域。这类区域要依据法律法规的规定和相关规划实行强制性保护,控制人为因素对自然生态的干扰,严禁不符合主体功能定位的开发活动。"禁止开发"是禁止那些急功近利、不遵循客观规律的开发行为,反对以牺牲地质遗迹为代价的破坏性行为,并非反对开发,而是为了更好地研究和进行符合主体功能定位的开发。

(2) 分区管理原则。由于地质公园的自然资源具有不可再生性,一旦破坏就无法补救,因此开发规划尤为重要,其中最重要的是地质公园的功能分区和定位。功能分区和定位是地质公园开发的基础,应坚持以下原则:① 保护第一,开发第二,应坚持保护地质遗迹与地方经济发展紧密结合的原则。② 以地质遗迹景观为主体,不设置人造景观和大型的旅游服务设施,注意保护景观的原汁原味。③ 稀有性和精华性。地质公园范围的界定要突破传统的面状范围,尝试走点、线、面三者相互结合的开放式的范围界定框架(见图6-3)。管理机构、游客中心和地质博物馆三位一体,与保护区、保护点和保护带在区位上严格分开,在功能上高度独立,在管理上有机联系。

2. 开发模式

(1) 综合协调型模式。这是一种可满足多功能需求的地质公园开发模式,注重对地质公园五大功能的综合协调开发。地质公园既是地质遗迹景观和生态环境的重点保护区,又是地质科学研究与普及的基地,还是旅游观光的场所,同时可以改善当地人们的生活条件和生活环境,加强当地居民对其居住区的认同感;在尊重环境的情况下,还可以刺激具有创新能力的地方企业、小型商业等的发展,提供新的就业机会。例如,克什克腾国家地质公园充分发挥其多种功能,实现了公园及所在区域的综合协调发展。

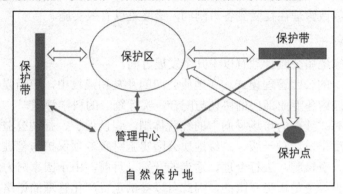

图 6-3　地质公园开发的功能分区

（2）品牌效应型模式。这种开发模式注重充分发挥和挖掘地质公园作为地球遗产品牌和旅游品牌的品牌效应,扩大地质公园的影响力,使人们充分认识地质公园的内涵与价值。例如,云台山世界地质公园即为地质公园品牌效应模式的成功实例。

（3）资源整合型模式。这种模式以建设地质公园为平台,进行跨省区、省区内、地区内的旅游地学资源整合,一方面实现了地质内涵的相互补充,另一方面又促进了区域旅游业的整体提高,是一种有效的地质公园建设模式。这一模式在第四批和第三批世界地质公园的申报建设中体现得尤为突出。例如,长江三峡国家地质公园与黄河壶口瀑布国家地质公园均属进行区域地学旅游资源整合的组建地质公园。

（4）科学研究型模式。这种模式针对地质遗迹特别丰富的地质公园,可以考虑开展"立典性研究",建立科研基地。旅游开发比较成熟的地质公园,如泰山、黄山、庐山、丹霞山等地质公园,其本身就是当地旅游业的支柱甚至是经济支柱,旅游服务设施齐全,有着较强的地质遗迹保护意识。此类地质公园可以着重考虑发挥其经济优势,设立专项研究基金,以地质遗迹调查促进地质科学研究,建立地质科研基地,进行长期的、追踪性的研究,从而提高我国地质科学研究水平。

（5）遗产保护型模式。该模式针对观赏性不高或区域经济欠发达地区的地质公园,如以古生物化石遗迹为主的地质公园,宜先采取保护模式,对地质遗迹进行严格保护,不能片面地强调其旅游开发的经济效益。例如,以恐龙足印化石为主要地质遗迹的甘肃刘家峡恐龙国家地质公园宜首先采用保护模式。

3. 管理体制

目前,我国对地质公园实施分级管理体制。自然资源部对地质遗迹资源的保护、管理与监督负有主要职责。其主要职能是:① 拟定地质遗迹等地质资源和地质灾害管理办法;② 组织编制和实施滑坡、崩塌、地质遗迹保护规划并对执行情况进行监督检查;③ 组织认定具有重要价值的地质景观、古生物化石产地、标准地质剖面等地质遗迹保护区,保护地质遗迹和防治地质灾害。

目前,我国大部分地质遗迹保护区的运营方针仍然是"一要吃饭,二要建设",日常运转经费主要来源于门票和开发项目,少量经费来源于政府拨款。而在管理体制上,这类保护区也同样存在与其他自然保护地相同的问题。例如,各级管理体制尚未理顺,导致地质公园间发展不平衡；多头管理现象普遍，导致管理效率低下，束缚了公园的发展；所有权与经营权不分家的"一套班子，两块牌子"等。此外，"开放式"地质遗迹资源管理，加上管理体制不顺，导致管理往往受到各方制约，最终难以有效实施。

4. 发展方向

未来我国国家地质公园管理有以下几个发展方向。

（1）建立统一的公园管理模式。在地质公园的开发和建设中，应当强化国家公园的理念，强调地质公园内各专业部门的协调与配合，实行统一的科学管理。

（2）改变现有"纯粹的市场导向"的经营体制，强调保护、强调公益。可以从保护珍稀地质遗产的角度出发，对一级、二级地质公园实施财政专项保护与管理，而对三级地质公园引进多元化投资机制，进行合理、适当的开发。目前，由于国家财力所限，政府投资于地质公园的保护经费是相当有限的，因此可以尝试走资产化管理的道路，以产权参股、招商引资等形式保护、开发地质公园。

（3）完善立法体系，保障地质公园的发展。从国家地质公园基本法和各地方地质公园个别法入手，逐步建立世界级、国家级、省级、市（县）级地质公园法律法规体系，进一步完善地质公园申报、审批、管理制度。

（4）注重科学技术在地质公园开发管理中的应用。加强地质公园科技旅游资源的探查，探索开发地质景观的三维重建技术，特别强调提高地质公园保护、开发和管理的科学内涵与科学层次，选择有条件的国家地质公园进行科技旅游开发，实现地质公园旅游科技创新，尤其要做好 GIS 建设与应用的示范。

第二节 文化遗产类景区的开发与管理

一、我国文化遗产类景区管理概述

（一）发展背景

党的十八大以来，我国的文化遗产事业迎来了新的历史时期。中央对遗产工作的高度重视大力推动了中华优秀传统文化的传承和创新，符合国情的文化遗产保护利用之路亟待探索。

2016 年 3 月，国务院印发《关于进一步加强文物工作的指导意见》（国发〔2016〕17 号），明确了新时期文物工作的指导思想、基本原则、主要目标和具体举措，强调丰厚的文化遗存对于传承中华民族优秀文化精神、增强社会凝聚力和国家软实力具有不可替代的文化价值，强调在保护中发展、在发展中保护，坚持公益、创新、依法、服务的原则，指明了新时代遗产保护的新方向，是指导文物保护利用管理的纲领性文件。习近平总书记也指出，"让收藏在博物馆里的文物、陈列在广阔大地上的遗产、书写在古籍里的文字都活起来"；[①]"处理好城市改造开发和历史文化遗产保护利用的关系，切实做到在保护中发展、在发展中

---

① 新华网. 习近平在联合国教科文组织总部的演讲[EB/OL].（2014-03-27）. http://www.xinhuanet.com/world/2014-03/28/c_119982831.htm.

保护"[①]。

2017年9月，国务院办公厅印发《关于进一步加强文物安全工作的实施意见》（国办发〔2017〕81号），体现了对文物安全工作的高度重视。2017年10月，国家文物局印发《文物建筑开放导则（试行）》，要求进一步加大文物建筑开放力度，鼓励所有文物建筑采取不同形式对公众开放，重点引导一般性文物建筑开放使用，在充分保护的前提下更好地发挥文物建筑的公共文化属性及社会价值。

2018年3月，新组建文化和旅游部，推进文化和旅游融合发展，推进文化和旅游体制机制改革，开创了文化遗产保护与利用的新纪元。2018年7月，中共中央办公厅、国务院办公厅印发的《关于实施革命文物保护利用工程（2018—2022年）的意见》是新时代全面加强革命文物保护利用的纲领性文件。2018年10月，中共中央办公厅、国务院办公厅印发的《关于加强文物保护利用改革的若干意见》是中华人民共和国成立以来首个专门针对文物保护利用改革的文件，是中央直接部署、各方鼎力协作的重要成果（38个中央部委协作），是文物工作领域改革的顶层设计，功能上接近《生态文明体制改革总体方案》。

2019年1月1日起，《国家文物保护专项资金管理办法》正式实施，文物保护专项资金由此成为中央财政支持文物保护的主要资金渠道。根据2019年3月1日起正式施行的《国家级文化生态保护区管理办法》，对历史文化积淀丰厚、存续状态良好，具有重要价值和鲜明特色的文化形态进行区域性整体保护，设立文化生态保护区成为我国独具特色的非物质文化遗产保护制度。2019年12月，中共中央办公厅、国务院办公厅印发《长城、大运河、长征国家文化公园建设方案》，开始大力推动国家文化公园体系建设。

从上述一系列政策可以看出，文化遗产保护已上升为国家战略且保护是基础，必须协调遗产与经济社会发展的关系，真正使文物保护和利用的成果惠及全民。文化和旅游的融合为遗产保护与利用提供了新思路、新动能，也为旅游景区的发展创新带来了新契机。依托世界文化遗产、全国爱国主义教育示范基地、全国重点文物保护单位、国家级烈士纪念设施保护单位、全国红色旅游精品线路经典景区、国家历史文化名城和中国历史文化名镇名村、国家级风景名胜区等文化遗产资源，实施文物和文化资源保护传承利用协调推进工作。文化成为支配旅游活动的精神支柱和旅游经济的重要引领，旅游则是文化实现教化功能与娱乐功能的重要载体，是发掘、弘扬、优化、保护和丰富文化的有效途径，以文化为内容、旅游为平台的文化旅游产业呈现出前所未有的生机与活力。

（二）开发与管理现状

我国文化遗产管理体制的主体是文物保护单位的运行管理体制。由于文物保护单位全部为国有，文物保护单位的管理体制的主要特征可概括为公有制和分级属地化管理。

第一，公有制。《文物保护法》第五条规定："中华人民共和国境内地下、内水和领海中遗存的一切文物，属于国家所有。古文化遗址、古墓葬、石窟寺属于国家所有。国家指定保护的纪念建筑物、古建筑、石刻、壁画、近代现代代表性建筑等不可移动文物，除国家另有规定的以外，属于国家所有。国有不可移动文物的所有权不因其所依附的土地所有权或者使用权的改变而改变。"这说明绝大多数不可移动文物的所有权属于国家，因此其管理显然在公有制体系内。

[①] 新华网. 习近平在北京市考察工作时的讲话[EB/OL]. (2014-02-25). http://www.xinhuanet.com/politics/2014-02/26/c_119519301.htm.

第二，分级属地化管理。我国《文物保护法》第八条第二款规定："地方各级人民政府负责本行政区域内的文物保护工作。"第十五条、第十七条和第二十二条等条款则进一步明确了文物所在地地方政府是日常管理主体——充分责任主体和财政支持主体。这说明对不可移动文物的管理主要是针对相应级别的地方政府的事权管理，即分级属地化管理。各文物保护单位分成国家、省、市县级，不同级别的单位由不同级别的政府划分到各个政府部门负责或直接对政府负责。①

这种分级属地化管理的典型特征可概括为"条块结合、以块为主、多级委托"。我国文化遗产的管理体系由纵向多层级管理（条条管理）和横向多部门管理（块块管理）构成。纵向多层级管理主要是中央政府、地方各级政府及各文物单位的管理。横向多部门管理主要涉及国家文物局、国家林业和草原局、文化和旅游部、住房城乡建设部、自然资源部、生态环境部、水利部、农业农村部、退役军人事务部、国家档案局等国务院有关职能部门负责。各级地方政府把各类文化遗产交由各个部门（如文化旅游、文物、建设、宗教、档案等）管理（除了文物部门负责全面的执法及业务指导外，其他部门负责日常业务管理）。文物部门对于直属单位以外的文博单位只是履行文物相关法规规定的审批职责及进行业务指导，无法管理与控制其人员、机构、经费。各个部门之下设立不可移动文物的具体管理机构，具体行使对不可移动文物的管理权。②不管哪个部门，都从属于地方政府，这形成了文化遗产管理中"块"状的分部门管理结构；而在各个政府部门的系统内，上级与下级有业务指导关系，由此形成"条"状的分级管理格局，二者共同构成了文化遗产管理中横向多部门管理与纵向多级管理相交叉的格局。这个过程中，国家对文物的所有权和管理权（包括经营权）大多委托给了地方政府，而文博单位作为具体行使管理权的机构就是被委托的代理者。显然，这是一种"条块结合、以块为主、多级委托"的管理格局，在不同系统之间还存在管理业务交叉的现象。

上述文化遗产行政管理体系的特点可概括为公有制基础上的部门与层级相结合（所谓条块结合）的委托——代理制度。不过，这种对文物保护单位的交叉管理关系相对目前的自然文化遗产管理格局来说还算是简单的。这种"简单"基于以下两个方面的比较：① 基本不存在自然遗产管理中常见的"一地多牌"③"区中套区"④等现象；② 在文博单位中，文物保护单位的管理和隶属关系相对博物馆的管理要简单。博物馆不仅存在公立、私立的区别，而且仅仅是公立博物馆，就存在多达 30 个以上的管理系统。

二、文化遗产旅游资源的保护与开发

（一）资源保护

1995 年，美国内政部部长发表了一个处理历史资产的标准文件（*standards for the*

---

① 这种分级管理没有做到文物价值级别与政府层级对应，导致高价值级别不可移动文物委托低层级地方政府管理成为一种常态，极端的情况是国家级文物保护单位由县级政府甚至由县级政府下属的某个部门代管，如全国重点文物保护单位乔家大院由山西祁县人民政府直接管理。
② 事实上，这又形成了一级委托代理关系。
③ 同一个自然遗产地因为五类自然遗产（自然保护区、风景名胜区、森林公园、地质公园、水利风景区）的某些属性要求相近或为了获得知名度、申请部门专项经费及开展旅游活动的需要申请了多种遗产机构设置。
④ 在某一个遗产地内还包含属于另一类遗产地的区域，造成管理关系和管理目标混乱。最常见的是森林公园内包含着自然保护区，造成旅游活动直接影响自然保护。

teatment of historic properties），规定了以下四种保存文物古迹（历史资产）的方法：① 防护：着重于维护、修补现存的古代材料和有价值的遗存，使之安全、稳定。一般是在古迹外面增加防护材料和加固构件。这种方法是世界各国都认可的保护措施，美国多用于只供展示的遗址。② 更新：为了继续使用或改变原有功能，在保持古迹历史特征的前提下进行公认的需要的增添或改动。古建筑不断更新是客观存在的事实，而为现代功能所用必然要进行符合现代功能的改动。例如，华盛顿的老邮局和退伍军人基金会大楼都改成了商场和写字楼，改变了部分内部格局，更换了门窗，增加了电梯等。更新几乎存在于所有的文物建筑中，只是各国对"公认的需要"的认识有差别。美国把这种方法列为"标准"之一，认为其是对客观事实的承认。③ 修复：为了真实地展示某一特定时期古迹的原状而采取的方法，这也是世界各国公认的保护措施。但由于结构不同，原状改变的状态不同，各国对修复的理念定位和处理的力度差别很大，美国更多地强调"减法"，即去掉后代添加的部分。④ 重建：对已消失的建筑和建筑中不复存在的部分进行"再创作"。从保护文物的原则来说，已消失的就不应复制或者说复制品不属于文物。因此，包括我国在内的许多国家都把重建作为一种极特殊的手段对待并严格加以控制。与此不同的是，美国把重建作为一种正常的方法载入标准并形成一大特色。在实践中，许多古城、古遗址中出现大量复制品，有些以遗址为依据，有些纯粹是新设计的仿古建筑。其理念是"只想告诉人们当地17—18世纪的历史，而不管这些历史的载体是当时的还是后来仿造的。"[①]

（二）资源开发

对于文化遗产资源的开发，文化遗产景区应做到特色鲜明，形象、主题突出。主要从历史价值、艺术价值和科学价值三个方面突出景区的旅游特色。历史价值方面，应突出文化遗产的文化属性、民族特点、历史意义、与重大历史事件或历史名人的关联及其影响；艺术价值方面，应突出文物的艺术品位、在艺术史上的地位及艺术魅力；科学价值方面，应探寻文物的科学技术含量、科学研究的意义及在科技史上的地位。

应根据不同类型的文化遗产资源进行有针对性的开发。我国遗产资源类型多样，每类遗产资源又有不同的子类型。以古建筑为例，古建筑可分为宫殿建筑、民间建筑、工程科技建筑、宗教建筑等。对古建筑的开发，不仅可从建筑本身的建筑布局、外观造型、内外装饰等方面开发，还可深层挖掘蕴含于建筑实体中的文化内涵。我国古建筑的选址不仅与我国古代的阴阳五行学说有关，还反映了当时社会的传统审美观念；宗教建筑中的雕塑、壁画、碑刻等不仅增强了宗教的吸引力和神秘感，也有极高的艺术价值等，这些都值得景区进行深层开发。[②]

文化遗产资源的开发应以正确的文化为导向。在对文化遗产资源进行开发时，应不断挖掘文化遗产古迹的丰富内涵。历史文化景区应把握历史文化导向。正确的文化导向不仅是保证资源永续性利用的前提，也是可以真正吸引游客的持久性资源。目前，有些文化遗产景区盲目强调参与性，故在景点增添一些娱乐节目或"假文物"，导致景区的旅游文化品位不高，层次低俗，不仅无法吸引观众，更成为资源开发中的"败笔"。

---

① 王世仁. 为保存历史而保护文物——美国的文物保护理念[J]. 世界建筑，2001（1）：72-74.
② 肖星，严江平. 旅游资源与开发[M]. 北京：中国旅游出版社，2000.

开发中不能因为要保留"传统"而牺牲创造"传统"者的利益。其实，任何传统都是在不断发展的历史过程中创造、变更、积累而成的。这是在确定"展示什么与保存什么"时应重点考虑的问题。[①]另外，文化遗产资源的开发还应注重对无形资源的开发，特别是蕴含在遗产资源中吸引旅游者的艺术文化内涵，如从服饰、饮食、礼仪、节庆活动、乡土工艺中开发蕴含的审美趣味、思维方式、风情风俗等无形的旅游吸引物。

在旅游景点开发中，应深层次地挖掘历史文化内涵和当地独特的民族文化。许多景点因名人佳作而闻名，如江西滕王阁是因王勃的《滕王阁序》而闻名于世，因此景区还可根据文化遗产资源的内容开发出不同的专项旅游活动，如民俗旅游、宗教旅游、艺术旅游、考古旅游、寻根旅游、修学旅游等。例如，"丝绸之路旅游"的开发抓住了重大考古发现带来的机遇，利用新的考古成果造就了新的旅游热点；北京老山汉墓在考古挖掘现场参观等。[②]此外还可深层次地挖掘本地民俗文化、独特风情、历史传统等，来营造出浓郁的地方特色，如丽江的纳西鼓乐表演等。

（三）资本和社会力量的介入

多年来，我国文化遗产的管理主要采取单一的非营利性行政管理方式。随着我国社会经济的发展与经济体制转型，一些社会力量开始介入文化遗产的经营领域且程度不断加深。目前，营利性社会力量已经成为我国文化遗产管理体系的重要组成部分，这使我国传统的非营利性行政管理体制逐渐转向非营利性与营利性模式共存、行政管理和营利性社会力量共同发挥作用的管理体制。

营利性模式的建立是基于经济学角度：文化遗产事业的属性、功能应该与管理体制相对应。具体承担文化遗产事业工作的文博单位的职能包括事业职能和产业职能。其中只有事业职能是公益性的，必须用非营利性机构的模式运作，而产业职能则可以交由市场化运作的公司承担。因此，目前诸多文博单位进行市场化改革，引入社会力量时，原则上都要求严格实行"事企分开"，将文博单位事业职能之外的资产分离出来，明晰产权关系，组建符合现代企业制度要求的经营性企业。文博单位事业性收入实行收支两条线管理并严格依照我国《文物保护法实施条例》规定的用途使用。

实行营利性与非营利性共存管理模式（见图6-4）时，通过实行两权分离——所有权和经营权分离，行政管理体系（拥有所有权）主要负责维持管理体制的执法监督、科研教育、日常维护（这三项属于保护活动）以及体现文化遗产教育功能和经济功能的部分经济活动；营利性社会力量（拥有经营权）主要负责经营（通过特许经营、承包、转让等经营性资产授权的经济活动，如旅游服务、后勤管理、教育等）和日常维护（包括一定程度的保护活动）。行政管理体系已经覆盖了文化遗产的全部功能，经营权转让、特许经营或承包给社会力量并不能增加文化遗产体系的功能，而只能起到补充文化遗产的保护力量、提高教育功能的实现力度、提高文化遗产的经济效益、盘活文化遗产的效率这四个方面的作用。因此，社会力量参与的绩效评价标准就可确定为：在不降低原由行政管理体系独有功能的情况下，是否起到了在交叉功能上补充力量、提高效率这两个方面的作用。

---

① 刘沛林，LIU ABBY，WALL GEOFF. 生态博物馆理念及其在少数民族社区景观保护中的作用——以贵州梭嘎生态博物馆为例[J]. 长江流域资源与环境，2005（2）：254-257.
② 肖星，严江平. 旅游资源与开发[M]. 北京：中国旅游出版社，2000.

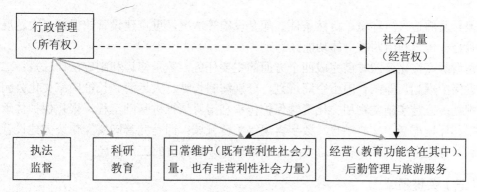

图 6-4 营利性和非营利性管理模式

三、国家文化公园的开发与管理

2019 年 7 月 24 日，中共中央总书记、国家主席、中央军委主席习近平主持召开中央全面深化改革委员会会议，审议通过《长城、大运河、长征国家文化公园建设方案》（以下简称《方案》）。建设国家文化公园是深入贯彻落实习近平总书记关于发掘好、利用好丰富文物和文化资源，让文物说话、让历史说话、让文化说话，推动中华优秀传统文化创造性转化创新性发展、传承革命文化、发展先进文化等一系列重要指示精神的重要举措，是《中华人民共和国国民经济和社会发展第十三个五年规划纲要》《国家"十三五"时期文化发展改革规划纲要》确定的国家重大文化工程。

国家文化公园是国家推进实施的意义重大的文化系统工程，通过整合具有突出意义、重要影响、重大主题的文物和文化资源，实施公园化管理运营，实现保护传承利用、文化教育、公共服务、旅游观光、休闲娱乐、科学研究功能，形成具有特定开放空间的公共文化载体，集中打造中华文化重要标志。根据现有国家有关政策文件，国家文化公园的建设需要关注以下几个方面的内容。①

（一）指导思想

《方案》强调，要以习近平新时代中国特色社会主义思想为指导，全面贯彻党的十九大精神，以长城、大运河、长征沿线一系列主题明确、内涵清晰、影响突出的文物和文化资源为主干，生动呈现中华文化的独特创造、价值理念和鲜明特色，促进科学保护、世代传承、合理利用，积极拓展思路、创新方法、完善机制，到 2023 年年底基本完成建设任务，使长城、大运河、长征沿线文物和文化资源保护传承利用协调推进局面初步形成，权责明确、运营高效、监督规范的管理模式初具雏形，形成一批可复制推广的成果经验，为全面推进国家文化公园建设创造良好条件。

（二）建设内容

《方案》明确提出，要坚持保护优先、强化传承，文化引领、彰显特色，总体设计、统筹规划，积极稳妥、改革创新，因地制宜、分类指导，根据文物和文化资源的整体布局、

---

① 新华社. 探索新时代文物和文化资源保护传承利用新路——中央有关部门负责人就《长城、大运河、长征国家文化公园建设方案》答记者问[EB/OL]. （2019-12-05）. http://www.xinhuanet.com/politics/2019/12/05/c_1125313523.htm.

禀赋差异及周边人居环境、自然条件、配套设施等情况，重点建设管控保护、主题展示、文旅融合、传统利用四类主体功能区。

建设国家文化公园时需完成四个方面的主要任务：一是修订和制定法律法规；二是编制建设保护规划，即结合国土空间规划，分别编制长城、大运河、长征国家文化公园建设保护规划；三是实施文物和文化资源保护传承利用协调推进基础工程，聚焦保护传承、研究发掘、环境配套、文旅融合、数字再现等关键领域；四是完善国家文化公园建设管理体制机制，构建中央统筹、省负总责、分级管理、分段负责的工作格局[①]。

（三）关键领域

建设国家文化公园需聚焦于五个关键领域实施基础工程：一是推进保护传承工程，加强保护、严格督察、开展宣传教育；二是推进研究发掘工程，加强文化精神系统研究，构建理论体系和话语体系，深入研究、阐发和推动系列红色精神的传承，整理挖掘文物和文化资源的承载；三是推进环境配套工程，修复国土空间环境，改善旅游基础和公共设施、应急设施、公益设施及必要的商业设施，打造国家文化公园形象标志；四是推进文旅融合工程，一体化开发优质文化旅游资源，打造文旅示范区，培育有竞争力的文旅企业，科学规划文化旅游产品，推动开发文化旅游商品，开展整体品牌塑造和营销推介；五是推进数字再现工程，加强数字基础设施建设，建设国家文化公园官方网站和数字云平台，建设完善文物和文化资源数字化管理平台[②]。

四、历史文化名城的开发与管理

（一）历史文化名城的概念和类型

历史文化名城是人类社会物质文明和精神文明的结晶，是历史发展的重要物质见证，是社会生产力和现代经济文化发展的载体。我国《文物保护法》第十四条规定："保存文物特别丰富并且具有重大历史价值或革命纪念意义的城市，由国务院核定公布为历史文化名城。"这包含三层含义：第一，城市本身具有重大历史价值或革命纪念意义；第二，城市现存文物特别丰富；第三，应经法定程序获得政权机关核准公布，未经批准不得以历史文化名城自称。

我国历史文化名城按历史和自然文化特征可分为八种类型[③]：① 历代古都型，这一类历史文化名城是历史上作为政治中心的都城、省城、州城或府城，如六大古都；② 风景名胜型，指以风景名胜为依托的名城，如杭州、桂林等；③ 少数民族型，指以少数民族地区传统文化为特征的名城，如拉萨、日喀则、喀什等；④ 纪念名人型，指以历史上著名的人物而出名的城市，如曲阜；⑤ 文物古迹型，指以现有大量文物古迹为特征的名城，如敦煌、平遥、安阳等；⑥ 军事防御型，指以军事防御功能著称的历史城镇，如徐州等；⑦ 革命

---

① 中华人民共和国中央人民政府. 中央有关部门负责人就《长城、大运河、长征国家文化公园建设方案》答记者问[EB/OL]. （2019-12-05）. http://www.gov.cn/zhengce/2019/12/05/content_5458886.htm?from=timeline&isappinstalled=0.
② 中华人民共和国中央人民政府. 中央有关部门负责人就《长城、大运河、长征国家文化公园建设方案》答记者问[EB/OL]. （2019-12-05）. http://www.gov.cn/zhengce/2019/12/05/content_5458886.htm?from=timeline&isappinstalled=0.
③ 赵中枢. 中国历史文化名城的特点及保护的若干问题[J]. 城市规划，2002，26（7）：35-38.

史迹型，即近现代重点革命纪念地，如延安、重庆；⑧ 外贸港口型，即以海外交通、贸易为主的港口历史文化名城，如广州、泉州等。

（二）发展现状

我国现有历史文化名城可以分为以下四种情况。① 古城的格局风貌比较完整，有条件采取全面保护政策。这类古城的面积不大，城内基本为传统建筑，新建筑不多且数量很少，十分难得，如平遥、丽江等。对这类古城一定要严格管理，坚决保护。② 古城风貌犹存或古城格局、空间关系等尚有值得保护之处。这类名城数量众多，如北京、苏州、西安等，它们和前一种古城是历史文化名城中的精华，有效地保护好这些古城方可真正展现历史文化名城的风采。对这类古城，除保护好文物古迹、历史街区外，还要针对尚存的古城格局和风貌采取综合保护措施。③ 古城的整体格局和风貌已不存在，但还保存若干能体现传统历史风貌的街区。这类名城的数量最多。由于整体风貌已不存在，则要全力保护好历史街区，使其反映出城市的历史延续和文化特色，以之代表古城的传统风貌，这样的做法既是不得已而为之，也是一个可以突出重点，减少保护与建设的矛盾的现实可行的办法。④ 目前，有少数历史文化名城中已难以找到一处值得保护的历史街区了，为此要全力保护好文物古迹周围的环境，把保护文物古迹与历史环境提高到新的水平，表现出文物建筑的历史功能和其鼎盛时期达到的艺术成就；要整治周边环境；要舍得拆除一些违章建筑。[①]

我国的历史文化名城保护工作大致经历了这样一个过程：由个别文化遗址保护到系统街区保护，由单纯物质文化保护到与非物质文化保护并重，由古建筑群落保护到城市风貌保护，由重点文物保护到历史文化内涵保护，由少数学科及职能部门研究保护到多学科综合研究、政府及社会力量共同参与保护。[②]由于城市属于地理空间这样一种独特客体，而文化又是一个多层次、多结构、动态、开放的系统，因此，名城保护工作错综复杂，导致迄今为止的历史文化名城保护体现出功能主义和技术化倾向，名城的灵魂——文化在日新月异的建设中却渐渐失落，因此必须用区域、系统、综合的观点来进行名城保护。[③]

（三）保护层次[④]

1. 文物保护单位（文物古迹点）

文物保护单位的目标是真实全面地保护文物并延续其"历史信息"和全部价值。所有的保护措施都应该遵守不改变文物原状的原则。对文物古迹，尤其是各级重点文物保护单位，应严格按照《文物保护法》的规定，应遵循不改变文物原状的原则对其进行保护、修缮或改建，同时还应加强对一些已探明或未探明的重要历史古迹的保护。

2. 历史文化保护区

历史文化保护区的特征是：有真实的历史遗存，有完整的历史风貌，有足够的面积，视野所及能形成完整的历史氛围。从保存历史信息的角度看，它代表了城市在一定时期的面貌，是城市特色的典型代表，构成了城市特色风貌的基础，具有重要的历史价值，但其

---

① 王景慧. 历史文化名城的保护内容及方法[J]. 城市规划，1996（1）：15-17.
② 李燕，司徒尚纪. 近年来我国历史文化名城保护研究的进展[J]. 人文地理，2001（5）：44-48.
③ 苏勤，林炳耀. 基于文化地理学对历史文化名城保护的理论思考[J]. 城市规划汇刊，2003（4）：38-94.
④ 谭白英. 文物与旅游[M]. 武汉：武汉大学出版社，1996.

同时面临基础设施不齐全、居住生活条件差的现实状况，因此应对其采取特殊保护措施，即保存外观，允许改造内部，保存整体风貌。

历史文化保护区的保护工作应着重注意四点：① 划定保护范围和建筑控制地带的界线。② 确定保护区内建筑物保护和整治的做法。对于已定为"文物保护单位"和规划认为应该定为"文物保护单位"的，按文物保护单位相关办法处理；对于较好地保存着历史风貌的"历史建筑"，外观依原貌维修整饬，室内可以按现代生活的要求进行改建，增加必要的设施；内部的结构已遭较大损坏的，可以更换结构，但其外观还应维持历史的面貌；外观与历史风貌相协调的新建筑可以保留不动；地区内与历史风貌相冲突的新建筑，如高大的现代建筑等，应该进行改造，可在立面上加以处理，可拆掉几层，也可整体拆除。③ 确定地区环境要素的保护整治要求，包括要按照历史面貌维修路面、维修驳岸、保护古树等。保护具有历史文化价值和利用价值的民居、街区和具有传统特色的旧城景观风貌等。④ 改造、建设地区的市政设施，解决排雨水、排污、供电、电信、消防等问题。应保护历史形成的古城格局，包括古城的平面形状、方位、轴线及与之相关联的道路骨架、河网水系等。

3. 历史文化名城

历史文化名城保护可概括为：第一，保护文物古迹和历史地段；第二，保护和延续古城的格局和风貌特色；第三，继承和发扬优秀历史文化传统。历史文化名城的保护是一个长期过程。保护的方法可以多种多样，但保护的目的只有一个，即保护真实的历史遗存，延续遗产的寿命，因为遗产是不可再生的。[①]

4. 区域地理环境

历史文化名城的地理环境是一个广义的概念，包括城市的有形物质、环境和无形环境。第一，对于历史文化名城来说，不仅应保护历史文化遗存，同时也应发挥城市的居住生活、生产及贸易、休闲等功能，促进城市经济社会的发展，改善居民的生活环境，实现城市现代化，同时要完善水电、交通等基础设施的建设，加强对噪声污染和旅游垃圾等的治理。第二，非物质文化遗产是城市无形环境的重要内容。随着保护范围的扩大和内涵的深化，非物质文化遗产也逐渐被纳入历史文化名城保护的范围内。它包括非物质形态的语言、文字，城市生活方式和文化观念所形成的精神文化面貌及社会群体、政治形式和经济结构所产生的城市生态结构等。具体的保护对象有：① 城市的生活方式和文化观念所形成的精神文明风貌，如习俗、饮食习惯、礼仪、信仰、伦理等；② 社会群体、政治形势和经济结构所形成的城市生态结构；③ 城市文化艺术，如语言、地方戏曲、绘画、书法等；④ 传统工艺品、土特产及反映民风民俗的有关事物。

总之，名城保护是一个整体的系统工程，从保护的内容看，涉及文化景观、文化系统和文化生态三个层面；从保护的对象看，涉及城市建筑格局、风貌、文物古迹、观念和习俗等各个要素（见图6-5）。名城的保护是一个长期的过程，保护的方法也应该是多样化的。要针对不同的保护内容和对象采用不同的保护方法，这样才能收到实效。名城保护的性质应是非功利性的和长期性的，而能否持续地保证人力、物力和资金的投入，是实现名城保护目标的重要前提[②]。

[①] 赵中枢. 从文物保护到历史文化名城保护——概念的扩大与保护方法的多样化[J]. 城市规划，2001，25（10）：33-36.
[②] 苏勤，林炳耀. 基于文化地理学对历史文化名城保护的理论思考[J]. 城市规划汇刊，2003（4）：38-94.

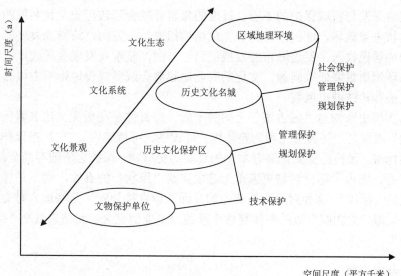

图 6-5　历史文化名城保护方法、保护层次及保护内容的文化时空关系

（四）主要问题

历史文化名城的开发管理涉及一系列需要解决的矛盾，只有将这些矛盾处理好，才能真正实现对历史文化名城的有效开发和利用。

（1）古城历史传统风貌与现代化都市的矛盾。一方面，城市文化出现趋同现象，地域文化的多样性和特色逐渐衰微，甚至消失；城市人口的急剧增加引发了居住环境的变化，大规模的旧城改造和新城建设使城市传统文化特色面临衰落。另一方面，狭义的、毫无建设性的保护使许多历史地区、文化名城逐渐博物馆化，以至于无法容纳现代的生活。许多欧洲城市通过总结历史经验，不断提高了对保护文物、保护历史城市、保护历史街区和保护历史印迹的认识，同时认识到保护与发展必须统一起来，而且可以统一起来，因为保护历史文化本身就是现代化建设不可或缺的重要组成部分。它们几乎无一不把现代化城市建设和尽量保护原有风貌结合起来，如英国早就不再使用旧城改造（recostruction，renew，renovation）等提法，而改用激活旧城（negeneration）、整治旧城（refurbishment）等指导思想，而且在实际工作中探索创造出了多种多样的涵盖了较大范围建筑和个体建筑的细致的保护利用措施。[①]

（2）旧城保护与新城建设的矛盾。旧城以保护为主，不仅要保护文物古迹、历史街区，更应注重保存文物建筑的空间关系、风貌格局。而新城以建设为主，以改善人民生活水平、发展经济为发展目标。新与旧之间必须达到和谐、完整，不论是保护还是建设，始终应强调历史文脉的延续，反映城市的独特个性及艺术魅力。在保护有形的文物古迹、开发新建的过程中，最重要的是保护和发展城市无形遗产——文化内涵。历史街区保护中，受尊重历史文化传统这一无形的"外部条件"的制约，诸如土地功能置换、提高容积率等开发商为谋求开发利润所采用的常规手段将难以使用。"保存遗存在于保真，保存自然遗存的最主要目的在于向世人及后代提供最可靠的历史考证实物"。[②]

[①] 周干峙. 城市化和历史文化名城[J]. 城市规划，2002，26（4）：7-10.
[②] 金经元. 保护遗存贵在保真[J]. 城市规划，1994（4）.

(3) 旅游开发与古城保护的矛盾。过度的旅游开发会导致历史文化名城的自然和人文环境的原生状态被破坏，地区的社会和文化结构扭曲。一方面，旅游业发展能促进地区经济发展，增加居民收入，促进城市的发展；另一方面，旅游业发展会导致地区物价上涨、交通拥挤、环境质量降低等问题。文化的商业化趋势会或多或少地影响古城原有的古朴的历史文化氛围和传统城市风貌。

(4) 真实历史原物与"假古董"之间的矛盾。原真性是在历史文化名城保护中应该坚持的"四项"准则之一（其余三项为整体性、可读性、可持续性）。它是指保护文物要坚持历史真实性标准，保护历史文化遗存本来的真实历史原物，保护它所遗存的全部历史信息。但从实践来看，国内大部分名城更偏重于追求完整"原状"的真实，而不是体现历史文化延续和变迁的"原状"。这种对原真性概念的片面认识直接导致了某些地方对文物古迹进行大修大整，采取"大团圆"似的整体翻修手段甚至是推倒重来，其结果就是"拆了真宝贝，造了假古董"。

（五）发展对策

对历史文化名城的保护是城市建设和规划的前提与基础。对历史文化遗产价值的重现是名城得以保持自身特色和历史传统的根本。同时，城市的发展应兼顾社会、经济、功能等多个方面，考虑保护区内居民有关居住、就业、服务和交通等的需求，最终使历史文化遗产的保护被纳入不断发展的城市建设与管理的完整体系中，从而保证名城的活力。

1. 编制科学的总体发展规划

历史文化名城的保护与发展规划必须以科学发展观为指导，在保护好名城文化遗产的前提下，深入挖掘遗产的历史文化内涵，使其独特的历史文化内涵在保护和发展中得以延展与发挥，使历史文化名城的文脉得以延续。历史文化名城规划是以保护城市文化遗产及其环境为重点的专项规划，是城市整体规划的重要有机组成部分。规划应最大程度地保持历史连续性，保护好历史文化名城的地方特色和特定历史空间布局；要把握好整体性保护的重点环节；要将遗产的保护纳入城市的总体规划中，保护好遗产的真实性和完整性。

2. 要把历史文化名城的保护和开发有机结合起来

旅游开发必须由政府主导，由政府统筹协调资源开发、战略规划、资金安排、行业管理等方面的问题，健全各级旅游工作机构和运作机制，提高旅游管理部门的权威，提高市场竞争力。[①]历史文化名城遗存利用的模式包括恢复原初功能、名城价值的重现与提升、文化沿革利用及发展演绎利用。历史文化名城要改善城市环境，进一步完善基础设施，塑造良好的城市环境。

3. 应加强历史文化名城保护制度的建设

要在目前的法律、法规及政策性文件的纵向框架基础上强化历史建筑、历史街区、城市整体风貌的横向法律框架及以各种专项法规与配套法律为补充的城市保护法律体系。保护制度及法律法规的建立健全不但可以有效地规范建设行为，还有助于构建应对各种复杂、特殊问题的长效机制，为各类问题的解决提供合理途径。[②]

[①] 李芸. 历史文化名城旅游开发现状与可持续发展战略[J]. 镇江高专学报，2001（11）：6-9.
[②] 刘敏. 历史城市保护立法研究[J]. 城市问题，2011（2）：21-24.

五、历史文化名镇（村）的开发与管理

（一）发展概况

我国历史文化名镇（村）分布范围覆盖全国，反映了我国不同地域、不同民族、不同经济社会发展阶段的聚落形成和历史演变过程，是展示我国优秀传统建筑风貌、优秀建筑艺术和建造技艺、传统空间形态和民俗风情的真实载体。

（二）主要问题

（1）认识不到位，保护意识薄弱。一些地方的领导对保护历史文化名镇（村）工作的重要性和意义缺乏认识，把历史文化遗产保护与小城镇和村庄发展对立起来，在工作中重建设、轻保护，没有妥善处理好保护与发展的关系。

（2）依法行政力度不够。一些地方不严格执行保护规划，随意修改保护要求，导致部分古镇、古村落的历史格局被破坏（或是文物古迹周围的历史环境被破坏，或是历史建筑被拆毁）。

（3）保护规划滞后。一些历史文化名镇（村）受经费所限，没有及时编制保护规划，导致保护工作缺少必要的依据或者是在保护中重视对个别"点"的保护，而忽视对自然历史环境的保护，导致镇（村）的整体风貌被破坏。

（4）保护资金不足使古镇（村）及其历史建筑缺乏定期的全面维护。部分历史文化名镇（村）由于保护机构不健全，保护维修资金匮乏，导致动态监管和资源普查工作不能有效开展。另外，部分历史文化名镇（村）存在基础设施陈旧、传统建筑年久失修等情况，这也直接影响了对历史文化遗存的有效保护。

（5）存在"开发性破坏"。由于不合理的建设和旅游性开发，一些历史文化名镇（村）的传统空间格局、历史环境遭到破坏。

（6）重物质遗产保护，轻非物质文化遗产保护。目前，历史文化镇（村）保护单位仍普遍轻视对非物质文化遗产的保护，这充分体现在：古镇内的传统民俗文化在衰退，自然乡村环境被破坏而现代商业气息和都市氛围却日益浓重，与历史环境格格不入。因此，历史文化名镇（村）的保护工作要在保护建筑遗产的基础上，进一步重视对周围自然环境的保护，尤其是对非物质文化遗产的保护。环境风貌、建筑古迹、民俗文化、街巷空间和价值影响是决定历史文化名镇（村）保护状况的主要因素。[①]

（三）主要任务

历史文化名镇（村）保护的内容包括十个方面：乡土建筑、文物遗迹、街巷空间、村镇形态、田园环境、村镇文化、邻里关系、村镇特性、乡土居民和行为景观（见图6-6）[②]。

[①] 赵勇，张捷，李娜，等. 历史文化村镇保护评价体系及方法研究——以中国首批历史文化名镇（村）为例[J]. 地理科学，2006，（4）：4497-4505.

[②] 赵勇，张捷，章锦河. 我国历史文化村镇保护的内容与方法研究[J]. 人文地理，2005（1）：68-74.

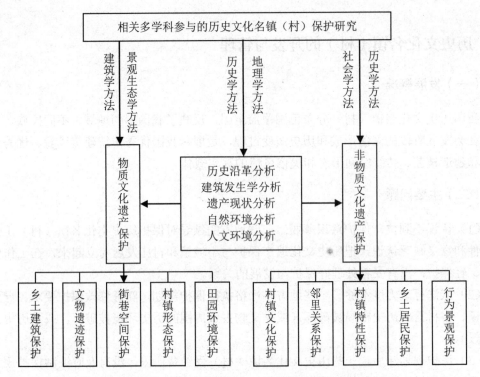

图 6-6　历史文化名镇（村）的保护内容与方法

从可操作性角度，历史文化名镇（村）保护规划内容包括十个方面：① 名镇（村）价值特色确认；② 名镇（村）保护范围划定；③ 名镇（村）建筑保护整治规划；④ 名镇（村）街巷空间保护规划；⑤ 名镇（村）重点地段保护规划；⑥ 名镇（村）环境综合调整规划；⑦ 名镇（村）旅游发展规划；⑧ 名镇（村）近期保护规划；⑨ 名镇（村）保护实施措施。其中，最受争议的是"名镇（村）建筑保护整治规划"。建筑保护整治的模式有很多，应根据不同建筑的保存状况、类型特征及保护等级来选择、确定。保护整治模式一般包括：① 保存（conservation）：对象是文物古迹，包括已获得批准的各级文物保护单位和尚未被批准的"准文物"建筑，即在不改变文物原状的基础上进行修缮保养。② 修复（restoration）：对象是历史建筑，即在保持原有建筑风貌的基础上对建筑外立面进行修缮，对建筑内部设施和布局进行适当改造。③ 更改（modification）：对象是在一定程度上与历史风貌不协调的新式建筑，即按照历史风貌要求对建筑的高度、色彩、形式、体量等方面进行适当修改。④ 更新（renovation）：对象是在很大程度上与历史风貌不协调的新式建筑，即对原有建筑进行拆除，新建符合历史风貌要求的建筑或环境空间。⑤ 再生（revitalization）：对象是已不存在的文物古迹或历史建筑，即根据历史资料进行原貌重建。[①]

2005 年，国际古迹遗址理事会第 15 届大会通过的《西安宣言——关于建筑、古遗址和历史区域周边环境的保护》指出，古建筑、古遗址和历史区域的周边环境指的是紧靠古建筑、古遗址和历史区域的和延伸的、影响其重要性和独特性或是其重要性和独特性组成部分的周围环境。除了实体和视角方面的含义之外，周边环境还包括与自然环境之间的相互关系；所有过去和现在的人类社会和精神实践、习俗、传统的认知或活动、创造并形成了周边环境空间中的其他形式的非物质文化遗产以及当前活跃发展的文化、社会、经济氛

---

① 赵勇，崔建甫. 历史文化村镇保护规划研究[J]. 城市规划，2004，28（8）：54-59.

围。因此,"环境"的内涵应包括三个方面:① 遗产的物质存在和视觉状态;② 遗产与自然环境之间的相互作用;③ 社会和精神活动、习俗、传统知识等形式的无形文化遗产方面的利用和活动[①]。因此,在保护好历史文化名镇(村)的文物本体前提下,还应该高度重视历史文化名镇(村)的环境综合调整规划,重视文化遗产大环境。在历史文化名镇(村)的保护方法方面,要综合运用历史学、地理学、建筑学、社会学、景观生态学等方法才能达到较好的保护效果。

六、依托非物质文化遗产的景区开发与管理

(一)非物质文化遗产概述

非物质文化遗产是民族文化的精华、民族智慧的结晶。丰富多彩的非物质文化遗产是人类文明发展的印记。张凌云(2008)指出,"旅游就是人们对非惯常环境的体验和生活方式"[②],而"非物质文化遗产"由于远离现代生活,自然成为旅游吸引物之一。非物质文化遗产的开发与保护是遗产类景区的重要工作。

在非物质文化遗产保护的进程中,日本在非物质文化遗产这一概念的逐渐明晰方面做出了重要的贡献。日本政府在1975年对其早在1950年成立的《文化财保护法》进行了重要修改,将"文化财"分为有形文化财和无形文化财,并且以法律形式正式将非物质文化遗产作为人类文化遗产的一个重要分支划分出来。可以说,日本的这种文化遗产两分法为世界文化遗产保护起到了重要的典范作用。1972年11月16日,联合国教科文组织在巴黎召开的第17届会议上通过了《保护世界文化和自然遗产公约》(简称为《世界遗产公约》)。该公约关注的焦点是有形文化遗产,同时也涉及了非物质文化遗产的内容,是最早的关于非物质文化遗产的国际性文件。随着人们对非物质文化遗产的日渐关注,国际非物质文化遗产的保护逐渐步入正轨。联合国教科文组织于1989年11月通过了《保护民间创作建议案》,这是国际非物质文化遗产保护领域的第一份正式官方文件。2000年4月,联合国教科文组织正式发起了非物质文化遗产代表作名录的申报评估工作并于2001年5月公布了首批入选名单。2003年10月,联合国教科文组织第32届大会通过了《保护非物质文化遗产公约》并于2006年4月正式生效。根据《保护非物质文化遗产公约》,非物质文化遗产包括:① 口头传统和表现形式,包括作为非物质文化遗产媒介的语言;② 表演艺术;③ 社会实践、仪式、节庆活动;④ 有关自然界和宇宙的知识和实践;⑤ 传统手工艺。

从2001年联合国教科文组织开始进行世界非物质文化遗产项目评定至今,我国昆曲、古琴艺术、新疆维吾尔木卡姆艺术、京剧、中医针灸、中国篆刻、中国雕版印刷技艺、中国书法、中国剪纸等都已列入《人类非物质文化遗产名录》。

(二)非物质文化遗产对旅游景区的影响

第一,宣传景区的形象、品牌价值。非物质文化遗产可以增强景区旅游形象的文化内涵和特色,是旅游策划的重要元素。当今社会处于一个以形象制胜的时代,而文化内涵是形象的核心要素。非物质文化遗产孕育、生长于一定的地域背景,反过来又成为地域文化

[①] 谢广山.《历史文化名城名镇名村保护条例》——中国历史文化遗产保护的新阶段[J]. 文物世界,2010(5):49-52.
[②] 张凌云. 旅游学研究的新框架:对非惯常环境下消费者行为和现象的研究[J]. 旅游学刊,2008(10):12-16.

旅游形象的重要元素和支撑。旅游目的地在塑造、树立自身的旅游形象时，若能够有效地融合本区域独具魅力的非物质文化遗产相关因素，定能够收到意想不到的效果。同时，在进行旅游策划、旅游宣传和促销活动时，非物质文化遗产也是可以利用的重要元素。以节会庆典与民间歌舞为例，它们通常是旅游目的地中较有代表性的旅游活动，如果能坚持定期举办，必定为广大旅游者所熟知，并且可以作为旅游目的地的形象品牌进行广泛宣传，以吸引更多旅游者前去观光旅游。

第二，提升旅游产品的层次。非物质文化遗产是景区内重要的旅游资源，内容的多样性是其作为旅游资源的基础；地域性是其独具魅力、不可替代的前提；文化性为自然风光的深度拓展提供了广阔的空间。发展旅游业，资源是基础，吸引力是关键。有吸引力的旅游资源应具备的特点包括独特性、艺术性、民族性和区位性。毋庸置疑的是，非物质文化遗产是吸引游客的重要元素。正是因为有了神话、传说、民俗文化等的浸润，山水才有情，草木才传神，旅游才更有意趣。事实证明，越是具有中国特色、民族风情的东西，越受世界欢迎。例如，在少数民族聚居的云南、贵州等省，利用民族歌舞、民族习俗、民族信仰等开展丰富多彩的旅游活动以吸引游客的情况十分普遍。云南石林彝族自治县之所以成为旅游胜地，除了因为当地拥有秀美的石林景观外，彝族颇具特色的民风民俗、蜚声中外的彝族神话传说也是使人们心驰神往的重要原因。

第三，增强游客的体验。非物质文化遗产中的表演艺术具有无与伦比的艺术技巧和独一无二的艺术形式，能深深地打动游人的心灵、触动游人的情感。通过这些艺术作品，游人可以形象地看到作品创作时期发生的历史事件、人们的生存状态和生活方式、不同人群的生活习俗以及他们的思想与感情，从而产生更强烈的心灵触动。

（三）景区内非物质文化遗产资源的开发途径

非物质文化遗产的旅游开发模式可从不同的角度进行不同的分类。例如，从空间的角度，可分为原地开发式、异地开发式；从时间的角度，可分为短期节庆式和长期固定式。而针对不同类型的非物质文化遗产的旅游开发模式也应有所不同。例如，表演艺术类的，可开发旅游演艺产品；节庆活动类的，可进行旅游节事活动策划。

张军（2005）从与其他类旅游资源的关系角度将非物质文化遗产的旅游开发利用模式分为：① 非物质文化遗产系列旅游产品的开发；② 非物质文化遗产与物质文化遗产相结合的连带旅游产品的开发；③ 非物质文化遗产的旅游商品的开发。[①]总体来说，景区非物质文化遗产开发有形象挖掘、休闲演艺、节事旅游和旅游商品四种途径。

（1）形象挖掘。非物质文化遗产生长、孕育于一定的地域环境，是区域旅游形象文化内涵的重要元素和支撑。对非物质文化遗产的形象经营，就是充分利用和挖掘其文化内涵与要素，塑造或加强区域旅游形象，打造品牌，宣传推广，加强公众对旅游目的地的感知度和认知度，促进区域旅游的可持续发展。近年来，越来越多的旅游目的地在进行旅游推介活动时开始注重对本地的非物质文化遗产进行品牌塑造与宣传促销，这使得非物质文化遗产相关内容的介绍在宣传资料中占有越来越多的篇幅。景区通过将非物质文化遗产与其他旅游景观相结合的方式构成了更大的吸引力。对民间文学、口头传说这一类没有具体形象、要依赖人的听觉来传播的非物质文化遗产，可以挖掘其精神内涵，设计区域旅游主题

---

① 张军. 论无形文化遗产在旅游开发中的有形化利用[J]. 中南民族大学学报，2005（3）：42-45.

宣传口号或利用其特色文化内涵来指导旅游项目的开发。例如，云南彝族的阿诗玛传说蜚声中外，当地导游不仅会给游客讲阿诗玛的传说，衣着也会以阿诗玛为样板，以期给游客们留下深刻的印象。又如，河南的少林功夫是河南旅游文化的利器与王牌，与之相关的旅游宣传与促销对游客尤其是境外游客具有很强的吸引力。

（2）休闲演艺。旅游演艺产品作为一种文化产品，地域文化是其核心竞争力。只有在充分挖掘历史文化、民族文化等地域文化的基础上，将主题、艺术形象与地方文脉相结合并通过多姿多彩的表演形式展现出来，才能形成旅游演艺产品的核心竞争力。表演技艺类的非物质文化遗产具有鲜明的地域特色、民族特色，适合通过挖掘文化内涵和综合多方元素进行休闲演艺产品的旅游开发。例如，云南丽江市依托丰富多彩的民族文化推出的旅游演艺标志性项目——《丽水金沙》取得了巨大的旅游经济效益；广西桂林市推出的《印象·刘三姐》将广西桂林的民间传说、经典山歌、民族风情、漓江山水渔火等自然和人文元素创新组合，创造了我国演艺产品的奇观，轰动了海内外，被誉为"与上帝合作之杰作"，根据少林功夫制作的大型武艺表演《少林魂》，大型原创功夫剧《风中少林》和少林禅武实景演出大剧《禅宗少林·音乐大典》等旅游演艺产品给游客带来了强烈的视听震撼，不仅在国内引起了巨大反响，而且还走出国门到海外巡演，场场爆满；2006年，成都的旅游演出市场推出了《蜀风雅韵》《芙蓉国粹》《锦城云乐》《金沙》等演艺项目，演出甚至出现了一票难求的现象。利用表演技艺类非物质文化遗产进行休闲演艺产品开发时，必须尊重文化遗产的真实内涵，在保护遗产原真性的基础上进行艺术提升，避免庸俗化现象的出现，同时还要尽可能地吸纳民间艺人和演员。应当注意的是，丧失了文化内涵和特色的产品是不可能有生命力的。

（3）节事旅游。非物质文化遗产中的表演技艺等可以通过策划赛事、节庆、展览等节事旅游产品来进行旅游开发利用。例如，在河南郑州举办的以少林功夫为依托的大型节事活动"中国郑州国际少林武术节""世界传统武术节"、在北京举办的"中国刺绣文化艺术节"、2006年由世界旅游组织与伊朗文化遗产与旅游局在德黑兰联合举办的首届"国际旅游与手工艺品大会"等。而民俗活动、民族节日等（如河南省宝丰县的马街书会、太昊陵伏羲祭典等）本身就包含了丰富多彩的内容和活动，具有很强的吸引力，可在其基础上进行宣传促销、打造包装，塑造品牌，举办旅游节庆活动，促进旅游发展。现代节庆活动的创立只有立足于发掘本地文化的基础，才能具有持久的生命力。以非物质文化遗产为基础和品牌而策划开发的旅游节庆活动不仅要立足于本土文化，具有深厚的文化基础，还应有利于民众参与的最大化。

（4）旅游商品。非物质文化遗产中的民间工艺在旅游商品开发中具有许多优势，这是因为它们具有深厚的文化意蕴和显著的工艺特色。与机械工艺相比，民间工艺带有个人情趣，能体现出个人智慧和鲜明的艺术个性。由于受到民间艺人在制作时的主观感情、技术和经验的影响，每一件工艺品都不一样，这迎合了现代人追求"孤品"的心理。此外，民间工艺还具有独特的审美特色，其通过古朴的材质、多变的肌理、鲜明的色彩和惊人的工艺效果所体现出来的自然、随意、朴素是机械化大生产无法做到的。要使民间工艺的优势转化为旅游商品开发中的文化生产力和经济优势，应当融入现代技术和理念。首先，理念上要走出"原汁原味"地保持民族特色的误区。旅游商品在设计创新、制作工艺等方面不能因循守旧，原封不动地沿袭，而应随着时代的发展有所变化和创新，即去粗取精，做到既保持民族文化的基本特色和个性，又能有所取舍和创新。在民间工艺产品的设计、造型、款式等方面，要注入时代气息，以增强民间工艺的实用性、艺术性、审美性、现代感和市场性。其次，可以采取用现代设计理念重新组合民间工艺元素、现代旅游商品中局部采用民间工艺元素、民间工艺中采用现代管理技术等方法实现民间工艺和现代管理技术的有机融合。

（四）文化生态保护区

依据《中华人民共和国非物质文化遗产法》等法律法规，我国文化和旅游部于2019年3月发布了关于贯彻落实《国家级文化生态保护区管理办法》的通知。根据该管理办法，文化生态保护区是指以保护非物质文化遗产为核心，对历史文化积淀丰厚、存续状态良好，具有重要价值和鲜明特色的文化形态进行整体性保护，并经文化和旅游部同意设立的特定区域。

我国的文化生态保护实验区的建设和实践始于2007年正式批准设立的"闽南文化生态保护实验区"，中国独创、具有中国特色的非物质文化遗产保护就此开启了新的篇章。截至2020年6月，我国共设立国家级文化生态保护区7个，国家级文化生态保护实验区17个，涉及省份17个，[①]实践成绩显著，整体性保护的理念和工作方式在我国的许多区域得到迅速的推广和运用，与非物质文化遗产相关的自然环境、文化遗产及特殊的文化空间、场所、生活空间等多种自然和文化形态得到协同保护。[②]

2010年，文化部出台了《关于加强国家级文化生态保护区建设的指导意见》（文非遗发〔2010〕7号）；2011年，文化部办公厅发布了《关于加强国家级文化生态保护区总体规划编制工作的通知》。2018年12月，文化和旅游部印发第1号部令，发布了首个部门规章《国家级文化生态保护区管理办法》，该办法融入了近些年文化生态保护工作中所获得的经验，那就是"见人见物见生活"，即保护人——保护传承人和非物质文化遗产受众，保护物——保护自然物、文化物、时间空间物，融入生活——在生活中存续、在生活中发展、在生活中让民众受益。由此，文化生态保护区向着深入和可持续发展这一理念持续推进。

文化生态保护区建设的目标是"遗产丰富、氛围浓厚、特色鲜明、民众受益"。所谓"遗产丰富"是指区域内的各种类型、各个级别的非物质文化遗产项目丰富多样，资源蕴藏丰富多样；"氛围浓厚"是指通过建设，使更多人认知、认同非物质文化遗产，并且自觉主动地参与非物质文化遗产的传承、保护和发展；"特色鲜明"是指区域内项目和蕴藏的非物质文化遗产资源应包括多种文化形态，与其他区域的差异明显，具有鲜明的地方或民族特色；"民众受益"是从发展是为了人民出发，让非物质文化遗产保护与脱贫致富、提高民众收益和"满足人民日益增长的美好生活需要"等多方面内容结合在一起。

---

① 中国非物质文化遗产网，http://www.ihchina.cn/shiyanshi.html#target1.
② 陈华少. 文化生态保护区：中国独创，中国特色——解读《国家级文化生态保护区管理办法》[N]. 中国文化报，2019-03-01（4）.

第七章　开发型景区的开发与管理

> **引言**
> 开发型景区主要包括主题公园、旅游度假区与旅游综合体，其开发模式更多的是依据剧场管理理论，是通过商业利益开发以满足游客体验需求的过程。当然，开发过程中也要重视保护生态与文化遗产，但关注的核心是为游客塑造畅爽的旅游体验。

第一节　主题公园的开发与管理

一、主题公园发展概述

（一）主题公园的概念与类型

美国国家游乐园历史协会（National Amusement Park History Association，NAPHA）认为，主题公园（theme park）是指景点、表演和建筑都围绕一个或一组主题而建的娱乐园。美国"主题公园在线"给出的定义是，"主题公园通常面积较大，拥有一个或多个主题区域，区域内设有表明主题的乘骑设施和吸引物"。Medlik 认为，主题公园是通过一系列围绕一个或多个历史或其他主题的吸引物为游客提供娱乐和消遣的地方，它包括餐饮与购物等服务，通常要收取门票。[1]

我国在主题公园发展的初期一般把主题公园称为"人造景点"或"人造景观"。近年来，在国内的研究和实践中，"主题公园"概念逐渐取代了"人造景观"概念。保继刚认为，"主题公园是具有特定的主题，由人创造而成的舞台化的休闲娱乐活动空间，是一种休闲娱乐产业。"[2] "主题公园是一种人造旅游资源，它着重于特别的构思，围绕一个或多个主题创造一系列有特别的环境和气氛的项目以吸引旅游者。[3]也有人认为主题公园是一种以娱乐为目的的拟态环境塑造，其最大的特点是赋予娱乐活动以某种主题，围绕既定主题来营造娱乐的内容与形式，园内所有的色彩、造型、绿化等都为主题服务，是使游客易于辨认的特征和游园的线索。它通过人造景观、音乐、舞蹈、表演和博彩游戏等营造热闹的气氛，取悦公众及吸引顾客。[4]

---

[1] S MEDLIK. Dictionary of travel, tourism and hospitality[M]. Boston: Butterworth Heinemann, 1993.
[2] 保继刚. 主题公园发展的影响因素系统分析[J]. 地理学报, 1997（3）: 237-245.
[3] 李沐纯. 体验经济与主题公园的产品创新[J]. 商场现代化, 2005（11）: 77.
[4] 周向频. 主题园建设与文化精致原则[J]. 城市规划汇刊, 1995（4）: 13-21+62.

目前，国际上还没有关于主题公园的标准分类体系，沿用至今的大致有以下几种分类方法。

（1）按照功能和用途划分，主题公园可分为五类：一是微缩景观类，如深圳"锦绣中华"、北京"世界公园"等；二是影视城类，如无锡的"三国城""唐城""水浒城"等；三是活动参与型，如苏州乐园、深圳华侨城"欢乐谷"等；四是艺术表演类，如深圳华侨城的"中华民俗文化村"和"世界之窗"、北京"中华民族园"等；五是科幻探险类，如江苏常州"中华恐龙园"等。

（2）按照规模划分，主题公园可分为大型主题公园、中型主题公园和小（微）型主题公园。国外将投资额在8000万美元至1亿美元、占地200英亩（约为0.81平方千米）以上的主题公园称为大型主题公园；将投资额在3000万美元至5000万美元、占地100英亩（约为0.40平方千米）至200英亩（约为0.81平方千米）的主题公园称为中型主题公园；将投资额在1000万美元至3000万美元、占地100英亩的主题公园称为小（微）型主题公园。结合主题公园的实际情况和发展状况，我国将投资额在1亿元左右、占地0.2平方千米左右的主题公园称为大型主题公园；将投资额在2500万元至1亿元、占地面积相对较小的称为中型主题公园；将投资额在1000万元以下的主题公园称为小型主题公园；将投资额在300万元以下的、仅为小型景点的主题公园称为微型主题公园。

（3）按照主题内容来划分，主题公园可分为自然主题公园和人文主题公园。

自然主题公园可细分为生命类主题公园（以动植物为主题，如昆明世博园、各地的野生动物园和海洋馆等）和非生命类主题公园（以模拟自然景观为主题）。

人文主题公园可细分为文化类主题公园（包括历史文化和民俗文化，既以从古到今的各种文化现象和表现形式为主题，如各地的世界之窗和民俗园等）和非文化类主题公园（包括机械类和智能高科技类）。

（4）按照主要活动类型，主题公园可分为静景观赏型主题公园、动景观赏型主题公园、艺术表演型主题公园、活动参与型主题公园、项目挑战型主题公园和复合型主题公园。

（5）根据所在区域背景，主题公园可划分为城市主题公园、城郊主题公园、海滨主题公园、交通干线沿线主题公园和乡村主题公园。

（二）主题公园的发展历程

主题公园的形式最早可追溯到古希腊、古罗马时代的市场杂耍（variety show），这种杂耍是通过音乐、舞蹈、魔术表演、博彩游戏等来营造热闹气氛、愉悦公众和吸引顾客，从而完成商贸活动。随着经济的发展和贸易形态的转变，这种形式又逐渐演变成专门的户外游乐场地（outdoors pleasure ground）。

主题公园的前身是娱乐园（amusement park），娱乐园诞生于17世纪初的欧洲，是一种以绿地、广场、花园与设施组合并配以音乐、表演和展览活动的娱乐花园。到19世纪末，随着科技及社会的进步，人们开始逐步在这种娱乐花园中融入一些机械游具，特别是1937年维也纳世界博览会中展示的乘骑和多种新型娱乐设施引起了人们的强烈兴趣，于是各地纷纷效仿，导致娱乐花园演变成以机械游具为特色的游乐园。

第二次世界大战后，欧美地区的经济飞速发展，加之生活方式的变化和交通工具的演进，人们的旅游需求发生了变化，主题公园开始出现。

1946年，为了纪念在二战中死去的爱子，荷兰的马都洛夫妇在海牙市郊按1∶25的比例投资建造了世界上第一个小人国式微缩景区"马都洛丹",将荷兰一百二十多个名胜古迹、现代建筑与典型城镇微缩仿建在园区内,其中的人物、车船和风车等配件、设施都能发出声音、正常运动,汽车、火车、轮船都可按照交通规则行驶,教堂的钟声也能准时敲响。这是世界上第一个微缩景观型旅游主题公园。

1955年7月17日,美国动画大师华特·迪士尼在洛杉矶创造了世界上第一个真正意义上的主题公园——迪士尼乐园。它包括了以主题为背景的各种表演,能够不断地为游客提供冒险经历,无论是儿童还是成人,都喜欢到那里去体验惊险、享受欢乐。迪士尼乐园的魅力源于大投入、大制作,它不仅将现代高科技手段与设施应用到旅游景区建设中,还在开业后对景点和设施不断地进行升级换代,满足人们的游憩需求。

自迪士尼乐园取得成功以后,主题公园迅速在美国遍地开花,开始飞速发展。环球影城、海洋世界、派拉蒙等一大批大型或超大型主题公园(年接待游客量在50万人以上)纷纷崛起。至20世纪80年代,美国主题公园业经过了三十余年的飞速发展,已基本成熟,但由于市场趋于饱和,于是美国主题公园业开始了以迪士尼公司为先导、环球影城等紧随其后的海外扩展活动。

欧洲和亚洲的主题公园是在迪士尼主题公园的影响和带动下发展起来的。1992年开业的巴黎迪士尼极大地推动了欧洲主题公园的发展。可以说,从20世纪90年代开始,欧洲主题公园进入成长时期,主要集中在德国、法国和英国并向南扩展到西班牙、意大利、土耳其和希腊。

进入20世纪80年代后,亚洲成为主题公园发展最活跃的地区之一。1983年,东京迪士尼乐园开业并取得了轰动性的成功,仅开业首年就接待了近一千万名游客。2005年,我国第一家迪士尼乐园在香港开幕,吸引了大批游客前往。

非洲国家的主题公园以热带原生动物及反映非洲古代文化的国家公园居多,集中在肯尼亚、南非与埃及等经济较发达、传统文化色彩浓厚的国家。[①]

(三)我国主题公园的发展历程

我国的主题公园起步较晚,经历了从传统庙会、集市式游乐场所到机械式游乐场所,再到主题公园的过渡历程。我国主题公园主要受国外主题公园(尤其是美国迪士尼乐园)的建设和运作及国内20世纪80年代初相继建成的影视拍摄基地的影响和启发。发展大致经历了以下五个阶段。

第一阶段:起步阶段。20世纪初,上海作为远东第一城,发展了许多游乐设施。其中,"大世界"便是把传统的庙会、集市上表演的节目罗列于一个建筑综合体内形成的大型游乐场所。改革开放后,为了满足大众休闲娱乐需求的日益增长,适应投资的快速增长,游乐业采取了挖掘传统游乐项目和引进国外游乐项目的办法,由此产生了"大观园"式的静态观赏型休闲娱乐场所和机械化的动态参与型休闲娱乐场所,它们是真正意义上的微缩主题公园。前者的代表有作为电视剧《红楼梦》拍摄基地的北京大观园(建于1984年)和河北省正定县的荣国府(建于1986年);后者的代表有深圳的香蜜湖中国娱乐城、上海的锦江乐园等。在一段时间内,这种类型的游乐场所风靡全国并一度成为电影、电视中的主要场景。这一阶段,主题公园的发展主要是在传统意义上的人造景观公园或游乐园的基础上初步引入国外的游乐设施项目,在开发建设初期能够满足人们的娱乐休闲需求,产生了一定

---

① 邹统钎. 旅游开发与规划[M]. 广州:广东旅游出版社,1999.

的经济效益和社会效益。

第二阶段：以移植和模仿为主的单一主题发展阶段。这一阶段大致从20世纪80年代末持续到20世纪90年代中期。1989年9月建成、开园的深圳"锦绣中华"是我国第一家真正意义上的主题公园。此后，锦绣中华的姊妹园"中国民俗文化村"（1991年）、昆明的"云南民族村"（1992年）、北京的"世界公园"（1993年）、深圳华侨城的"世界之窗"（1994年）等相继开园。就其特点来说，这一阶段的主题公园是以移植和模仿为主的休闲旅游微缩景区，如"锦绣中华""中国民俗文化村"及"云南民族村"模仿的是国内的文化风俗和民族村落风土人情，而"世界之窗"和"世界公园"则是移植国外的人文景观。总之，这一阶段的主题公园的内容原创性较弱。

第三阶段：以挖掘地方文化为主的、休闲娱乐与教育并重的创造阶段。这一阶段从20世纪90年代中期持续至21世纪初，以1995年江苏"苏州乐园"正式对外开放为标志。苏州乐园推进了我国主题公园休闲娱乐功能的多元化，更加关注休闲娱乐项目的参与性。自1998年起，"苏州乐园"又推出了一系列高科技性滚动发展项目，包括"空中飞人""天旋地转""高空射弹"等高档次的游乐项目。

与此同时，深圳"世界之窗"对原有的118个景点进行了重新整合包装，建立了探险漂流、金字塔幻想馆、丛林穿梭等一系列娱乐项目，将旅游景点增加到一百三十多个，完成了由静态观赏型向涉及观赏、参与、娱乐等方面的复合动态型景区的转变。这一阶段的主题公园除具有集观赏、参与、休闲娱乐为一体的特点外，还强调娱乐与教育并重并开始将一些高科技手段应用于景点的开发与创新。更重要的是，各主题公园开始注重挖掘地方文化。例如，河南开封的清明上河园以展示北宋时期宋文化为基础，通过挖掘和展示北宋时期的建筑、饮食、歌舞、汴绣、水利、舟桥、民间工艺等地方文化传统来吸引游客。这一阶段，早已建成的主题公园也进行了产品的创新，增加了休闲、教育等功能。

第四阶段：由单一主题结构向多元主题结构及综合化发展的阶段。进入21世纪后，无论是新开发的主题公园，还是早已建成、运营的主题公园，都开始将高科技手段运用于产品的创新，从而由单一主题结构向多元主题结构发展，不仅注重产品的全新包装和品牌意识的增强，还注重游客的个性化、参与感和娱乐体验经历，使得主题公园的休闲娱乐性、游客参与性、知识性、科学性、趣味性、体验性等得到提升。另外，日常艺术演出及节庆活动中的大型艺术演出也成为这一阶段主题公园的一个营销新举措。

第五阶段：由多元文化主题创造到重视游客体验、连锁经营的市场化产业发展阶段。主题公园是以特有的文化内容为主体，以现代科技和文化手段为表现方式，以市场创新为导向的现代化旅游景区，是集诸多娱乐、休闲、体验要素和服务接待设施于一体的现代旅游目的地。因此，主题公园应更注重旅游者对旅游体验的要求和对个性的追求。2005年开始，我国主题公园表现出注重多元文化、游客体验和产品升级更新的发展趋势。同时，旅游产业也开始注重连锁化经营，形成了"珠江模式"和"长江模式"。前者以深圳华侨城主题公园群（包括锦绣中华、世界之窗、中国民俗文化村、欢乐谷）为代表，其特点是在同一地点集中布局针对不同目标市场的主题公园，通过移植多元文化主题，功能互补，提升游客的体验。后者以苏州、无锡、常州等城市的主题公园（包括苏州乐园，无锡的唐城、三国城、水浒城，常州的中华恐龙园）为代表，其特点是城市群在主题公园的建设上巧妙地采取了错位竞争的战略手段，不仅改变了这些城市的传统市场形象，提高了旅游产品的美誉度，而且增强了旅游市场的吸引力。这一阶段，"大设计、大投入、大制作、人性化"

的旅游景区层出不穷，"规模化投入、市场化运作、多元化主题、个性化体验"的"乐园"相继建成、开放，由此对旅游市场造成了强烈的冲击。主题公园作为一种独立的休闲娱乐形态和旅游开发选择项目，成为旅游产业中具有开拓意义的新产业支柱之一。

二、主题公园的开发与管理

（一）区位选择

优质的区位和资源保证了主题公园的成功运营。主题公园区位的选择就是确定主题公园投资开发的最佳地理位置。对于主题、类型、规模等不同的主题公园，选择最佳地理位置所需考虑的影响因素虽不尽相同，但应考虑的主要影响因素基本一致。具体来说，主题公园区位选择应考虑的影响因素一般包括地区经济发展水平、区域发展战略、产业结构、文化环境、消费方式、经济距离、交通条件、旅游吸引物与活动、空间竞争状况、运作成本、地理特征、旅游业形象、客源市场特征、旅游接待设施和服务、配套基础设施、社区居民态度及政府扶持力度。

区位选择的主要影响因素是十分具体的，通常情况下，比较注重市场、交通、环境和微观区位等因素的导向作用。

（1）市场。主题公园的理想建造位置是以特大城市或大城市为中心的城市化水平较高的地区，这是主题公园开发成功的基本条件。美国城市土地研究所指出，一个大型主题公园必须位于没有强烈市场竞争的地区，其一级客源市场人口至少需要达到 200 万且行程距离应在 50 英里（约 80 千米）或 1 小时车程内；二级客源市场人口也要在 200 万以上且行程距离在 150 英里（约 240 千米）或 3 小时车程内；二级客源市场之外人员及流动人口属于三级客源市场人口。这里规定的行程距离可便于游客在 1 天之内往返。

（2）交通。主题公园的客源市场存在着区域差异性和非均质结构特征。主题公园客源市场的非均质结构受多种因素的影响，交通是其中一个重要的因素。主要交通线是主题公园的扩散轴，其客源市场要先沿着主要交通线形成，然后逐渐扩大。交通线路在很大程度上影响着游客的旅游决策，位于交通枢纽城市的主题公园的客源市场要比位于交通不便的城市的主题公园的客源市场大几倍甚至几十倍。理想的主题公园位置应具备以下四个条件：① 在 2 小时车程范围内，有 1200 万以上的居民或距离大型旅游度假区的车程不到 1 小时；② 为了促销的需要，主题公园必须至少临近两个商业广告密集区；③ 最好与其他主题公园相邻；④ 距离交通主干道的车程在 15 分钟内。[①]现代旅游交通主要依赖于航空、铁路和公路，尤其是高速铁路和高速公路，它们改变了空间距离、时间距离和费用距离的原有架构。需要注意的是，依赖于航空、铁路运输的过夜游客势必会引起主题公园客源市场"三级体系"的变化。

（3）环境。这里的"环境"指的是主题公园所处的经营环境，它有两个层面的含义：一是指主题公园所在区域的自然环境；二是指主题公园所在区域的社会环境。主题公园应尽可能选址于自然环境优美的地区并且要注重对良好自然环境的营造和保护。具体地说，就是主题公园既要丰富园林园艺以表现和深化主题，同时也要注重保护原有的森林、植被和自然景观，控制人造设施的修建。社会环境反映在经济、文化等方面的发展水平上，这

---

① MCENIFF, JOHN. Theme park in Europe[J]. EIU Travel and Tourism Analyst, 1993(5).

里可以用地区人口增长速度作为简单的衡量指标。考虑到主题公园客源市场的特性，应该选址在人口正在增长的地区。

（4）微观区位。微观区位是指城市内部位置。大、中型主题公园一般选址在大城市边缘，这是因为主题公园的占地面积大，而城市边缘的用地限制较小，地价也相对便宜。另外，还可以选址在交通干道旁，这样做既可以节省道路投资，还可以借助干道旁视野开阔的优势向路过的旅客展示标志性景点，从而强化旅游形象，吸引游客。

（二）主题选择

主题公园的经营成败首先取决于"主题"本身是否具有吸引力，而主题又随着时代的变化而变化。早期主题公园主要迎合市场对于科技和神秘环境的好奇心，随着老龄社会的到来，以家庭为中心的，包含更多文化、娱乐、休闲的主题公园受到广泛欢迎，主题公园也逐步朝着寓教于乐的方向发展，艺术展览、演出、工艺品制作等文化项目日益增多。同时，人们也越来越欢迎兼有自然生态和文化氛围的新型主题公园。

目前最受欢迎的公园主题包括教育、珍禽异兽、植物园林、原野丛林、外国文化、历史陈列、河流历险、生活娱乐、水上乐园、动物表演和花卉展览。主题公园发展应注重设计独特的家庭经历，而且这种家庭经历应适合亚洲人的口味。主题公园应能为顾客提供充满乐趣的经历。吸引物必须突出主题，强调顾客参与，既能让成年人喜欢，也能让其他家庭成员喜欢。另外，主题公园必须配有既能吸引单个年轻顾客又能吸引家庭旅游者的活动与设施。亚洲最流行的主题公园设施以管道滑梯、流水滑梯、亲子滑梯为主，而在大多数国家，安静滑梯最受欢迎，这种滑梯一家老小可以一起滑。

成功的主题公园往往选择人们十分熟悉、亲切的主题形象，如迪士尼乐园使用米老鼠和唐老鸭这些家喻户晓的卡通人物作为主题形象；芬兰则利用其"地利"，建起了以"圣诞老人"为主题的公园；图索蜡像馆不但有一些古人、伟人的蜡像，还有许多明星的蜡像，其姿态生动活泼，十分吸引游客。主题公园虽以娱乐为主，但往往把教育内容有机地结合在游乐活动中，而且这种结合非常巧妙、自然、毫不生硬。例如，日本东海大学的人体博物馆，其建筑结构就像一个"人体"，游人从张开的"人嘴"进去，通过"舌头""气管"进入各个"内脏"，人们在这个大"人体"旅游的过程中，可以学到科学道理和保健知识，因此它不仅受孩子欢迎，也能吸引成年人游览。

（三）产品创新

主题公园的产品主要是指主题公园为满足旅游者多样化需求设置的休闲娱乐项目和活动。主题公园的产品想要成功，关键是要有特色：一是景观及娱乐设施的设计要有创新性，因为差异与新鲜感是吸引力的来源；二是塑造品牌，品牌是吸引回头客的关键，而企业识别系统，即 CIS（Corporate Identity System）设计对品牌塑造的成功起着十分关键的作用；三是设施与活动要多元化，从而使主题公园收入多元化，分散经营风险；四是采用高新科技，强调声、光、电效果，这也是近年的普遍趋势；五是选址，它仍然是影响公园经营成败的关键要素。

主题公园的新产品一般可以分为三大类：一是利用最新技术开发出来的创新型产品，如开发以计算机技术为操作平台的互动式休闲娱乐项目；二是在原有产品基础上进行升级改造的换代型产品，如由普通电影院升级而开发的三维电影院等；三是通过新的设计或者采用新的技术、工艺和材料对原有产品进行革新、改进的产品,如过山车由单向运动、封闭式轨道改造成为双向运行、往复式轨道等。主题公园产品创新主要包括产品整体性能创新、产品技术条件创新和产品市场条件创新这三大方面。

主题公园要想取得和保持持久的吸引力,最为关键的便是持续创新。主题公园虽然出售的是体验,但为了在体验中不断加入新鲜感,必须坚持产品创新。以迪士尼的发展历程为例,迪士尼有一个著名的口号,那就是"永远建不完的迪士尼"。迪士尼多年来始终坚持采用"三三制",即每年都要淘汰 1/3 的硬件设备、新建 1/3 的新概念项目,每年都要补充、更新娱乐内容和设施,不断给游客以新鲜感。迪士尼乐园创新产品的原动力正是来源于体验经济时代"挖掘、创造并满足顾客的体验需要"。紧紧把握住顾客需求,不断创新产品项目为迪士尼赢得了很高的回游率。迪士尼乐园成功的产品创新策略也说明了这样一个事实:主题公园只有根据目标市场的需求变化不断进行产品创新,才能尽可能地延长生命周期。我国现代主题公园业的翘楚深圳华侨城集团也是如此。在过去十多年中,华侨城集团在产品创造、产品经营和产品创新的过程中,通过 1989 年的锦绣中华、1991 年的中国民俗文化村、1994 年的世界之窗、1998 年的欢乐谷、2002 年的欢乐谷二期、2005 年的欢乐谷三期到 2006 年的北京欢乐谷等,不断发展和深化快乐主题;从《东方霓裳》《龙凤舞中华》到《创世纪》《欢乐水世界》,再到《经典文明梦幻世界》,始终保持着华侨城旅游体验元素的丰富性和原创性。

(四)与地产的结合

主题公园能够带来大量的人流,能够有效地改善周边环境,能够营造独特的文化氛围,有利于房地产的开发与价值提升;反过来说,房地产的开发也可以在社区功能上为主题公园提供相应的补充,它们有一种天然的互补关系。美国的迪士尼世界的 21 世纪庆典城,日本的豪斯登堡、荷兰村及我国深圳华侨城的"波托菲诺",都是成功的"旅游+地产"的典范。

目前,世界上越来越多的购物中心修建娱乐设施,不仅用以招揽顾客,更改变了购物中心的功能和盈利模式。一些大型的购物中心甚至发展为集购物、住宿、餐饮、商务等于一体的综合体。

第二节 旅游度假区的开发与管理

一、旅游度假区发展概述

(一)旅游度假区的含义与类型

世界旅游组织将旅游度假区定义为"为旅游者的较长期的住留而设计的住宅群。在其全包价格中,除住宿费用外,还有公共设备、体育及娱乐设施的使用费。"[①]

旅游度假区按照距离主体市场的远近程度、背景及主要设施的不同有不同的分类。

---

① 田玉堂. 度假村的理念与操作实务[M]. 北京:中国旅游出版社,2003.

（1）按照距离主体市场的远近程度，旅游度假区可以分为目的地度假区和非目的地度假区。由于距离主体市场的远近程度不同，旅游者到访的时间及逗留的方式也会有所不同。目的地度假区通常至少距离主体市场数百千米远，旅游度假者的交通工具是飞机而不是汽车，他们一年到这类度假区一次，每次逗留一至两周。这种类型的度假区都坐落在极具魅力的地方，足以吸引远方来客乐此不疲地消磨假期。非目的地旅游度假区通常距离主体市场有两三个小时的车程，游客可频繁地自驾前往，每次逗留三四个小时。这种度假区的酒店入住率没有目的地度假区高。另外，虽然有这样的分类，但是旅游度假区应该力求适应各种类型的客人，无论是一年到访数次的本地客人，还是一年只来一次的异地、异国客人。

（2）按照背景及主要设施分类，旅游度假区分为海洋度假区、湖泊/河流度假区、山川/滑雪度假区和高尔夫度假区。海洋度假区依赖于沙滩的质量和范围、景色、气候及水上体育运动。湖泊/河流度假区明显依赖于水，但更依赖于娱乐活动，而且与海洋度假区比较起来，这类度假区的娱乐活动更离不开水。这类度假区更有可能位于距离旅游者居住地只有几个小时车程的地方。山川/滑雪度假区近年来也摒弃了传统的冬季度假形式而转型为四季度假形式，其以拥有的矿泉为资本，把"健康"作为度假区的主题。日益兴起的高尔夫度假区使以度假活动为主体的度假设施的数量迅速增长。滨水度假区越来越多导致可以开发的有水的地方日渐稀缺，而高尔夫度假区的兴起使缺乏水资源、依赖景致与气候的沙漠地区也成为可开发度假区的地方。

（二）旅游度假区的发展历程

从出现时间的先后来看，温泉旅游度假区出现得最早，随后依次出现的是海滨、滑雪及其他类型的旅游度假区。从经营季节上看，旅游度假区由夏季型发展到冬季型，再发展到四季型。温泉、海滨旅游度假区属于夏季型，滑雪旅游度假区属于冬季型。夏季型或冬季型旅游度假区通过适当扩展冬季或夏季项目可延长旅游季节，从而变成四季型旅游度假区。从空间上来看，欧洲最早开发旅游度假区，然后依次向北美洲、南美洲、非洲、大洋洲和亚洲"传播"。①

1. 温泉旅游度假区

早在古罗马帝国时期，罗马及其附近地区就已开发了住宿设施和温泉浴室疗养设施简陋的温泉旅游度假区，后来传播到北非海岸、希腊、土耳其、德国南部、瑞士及英国。1326年，比利时铁器制造商洛普在列日省附近开发了欧洲大陆上第一个温泉旅游度假区。随后，列日省变成著名的温泉旅游胜地。当地有镇取名为"斯巴（Spa）"，Spa 后来演化成为温泉旅游度假区的代名词。温泉旅游度假区的吸引力源自游客对温泉水有益于治疗疾病的信念。②1562 年，特纳医生著书宣传英格兰的巴思（Bath）温泉和欧洲大陆各处温泉的疗效。1626年，E. 法罗宣传斯卡伯勒地区查利比特矿泉的质量很高，该地遂成为重要的温泉旅游度假区。此后，数量惊人的温泉胜地便如雨后春笋般涌现出来。温泉旅游度假区逐渐具备了现代旅游度假区的特点和功能，不仅休闲、娱乐、社交、康体活动越来越多，住宿设施类型也日益增多，有旅馆、私人别墅和帐篷等并出现豪华型，过去单纯具有保健功能的温泉

---

① 刘家明. 旅游度假区发展演化规律的初步探讨[J]. 地理科学进展，2001，（2）：211-218.
② MILL ROBERT CHRISTIE. Resorts: management and operation[M]. New York: John Wiely & Sons, Inc, 1993.

浴室演化成集温泉浴室、游泳浴池、健身房和社交活动多功能于一体的旅游度假区。

2. 滨海旅游度假区

目前，滨海旅游度假区在整个旅游业中占有绝对优势，其开发已经遍及世界各地。这类度假区早期集中在欧洲及北美洲地区，以开发大城市的近郊海滨为主，用以满足城市居民的度假休闲需求。探讨海滨旅游开发过程，必须清楚地认识到不同国家、地区、文化背景的影响。因为这些影响，即使同是沿海国家，在开发滨海旅游的时间也可能有很大的差别。以欧洲为例，英国开发得最早，时间为18世纪30年代，法国晚50年左右，德国晚60年左右，之后是西班牙。[①]

早期滨海旅游度假区主要集中在大城市郊区的多阳光沿海地带，依托于大海（sea）、沙滩（sand）和阳光（sun）的3S资源、多种多样的康体休闲设施（如滨海大道、舞厅、戏院、娱乐场所等）及良好的区位条件，如依托伦敦客源的布莱顿，依托工业发达的英国北部客源的布莱克普尔。在欧洲大陆，这类服务于大城市度假需求的滨海胜地有斯赫维宁根（服务于海牙）、第奥维勒（服务于巴黎）、勒图盖（服务于巴黎和布鲁塞尔）。在美国，大西洋城为纽约—费城地区服务。国际滨海旅游度假区以吸引国外度假旅游者为目标，依托于极为丰富的康体休闲活动，如冲浪、划船游玩或乘船游览及携带人造肺潜水等这些康体活动极大地促进了滨海旅游度假区的开发，吸引了大批国际度假旅游者。

第二次世界大战后，各沿海国家都意识到滨海旅游度假地的吸引力及开发价值，从而对滨海地区进行了广泛的旅游开发：北欧、西欧的游客开始组团去地中海海滨度假，这使地中海沿岸的国际滨海旅游度假区迅速成长起来；南欧、北非的地中海滨成为世界著名的度假旅游休闲地。[②]而东南亚及太平洋沿岸也出现了一些国际滨海旅游度假区，如印度尼西亚的巴厘岛和泰国的芭提亚旅游度假区都是国际著名的度假休闲胜地。

3. 滑雪旅游度假区

现代冬季运动以滑雪最为普遍，盛行于欧洲和北美洲。滑雪作为一种冬季交通运输方式已有悠久的历史，但作为一种大众体育运动是近几十年才发生的事情。滑雪是19世纪90年代由英国人从挪威传到瑞士阿尔卑斯山的，至20世纪30年代有了机动运送设备。此后，滑雪迅速成为大众体育运动，阿尔卑斯山也因此得到大规模开发。滑雪旅游度假区需要：① 适宜的气候、覆雪和山地（至少是坡地）；② 带有供暖设备的旅游住宿接待设施；③ 要装置机动运送设备、造雪机和扫雪机；④ 夜间文化娱乐活动设施和餐饮设施。

二、旅游度假区的开发

（一）资源条件

旅游度假区的开发应综合分析以下几个方面的资源条件。

（1）气候。气候条件直接影响客源，进而影响度假旅游淡旺季的分配与长短，最终影响旅游度假区的经济效益，因而气候是旅游度假区选址时应首先考虑的因素。例如，欧洲北部居民到地中海沿岸度假，我国北方居民在冬季到海南去度假在很大程度上与相对适宜的度假气候有关。

---

① Y G CHUCK. 度假饭店的开发与管理[M]. 向萍，译. 北京：中国旅游出版社，2002.
② Y G CHUCK. 度假饭店的开发与管理[M]. 向萍，译. 北京：中国旅游出版社，2002.

（2）自然风光。旅游度假区对住宿设施、康体休闲设施和住宿环境的要求特别高。国外常将旅游度假区称作"家外之家"，这说明旅游度假区要营造适宜居住的环境。旅游度假区所在地区必须空气清新、环境僻静、风光秀丽，能让度假旅游者愉悦地度过假日的闲暇。从当今现状看，旅游度假区多选址于海滨、湖滨、山区和森林地带。山区和森林地带是自然景观最丰富、生态系统保存得最完好的地方，而海滨和湖滨地带则以大面积水体构成开阔的游憩空间。

（3）文化旅游资源。独特的文化旅游资源可以吸引特定类型的细分市场，因此，在其他类型资源不佳的情况下，依托文化旅游资源建立的旅游度假区要充分找准所能吸引的特定细分市场，要考察、评价旅游度假区中文物古迹、社会风情、风味特产、现代设施的典型特征与集聚状况。

（4）活动参与条件。当今国际旅游正处于从消极观光型旅游向积极参与型旅游转变的过程中，反映在度假旅游者身上就是既要休憩、娱乐又要开展健身活动和体育运动。为顺应这一趋势，世界各地的旅游度假区都力图集休憩、娱乐、医疗保健、体育运动为一体，将旅游度假区办成新型的多功能旅游综合体，以此巩固传统的中老年度假旅游市场，大力开拓青年市场，这也促使旅游度假区不断向海滨、湖滨、山区、温泉地与森林地带等有利的区位集中，以便展开日光浴、海水浴、"森林浴"及泥疗、沙疗、海疗与温泉疗等健身活动和组织滑雪、登山、骑马、垂钓、狩猎与水上运动。

（二）区位选择

旅游度假区开发的区位选择主要考虑以下四个方面的因素。

（1）区域经济水平。区域是旅游经济的生长点和支撑点和建设资金的主要来源。区域经济发展水平的高低直接影响投资大小和建设周期长短，因而是决定旅游度假区开发区位的最主要因素。为了消除区域间面积与人口的差异，便于类比，区域经济水平最好采用人均农业总产值和单位面积工农业总产值这两个评定指标。

（2）客源分布。旅游度假区的经济效益在很大程度上取决于度假旅游客源的充裕程度。通常从客源市场、客源类型、客源数量、客源消费水平这四个方面评价旅游度假区的客源分布。对于国际旅游度假市场，主要评价产生大量度假旅游者的目标市场国及其与旅游度假区拟建地区的位置和贸易关系。对于国内旅游度假市场，可以从区域人口密度、城市人口密度和城市职工家庭人均生活费收入这三个指标具体评判。

（3）交通状况。交通是连接客源地与目的地的通道，其发展程度决定了旅游度假区的通达条件与可进入性，可采用区域综合运输网密度，旅游度假区拟建地区与国际、国内主要客源市场的通达条件及其与邻近旅游地区联通性状这三个指标进行评价。

（4）基础设施。主要评价旅游度假区拟建地区的水、电、气、暖、道路、邮电等旅游基础设施与饭店、宾馆、游乐等旅游专用设施的现状与水平。

（三）竞争优势

旅游度假区的竞争优势来源于区位、类型和规模。[①]

（1）区位。国际上，一些旅游专家在帮助一些国家制定度假区规划时一般都把乘坐飞

---

① 邹统钎. 旅游度假区发展规划[M]. 北京：旅游教育出版社，1996.

机两个小时可以到达的地域划为旅游度假区的主要客源圈。目前，世界上最受开发者青睐的区位有印度洋上的毛里求斯与科摩罗群岛，加勒比地区，太平洋的马里亚纳群岛，墨西哥西海岸，亚太地区的泰国、印度尼西亚、马来西亚和澳大利亚。

（2）类型。不同国家的游客，其追求不同：在法国，海水疗法最流行，所以法国以海洋、康复温泉等类型的度假区为主；在日本，高尔夫旅游度假区最受欢迎；美国重视体育运动，所以在美国，滑雪、冲浪、潜水、网球等类型的度假区最受欢迎。目前，全球范围内，健美、康复温泉和托儿类型度假区日趋流行，而各种体育活动，如健美训练、赛马、水上运动都有助于创立良好的经历及激发游客重复旅游。

（3）规模。旅游度假区呈现专一化与规模扩大化并存在的趋势。目前，度假区呈规模扩大化趋势，这是因为大型甚至巨型度假区便于开设综合业务，包括会议、团队旅游。例如，夏威夷度假区的平均规模为600~1200间客房；关岛的平均规模为800~1000间客房；喜来登集团则将规模控制在300间客房以下；泰国芭提亚的乔木提恩大使城拥有2500间客房并将它们分成三翼：大使翼接纳低收入游客，花园翼接待老年人，海洋翼接待商务会议旅游者。对此，许多开发者认为，专一化是度假区开发成功的关键，而规模扩大化会导致服务的标准化与非人性化。度假区是一个自足系统，这要求开发者必须提供完备的设施与服务，包括食、住、行、游、购、娱，使游客能够较长时间地逗留并对闲暇活动、体育、消遣、文化、艺术、工艺有广泛的选择范围，因此必须在质、量或种类多样化上满足游客的需求。

不断提高产品与服务质量档次是度假区重要的竞争手段。因此，早期建立的度假区致力于改造与扩张，增加体育中心、桑拿浴室及游泳池等设施。另外，为了吸引家庭旅游者，可开发户外、池边活动并提供放松性设施，如温泉、按摩等，核心是为游客建立美好的休闲体验。从产品上看，过去被动式的享受阳光、沙滩等已经被主动参与式的体育活动，如滑冰、冲浪、潜水、高尔夫、滑雪、远足等代替。

第三节　旅游综合体的开发与管理

一、旅游综合体概述

（一）旅游综合体的含义

旅游综合体的概念源于我国学者吴承照在2002年中国地理学会学术年会上首次提出的"古村落社区旅游综合体"，此后，国内学术界专家学者开始对旅游综合体进行探讨。[1]其中，平文艺（2004）提出的"旅游综合体"的概念并非我们今天在研究意义上所称的旅游综合体，而是指区域合作发展组织。目前，国内外关于旅游综合体的研究主要集中在概念、特征、分类、发展模式等方面，对于旅游综合体涉及的深刻问题并未进行深入研究，对于案例的研究也仅仅集中于个别大家耳熟能详的成功案例，如东部华侨城等。

基于集聚的视角，旅游综合体是业态功能集聚的城市节点或具有多种功能的集聚空间。

---

[1] 吴承照. 古村落——社区旅游综合体规划研究. 地理教育与学科发展——中国地理学会2002年学术年会论文摘要集[C], 2002.

例如，陈雯婷（2011）指出，旅游综合体是多种功能业态及建筑的优势力量集聚的城市节点，其以旅游业为中心或主导产业。[①]基于土地开发的视角，旅游综合体开发基于土地资源或者土地基础，既是土地利用的一种新的方式，也是旅游地产开发的新模式。基于复合功能视角，旅游综合体是多种功能在一定空间地域内以高效、科学的方式进行复合发展的模式且多依托良好的自然、人文环境，并且这种功能的高效复合带来的是高品质的服务和齐全的旅游功能，总体上可以促进游客的满意度。

（二）旅游综合体的发展

旅游综合体不断凸显出的巨大的发展潜力使之成为我国旅游业发展的强大推手，不仅为我国旅游业的发展提出了新的思路、模式，大大扩展了旅游业的发展空间，也为城市带来一种新的生产和生活模式。旅游综合体对于带动整个区域经济社会发展及新型城镇化建设都具有突出影响。例如，杭州于2008年首次提出要建设100个城市综合体的计划，其中，旅游综合体建设计划达三十多个。[②]迪拜乐园，深圳的欢乐谷、东部华侨城，珠海海泉湾等都是旅游综合体建设的样板。此外，2010年以后，房地产商也纷纷加入旅游综合体建设中，试图从旅游地产中找到新的发展方向。随着政府对旅游综合体建设支持力度的增强，各地产商纷纷大力投资，使得旅游综合体开发不断加温。目前，我国旅游综合体已经遍布国内众多城市，参与到旅游综合体开发建设中的企业超过一百家且旅游综合体项目已逾百个。

旅游综合体在蓬勃发展的过程中出现了比较典型、成功的代表，但也暴露出了一些问题，导致出现经营不景气的现象或者失败的案例。在旅游综合体的规划设计和开发过程中应采取相关的措施，否则很可能会导致变相开发等弊端的出现[③]。旅游综合体的特征决定了其需要巨大的资金投入并伴随巨大的风险，如果选址、规划定位、运营模式不合理，则会给政府和企业带来致命的打击。

二、旅游综合体的基本特征

（一）依托性

土地资源、旅游资源是旅游综合体开发的重要依托，而开发的目标是实现经济效益、社会效益及环境效益的共赢。很多旅游综合体项目都是以稀缺的旅游资源、得天独厚的气候资源为驱动力的，如温泉、海滨、湿地、森林、岛屿、山地等自然资源；还有的旅游综合体以独特的文化创意资源为驱动力，着力于度假生活的营造，如长白山国际旅游度假区、杭州西溪天堂等。旅游综合体项目必须依托良好的自然、人文环境，因此受环境变化的影响极大[④]。

（二）功能多元化，以旅游为主导

旅游综合体在传统旅游项目之外增加了会议、度假、文化、演艺、运动及房地产产品，

[①] 陈雯婷，金权杰，程澄. 基于城市化背景下的旅游综合体研究[J]. 城市规划，2011（2）：27-28.
[②] 卞显红. 旅游产业集群成长阶段及持续成长驱动力分析——以杭州国际旅游综合体[J]. 经济地理，2011（12）：84-91.
[③] 秦岩，王衍用，代志鹏. 以生态学视角审视旅游综合体[N]. 中国旅游报，2011-05-11.
[④] 肖彦，路立敏，崔丽萍. 旅游投资项目投资风险评价研究[J]. 沿海企业与科技，2007（1）：125-127.

功能结构更多元化，可以高效地满足游客的食、住、行、游、购、娱乃至商务、会议、体育活动等多种需求，为游客带来旅游体验上的便利，同时降低旅游成本。因而，旅游功能占据主要地位。

（三）多业态综合发展，一体化运营

旅游综合体内聚集了多种业态且根据市场有计划地确定业种、业态的配比，各业态之间相对独立又相互影响、依赖。旅游综合体通过相对均衡地分布不同服务功能，为旅游消费者提供了便利，使游客可以充分体验包含观光、休闲、娱乐、度假、购物等的一站式服务，从而发挥出旅游综合体的规模效应及成本优势，实现各组成部分之间的优化组合。

旅游综合体是城市区域旅游及经济产业发展的有力推手，可在一定程度上代表城市、区域的旅游形象，拉动区域经济。因此，旅游综合体发展的另外一个特点是需要便利的交通及区位条件，同时也离不开政府的参与，即地方政府与开发商相结合的趋势日益凸显。

三、旅游综合体的基本类型

国内学者依据旅游综合体依托的资源、功能驱动因素、规模、品质、主要客源市场等对我国旅游综合体进行了分类。

（一）依据依托资源分类

朱琼琳（2014）依据旅游综合体所依托的资源优势的不同，将我国旅游综合体分为四种：以主题公园为核心、以生态休闲为核心、以商业服务为核心和以会展服务为核心[1]。李彪、赵谨（2014）将旅游综合体划分为山水类、文化类和主题公园类[2]。潘金宝、张志强（2011）将旅游综合体分为主题公园、乡村旅游、生态休闲、文化新城等类型[3]。毛润泽将旅游综合体分为依托自然旅游资源、依托人文旅游资源、依托主题公园资源和依托社会旅游资源四类。王宇翔、程道品（2013）将旅游综合体的开发模式归纳为生态型旅游综合体开发模式、主题型旅游综合体开发模式及商业型旅游综合体开发模式[4]。

（二）依据功能驱动因素分类

陈雯婷等（2011）提出我国旅游综合体的四种主要类别为生态休闲旅游综合体、休闲商业旅游综合体、文化创意旅游综合体和娱乐度假旅游综合体[5]。李德明、朱生东（2012）依据旅游综合体发展的核心驱动功能不同将其分为娱乐旅游综合体、休闲度假旅游综合体、会展旅游综合体和商业旅游综合体四种类型[6]。张若阳（2012）将我国的旅游综合体开发模式归纳为主题公园导向型、生态休闲导向型、人文文化导向型和乡村旅游综合体四种。

---

[1] 朱琼琳. 解析旅游综合体发展模式[J]. 吉林工程技术师范学院学报, 2014, 30（1）: 44-46.
[2] 李彪, 赵谨. 旅游综合体发展类型刍议[J]. 现代营销（学院版）, 2013,（11）: 18-20.
[3] 潘金宝, 张志强. 芜湖市域旅游综合体类型与空间布局原理分析[J]. 中国城市经济, 2011（8）: 19-22.
[4] 王宇翔, 程道品. 旅游综合体开发模式研究[J]. 浙江旅游职业学院学报, 2013, 9（4）: 12.
[5] 陈雯婷, 金权杰, 程澄. 基于城市化背景下的旅游综合体研究[J]. 城市规划, 2011,（2）: 27-28.
[6] 李德明, 朱生东. 城市旅游综合体发展模式与对策研究[J]. 资源开发与市场, 2012, 28（12）: 1146-1148.

(三）依据规模分类

根据规模大小，旅游综合体可以分为三类，即大型旅游综合体、中型旅游综合体和小型旅游综合体。吴必虎、徐婉倩、徐小波（2012）将旅游综合体分为三类：一是依托大型主题公园（景区）而形成的多产业综合片区，一般位于中心城市新区或向郊区综合度假区演化，如深圳华侨城旅游度假区、西安大唐芙蓉园—大雁塔地段、常州中华恐龙园、无锡灵山胜境景区；二是大型综合度假区，一般位于区域中心城市或重点旅游城市（景区）周边，如广州长隆旅游度假区、深圳观澜湖休闲旅游区和桂林乐满地度假世界；三是中小型综合休闲场地，一般位于经济相对发达地区，以面向本地及周边游客市场为主，如潍坊金宝乐园、濮阳绿色庄园、锡林郭勒赛汗塔拉旅游娱乐园和邯郸东山文化公园。

（四）依据其他分类

根据主要客源市场划分，旅游综合体可分为国际旅游综合体、区域旅游综合体和本地旅游综合体。

根据品质划分，旅游综合体可分为一般旅游综合体和国际旅游综合体（如西溪天堂国际旅游综合体）两种。

根据地理区位分类，可以旅游综合体在特大城市、一般性城市、乡村地区和风景区等类型的区域中对其进行分类。[1]

四、旅游综合体发展案例

（一）城市依托型旅游综合体——楚河汉街

城市依托型旅游综合体多依靠经济发达、旅游业基础良好、居民消费能力强、知名度高的大中型城市（多为一线城市，如北京、上海、广州、深圳等）进行开发。该类型旅游综合体看重目的地城市的经济实力、居民的消费能力、便利的区域交通条件及完善的城市基础设施。城市依托型旅游综合体随着我国大量商业综合体的快速发展而不断形成，一般选择建设在城市商业中心，从而依托商业综合体的发展基础，复合旅游地产、酒店、文化产业等相关功能业态，形成以商业为主体的旅游综合体模式，一般也会成为目的地城市新的娱乐购物热点。

楚河汉街是万达集团斥资 500 亿打造的商业旅游综合体，是万达集团迄今为止投资额最大的旅游项目之一，占地面积约为 180 万平方米，建筑总面积达 340 万平方米左右。

楚河汉街除了有我国最长的商业步行街汉街外，还包括取材自我国红灯笼元素的汉秀剧场、室内电影主题公园、楚河、近现代博物馆和美术馆、世界豪华酒店集群、我国顶级水岸湖景豪宅等。

作为武汉中央文化区项目的重要组成部分，楚河汉街的开发与城市规划高度契合。当地政府给予了楚河汉街项目强有力的政策支持。作为纪念辛亥革命 100 周年的核心项目，楚河汉街项目的打造标志着武汉市大东湖生态水网构建工程的正式启动。它不仅是商业工

---

[1] 冯学钢，吴文智. 旅游综合体的规划理性与结构艺术[J]. 旅游学刊，2013，28（9）：8-10.

程，更是城市历史文化和生态景观工程，将旅游文化、生态景观与城市规划进行了完美的结合。

（二）景区依托型旅游综合体——长白山国际旅游度假区

景区依托型旅游综合体依托著名旅游资源或极具开发潜力的旅游资源进行开发，其核心驱动力是景区得天独厚的旅游资源、气候资源、自然资源（如温泉、湿地、海滨、森林、沙漠、岛屿、山地等）或独特的文化资源及其他资源（如高尔夫球场），旨在营造良好的度假生活环境。该类旅游综合体能够较好地实现经济效益、社会效益及环境效益的有机协调，典型代表有长白山国际旅游度假区、杭州西溪天堂、乌镇等。

长白山国际旅游度假区位于吉林省抚松县松江河镇，于2012年7月开业，占地约21平方千米，是吉林省重要的招商引资项目和重点建设的旅游项目，也是我国投资额最大的单个旅游项目之一。该度假区项目分为南北两区，具有国际高端品质的滑雪场、顶尖品牌的酒店群及旅游度假小镇。

长白山国际旅游度假区虽然不在城市中心，但其拥有良好的交通条件，距离长白山机场约10千米，乘车仅需要15分钟，距离长白山天池西坡景区仅20千米。长白山国际旅游度假区项目得到了政策支持，为该项目的发展提供了便利，使该项目具有明显的开发优势。

（三）创新开发型旅游综合体——东部华侨城

创新开发型旅游综合体在一定程度上会成为城市新的旅游吸引物或是旅游景区，其可以通过打造新的人工景区或者主题公园来全面发展，因而对旅游资源及气候条件的要求相对较低。创新开发型旅游综合体以华侨城、欢乐谷等为典型代表。

东部华侨城是华侨城集团斥资35亿元于2004年12月开始建设，于2007年7月对外开放的旅游综合体，占地约9平方千米，涵盖大峡谷、茶溪谷、云海谷、大华兴寺、主题酒店群落、天麓大宅六大版块。作为我国首个集休闲度假、观光旅游、户外运动、科普教育、生态探险等主题于一体的大型综合性国家生态旅游示范区，东部华侨城拉开了我国建设旅游综合体的序幕。

在交通环境方面，东部华侨城优势明显，拥有通达的公路网、铁路网，包括罗宝线、蛇口线等5条地铁线路。另外，华侨城集团在城市综合体开发、商业地产运营等方面经验丰富，具有成熟的主体景区开发与管理及运营管理模式，这为东部华侨城的成功奠定了良好的基础。

建设伊始，东部华侨城注重合理规划，合理布局各业态；以生态旅游为引擎打造品牌，聚集人气，提升土地价值，利用高端地产快速回笼资金，促进旅游的深度开发。东部华侨城旅游综合体开发模式的成功运作，除了有赖于政策支持和产业发展大环境之外，也离不开前期确定的发展理念、规划布局及对区域环境的保护和配套设施的完善等一系列举措。

第四节　旅游特色小镇的开发与管理

根据"中央城市工作会议"精神，新时期空间发展战略要重点提升区域性中心城市、县城和中心镇功能，培育一批特色小城镇。由此，小城镇在不同空间地域结构中的作用得到强化，特色小镇战略地位凸显。旅游特色小镇作为特色小镇实践中最为重要的特色小镇类型之一，是当代我国旅游发展空间实践的典型案例。

一、旅游特色小镇的兴起

2016年2月6日，国务院发布《关于深入推进新型城镇化建设的若干意见》（国发〔2016〕8号），提出加快培育中小城市和特色小城镇。特色小城镇建设是辐射带动新农村建设，健全新型城镇化工作推进机制的有效途径。2016年7月1日，住房和城乡建设部、国家发展和改革委员会、财政部发布的《关于开展特色小镇培育工作的通知》（建村〔2016〕147号）是特色小镇建设的纲领性文件。该文件提出"到2020年，培育1000个左右各具特色、富有活力的休闲旅游、商贸物流、现代制造、教育科技、传统文化、美丽宜居等特色小镇，引领带动全国小城镇建设，不断提高建设水平和发展质量"。

2016年10月8日，国家发改委出台了《关于加快美丽特色小（城）镇建设的指导意见》（发改规划〔2016〕2125号），明确了特色小（城）镇包括特色小镇、小城镇两种形态并提出了五条总体要求和九条具体措施。2016年10月11日，住建部《关于公布第一批中国特色小镇名单的通知》（建村〔2016〕221号）确定了全国127个镇为第一批中国特色小镇；2017年8月22日，住建部《关于公布第二批全国特色小镇名单的通知》（建村〔2017〕178号）确定了全国276个镇为第二批中国特色小镇。

根据《关于开展特色小镇培育工作的通知》，特色小镇应具备以下五大特征。

（1）特色鲜明的产业形态。产业定位精准，特色鲜明，战略新兴产业、传统产业、现代农业等发展良好、前景可观。产业向做特、做精、做强发展，新兴产业成长快，传统产业改造升级效果明显，充分利用"互联网+"等新兴手段，推动产业链向研发、营销延伸。产业发展环境良好，产业、投资、人才、服务等要素集聚度较高。通过产业发展，小镇吸纳周边农村剩余劳动力就业的能力明显增强，带动农村发展效果明显。

（2）和谐宜居的美丽环境。空间布局与周边自然环境相协调，整体格局和风貌具有典型特征，路网合理，建设高度和密度适宜。居住区开放融合，提倡街坊式布局，住房舒适美观。建筑彰显传统文化和地域特色。公园绿地贴近生活、贴近工作。店铺布局有管控。镇区环境优美，干净整洁。土地利用集约节约，小镇建设与产业发展同步协调。美丽乡村建设成效突出。

（3）彰显特色的传统文化。传统文化得到充分挖掘、整理、记录，历史文化遗存得到良好保护和利用，非物质文化遗产活态传承。形成独特的文化标识，与产业融合发展。优秀传统文化在经济发展和社会管理中得到充分弘扬。公共文化传播方式方法丰富有效。居民思想道德和文化素质较高。

（4）便捷完善的设施服务。基础设施完善，自来水符合卫生标准，生活污水全面收集并达标排放，垃圾无害化处理，道路交通停车设施完善便捷，绿化覆盖率较高，防洪、排涝、消防等各类防灾设施符合标准。公共服务设施完善、服务质量较高，教育、医疗、文化、商业等服务覆盖农村地区。

（5）充满活力的体制机制。发展理念有创新。经济发展模式有创新。规划建设管理有创新，鼓励多规协调，建设规划与土地利用规划合一。社会管理服务有创新。省、市、县支持政策有创新。镇村融合发展有创新。体制机制建设促进小镇健康发展,激发内生动力。

二、旅游特色小镇的特点

通过对我国前两批特色小镇的研究发现,旅游产业是当前特色小镇空间实践的主导产业。在国家首批公布的 127 个特色小镇中,51%是旅游发展型小镇,18%是历史发展型小镇,"旅游+"产业占比大;在国家第二批公布的 276 个特色小镇中,以旅游文化产业为主导的特色小镇控制在 1/3 以内,但与旅游产业息息相关的历史文化型特色小镇的数量提升至 27%。

根据刘家明教授的研究,当前旅游特色小镇主要包括以下六种类型。

第一类为景区配套型,大型观光性景区都有一个或多个旅游特色小城镇作为配套,从而构成"景区游,小镇住"的理想模式。以五岳为例,泰安市服务于东岳泰山,华阴市服务于西岳华山,衡阳市服务于南岳衡山,浑源县城服务于北岳恒山,登封市服务于中岳嵩山。类似的例子可以举出很多,如台怀镇服务于五台山,峨眉山市服务于峨眉山等。在新兴景区开发过程中,以景区配套为由开发建设旅游特色小城镇的比比皆是。

第二类为历史文化古镇型,即由历史文化古镇改造成的旅游特色小镇,如周庄、乌镇、阆中古城、西递宏村、凤凰古城、丽江古城、平遥古城等。这种类型的旅游小镇既具有景区功能(一些已经成为国家 5A 级旅游景区,如乌镇、平遥古城、丽江古城等),也具有服务配套功能和居民生活功能。由历史文化古镇转化成的旅游特色小镇多采用搬迁部分原住居民去住新城,以腾出空间开发旅游的模式,由此形成新城、古镇"并蒂而生"的格局。历史文化古镇型旅游特色小镇因原生态的古镇风貌、悠久的历史文化、丰富的文物遗存、秀美的青山绿水、多元的体验活动而吸引了大批旅客。我国目前还有大量历史文化古村镇正在朝着这个方向发展。

第三类为仿造古镇型,其代表有中青旅开发的古北水镇、陕旅集团打造的诸葛古镇、百悦文旅集团开发的恋乡·太行水镇等。仿造古镇型旅游特色小镇的优点是土地与房屋产权属性统一,没有拆迁、搬迁等麻烦,易于快速建成运营与统一管理,其缺点是缺乏文化底蕴、原生态生活场景和故事,故旅游吸引力容易快速衰竭,旅游生命周期短。

第四类为专业市场转化型,如国际著名的箱包生产销售小镇高碑店白沟、电影电视拍摄基地小镇横店、瓷器生产与销售小镇景德镇,这类旅游特色小镇因商务市场的兴旺,可带动小镇旅游要素的成长,使小镇朝着景区化方向迈进。专业市场转化型旅游小镇受专业市场起伏的影响很深,只要专业市场兴旺,旅游业兴起之后,小镇就会保持兴旺之势。

第五类为度假区综合服务型旅游特色小镇,如长白山国际旅游度假区内部的度假小镇、杭州之江旅游度假区的宋城等。旅游度假区里面的度假小镇是以精品度假酒店、度假活动场馆、文化娱乐场所以及优美的环境吸引游客的,它们多数是围绕主题度假酒店成长起来的旅游特色小镇,是旅游度假区的服务中枢。

第六类为人造主题型旅游特色小镇,是专门为了开发旅游而建造的小镇。这种小镇是目前旅游特色小镇中成长得最快的一种类型,往往伴随着房地产的开发,因此可以归结为旅游地产小镇,用小镇服务带动周边房地产的开发与销售。人造主题型旅游特色小镇成长得最快,问题也最多,很多都存在粗制滥造的情况。

三、旅游特色小镇开发案例

贵州丹寨旅游小镇地处贵州省丹寨县核心位置——东湖湖畔，占地面积约为30万平方米，建筑面积约为5万平方米，共22栋单体，小镇全长1.5千米。丹寨小镇于2017年7月开门迎客，截至2018年5月，游客人次突破了500万，平均每天客流达1.5万人次。

丹寨旅游小镇由万达集团投资建设，是总投入达15亿元的万达丹寨三大扶贫项目之一，另外两个项目是丹寨专项扶贫基金和万达职业技术学院。丹寨旅游小镇以非物质文化遗产——苗族、侗族文化为内核，融商业、文化、休闲、旅游为一体，涵盖载入吉尼斯世界纪录的世界最大水车（直径为26.08米）、3000米环湖慢跑道、千亩花田、四大苗侗文化主题广场、鸟笼邮局、精品客栈、街坊、酒坊、米店、会馆和酒吧、影院等众多文化旅游设施，旨在打造一个集"食、住、行、游、购、娱、教"为一体的精品旅游综合体。丹寨旅游小镇还将丹寨的7个国家级非物质文化遗产项目以及17个省级非物质文化遗产全部引入小镇，包括石桥古法造纸、苗族锦鸡舞、苗族蜡染、芒筒芦笙祭祀乐等，旅客在小镇里可以感受到源远流长的非物质文化遗产、民族文化与原汁原味的匠心精神。由于出色的设计，丹寨旅游小镇项目夺得了第54届"金块奖（Gold Nugget Awards）"最佳国际商业项目类大奖。

总结丹寨旅游小镇飞速发展经验，有以下三方面值得借鉴。

（1）丹寨小镇"轮值镇长"的机制创新。全球招募"轮值镇长"已经成为丹寨旅游小镇的一张闪闪发亮的名片。慕名而来的外地游客都惦记着要去"轮值镇长办公室"瞧瞧，找镇长聊聊。来自各行各业的"跨界镇长"们为了宣传小镇，使出浑身解数——做直播、送墨宝、开讲座、办婚礼等，提升了小镇的知名度，不仅让全国人民了解了丹寨小镇，还把丹寨小镇推向了世界。

（2）主题活动创新。月月有主题、周周有活动的丹寨小镇让来游玩的游客们流连忘返，如新春大庙会、元宵喜乐灯会、猜灯谜、龙泉山杜鹃花节、非物质文化遗产研学之旅等。

（3）精准扶贫见成效。丹寨小镇等一期项目全部建成并投入运营并在较短时间内取得了很好的扶贫效果，这是我国扶贫模式的重大创新。丹寨旅游小镇新增就业人数达2000人左右，带动全县间接就业人数超1万人，以此带动了丹寨脱贫致富。

第八章　旅游景区综合治理——钱江源国家公园

旅游景区治理模式是指一套有关旅游景区的制度安排，用来支配相关主体（包括政府部门、景区投资者、景区管理者、社区居民甚至其后代）并实现经济、社会和生态效益的平衡。景区治理需要回答的基本问题包括："谁来治理？治理的对象是什么？要达成何种目标？怎样治理？治理的效果如何？"良好的治理模式能够实现对旅游空间、资源、人力资本、设施和服务的合理利用，提升游客体验和社区居民的满意度，对于旅游地的可持续发展具有积极作用（见图8-1）。

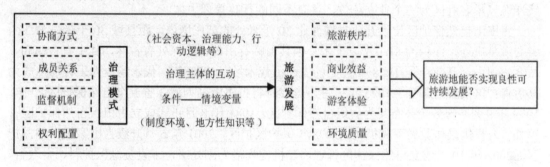

图8-1　治理模式对旅游地（景区）发展的作用（杨昀、保继刚，2018）

第一节　钱江源国家公园发展概况

钱江源国家公园位于浙江省开化县，包括古田山国家级自然保护区、钱江源国家森林公园、钱江源省级风景名胜区3处保护地以及连接以上自然保护地之间的生态区域，总面积约为252平方千米，涉及浙江省开化县苏庄镇、长虹乡、何田乡、齐溪镇共4个乡镇，包括21个行政村、72个自然村。

一、自然地理概况

钱江源国家公园坐落于北纬30度，属中亚热带湿润季风气候，年平均温度约为15℃，无霜期约为250天；年平均降水量近2000毫米，每年3—6月为第一雨季，7—8月为伏旱期，8月底到9月为第二雨季，10月到翌年2月为干季。

钱江源国家公园内分布着发育和保存完好的中亚热带低海拔典型原生常绿阔叶林地带性植被，森林覆盖率达 86%以上，包含众多具有代表性的亚热带森林植被类型，共有高等植物 2062 种且古老、孑遗、珍稀濒危植物种类多。其中，珍稀濒危野生植物有 61 种，中国特有属 14 个，是特色珍稀野生植物野含笑、香果树、尾叶紫薇等种群的集中保留地。动物资源丰富，有鸟类 237 种、兽类 58 种、两栖类动物 26 种、爬行类动物 51 种、昆虫 1156 种，是我国特有的世界珍稀濒危物种、国家一级保护动物白颈长尾雉、黑麂的全球集中分布区。中国科学院院士魏辅文认为，黑麂是一种堪与大熊猫媲美的中国特有动物。

钱江源国家公园悠久的历史和深厚的文化底蕴创造了丰富的人文资源，因毗邻安徽、江西，地方风土人情丰富而多彩，涵盖吴越、徽、赣习俗文化；创造了诸如满山唱、横中跳马灯和马金扛灯等丰富的口头文学和民间音乐、民间舞蹈、民间戏曲和民间工艺；作为重要的历史发生地，保存了朱元璋时代的点将台和练兵场等古代遗迹；由于位于闽、浙、皖、赣四省根据地的中心，是红色文化的根据地，保留了抗战时期根据地遗址以及烈士墓等。

二、管理体制沿革

在成为国家公园体制改革试点前，古田山国家级自然保护区、钱江源国家级森林公园、钱江源风景名胜区为三个独立单位，各有不同的行政管理主体。

古田山自然保护区位于开化县城西北 30 千米处的苏庄境内，距县城 30 千米，与江西省婺源县毗连，面积约 81.1 平方千米。因其山畔有田，山中深处有古林，林中有古田庙，故名古田山。其前身是 1958 年建立的古田山伐木场，1973 年，伐木场改为采育场，成为其后保护区的核心部分。1975 年 3 月，省政府将古田山列为浙江省五个自然保护区之一。1979 年 9 月，国务院公布其为省级自然保护区。1981 年 8 月正式成立古田山自然保护区管理处，为开化县林业局下属机构。1998 年保护区扩区，2001 年 6 月升级为国家级自然保护区。2002 年 10 月成立自然保护区管理局，机构规格为副处级，下设资源保护科、科教科、保护中心、开发中心等。

钱江源国家森林公园位于开化县齐溪镇，总面积约为 45.8 平方千米。1992 年 7 月，开化县人民政府向国家林业部提交了关于建立钱江源森林公园的请示，请求成立钱江源森林公园。同年，林业部批准成立钱江源森林公园，在开化县林场齐溪分场建立省级森林公园，经营管理单位为开化县林场；1999 年 8 月，建立钱江源国家森林公园管理处，经国家林业局批准，升级为国家森林公园；2019 年 4 月，《浙江钱江源国家森林公园总体规划（2017—2025 年）》提出依托原有的钱江源国家森林公园管理处，与开化县林场实行两块牌子、一套班子，开展森林公园的规划设计、保护、建设、管理、监测等具体工作。

钱江源风景名胜区为钱塘江的发源地，由莲花塘景区、莲花溪景区、卓马景区、水湖景区、枫楼景区组成，总面积约 72.7 平方千米。1997 年 10 月，经县政府批准定为县级风景名胜区；1999 年 12 月经市政府批准，列为市级风景名胜区；2001 年 3 月经省政府批准升为省级风景名胜区，成立钱江源风景名胜区管委会，由开化县旅游局负责钱江源风景名胜区的管理工作；2003 年，开化县人民政府印发了《钱江源风景名胜区管理办法》。

钱江源国家公园为国内首批 10 个国家公园体制改革试点之一。2015 年 1 月，国家发改委等 13 个部委联合发文，明确开化县开展国家公园体制改革试点。2016 年 6 月，《钱江源国家公园体制试点区试点实施方案》获正式批复，成为我国第 4 个获得正式批复的国家公园体制试点，标志着钱江源国家公园体制试点工作进入实质性操作阶段。截至 2020 年 7 月，钱江源国家公园已基本完成国家公园体制试点的各项目标任务。

第二节 钱江源国家公园管理体制：整合治理模式

一、理顺管理体制，统一管理口径

钱江源国家公园试点确立后，首先要解决的关键问题就是理顺管理体制。该国家公园所合并的古田山国家级自然保护区、钱江源国家级森林公园、钱江源省级风景名胜区三处保护地此前分别由古田山自然保护区管理局、钱江源国家森林公园管理处（开化县林场）、钱江源省级风景名胜区管委会管理，多头体制、管理分割、协调无力、合作低效曾是管理的几大难题。

开展国家公园试点工作后，公园整合原有保护地管理机构，于 2019 年 7 月成立了钱江源国家公园管理局（正处级），实行浙江省政府垂直管理，纳入省一级财政预算，委托浙江省林业局代管，下设直属事业单位钱江源国家公园综合行政执法队和基层执法所；通过与地方政府建立的交叉兼职（国家公园管理局局长由开化县县长兼任，管理局两位副局长兼任县政府党组成员）、联席会议（开化县政府和管理局建立每两月一次的例会制度）、联合行动等机制，形成了"垂直管理、政区协同"的管理体制。这种"一体化"管理体系使得各方透过制度化协商方式破解体制困局，以此调动各方参与的积极性，使得资源管理更统一、职责边界更清晰、区政融合更紧密。以下为钱江源国家公园管理局的职责。

（1）贯彻落实国家公园体制试点的方针政策和决策部署，负责制定各项管理制度。

（2）编制国家公园总体规划及专项规划。

（3）履行国家公园范围内的生态保护、自然资源资产管理，依法对区域内水流、森林、山岭、荒地等所有自然生态空间统一进行确权登记。

（4）组织开展有关资源调查并建立档案，负责生态环境监测，引导社区居民合理利用自然资源。

（5）组织开展游憩、科普宣教、科研合作和科学研究工作。

（6）组织实施特许经营，提出试点区门票价格制定的政策建议。

（7）负责保护、建设、科研、生态补偿、社会捐赠等各项经费管理，落实收支项目的信息公开工作。

（8）负责协调与当地政府及周边社区的关系。

（9）承担国家公园范围内资源环境综合行政执法职责。

（10）负责管理护林员、解说员、志愿者队伍。

（11）组织开展公益宣传、网络建设、业务培训、资源信息统计等。

二、通过地役权改革将集体土地纳入统一管理

划入钱江源国家公园试点的古田山国家级自然保护区、钱江源国家级森林公园、钱江

源省级风景名胜区三处保护地之间的连接地带存在着占比高达钱江源国家公园总面积80%的集体林地,土地所有权和管理权存在高度复杂性。

针对钱江源国家公园体制改革试点区集体林地的问题,公园推行了集体林地地役权改革,围绕"国家所有、全民共享、世代传承"的目标,在不改变森林、林木、林地权属的基础上建立了科学合理的地役权补偿机制和社区共管机制,以推进国家公园范围内自然资源的"统一、规范、高效"管理。集体林地地役权改革涵盖开化县苏庄镇、长虹乡、何田乡、齐溪镇4个乡镇以及21个行政村、72个自然村。

2018年2月,开化县启动钱江源国家公园集体林地地役权改革。通过改革,农户、村民小组与村委会、村委会与国家公园管理局,层层签订资源共管协议,依法依规限定国家公园内集体林地的生产与管理方式,村民按照正负面清单履行保护环境的义务;与此同时,通过森林生态效益补偿的方式,构建生态共同体和利益共同体,实现国家、集体和村民三方共赢。同年3月至6月,钱江源国家公园生态资源保护中心(现为钱江源国家公园综合行政执法队)、开化县农村农业局的工作人员和第三方公司一道到现场核对农田地役权改革区块,确定补偿标准。国家公园集体林地地役权改革涵盖6705户、26 627位村民,依照合同,每人获得每年每亩48.2元的生态补偿款。

2020年7月,钱江源国家公园农村承包土地保护地役权改革正式启动,将地役权改革扩展到国家公园内的农田。生产主体在履行"禁止使用化肥农药"等义务前提下,管理局给予每年每亩200元的地役权补偿。与此同时,管理局还通过购买服务的方式,落实保底价收购、产品销售补贴、品牌特许使用等政策,以此促进原住民改变传统生产、生活方式,提升土地的生态产品价值。

钱江源国家公园通过保护地役权改革实现了将集体林地纳入统一管理并使村民共享生态红利。

三、跨行政区域合作,推动周边资源整体保护

国家公园不是一块飞地,由于生态系统的完整性,其资源保护的有效性还有赖于公园周边地域的联动配合。钱江源国家公园位于浙江、江西、安徽三省交界处,跨区域合作对保护云豹、白颈长尾雉、黑麂等国家级保护动物具有极为重要的意义。为此,钱江源国家公园基于利益相关者与公共管理理论,从保护地、社区和地方政府三个层面进行跨界协同管理体制设计,推动生态保护地跨界合作、村镇护林跨界合作和县级政府合作。

钱江源国家公园齐溪片区北部与安徽休宁县岭南、龙田两乡接壤,下辖三溪、桃林等村,毗邻的岭南自然保护区位于岭南乡境内;长虹片区西部与江西婺源县江湾镇接壤,长虹乡霞川村河滩自然村与江湾镇东头村村民杂居;苏庄片区西部与江西德兴市新岗山镇叶村接壤、北部与婺源县江湾镇大潋村接壤。整个毗连区开发强度低、人口密度低、人文习俗近,无明显利益冲突且村、乡镇、保护地间拥有良好的护林联防合作基础,跨区域合作具有现实性和便利性。

钱江源国家公园管理局已与毗邻的江西、安徽所辖三镇七村以及安徽休宁岭南省级自然保护区签订《生态保护与可持续发展合作协议》,首家跨省联合保护站亦建成投入使用。四地政法系统共同签署了《三省四县(市)首届司法护航钱江源国家公园绿色发展行动合作论坛共同宣言》(简称《开化宣言》),建立起了护航国家公园生态安全合作机制。

钱江源跨行政区域协同保育机制包括以下几个方面。

(1) 多级联动。通过村级、乡镇、保护地各自开展在日常管理、综合执法、经营监管、生态保护、生态补偿、品牌增值六大领域的合作，继而延至县级，自下而上构建"村—镇—县"三级合作平台。

(2) 密切联系。双方定期召开联席会议，共同探讨合作共建方向，交流生态保护和发展思路，协商解决合作中遇到的问题，制定定期和紧急状态方案。

(3) 加强合作。强化森林防火、防疫联防联控机制，在护林联防区域合作的基础上深化合作方式，做实森林防火、防疫工作；加强林业执法，促进互联互通，严厉打击破坏森林和野生动植物资源的违法犯罪行为。

(4) 达成共识。开展生态资源本底调查及数据共享工作，参照钱江源国家公园相关管理要求，双方在毗邻地区确定协同保育区，钱江源国家公园管委会为双方提供生态系统服务协同保育费，促进生态系统完整性保护。

(5) 利益共享。双方积极推进社区发展，共同开展钱江源国家公园品牌增值服务，推动社会经济协调发展，实现社区利益共享。

钱江源国家公园通过上述区域协同治理模式，与江西、安徽毗连地区建立起良好的合作机制，共同推动钱江源生态系统的完整性保护。

四、通过"社区共管、共建、共享"，整合社区力量

国家公园建设离不开社区的支持和参与。特别是钱江源国家公园所在的长江中下游地区人口较为密集，公园涉及 4 个乡镇、21 个行政村，分别为苏庄镇的横中、余村、溪西、毛坦、苏庄、唐头、古田村；长虹乡的桃源、霞川、真子坑、库坑村；何田乡的田畈、陆联、龙坑村；齐溪镇的齐溪、仁宗坑、江源、丰盈坦、上村、左溪、里秧田村。为解决社区矛盾，赢得社区支持，钱江源国家公园在落实最严保护措施的同时，通过社区"共管、共建、共享"三条路径，打造利益共同体，让社区居民共享生态红利。

(1) 社区共管。通过制定和完善村规民约、提供公益性岗位、设立举报电话和奖励办法等方式，充分发挥社区群众的主人翁意识。钱江源国家公园从原住居民中招聘了约 650 名专、兼职生态管护员。在出台相关政策时，充分征求百姓意见，让社区参与国家公园建设和管理。

(2) 社区共建。钱江源国家公园以人本化、生态化、数字化为重点，按照环境生态化、生态产业化、产业绿色化的发展思路，推进乡村"生态、形态、文态、业态"融合，推动"未来乡村"建设（见图 8-2），以实现保护与发展互促共赢。

(3) 社区共享。通过环境整治提升、项目带动和基础设施改善等方式，让社区群众切实享受到国家公园建设带来的生态红利。2018 年起，钱江源国家公园连续 3 年共安排 6000 万专项资金，用于公园范围内村庄环境综合整治和风貌提升；对社区 3 家卫生院和 6 所小学进行改造提升，改善原住民的医疗和教育条件。在产业帮扶方面，钱江源国家公园先后启动了亚热带之窗、何田入口社区和长虹乡高田坑暗夜公园等一批特色小镇和入口社区项目，为原住民提供更多就业增收岗位；推动"钱江源国家公园"集体商标注册工作，带动周边地区旅游、乡产、农家乐、民宿等产业发展。

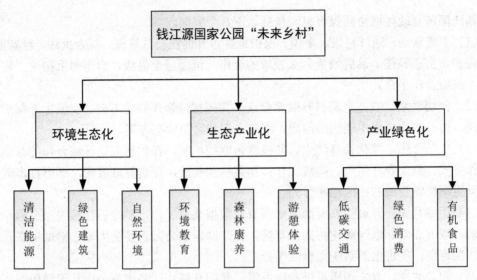

图 8-2　钱江源国家公园"未来乡村"理念

《钱江源国家公园体制试点三年行动计划（2018—2020 年）》57 项具体工作中，有 9 项与社区发展直接相关。2020 年 7 月，钱江源国家公园绿色发展协会成立，其主要职能是引导社会力量共同参与国家公园的建设与管理。钱江源国家公园通过社区共管、共建、共享，有效整合了社区力量，让社区群众成为国家公园建设中举足轻重的利益相关者，促进了当地居民和社会的参与度，既促进公众参与国家公园保护管理长效机制的健全，又改善了当地居民就业，提升了居民收入和生活水平，加快了乡村振兴步伐。

第三节　钱江源国家公园经营机制：特许经营模式

一、依法依规，施行国家公园特许经营制度

（一）国家公园的特许经营

国家公园是具有国家意义的公众自然遗产公园，具有显著的公益性，其建立的核心目的之一是提升人民福祉，而非将营利放在首位，而景区管理者与经营者角色合一常会导致重经济效益、轻资源保护的弊端。对于国家公园的实践，虽然各国国情不同，管理模式有异，但特许经营始终是百年来各国主要的经营管理工具。

特许就是"特别许可"，是当非公共机构实体提供公共服务时必须获得政府机构授权的过程。与"商业特许经营"的商业利益最大化目标不同，政府特许经营是以公众利益最大化为原则。与一般行政许可"容许尽可能多的合格申请人"不同，政府特许经营旨在通过竞争性过程寻找最满意的特许人。

国家公园特许经营就是为提高公众游憩体验质量，由政府经过竞争程序优选受许人，依法授权其在国家公园内开展规定期限、性质、范围和数量的非资源消耗性经营活动并向政府缴纳特许经营费的过程。中共中央办公厅、国务院办公厅于 2017 年 9 月发布《建立国

家公园体制总体方案》，提出"鼓励当地居民或其举办的企业参与国家公园内特许经营项目"；2019年4月，中共中央办公厅、国务院办公厅发布《关于统筹推进自然资源资产产权制度改革的指导意见》，进一步提出健全自然保护地内自然资源资产特许经营权等制度。

国家公园中开展政府特许经营是以提高公共产品供给效率、减少政府公共财政压力为价值目标，将公园内的经营性项目通过竞争性程序，交由更专业的社会资本经营。它既能顺应市场化、专业化趋势，有利于多主体分担国家公园自然资产利用中的经营风险，也更有利于面向公众提供更优质的经营服务项目。反之，如若由国家公园管理主体来兼任经营主体，缺乏竞争的经营环境会导致产品与设施更新滞缓，非专业性和低市场敏感度也会影响最终服务质量。

（二）钱江源国家公园的特许经营

参照国际上国家公园建设的先进经验，钱江源国家公园的经营机制采用特许经营模式，即对国家公园内的特许经营活动和可能的资源合理利用活动，发挥社会力量在资金、技术和管理等方面的优势，通过特许经营的办法委托企业进行经营，国家公园管理局从特许经营项目收入中提取一定比例的费用，用于改善公园管理和资源保护并对特许经营活动进行引导、监督、评估和管理。2020年10月28日，《钱江源国家公园特许经营管理办法（试行）》颁布，其主要内容如表8-1所示。

表8-1 《钱江源国家公园特许经营管理办法（试行）》（2020）主要内容

要　点	主　要　内　容
特许经营对象	钱江源国家公园内开展的服务访客的特许经营活动（如餐饮、住宿、交通服务、特色商品和纪念品销售、自然教育、研学旅游、游憩、漂流、节庆活动、体育赛事、商业拍摄等）以及其他可能的资源合理利用活动（如特色农产品开发、水产养殖、中蜂养殖、生物基因产业等）
国家公园管理局职能	组建专门部门总体负责钱江源国家公园特许经营规章、政策、方案的制定，特许经营活动的授权、管理和监督工作； 应根据功能分区、资源禀赋、产业特色、社区状况管控和引导特许经营项目
特许经营前提	应当兼顾保护地最严格的保护和合理的开发利用
特许经营企业选择	主要由管理机构以公开招标、竞争性谈判等方式选择特许经营者
特许经营方式	包括活动许可、特许授权和租赁。 ① 活动许可，是指管理局依法对企业、组织或个人在公园内开展节庆活动、研学旅游、体育赛事、商业拍摄、自然教育等活动颁发的进入许可； ② 特许授权，是指管理局依法授权中标企业、组织或个人开展民宿、餐饮、游憩服务、自然教育、漂流、交通服务、特色商品和纪念品销售、电信服务、特色农产品开发、水产养殖、中蜂养殖、生物基因产业等指定经营活动的行为； ③ 租赁，是指管理局依法与获得授权经营的企业、组织或个人签订建筑或设施租赁合同
特许经营优先权	同等条件下，公园原住民、当地企业、创新型生态小微企业享有优先权。 管理局可以探索与金融机构合作设立国家公园特许经营引导基金并通过投资补助、贷款贴息等方式，支持具有公益性质和有利于生态保护目标实施的特许经营项目建设运营

续表

要　　点	主要内容
特许经营权费用	取得特许经营权的特许经营者，应当支付特许经营权使用费； 遵照收支公开、反哺保护的原则，专项用于钱江源国家公园的生态保护、国家公园的社区发展和民生改善，不得用于生产性投入
特许经营者义务	特许经营者应当根据有关法律、行政法规、标准规范和特许经营协议，提供优质、持续、高效、安全的产品或者服务； 特许经营者必须确保经营活动符合钱江源国家公园有关规划要求，不得破坏国家公园资源、环境、景观，损伤其原有科学、生态、观赏价值；不得以转让、出租、质押等方式处置特许经营权以及国家公园资源；不得擅自变更特许经营内容；不得擅自停业、歇业
特许经营活动监督	钱江源国家公园综合行政执法队（以下简称执法队）负责对特许经营项目实施过程的环境影响进行监测评估； 国家公园所在地人民政府发展改革、财政、自然资源、住建、交通运输、水利、农业农村、林业、教育、文广旅体、市场监管、生态环境等有关行政主管部门根据各自职责分工，对特许经营活动实施监督

二、摆正管理机构位置，做特许经营的引导者、管理者和监督者

《钱江源国家公园特许经营管理办法（试行）》明确提出国家公园管理局的职责是"组建专门部门总体负责钱江源国家公园特许经营规章、政策、方案的制定，特许经营活动的授权、管理和监督工作"。对于特许经营项目的引导，提出"应根据功能分区、资源禀赋、产业特色、社区状况管控和引导特许经营项目"，并特别支持"具有公益性质和有利于生态保护目标实施的特许经营项目建设运营"。对于特许经营项目的监督，提出"钱江源国家公园综合行政执法队负责对特许经营项目实施过程的环境影响进行监测评估"，其他方面的监督则由地方"有关行政主管部门根据各自职责分工"来执行。国家公园管理局作为特许经营的引导者、管理者和监督者，有利于让国家公园管理者更专注于生态保护，而通过特许经营来提高国家公园服务产品质量和管理效率。

三、通过集体商标注册，打造特许经营品牌增值体系

按照钱江源国家公园体制改革试点区特许经营管理办法，围绕国家公园建设目标，钱江源国家公园管理局划定了具体的特许经营项目，范围主要集中在餐饮、住宿、生态旅游、交通方式、旅游商品销售等5个旅游产业业态的十余项特许经营项目以及特色农产品等合理资源利用项目。为了提高特许经营项目产品的附加值，推动特许经营高质量绿色发展，钱江源国家公园于2018年12月成立了全国首家生态产品价值实现机制研究中心。该中心注册了"钱江源国家公园"集体商标，开展品牌增值体系研究。特许经营者可以获得国家公园品牌使用权；当地产品符合条件并经许可，可使用"钱江源国家公园"品牌标识。中心还为加盟的特许经营企业开展特别宣传活动并提供专门的培训和技术支持。钱江源国家公园通过国家公园品牌这一工具，以规范化、能增值的特许经营，最大范围地吸引优质地

方企业和个体加盟,以最大程度地实现保护与发展共赢的目标,以产业带动国家公园及周边地区旅游、茶叶、农家乐、民宿等产业发展。

四、防止特许经营泛化,警惕特许经营误区

在钱江源国家公园特许经营项目的进一步探索中,应注意以下几点。

(1)特许经营不应作为国家公园主要收入来源,而应以政府财务拨款为主体。国家公园是政府向公众提供的公共产品,其保护管理是政府应尽之责,如以经营性收入来维系国家公园的运转,将导致经营性项目泛化,甚至导致生态破坏。

(2)特许经营范围不能泛化,如交通基础设施、解说系统、门票等都不应纳入特许经营范围,而应为管理者所提供的国家公园公共服务保障的一部分。

(3)传播生态理念、进行游客教育是国家公园功能的重要组成部分,特许经营管理理念也应作为国家公园生态教育的一部分,应按照必要性、适当性设置特许经营项目,而非无限满足访客消费主义需求。

(4)保护第一,严格监管,在法令法规和强执行力的管理机构保障下,严禁经营性项目的增长对生态环境产生不可恢复的负面影响。

第四节 钱江源国家公园资源保护:协同保育模式

一、明确资源本底,实施立体监测

钱江源国家公园依托中科院植物所、中科院动物所、浙江大学等科研力量深入推进生物多样性监测与研究,已基本完成了自然资源本底调查和确权登记,后续将继续核实珍稀濒危动物的活动范围,以实施特别保护。

钱江源国家公园全境公里网格内建立有八百多个森林观测样地,自2005年开始森林动态样地监测,监测了二十多万株树木的生长动态,布设的五百多台红外相机至2019年监测到27万张/条照片和影像记录。2018年以来,又新建和改造保护管理站5个,新建和改造远程防火视频监控点108个,新建高空预警监控云台11个,完成钱江源国家公园综合信息管护平台开发以及利用近地面遥感等手段,基本实现"天、空、地一体化"监测全覆盖和生态保护的"全链管理"。2019年,在出席第74届联合国大会期间,中国代表团正式发布《地球大数据支撑可持续发展目标报告》,其中生物多样性保护就采用了钱江源国家公园的例子。

二、大力创新机制,多方协同保育

如本章第三节所述,钱江源国家公园管理局在机制方面大力创新,通过保护地地役权改革机制,实现了集体自然资源的统一管理;通过跨行政区合作机制,从保护地、社区和

地方政府三个层面推动自然资源的跨界保护和管理；通过社区共管、共建、共享机制，培植社区保护力量，让社区共享生态红利，最终实现重要自然资源的多方协同保育。

三、建立健全法规，整治资源损害

2019 年，钱江源国家公园管理局出台了《钱江源国家公园野生动物保护举报救助奖励暂行办法》，对救助、伤害野生动物行为实施奖惩；在开化县"全域禁猎"的基础上，出台野生动物肇事公众责任保险制度，免除了农民耕作的后顾之忧；充分发挥环资巡回法庭和司法救助生态的作用，开化县人民法院将"环境资源与旅游巡回法庭"宣判车开进国家公园及周边各乡镇，巡回审判三十多次，有力震慑了不法行为；打破行政区划的界限和壁垒，探索建立钱塘江流域司法联动机制，共同保护钱江源生态，并与金华、杭州、嘉兴等六地中级人民法院签订《钱唐江流域环境资源司法协作宣言》。此外，钱江源国家公园管理局还联合开化县人民政府，持续开展"清源"专项行动，严厉打击破坏自然生态的行为，集中处罚各类损害自然资源的案件和问题。

四、实施生态补偿，引导绿色生产生活

为了建立"山水林田湖草生态共同体"，钱江源国家公园通过合理的生态补偿机制，辅助实现重要资源的统一管理，同时解决了农业生产过程中滥施农药化肥等问题。生态补偿机制的创新性运用主要体现在以下方面。

（1）结合地役权改革，限定国家公园内集体林地的生产与管理方式，村民获得每年每亩 48.2 元的生态补偿。对于国家公园内近 300 亩农田，在村民做到禁止使用农药化肥、禁止焚烧秸秆、禁止引入植物外来物种、禁止干扰野生动物等前提下，给予每年每亩 200 元的生态补偿。

（2）因野生动物种群繁衍数量增多，时有野生动物毁坏农作物，使居民利益受损，为缓解保护与发展的矛盾，建立兽灾商业保险机制。

（3）对候鸟迁徙捕食对原居民农作物造成的损失进行生态补偿。

（4）引导农民转变传统生活方式，开展"柴改气"试点，为放弃"柴火灶"的村民发放煤气罐。另对生态移民的 430 余户农民鼓励使用"以电代柴"，按照每户每年 3000 元的标准进行补贴。

钱江源国家公园通过上述生态补偿机制，从制度上解决了群众利益和生态保护之间的矛盾，引导农民开展绿色生产生活方式。

五、夯实科研后盾，科学引领保护

钱江源国家公园管理局与中国科学院、浙江大学、世界自然基金会等三十多家科研院校、非政府组织建立合作关系，共同在生物多样性、生态价值评估、环境教育、生态修复、特许经营等十多个领域开展研究，为公园的保护与管理提供坚实后盾。

六、发动社区参与，全民投入保护

钱江源国家公园采用以下多种方式，发动社区居民参与自然资源保护。

（1）针对基层科研人员少的实际情况，联合科研单位，面向社区居民、农民大力开展各类科研培训，组建了一支半专业化的"农民科学家"队伍，在林区设立"生态护林员"岗位并聘用650名原住民，保护环境的同时带动群众增收。

（2）设立举报电话和奖励办法，2019年发动5000多名村民、志愿者参与清除资源破坏行为的"清源"行动，收效良好。

（3）为调动社会各界参与钱江源国家公园建设的积极性和主动性，推进自然资源的科学保护和合理利用，同时加强业内监管和行业自律，钱江源国家公园绿色发展协会于2020年7月成立，首批会员单位35家。该协会是由热心国家公园生态保护事业的单位自愿发起成立的非营利性社会公益组织，旨在加强生态文明宣传教育，把珍惜生态、保护资源、爱护环境等理念传递给广大群众。

通过丰富多样的社区参与方式，钱江源国家公园充分调动了社区群众的主人翁意识，提升了社区资源保护意识并形成了富有成效的资源保护和监督网络。

七、以生态保护为准绳，向绿色产业转型升级

成为国家公园试点后，钱江源国家公园对项目"做减法"，严格执行项目前置审批制度，新项目必须符合低干扰、益保护的标准，而对生态环境有影响的产业则通过"关、停、并、转"的方式进行转型。其中，对不符合生态管控要求的项目实行逐步退出机制，以尽量减少不必要的人为活动对自然生态系统的干扰。例如，对公园范围内9座小水电进行分类处置，关停4座，5座实行生态流量管控；"钱江源"矿泉水厂异地搬迁；紧急叫停水湖枫楼招商引资项目，启动政府回购等。此外，实施社区绿色产业帮扶、绿色项目示范推广等，积极引导社区居民发展生态旅游、生态林业、绿色农业，推进传统农业转型升级，如扶持中药材种植基地建设，实行中药材"农户+基地+合作社"的发展模式，引导社区走绿色发展之路。

第九章 旅游景区产品开发——环球影城

第一节 环球影城的发展历程

一、环球影城概况

环球影城（Universal Studios）是 NBC 环球（NBC Universal）旗下的主题公园，诞生于美国好莱坞，是以电影题材为主，具有鲜明主题，以科技见长的沉浸式体验乐园，在全世界拥有大量拥趸。NBC 环球是世界著名的文化产业巨头，环球影城和环球影业公司是其重要的组成部分，其拥有的优质文化资源为主题公园提供了丰富的文化 IP。环球影城依托环球影业公司的经典影片与银幕形象，通过整合自身的文化优质资源，持续开发经典影片的市场潜力，依托高科技手段、以不同类型电影打造成风格各异的游乐设施与场景体验，影城塑造出鲜明的主题文化，帮助无数游客完成终身难忘的"造梦之旅"。

NBC 环球的背后是强大的母公司康卡斯特（Comcast Corporation）——一个集宽带、广播电视网、有线电视、数字媒体、影视娱乐、主题公园等多业务为一体的传媒帝国。成立于 1963 年的康卡斯特，初创时以有线电视网起家，经过多年发展与并购，成为娱乐、媒体和技术领域的全球领导者。2019 年，该公司实现营收 1089 亿美元，年净收入 133 亿美元。截至 2020 年 6 月 30 日，康卡斯特的市值约为 1800 亿美元，其估值虽然比迪士尼低，利润却远远高于迪士尼。在内容为王的时代，主题公园的发展需要强大的文化输入做支撑。康卡斯特通过并购 NBC 环球拥有了强有力的电影内容，建立了主题公园所需的完整的产业生态链基础，具备了参与全球主题公园角逐不可或缺的核心能力。2016 年，康卡斯特又完成了对梦工厂动画的收购，其强大的内容制作能力和成熟的 IP 使得环球主题公园业务得到迅速发展，康卡斯特娱乐帝国逐渐形成。

二、环球影城的发展演变

在好莱坞诞生的环球影城有着深刻的电影行业发展烙印。1912 年，环球影业公司成立；1915 年，创始人卡尔·莱姆勒（Carl Laemmle）在加利福尼亚州好莱坞郊外租用大面积的农场建设了环球影视城（Universal City）作为电影拍摄制作的场景地并举行巡回演出，同时为大众提供参观其工作室的机会。环球影业公司在经历一段长时间的低迷发展之后，为对抗电影行业的垄断，1964 年，环球影城作为主题公园再次开放，美国音乐公司（Music corporation of America）接管后的环球影业将好莱坞的部分摄影棚改建成环球影城对外开放，通过娱乐产业创造不可磨灭的衍生物，诞生了世界上首个环球影城。环球影城在早期主要使用游览车带领游客参观拍摄现场，如让游客体验电影中地震的场景。20 世纪 80 年代后期，游乐项目被搬进影城，不仅引导游客步行体验，更以电影主题场景打造了真正意义上的主题公园，项目不断推陈出新。影城内有舞台演艺、影视演艺、实景演艺以及多种形式的游乐项目，同时由于区内还有影视工作基地，好莱坞环球影城也是至今仍在使用的最古老、最著名的电影制片厂之一。1990 年 5 月，好莱坞环球影城的扩建项目"环球城市大道"（Universal Citywalk）娱乐购物区建成开放，成为环球影城的创新亮点。

1990 年以来，日趋激烈的商业竞争使环球影城跳出好莱坞并有了更为快速的发展。为进一步拓展海内外的影响力，环球影城开始作为主题公园"文化飞地"输出到世界各地，包括奥兰多、大阪、新加坡和即将开放的北京环球影城，经典成熟的 IP 和运营模式与当地特色文化融合，不断提升产品的创新和吸引力。好莱坞以外的"飞地型"电影主题公园早已脱离了对电影制造企业在地理空间上临近和聚集的依赖，转向对文化创意和 IP 内容的延伸运营。电影以娱乐活动的主题和创意元素出现，主题公园以科技应用与再现为根本逻辑和出发点，通过身体在场、记忆召回以及情感唤醒，制造出完整的沉浸传播链条，将作为沉浸传播中最重要"环节"的游客培养为"沉浸人"，建构出高度的用户黏性和互动意愿，从而实现最终的商业目的。①

第二节　环球影城的产品开发

作为世界顶级的主题公园，环球影城的产品有自己独特的定位与设计，与老竞争对手迪士尼形成差异竞争，其主要客群是 20 岁上下、有一定消费能力的年轻群体，并没有主打家庭市场。以此为基础，环球影城依托影视 IP，通过突出主题文化的场景、强调科技体验的游乐项目、注重特色服务的商业消费配置以及加强综合城市功能的延伸这四个层面全方位打造景区产品。

一、产品的铺垫——主题场景

（一）垄断性的影视文化 IP

环球影城的突出特色在于"主题"背后展现的、具垄断性的影视文化 IP。主题是以文创知识产权为核心的复合型产业链中的重要一环，是 IP 文化产业融合发展的生动实践。

环球影城的文化主题是"电影"，利用环球经典影片的品牌效应，游客在里面不仅能看电影，还能身临其境地"进入"电影里。以经典电影为主题的游乐设施与主题文化的完美结合串联起了环球影城独一无二的主题生态主线。电影真实场景的体验加游乐场所是环球影城的独特模式。环球影城作为"电影后产品"开发的成功典范，成为电影产业利润的重

---

① 江苏佳，郑雷，郑立波. 沉浸感制造与沉浸人养成：从沉浸传播角度透视环球影城[J]. 新闻战线，2019（08）：47-52.

要组成部分,成为主题公园产品创新源源不断的内容源泉。[①]环球影城通过结合其自身的文化资源优势,打造电影主题文化,在提供给顾客完美的、独一无二的全方位感官体验的同时,形成了产品自身的核心竞争力。

此外,环球影城为了更好地对原创内容进行保护与开发,实施了"文化产业项目 IP 化"的策略。环球影城除了自有的影视 IP,主要通过收购内容公司和购买授权实现快速扩张。环球影业自家娱乐项目多是场景化比较强、科幻色彩浓厚的 IP,主打科幻英雄主义,如《侏罗纪公园》《外星人 E.T.》。通过收购,"IP 制造"的上游照明娱乐公司、梦工厂等和"商业变现"的下游环球影城主题乐园成为一家,极大地丰富了原有 IP 的类型,IP 的使用和开发也更为得心应手,如梦工厂的"功夫熊猫"与中国文化的在地碰撞即成为北京环球影城主题公园的独特亮点。购买 IP 授权会严格细分使用权限的边界,如华纳兄弟将"哈利·波特魔法世界"主题乐园的使用授权给了环球影城,成为可以输出复制 IP 的飞地乐园。

(二)多元化的空间情境

1. 影视基地:好莱坞影视产业母体

环球影城的诞生是影视制作的娱乐延伸,由真实的电影片场改建,好莱坞园区有大面积的影视工作基地、外景场地等非开放区,依托影视产业开发了对游客开放的主题公园,"影视基地+主题娱乐"形成了环球影城基本的产品空间构架,空间上以影城入口(logo 形象区)、影城主街(main way universal)、环球广场(universal plaza)以及周边环绕的电影主题乐园、游乐设施构成,结合好莱坞影城内部地形起伏,各主题项目被分布在上下园区中,以经典电影题材和电影特效技术相结合创造出逼真的场景,再通过道路与观览车串联,形成拼贴集锦式的超现实魔幻景观。此类型的空间环境通过影视拍摄基地与环球主题公园在空间和产业上的密切相关与延伸,引导游客进入真实性的沉浸体验。影视拍摄基地是其最初的孵化母体,也是最独特的卖点。

2. 飞地公园:地方文化与好莱坞的结合

随着科技与市场的发展,环球影城依托其经典影视 IP 实现了空间上的跨越与扩张,脱离了影视基地母体,在全球多地建立了飞地公园型主题乐园,将 IP 衍生的几大经典空间进行模式复制,包括"侏罗纪公园""未来水世界""功夫熊猫""哈利·波特系列""变形金刚""小黄人乐园"等,利用经典效应和环球影城独特的好莱坞电影场景塑造,形成环球影城的核心吸引力。

不同飞地公园的相同 IP 主题会根据在地情况进行不同的考量和创新,例如,同样是哈利·波特乐园,在大阪和奥兰多就有明显区别,大阪难以寻觅的"有求必应屋"在奥兰多只是个交通工具换乘间。此外,飞地公园量身定做了特色区域,如大阪面向动画游戏迷的 Hello Kitty 时尚大道与酷日本等日本环球影城主题公园的特有设施。细节上的创新处理使飞地公园具有各自鲜活的特色,被多元文化以及影视 IP 衍生的深度体验赋予了强大的生命力。

3. 经典场景:还原逼真创作与电影场景的结合

经典区域对 IP 文化的呈现在于创造超现实的情境,通过在游客的可视范围内,给建筑物、构筑物、骑乘设备、场景环境、景观等元素以主题化的形式进行外包和装饰,唤起游

[①] 尹贻梅,刘志高. 电影主题公园与产业集群发展的迷失与升级之路——兼评长影世纪城的发展模态[J]. 电影艺术,2009(5):34-38.

客的记忆，为游客还原完美的沉浸环境。环球影城通过"主题+情节+场景"设计，把电影中的视觉形象变成真实的环境，使电影观众能在乐园设计的场景中真切地融入电影，再次沉浸。

位于日本大阪的环球影城中的哈利·波特乐园还原了超过一百处小说与电影中的场景，以压倒性的规模和悉心追求每一个细节真实地重现了哈利·波特的传奇世界。作为超现实的体验区，霍格沃兹魔法学校被原封不动地百分之百还原，学校隐蔽的特性也被体现得淋漓尽致，包括会动的壁画、神奇的分院帽、疯狂的打人柳以及黑魔法防御课，通过完美的细节、无死角的环境，带游客走进情境，发现无数个让人惊喜的小细节，全身投入魔法世界中。[①]

4. 体验线路：控制感官与沉浸体验的结合

从游客体验的角度来说，产品体验应该是一个连续流畅的过程，环球影城的产品体验即经过严格的动线设计引导、把控游客的情绪，以此推进沉浸式的体验。通过园区的故事线、动线设计将空间结构转换成叙事结构，类似电影叙事的蒙太奇手法将各个经典场景连接起来，达成起承转合的戏剧效果，完成对游客行为和体验的引导。从连接主题故事线来说，以情节为基础，在游客的路线中分区设置与故事发展相配合的场景、布景道具。从功能动线的空间布局来说，园区各部分注重内在功能的差异化、个性化，通过不同功能的组合形成协调统一的有机整体。园区在实现食、住、行、游、购、娱六大功能的同时，与主题文化进行互动，通过组织体验线路实现游客全方位的完美体验。

奥兰多环球影城巧妙安排体验线路实现了变劣为优的"魔法"效果。由于多次扩建，奥兰多环球影城多个分区空间分离。为解决这个问题，该环球影城通过园区外的水路交通动线将度假村、城市漫步、主题公园、酒店等空间串联，不仅解决了分区带来的距离问题，还增添了新奇的水路体验，这一做法在北京环球影城中也得以延续。另一条线路是园区内哈利·波特魔法世界的霍格沃茨特快专列火车，它将故事情节、骑乘体验、场景转换完美结合在一起，还解决了"二园通票"造成的销售量问题。两条线路一长一短、一快一慢，一条是富有故事性的铁路，一条是休闲娱乐的水路，可以满足游客的不同需求。

二、产品的高潮——主题游乐

（一）"科技+"的沉浸媒介

作为影视作品的延伸，环球影城从全球最具影响力的电影中选出最惊险、最典型、最有吸引力的部分，用高科技手段进行二度创作，在主题IP和经典场景下，制成可让游客参与的项目（attractions），实现"刺激—参与—体验"的正向效果。项目中使用了大量科技支撑手段，如AR、VR、AI、4D、5D等沉浸媒介，把创意和科技相结合，通过更为精细的视觉影像、感官触媒，实现超乎想象的逼真度和惊人的立体感与层次感。游客即使身处现实，也能身临其境地进入异度空间，实现超真实的终极临场感。

环球影城以高科技为特色，借助巨型设备实现沉浸感"最大化"，为游客制造沉浸感的"瞬间爆发"。通过制造空间位移，配合听觉、视觉等刺激，整合多种感官，为游客制造冒

---

① 日本环球影城官网. 哈利波特魔法世界介绍[EB/OL].（2021-01-10）. https://www.usj.co.jp/cn/attraction/att_detail/the-wizarding-world-of-harry-potter.html.

险经历,随心所欲地使用高科技模拟真实场景。例如,"辛普森一家"主题乐园的核心项目使用了世界上第一批 4K 投影仪,投影仪以每秒 60 帧的速度照亮一个 24 米高的弧形屏幕;观众乘坐的游乐车被固定在小房间中,通过升降机模拟制造出过山车的效果,[①]依托高科技打造出各种不同的虚拟现实体验。

(二)"情节+"的活动项目

1. 情节设计:场景设定与故事情节导入

环球影城利用经典的电影桥段、情节,为游客创造出与电影经典人物、场景互动的机会。熟悉桥段的游客只要身处其中,就会自动变成故事的主角,以情节场景为依托进入角色沉浸,增加活动项目的现场体验感。

环球影城拥有强大的创意设计部,专门负责对主题公园产品的定时更新和新项目设计。他们在众多 IP 中遴选能够带来超级体验的主题场景和情节,如《侏罗纪公园》《终结者》《未来水世界》《木乃伊归来》《怪物史瑞克》《蜘蛛侠》《回到未来》等,紧密围绕电影主题设计场景与游览内容,引导沉浸式体验。例如,利用电影《回到未来》中时空交错的情节和手段,让游客体验到更具幻想、更刺激、更有动感的互动内容;奥兰多冒险岛以《绿巨人》电影为主题的过山车,配合情节和体感、音效,可以让游客充分体验电影中风驰电掣般的畅爽快感。

2. 骑乘项目:惊险畅爽的身心体验挑战

环球影城在主题环境和情节的基础上,叠加设置了刺激惊险的骑乘项目(ride)。骑乘项目运用灯光、影像、音效、布景、主题包装、游乐设备等多样化、现代化的技术手段,创造个性丰富的、主题化的游乐场所,以吸引游客并提供娱乐体验。各种特殊效果多维激发游客肾上腺素的分泌,实现畅爽体验。

在哈利·波特魔法世界的游乐设施中,游客可以感同身受地体验哈利·波特在故事中所遇到的各种魔法,不仅有超级清晰的影像,更拥有超级真实的感受。效果惊人的体感型游乐设施结合剧情使得游客体验进一步提升,同时使用烟雾、频闪、水、肥皂泡、大音量、黑暗、气味等手段,将真实感做到极致。游客能够体验到龙的火焰、摄魂怪的寒气等魔法效果,同时可以跟哈利·波特在 360°展开的魔法界进行飞奔,以感官体验新次元世界。[②]

3. 主题活动:娱乐+舞台表演+节事狂欢

除骑乘项目、人工景观、游乐设备外,环球影城主题公园还通过演艺剧场、巡游表演、主题表演、节日庆典等各种丰富多彩的活动进一步烘托、强化影视主题,以推动体验达到高潮。

以大阪环球影城为例,好莱坞之最的奇观夜间游行创造了晚间狂欢高峰,有芝麻街 4D 电影魔术、史瑞克 4D 历险、欢乐好声音巡演、全球妖魔鬼怪摇滚乐表演秀、魔鬼终结者、水世界、与好奇猴乔治一起玩等各种类型的剧场表演,还有小黄人庆祝会、环球奇境四季之趣、Hello Kitty 蝴蝶结大收藏等以及魔杖课程、哈利·波特三强赛、侏罗纪公园我的朋友恐龙、纽约东西合璧四重奏等街头娱乐表演,甚至在排队区也安排有特定的引导活动,

---

① 江苏佳,郑雷,郑立波. 沉浸感制造与沉浸人养成:从沉浸传播角度透视环球影城[J]. 新闻战线,2019(08):47-52.
② 日本环球影城官网. 哈利波特魔法世界介绍[EB/OL].(2021-01-10). https://www.usj.co.jp/cn/attraction/att_detail/the-wizarding-world-of-harry-potter.html.

以与项目的前秀结合,使游客在进入一个游乐项目或景点主活动区之前,情绪、情感得到控制和预热。主题活动不可或缺,影视中的主角、场景、事件和游客共同构成了欢乐的舞台,创造出互动而真实的沉浸环境。

三、产品的延伸——主题商业

(一)满足需求的服务延伸

环球影城内除上述游乐设施和项目(门票收入)外,还包括特色餐饮和购物等功能,即持续满足游客需求的二次消费内容(二消),主要指休闲、餐饮、娱乐(RDE,即 recreation、dining、entertainment)以及设置一流的酒店、免费的娱乐消费区等,从而进一步发展为产品多元的度假区。

环球影城的"城市大道"主题商业娱乐步行街是服务延伸的最佳案例,也是其独特商业运作模式。1993 年 5 月,毗邻好莱坞环球影城入口的扩建项目"环球城市大道"娱乐购物区建成开放,成为环球影城的创新亮点。这是美国建筑师乔恩·亚当斯·捷得(Jon Adams Jerde)的代表作之一,他将体验延伸到商业空间中,开创了以体验为主导的"场所创造"设计理念,使环球城市大道成为综合建筑、景观、空间和声音的体验式公共活动场所,设置有各类纪念品商店、各种风格的娱乐场、流行品牌的酒吧、特色餐厅和一些世界名牌专卖店,创造了令人惊喜的整体性效果和商业成功,这一设计理念影响了当代商业空间设计模式的发展。游客进出必经的"城市大道"是环球影城的商业娱乐标配,是免费开放的商业综合体,也是与城市空间融合的商业消费区。环球城市大道作为影城的主题餐饮购物娱乐区,电影依然是其主题,配备有 19 个放映厅以及 IMAX 超大型电影院、40 多家专营店、餐饮部和娱乐场所,总面积约 2.5 万平方米,各种电影主题活动延展了公园的夜间主题,也提供了具有主题氛围的公共游乐区域。城市大道这种综合开放的特质,在吸引游客的同时,也兼顾了本地主力消费者。

服务信息的精准传递是服务的保障,景区的网站、App、解说信息牌、宣传折页、人员导览等多元的信息引导,为游客活动提供了保障,细致入微的信息服务不仅提升了游客的体验,也可以为商家引流。

(二)延伸体验的商品消费

在体验经济引导下,游客在游乐项目中所获得的巅峰畅爽体验被用心地延续,经过内部分区布局与设施的巧妙组合设计,最终通过主题场景下的消费活动得到释放,从而获得全方位的完美体验。

在哈利·波特乐园中,魔法师们居住的霍格莫德村被设计成魔法主题餐饮与购物的场所。在这里,IP 衍生的商业元素被转换成令人应接不暇的特色餐饮、特色商店,如霍格沃茨魔法学校零食店"蜜蜂公爵"、售卖恶作剧玩具道具的"桑科恶作剧店",以重现电影小道具的各种神奇物品为卖点的"费尔奇的没收物品店",提供邮票、文具和寄信服务的"猫头鹰邮局&小屋",提供哈利·波特制服、挂件的"德维与班吉巫师用品商店"等各种以原著中的人物为原型开设的商店以及最为著名的"奥利凡德魔杖店",在这里,"哈迷们"可以为自己选购魔杖,每根魔杖下面还附有一份魔杖的材料说明以及最合适的持有者选项,一旦购买了它，魔杖还会进行"认主"，这与电影情节相契合。①主题购物极大地刺激和释放了游客的体验热情，将环球影城的叙事与商业利益挂钩，实现游客的沉浸感"变现"。②

上述延伸体验的商品消费成效突出，园区二消在消费收入中的占比很高，可以看出通过主题 IP 衍生出的消费很好地拉动了商业的发展。例如，大阪环球影城的收益中，门票收入占 50%左右，商品收入占 25%左右，饮食收入占 15%左右，其他收入接近 10%。此外，全球环球影城的平均重游率均在 60%～70%，游客可以源源不断地带来收入。③这种把商业与娱乐体验结合的模式形成了最具号召力的一站式购物娱乐休闲目的地。

四、产品的升华——主题城区

（一）延展带动产业整合

作为主题公园，环球影城如果想在全球竞争中立于不败之地，就必须发挥所在区域的综合吸引力。环球影城每年千万级的客流量所带来的区域效应可以大力推动周边相关产业的发展，可以形成更大的目的地体系。以奥兰多为例，围绕环球影城和迪士尼乐园，差异性景区、配套服务设施、旅游交通等基础设施自发繁衍生长，逐渐形成了成熟的目的地，1970 年开业的国际大道景区（I-Drive resort area）全长 17.7 千米，即是以交通为切入视角，将周边零散景区、餐饮、购物、娱乐等设施连接成一体并延伸 I-ride、I-play、I-Dine 等系列产品，以独立景区的运营模式完成了城市公共服务功能的配套并与两大主题公园合作共赢。

未来主题公园发展方向为集团化发展、多元化运作、多渠道盈利。④国际大道的案例对于城市周边产业整合具有极强的借鉴意义，对于新落成的北京环球影城来说，其所在的通州文化旅游区即以环球影城为核心，针对围绕主题公园的文化旅游配套商业设施，包括酒店、餐饮、服务、旅游、住宿等进行具体的规划。

（二）丰富、完善城市功能

环球影城的选址建设对所在城市的发展意义重大，奥兰多、大阪、新加坡、北京的环球影城所在地无一不是城市的重要组成。特别是北京，其环球影城主题公园最终成功落户通州是北京市在打造通州首都副中心战略之下，坚持十几年推动这个项目的出发点和最后的落脚点，也是未来激活通州新城产业转型升级和通州产城融合的核心项目，被主客双方寄予厚望。

作为典型的文化旅游项目，北京环球影城主题公园项目能将国际先进的文化创意、旅游休闲、科技创新、生态环保等技术和产业以及本土文化元素进行融合，有利于促进完善北京文化中心和科技创新中心功能，也有利于吸引更多产业聚集首都副中心。从首都的特殊地位和示范效应分析，作为北京文化创意产业的重大项目，通州环球影城主题公园有望成为全国各地借此向世界展示新时期文化创意产业成果的世界级窗口。⑤

---

① 日本环球影城官网. 哈利波特魔法世界介绍[EB/OL].（2021-01-10）. https://www.usj.co.jp/cn/attraction/att_detail/the-wizarding-world-of-harry-potter.html.
② 江苏佳，郑雷，郑立波. 沉浸感制造与沉浸人养成：从沉浸传播角度透视环球影城[J]. 新闻战线，2019（08）：47-52.
③ 赵方忠. 环球影城来了[J]. 投资北京，2015（3）：61-63.
④ 邹统钎. 主题公园经营成功的关键因素与区域效应[J]. 时代经贸，2015（20）：18-19.
⑤ 赵方忠. 环球影城来了[J]. 投资北京，2015（3）：61-63.

第三节 影视与娱乐共创发展的环球影城模式

1964年,好莱坞环球影城主题公园运营并取得成功,成为"电影后产品"开发的成功典范,通过电影、传媒产业与娱乐结合共创,实现以高科技含量、高新颖程度、高制作水平和高文化输出为特征的品牌价值延伸,在商业模式、产品创新、运营服务、在地发展等方面形成了环球影城产品开发模式。

一、IP价值最大化的商业模式

环球影城以电影为核心,横向、纵向连接着一系列产业,形成产业链、产业环,大力带动相关产业的提升与发展。但如果没有以影片生产等主营业务为依托,环球影城便很容易流于一般性游乐设施,而逐渐脱离电影的文化特质。

从上游产业来看,环球影城的母公司环球影业通过剧本创作、影片拍摄、后期制作、市场营销、影片展播等影视生产过程,生产并培育影视文化IP,聚合初代粉丝;集团总部康卡斯特则通过其强大的媒体平台进一步传播IP、培育市场,通过不断并购、收购优质的原创内容生产商和传媒渠道,从传统媒体到现代流媒体,持续巩固市场;环球影城主题公园对原创IP进行二度创造,进一步深度锁定用户,产生巨大的广告效应以反哺影视IP并通过拓展全球飞地的业务版图,有效地抢占区域市场份额,创造了从线上到线下的闭环体验。

从下游产业来说,环球影城更多体现为带动相关产业发展的强势作用,前期建设主要是房地产、建材、交通运输业受益,建成以后,大量涌入的旅游者所带来的资金流、物流、信息流会促进酒店、餐饮、商贸零售、会展、商务、金融业等的发展,进而拉动区域发展。例如,美国奥兰多环球影城以主题公园为支柱带动了当地高端制造、清洁能源、总部经济、会议会展、数字媒体、电影电视制作等一系列关联产业。

环球影城不但有经济实力和品牌效应,还是最好的内容提供者。作为主题公园,环球影城只是集团综合发展中的一个环节,其投资建设与当地电视频道的设立、电影市场的开拓、出版物的发行和专利产品的推广紧密联系,其园区盈利来源主要包括电影娱乐、餐饮、住宿、旅游商品等多元化综合消费。这种将原创IP价值最大化,横向、纵向延伸非常深广的商业模式,赋予了主题公园保持领先的巨大能量,也是其他单纯靠游乐产业发展的景区所无法比拟的。

二、产品持续迭代的创新发展

相比迪士尼打造的经典童话故事、人物和场景,环球影城根据影视作品创造的主题公园产品的迭代速度更快、成本更高,需要不断根据最新最热的IP更新自己的体验产品,从影片中获得创新和创意元素以保持竞争力,给游客带来更多的新鲜感。

环球影城可以打破主题公园的生命周期规律,在于不断地更新产品,推陈出新,增加新的吸引点,吸引回头客。为了保持领先,为了适应不断变化的科技手段和游客体验的迭代要求，环球影城不断对产品进行升级改造，每年都要从收入中提取 9%～15% 不断地增建新的景点，累计 2～3 年更新一次，而大规模的产品迭代也一直没有停步。以好莱坞环球影城为例，从 1964 年电影拍摄基地的观光游乐产品，20 世纪 80 年代后期打造电影主题场景，引入大型游乐项目，到 1993 年影视主题商业休闲街区"城市大道"的主题商业产品，再到 2016 年哈利·波特乐园的主题娱乐产品，景区始终处于建设状态中。持续的产品探索创新带来了理想的回报和超高的重游率。

从横向上看，环球影城通过资本和技术实现了在全球的扩张。环球影城自 1963 年在好莱坞诞生；1990 年规模 10 平方千米的奥兰多环球影城开放，立足于最新科技的应用；2001 年日本环球影城开放，融入了日本动漫元素；2010 年新加坡环球影城开放，量身定制在地性项目；2021 年北京环球影城主题公园即将开放，创造了多个世界和亚洲第一。从纵向上看，环球影城非常重视在地方上持续深耕，不断丰富延伸产业链，通过策划创意、技术创新、文化植入与多业态组合运营打造文化娱乐生态圈，依靠跨界资源做商业内容和变现模式上的创新，利用新的内容和产品吸引流量带动消费，继而推动整个区域的综合发展。

三、细节协同把控的运营服务

环球影城从前期选址、市场的预判到项目、空间的策划设计，再到开发建设、服务运营阶段，全过程衔接协同，把控细节，最终保证实际运营满意。

从客流组织看，环球影城通过布局设计引导人流分布，将最具核心吸引力的单体项目设置在园区最内部、最远离人流涌入的方向，保证游客到达此处所经过的路线最长且体验最完整。例如，哈利·波特魔法世界的核心单体项目是"哈利·波特和古灵阁大逃亡"骑乘项目，设置在乐园的最远处，作为区域形象标志的建筑被设计得异常醒目，屋顶有喷火龙盘旋且定时喷火，保证游客在最远的地方都能看到，以引导人流移动。

从服务配置看，环球影城通过游览动线和主题场景的设置，将二消内容的餐饮、零售、文创等业态穿插其中，对配套服务进行合理布局，方便游客体验、消费。例如，哈利·波特魔法世界对角巷的配套布局；纵横交错的多条街巷有意使人流"无序"混杂、交叉穿行，意在提高每个服务单体的游客量，保证营销效益最大化。

从运营管理看，环球影城通过专题研究提前应对运营问题，运用大数据、云计算、物联网以及环保、智慧等科技打磨产品细节，提升服务品质。例如，针对北京的冬季气温、适游期的问题，北京环球影城主题公园通过人工气象技术来控制气候的变化，创造适宜的体验环境。

四、综合可持续性的在地融合

主题公园开发的可持续性不仅限于公园本身，环球影城项目投资和运营主体就将关注点更多地放到了对于区域经济整体的带动上，地方政府也对主题公园的区域价值提出了更高的要求，希望通过挖掘、整合与提升区域综合价值，将环球影城的核心资源与外部资源重新整合，构建文化、社会、生态、经济价值的多维平衡和循环，以此促进整个区域的持续发展。

这一发展理念在北京环球影城主题公园的项目引入和建设考量中占据了主导地位，通过品牌影响力，综合带动能力，大资本、大项目推动区域产业加速集聚，主题公园越来越多地和城市建设捆绑在了一起。在法规政策上，我国政府更是持续提出规范要求[①]，防止过度依赖地产的短视行为不利于主题公园的健康长远发展，鼓励创新主题公园发展业态和经营模式，不断提高科技含量，丰富文化内涵，提升建设水平和服务质量，实现多样化、特色化、差异化、内涵式发展[②]。

当下，全球面对 COVID-19 疫情肆虐的严峻挑战，单纯娱乐型主题公园已经日益显现出它的致命短板。主题公园积极与城市融合多元发展，建设文化旅游目的地，立足当地，服务本地及游客不同层次的需求，对于抗击风险、提升盈利能力、满足旅游消费趋势、主题公园的综合在地融合显得尤为重要。

[①] 包括：2011 年 8 月，国家发展与改革委员会发布的《关于暂停新开工建设主题公园项目的通知》；2013 年 3 月，国务院 12 个部门联合印发的《关于规范主题公园发展的若干意见》；2018 年 3 月 9 日，国家发展与改革委员会、国土资源部、环境保护部、住房和城乡建设部、国家旅游局联合发布的《关于规范主题公园建设发展的指导意见》。

[②] 国家发展与改革委员会、国土资源部、环境保护部、住房和城乡建设部、国家旅游局. 关于规范主题公园建设发展的指导意见[EB/OL]. http://www.gov.cn/xinwen/2018-04/09/content_5281149.htm.

第十章　旅游景区整合营销——云台山风景区

第一节　云台山风景区的发展历程

一、云台山风景区概况

云台山风景区位于河南省焦作市修武县境内，景区面积约 280 平方千米，含红石峡、潭瀑峡、泉瀑峡、青龙峡、峰林峡、子房湖、茱萸峰、猕猴谷、叠彩洞、百家岩等主要景点。园区地形复杂，气候随海拔与山势山形变化各异、上下差异明显，原始次生林覆盖了整个山峦，各种树木和奇花异草种类达 500 多种。云台山主峰茱萸峰海拔约 1308 米，有落差 314 米的云台天瀑，是我国已发现的落差最大的瀑布之一。园区内地质遗迹丰富，30 亿年来，形成了太古宇、元古宇、古生界和新生界地层；多次的构造运动，尤其是 2300 万年以来，新构造运动的强烈抬升和水蚀作用的深度下切，造就了云台山双崖对峙的峡谷群和各种动态的瀑、泉、溪、潭，共同构成了旷奥兼具的"云台地貌"景观。

二、云台山风景区的历史沿革

1983 年，云台山风景区进行开发前的考察，1989 年成立云台山风景区管理局，云台山风景区在开发建设的三十多年里不断创造奇迹，缔造了"云台山效应""云台山传奇""云台山神话"等一系列美誉。云台山风景区的发展历程可简要分为以下三个阶段。

（一）初始阶段

1983—1989 年为云台山风景区的初始阶段。1983 年，云台山风景区进行开发前的考察论证，1985 年开始开发。1987 年，云台山风景区成为河南省首批省级风景名胜区，1988 年"修武县旅游筹备处"成立，1989 年正式设立"修武县云台山风景区管理局"并采取乡党委、乡政府与景区管理局联合办公的管理方法。在这一阶段，云台山风景区管理局主要致力于必要的基础设施建设，如道路、停车场、宾馆和管理点等。1989 年 6 月，云台山风景区开始接待游客。

（二）成长阶段

1990—2000 年为云台山风景区的成长阶段。20 世纪 90 年代初期，云台山风景区因受到交通条件和市场的限制，游客量并不大。焦作市人民政府通过积极号召社会各界全力打造云台山风景区，不断完善云台山风景区的交通网，增加必要的旅游基础设施，大幅度地提高了云台山的可进入性。1991 年，云台山风景区凭借丰富的自然文化资源、区位优势、交通状况等条件得到学术委员会的专业认可。

1997 年，云台山风景区邀请专家编制完成了《云台山风景名胜区总体规划》。

1999 年，根据"旅游兴县"的经济发展战略，修武县全县积极投身于景区建设中，使景区的接待条件得到了大幅度提高，同时以市场为导向积极进行市场宣传，以摄影和征文为主要方式，组织各宣传单位进行山水焦作巡回展出，不断扩大市场知名度，在此阶段，云台山风景区的游客接待量开始加速增长。

（三）成熟阶段

2000 年以后，云台山风景区飞速发展，形成了较为完善的管理体系。云台山风景区管理局通过对景点的扩大整合最终打造出十一大景点系列，不仅形式多样、各有特色，影响力与知名度也明显提高，竞争优势亦更加突出。

2000 年，青龙峡景区管理局成立并进行该景区的进一步开发工作。

2003 年，焦作市委、市政府将云台山景区和青龙峡景区合并称为"云台山风景名胜区"。2004 年 2 月 13 日，云台山被联合国教科文组织评选为全球首批世界地质公园。此外，云台山还是国家级风景名胜区、全国文明风景旅游区、首批国家 AAAAA 级旅游景区、国家自然遗产、国家森林公园、国家级猕猴自然保护区、国家水利风景区、国家文化产业示范基地。

2005 年，云台山投资 1.2 亿元进行综合服务区建设，逐步完善景区的内部交通。2007 年 8 月，云台山与美国大峡谷国家公园结为姐妹公园，成为我国第二家通过官方建立的中外姐妹公园，并被列入当年胡锦涛主席访美时中美两国政府签署的合作备忘录。

2008 年，云台山开始建设智慧型景区，逐步实施了总投资超 1.5 亿元的科技化智能建设工程；2009 年开通"云台山号"旅游专列，不断开发专项旅游市场。2009 年年底，成立云台山旅游（集团）股份有限公司，为实现景区的规模化和国际化奠定基础。

2010 年 3 月，"云台山"被国家工商总局认定为中国驰名商标。

2010 年 7 月，云台山被河南省人民政府授予 2010 年度（首届）河南省省长质量奖。

2011 年 9 月，云台山被国家质量监督检验检疫总局评为全国质量工作先进单位。

2014 年 3 月，云台山被联合国世界旅游组织评为联合国世界旅游组织河南省首批旅游可持续发展观测点。同年 12 月，云台山获得了"最佳智慧旅游度假目的地"的称号，其编制的《旅游景区数字化应用规范》正式颁布实施。

2015 年 11 月，云台山公示了《云台山风景名胜区总体规划（2011—2030）》；同年 12 月，云台山被评为国家质检总局"质量之光"质量标杆企业。

2016 年 3 月，云台山获得第二届中国质量奖提名奖，同年 10 月，获得"2016 中国森林氧吧"称号。

2017 年，云台山建设了红石峡紫藤长廊和百家岩草坪广场并入选为"国家体育旅游示范基地"。

2018年，云台山建设运营了云台山夜游、360云景球幕影院、云逗逗美食城、凤凰岭索道、云台山文化旅游学院等项目，被评定为"三钻级智慧景区"，在"大国之旅——中国景区旅游综合服务能力指数评选"中荣获综合服务能力大奖。

2019年7月，云台山风景区与中国台湾野柳地质公园缔结为姐妹公园。

在这一阶段，云台山风景区突飞猛进，景区资源得到进一步整合，景区基础设施得到完善，景区管理日益数字化、智慧化，景区游览项目日益丰富，夜间旅游、体育旅游等新业态蓬勃发展，服务接待水平不断提高，致力于"建精品景区，争全国文明，闯国际市场，树世界品牌"。

第二节　云台山风景区的整合营销

一、"以人为本"的营销理念

云台山风景区的发展一直坚持"以人为本"，不断为游客提供舒适、便捷的配套设施。目前，云台山风景区的占地面积约35万平方米，具有集主体山门、售验票大厅、多功能游客服务中心、购物中心于一体的旅游综合服务地，可容纳5000个车位的大型生态停车场，购置了300辆尾气排放达到欧III标准的豪华观光巴士并在全国范围内首先将先进的车载GPS调度监控系统应用到景区管理当中，建立了便捷、高效、安全、舒适的内部交通网络。完善的基础设施建设推动了云台山风景区的迅速发展，也极大地提升了云台山旅游品牌品质。云台山风景区为保证其长远发展多次邀请专家进行考察，先后制定了景区控制性详规、深度开发规划以及《修武县总体规划旅游发展专项规划（2011—2030）》。

云台山作为"最佳智慧旅游度假目的地"，其数字化建设大大提高了为游客服务的效率。数字化景区建设主要包括电子门禁系统、大数据智能监控系统、DLP（digital light projection，数字光投影技术）多媒体展示系统、LED信息发布系统、网上售票系统、环境监测系统等，云台山风景区的数字化建设使其成为国内风景名胜区数字化建设示范基地，得到国内外专家、游客的高度赞誉。其游客服务区建设主要包括云台山餐饮服务中心、自主自驾游服务中心、农家乐服务点等，云台山风景区充分利用景区周边的村落打造规模化、特色化的家庭宾馆，为游客提供全面的餐饮、住宿、娱乐等生活休闲服务，大大提高了景区接待游客的数量以及整体的服务水平。游客可以通过移动端或固定端浏览云台山风景区官方网站，体验游前、游中、游后的"全景式、全链条、全程化"在线旅游服务，还可通过云台山风景区的微信公众号享受门票预订、酒店预订、查询厕位、线上观景、语音讲解等服务。云台山风景区的整体建设体现了"处处是精品，点点有特色"，在打造高水平、高质量景区的同时也带动了周边村落的发展，实现了共赢。

二、市场营销的品牌化

云台山风景区的快速发展与轰动一时的"云台山神话"和"焦作现象"密不可分。云台山风景区的深度整合营销不仅繁荣了旅游市场，也具有重要的理论价值，品牌化的营销不断提高了景区的形象力和吸引力，使云台山风景区快速发展。

（一）坚持大投入进行营销

云台山风景区的宣传费用从 2000 年的 200 万元一路上升到 2011 年的 3800 万元，大投入不一定能保证好的效果，但想达到好的效果必须有充足的资金支持。

（二）多种形式联合营销

第一，充分利用新闻媒体进行营销。云台山风景区连续 8 年在中央电视台综合频道《午间气象预报》、新闻频道《天气资讯》、国际频道《整点新闻》等栏目推出云台山全年形象宣传，在河南卫视、阳光卫视、东方卫视、《中国旅游报》《新民晚报》《扬子晚报》《河南日报》《大河报》《大公报》等进行广告轰炸，迅速扩展景区的知名度。

第二，充分利用影视文艺作品的影响力进行营销。《大秦帝国》《争霸传奇》《马鸣风萧萧》《孙子大传》等多部影视剧在云台山风景区取景拍摄，云台山风景区利用名人效应以及影视魅力来吸引了更多的游客。

第三，利用节事活动进行营销。云台山风景区在全国各地的展览会上进行推介以吸引游客，同时开展了云台山系列活动。例如，观瀑活动、摄影活动、太极武术活动、国际旅游小姐走进云台山活动、汉服花朝节活动、音乐嬉水季活动、电音节活动以及淡季门票优惠活动等，也承办乒乓球赛、校园歌手大赛、九九国际登山挑战赛、中国汽车越野巡回赛、彩虹六号电竞赛等赛事活动。

第四，制作高档次宣传品进行营销。在高速公路设置云台山景区宣传牌，在全国各地地铁站内设置云台山风景区展示牌，大型的云台山景区宣传横幅等，这种方式能够让游客更直观地了解云台山风景区。

第五，充分利用网络平台和中间商进行营销。通过网络互动营销以及与上千家旅游社建立长期合作关系，增加了云台山风景区的知名度。通过与旅行社合作，按照组织游客的数量给予高比例的现金奖励，云台山风景区有效地拓展了分销渠道，从而迅速拓展了团队市场。

第六，利用网红和达人进行营销。云台山风景区邀请网红（网络红人）、文旅达人等具有较高关注度和较强传播能力的群体走进景区，参与活动。利用新媒体造势，通过创造话题、发布短视频等方式增大景区曝光度，打造网红 IP，从而提高旅游品牌知名度、美誉度。

（三）多阶段整合营销

（1）初始阶段。云台山主要通过以下几种手段进行营销：① 媒体宣传。除在中央电视台投放广告外，云台山风景区的媒体宣传覆盖范围还集中于周边城市，主要围绕省内十七市以及河北、山东的近邻地区的电视台、报纸。② 交易会推介。参加在大连、郑州、濮阳、邯郸等地召开的全国旅游交易会。③ 旅行社业务拓展。推出一日游、两日游、多日游精品旅游线路，与省内外旅行社签订常年合作协议，覆盖河南、河北、山东、北京等地区。④ 节事活动。特殊节日给予优惠，如儿童节、教师节；举办活动以吸引眼球，邀请媒体与旅行社参与云台观瀑活动，承办冲击世界吉尼斯活动等。

（2）成长阶段：① 以市场调研把握市场动态。通过车辆统计分析、调查问卷，旅行社联谊、旅交会、中间商洽谈等深入调研、强力开拓重点市场，如环渤海、长三角、珠三角以及东北地区。② 全方位叠加式宣传。在往年的基础上进一步重点出击，全力拓展境外客源市场。③ 多策并举，全方位、多层面宣传。

（3）开拓创新阶段：打响"云台山号"旅游专列、云台山舰和包机等专项品牌。截至2012年年底，泰国，韩国，我国台北、青岛、上海、杭州、天津、北京、武汉、大连、哈尔滨均已开通"云台山旅游专列""云台山号""神农山号"旅游包机，其中包括38列北京至焦作的"云台山号"系列旅游专列、11列武汉至焦作的"云台山号"系列旅游专列、15架上海至焦作的"神农山号"系列旅游包机。

（4）成熟阶段：① 以"云台山水，峡谷极品"为品牌定位，以精品建设和精致服务为品牌支撑，云台山风景区在原有品牌传播的基础上进行品牌更新和品牌延伸，体现在品牌传播上，就是寻求并推出差异化的传播主题。例如，突出打造云台山风景区不同的旅游主题，针对目标群体提供差异化的旅游体验。为此，云台山风景区有必要针对成熟市场和潜在市场展开深入、系统的品牌传播效果调研，了解景区品牌传播的实际效果和不同地区、不同群体消费者的旅游需求，有针对性地开发可能的旅游新产品，开拓新的旅游线路，延伸旅游产业链条，这与云台山风景区接下来所要进行的产业转型升级也是相辅相成、相互促进的。② 加大"转型升级"。拓展休闲度假旅游，抓住高端旅游和商务旅游消费市场，完善设施和提高旅游服务品质，除优美的自然景观外，还提供了高端会务、展览、休闲度假等服务。

品牌信息的传播必须保证真实性，但这并非指品牌传播必须在事件之后进行，就云台山大型综合服务项目而言，其已经可以成为品牌升级中的重要部分。同时，网络新媒体也为企业品牌传播带来了新的契机。在各种信息平台上，企业可以自主地发布品牌信息、策划开展品牌传播。从微博、微电影到手机二维码、微信，再到抖音、短视频，所有这些新兴的数字应用让信息传播变得迅速、便捷，只要你的信息有内容、有创意，你就可以迅速吸引大众的眼球。云台山风景区在2011年就已开通新浪、腾讯微博，但目前还仅限于发布即时信息，回复粉丝旅游咨询、评论等。云台山风景区在抖音平台的官方账号吸引了大量粉丝并推出了一系列网红景点与活动，引起了大量关注。如今，影视与旅游的发展紧紧相连，一部《阿凡达》让张家界独具"潘多拉星球"的梦幻色彩，一部《非诚勿扰》让杭州西溪湿地成为浪漫之地，一部《泰囧》把泰国变成了中国游客趋之若鹜的"5A级景区"。作为魏晋名士竹林七贤的隐居之地，云台山风景区也一直在寻求合作机会拍摄一部关于竹林七贤的大制作影片，如果这一计划得以促成，一部大片的影响力不会亚于中央级电视媒体一年的形象广告宣传，也会为云台山品牌文化内涵注入新的元素。

三、精细化的服务营销

云台山风景区有着一流的服务标准、完善的服务理念以及规范的服务体系，被授予"世界杰出旅游服务品牌"称号。

（一）一流的服务标准

云台山风景名胜区管理局于2009年出台《云台山风景名胜区管理局标准化管理体系》，于2011年出台《云台山风景名胜区服务标准化体系》，这两大管理体系的建立明确了服务标准的内容，提供了服务通用的标准，保障了服务的衔接。同时，经过环境管理体系以及质量管理体系的认证，云台山风景区引进了 ISO 9000 和 ISO 14000 两大先进管理体系，提出景区管理的八大量化管理指标并在景区内全方位实施，以投入为基础，形成设施完备、制度到位、保护到位的管理系统，进一步提升景区的竞争力。

（二）完善的服务理念

2017 年，云台山风景区将服务理念由"不让一位游客受委屈"提升为"感动每一位游客"，更加突出了云台山风景区人性化的精细服务，从建立星级厕所到医疗救护专用车、游客服务中心、免费手机加油站、免费导览图、提供婴幼儿车以及残疾人轮椅等诸多细节都可以看出该风景区的人性化服务。

（三）规范的服务体系

服务离不开人，云台山风景区十分重视对人才的培养，建立了员工人人都是安全员、服务员、保洁员、救护员、宣传员"五员一体"的服务模式，针对员工服务培训以及优秀人才引进等方面采取了一系列举措：第一，邀请国内知名专家进行讲座，针对服务礼仪、服务注意事项以及普通话等方面进行培训；第二，国际化的交流，云台山风景区每年会派遣员工前往美国大峡谷进行系统的培训，以扩大国际视野，走向国际舞台；第三，员工鼓励制度，云台山风景区对于优秀人才的引进以及培养十分重视，对于表现好的员工会进行物质和精神双重奖励并授予"首席员工"和"工人先锋号"等荣誉称号，同时实施员工保障建设，不断完善职工的物质生活条件，开展丰富的员工文体活动，增强职工的凝聚力；第四，展开互帮互助，帮助困难职工解决工作中的后顾之忧。云台山风景区通过这一系列的保障性建设培养职工的道德情操和敬业精神，提升优质服务的主观能动性。

四、绿色营销

云台山风景名胜区始终坚持"在开发中保护、保护中开发"的可持续发展原则，编制实施了"天然林保护""云台山生态林建设"等生态保护项目。2013 年，由国家旅游局与环保部联合发起的国家生态旅游示范区评选，依照《国家生态旅游示范区管理规程》和《国家生态旅游示范区建设与运营规范（GB/T 26362—2010）评分实施细则》，经相关省级旅游部门和环保部门联合技术评审和推荐、专家审核，确定重点生态旅游资源保护区域，云台山风景区名列其中，成为河南省首批入选的两个旅游示范区之一。

（一）自然资源的保护

云台山风景区是以峡谷地貌和水体景观为主要自然景观的景区，景区应坚持科学规划、统一管理、严格保护、永续利用的原则。在云台山景区内进行建设，建设单位、施工单位必须采取有效措施，保护周围景观、森林及野生动植物资源、水土资源、地质遗迹、地貌和文物古迹，不得造成污染和破坏。建设项目竣工后，应及时清理场地，恢复被覆。严格禁止采伐、毁坏、移植古树名木，狩猎或者捕捉野生动物；开山、采石、开矿、挖沙、取土等开采活动；向水体排放、倾倒未经处理或者处理后未达标的污水和其他污染物，填堵自然水系；运入未经检疫的动植物或者引入新的物种以及其他破坏景区景观和环境的行为。

（二）文化资源的保护

云台山不仅拥有秀美的山水自然景观，历史文化内涵也很丰富。魏晋时期，史称竹林七贤的嵇康、刘伶、向秀、山涛等 7 位文人雅士曾隐居百家岩竹林长达二十余年，寄情于山水并先后结识孙登、王烈等隐士，留下了"孙登啸台""王烈泉""刘伶醒酒台""嵇康淬剑池"等遗迹，被后人尊称为"山水旅游的鼻祖"，百家岩也成了我国山水园林文化从宫廷走向民间的发祥地。茱萸峰是历代文人墨客、僧道修行的圣地，这里植被茂密，古树参天。地处云台山极顶的玄帝宫，自古就流传着真武大帝在此修行成仙的民间故事，因此它与南顶武当遥相呼应，被人称为"北顶"。踏千阶的云梯栈道，登上海拔约 1297.6 米的茱萸峰峰顶，北望太行深处，巍巍群山，南望怀川平原，沃野千里，使人顿生"会当凌绝顶，一览众山小"的豪迈气概。唐代大诗人王维曾登临此峰，写下"独在异乡为异客，每逢佳节倍思亲。遥知兄弟登高处，遍插茱萸少一人"的千古绝句。历史文化资源是一种不可再生的珍稀资源，长期以来，云台山风景区高度重视对历史文化资源的保护和利用，在地方政府、相关职能部门、广大民众的共同参与和努力下，当地历史文化资源保护和利用取得了一些成效：省、市、县各级政府历史文化资源保护和利用的体系初步形成；相关的保护和利用机制初步建立；建立健全了各级管理机构和组织；构建了相关的经费保障机制。云台山风景区一直认为历史文化也是一种品牌，是一份无价资产，因此将不断整合景区内的旅游产品并致力于文化产品的保护与开发。

（三）可持续发展

开发与保护并重，确保旅游可持续发展，保持良好的自然环境和人文环境是云台山旅游健康发展的前提。旅游产品的开发必须重视开发与环境保护的协调，只有在充分保护生态环境的基础上，才能开发出高质量和高品位的旅游产品。随着我国对外开放不断扩大，国内居民消费结构升级，收入增加，旅游需求更为旺盛。因此，在不断满足日益增长的旅游需求的前提下，旅游产品开发一要防止由旅游开发造成的环境污染和资源破坏，加强与生态资源的有机结合；二要合理调控旅游容量，将旅游人数、旅游设施控制在合理的容量内，防止因超载破坏旅游业的可持续发展。可以采用扩大景区开发开放面积、分流重点旅游区域游客、分景区之间实行轮休制等办法，防止旅游环境的破坏。同时，要不断完善产品结构，进行区域合作，开发新产品、新市场，实现旅游资源的最优配置和综合利用，塑造整体旅游形象。

另外，应该发展旅游相关服务，改变门票经济结构。随着旅游市场竞争的加剧，游客对旅游产品和服务的要求不断提高。旅游活动的综合性为景区多元化经营提供了广阔的空间。云台山风景区应充分发挥自身品牌的优势，不仅要在"游"的要素上吸引和留住游客，更应从战略的高度树立大旅游的观念，围绕"食、住、行、游、购、娱"基本要素，大力发展旅游相关服务，延伸旅游产业链条，形成综合配套的旅游服务体系，改变单一的门票经济结构，增强景区的综合盈利能力。

第三节　云台山风景区管理经验

"云台山现象"和"云台山效应"实现了"旅游促进发展，发展反促旅游"的良性循环，下面对云台山的景区建设进行了经验总结。

一、景政合一，整合优势"集中"抓旅游

云台山风景区采用自上而下的政府主导模式，政府主导体现在政策制定、资金支持、直接建设、行业管理等多个方面。①云台山风景区在政府主导的同时逐步深入市场，政府主导可以将景区的开发建设纳入国家各层面的诸多项目"计划"中，以此争取上级政府部门在政策、资金等方面的支持，而市场化、现代化的企业运营模式可提升资源配置效率，增强激励机制，实现旅游产业的深度发展，为景区的长远健康发展创造有利条件。

二、精品化建设，创优一流的旅游环境

云台山风景区在开发初期不惜重金先后编制了《云台山风景名胜区总体规划（2011—2030 年）》《云台山旅游深度开发规划》等多项规划并在运作过程中严格按规划开发。云台山范围大、景点多，管理难度大，修武县委、县政府一开始就树立精品意识，一切都按照旅游理念去开发，必须和规划相符合，确保了整个景区的结构合理，使打造出的项目个个都是精品。随着景区的做大做强，为确保开发质量，10 亿元以下的项目不许进入，进入的项目也必须按政府的思路开发，以确保景区开发以高水平运作。

建设方面的大手笔是云台山风景区成功开发的基础。景区不惜投入重金进行高标准的配套设施建设，目前，所有进出景区的道路全面硬化、绿化、美化，各个景点都形成了观光环线，景区内厕所按照"设计标准化、造型美观化、设施宾馆化、品位高雅化、管理长效化"的"五化"标准全部达到三星级以上；2005 年，投资 1 亿多元，建成占地面积 35 万平方米、拥有 5000 个停车泊位、号称"亚洲第一"的大型生态停车场；2008 年，投资 1.5 亿元全面实施数字化景区建设工程；2015 年，景区总投资近 6 亿元，建成并开放了云溪谷、凤凰岭玻璃栈道，增加了云台山观光线路和产品；2016 年，景区安装了 20 台自动售票机，率先实现了网上订票，旅客出示身份证或二维码即可直接验票入园。

三、精准化营销，使旅游品牌深入人心

修武县从旅游开发之初就对客源市场进行了超常规的全面宣传、集中轰炸式的营销，成功策划了一系列声势浩大的宣传促销活动。云台山风景区管理局每年拿出门票收入的 20%左右作为宣传营销费用，采取主攻强势媒体，以独家赞助"云台山杯"U-17 中国青少

---

① 刘智. 云台山密码——中国旅游景区发展案例研究[D]. 大连：东北财经大学，2012.

年乒乓球挑战赛，连续举办中国云台山国际旅游节、国际太极拳比赛以及商标注册等多种形式大力宣传营销，使云台山风景区的知名度和美誉度不断提高。

随着景区智慧化建设的发展，利用强大的数据收集和分析能力，云台山风景区能够通过大数据系统精准定位目标市场、精准制定营销战略、精准投放宣传广告，从而使得云台山风景区的营销更加精准，业绩不断攀升。值得一提的是"云台山号系列旅游专列"的开通，为了扩大旅游客源市场，2009年7月，北京至焦作的"云台山号"系列旅游专列开通，这是我国首例以景区命名，由客源地直达目的地的系列旅游专列，有效地带动了北京及周边旅游市场，游客数量由原先的不足5万增长至2012年的25万，平均每趟专列的游客的购物金额将近20万元，景区周边各大购物超市生意火爆，铁路、组团社、地接社取得了良好的经济效益。借鉴北京旅游专列开通经验，云台山风景区又开通了武汉至焦作云台山号系列旅游专列。保证游客的源源不断必须靠品牌化的打造，以高品质的建设和优质化的服务为游客创造最佳旅游体验，通过游客口碑效应促进持久发展。

四、创办学院，开启"旅游+教育"新模式

2018年，坐落于云台山脚下，由云台山风景名胜区管理局与河南理工大学联合创办的云台山文化旅游学院正式揭牌，成为国内首家由5A级景区和高校合办的旅游学院，开启了"旅游+教育"的新模式，树立了旅游业产学研融合发展的典范样本。

云台山文化旅游学院采用理论与实践相结合的培养方式，在传授知识的同时，向学生提供实践实习岗位，为景区培养了大量知识丰富、技能专业的高质量储备人才，给景区发展提供了强劲的动力。此外，云台山文化旅游学院还建立了包含会议、培训、参观、拓展、情境体验、交通、住宿、餐饮、购物等全方位、全过程的服务体系，吸引了众多机构前来开展培训活动，通过为行业交流提供平台，打造具有影响力的培训产业品牌，促进景区的产业化、多元化发展。

五、深入挖掘，不断创新

传统体制的革新、先进的管理方式以及品牌效应的打造促进了云台山风景区飞跃式的发展。创新是一个企业的希望所在，在日新月异、竞争激烈的年代里，企业要有危机感，要有竞争的意识，不断提高自己的创新能力，敢为人先，勇于突破，不断冲破瓶颈，促进发展。

第十一章　旅游景区服务管理——国家体育场（"鸟巢"）

> **引言**
>
> 　　国家体育场（以下称"鸟巢"）作为北京奥林匹克公园的核心，自对游客开放运营后，将游客需求前置，贯彻落实各项具体工作，组建运营团队、完成工程改造、构建服务管理体系，协同北京奥林匹克公园整合资源、营销产品，打造旅游新地标、北京新名片，为国内外游客提供优质的旅游服务，承担奥林匹克精神传承、中华民族精神宣传的神圣使命。

第一节　后奥运的"鸟巢"发展

一、"鸟巢"概况

　　"鸟巢"所在的奥林匹克公园（以下简称"奥园"）位于北京市朝阳区，地处北京城中轴线北端，总占地面积达 11.59 平方千米，规模巨大，是城市特殊的综合功能区，奥林匹克公园管理委员会（以下简称"管委会"）是该区域的管理者，属于市政府的派出机构。奥园分三部分区域，即北端 6.8 平方千米的森林公园；中心区 3.15 平方千米的奥运场馆区，包括"鸟巢"、水立方（国家游泳中心）、"折扇"（国家体育馆）等；南端 1.64 平方千米的亚运会老场馆区和中华民族园等，[①]是一个尺度超常的全人工景区。2012 年 11 月，包括"鸟巢"在内的 9 家单位打包合成的奥园直升为国家 5A 级旅游景区，成为北京第 8 家、朝阳区首家国家 5A 级旅游景区。着眼于城市的长远发展和市民物质文化生活的需要，奥园的目标是建成集体育竞赛、会议展览、文化娱乐和休闲购物于一体，空间开敞、绿地环绕、环境优美，能够提供多功能服务的市民公共活动中心。

　　作为第 29 届夏季奥运会主体育场的"鸟巢"是奥园中心区的核心，也是奥园最耀眼的部分，拥有享誉世界的知名度，早已成为北京市的地标、首都旅游的亮点、北京奥运的象征。"鸟巢"位于奥园中心区南部，紧邻城市干道和中心区主入口，建筑面积约 25.8 万平方米，可容纳观众约 9.1 万人。"鸟巢"58%的建设资金来自北京市人民政府，42%来自中

---

① 陈力朴，唐皓. 心用在哪　旅游的品质就在哪　访北京奥林匹克公园管委会副主任　赵建民[J]. 旅游，2013，10（538）：20-25.

信联合体,是国内第一家由国家和企业共同出资建造的奥运场馆。作为特级体育建筑,"鸟巢"的主体结构设计使用年限为 100 年,由一系列钢桁架围绕碗状坐席区编制而成的椭圆"鸟巢"主体建筑南北长 333 米、东西宽 296 米,最高处高 69 米。2008 年,被誉为新建筑奇迹的"鸟巢"见证了一届"无与伦比"的夏季奥运会;2015 年,"鸟巢"又成功举办了国际田联世界田径锦标赛;2019 年,亚洲文明对话大会的重点活动——亚洲文化嘉年华再次将世界的目光聚焦"鸟巢";2022 年,"鸟巢"还将成为北京冬奥会、冬残奥会开闭幕式场地,成为史上首个举办夏季和冬季奥运会开闭幕式的体育场。"鸟巢"是代表国家形象的标志物,早已超越了纯粹的体育或建筑概念,被赋予了更加神圣而深邃的文化含义和社会意义。2008 年北京奥运会后,"鸟巢"更是成功转换功能服务于大众生活,成为市民和游客参观游览、享受休闲娱乐活动的旅游景区。

二、"鸟巢"运营的赛后转型

2008 年奥运会结束后,"鸟巢"迎来了旅游高潮。作为中华民族崛起的象征,"鸟巢"已成为现代中国和"新北京"的符号,是国内外游客必到之处。独特的建筑外形和重大赛事活动的举办使"鸟巢"在奥运会后家喻户晓,也给古老的北京城贴上了新标签:古有故宫、长城,今有"鸟巢"、水立方。

与此同时,面对赛后汹涌的游客潮、场馆设施资源的不匹配、组织管理体制的错位、旅游管理经验的不足等问题,"鸟巢"亟须转型。奥运会时的"鸟巢"运营是在特殊状态下进行的,彼时的任何资源都可以临时调派。但如今,作为 5A 级景区运营,"鸟巢"的很多设施和服务都是空白的,连最基本的厕所、商亭都不够用;奥运会时的部分服务设施在赛后撤除了;有些基础设施的点位和景区常态运行不完全相符;赛前的设计没有过多考虑今后常态化的需求;上下水、电力供应等方方面面的基础问题也都无法满足景区接待的需要。这些都使得游客从奥园的各个不同入口涌入并分散到不同功能区中时往往不知所措。在规模如此巨大的区域中,在每天 20 万人次的游客压力下,景区没有足够的硬件服务设施的后果是无法想象的。[①]

"鸟巢"的赛后转型就是在上述背景下开始的,以"鸟巢"为支点带动整个奥园的转型工作开始启动。为了满足游客需求,"鸟巢"从建立最基本的游客咨询服务、解说服务入手,首先解决的是游客最基本的"游"的问题,继而着力解决商业服务、主题产品等游客"游得好"的问题,如此逐级深化,稳扎稳打地构建服务管理体系。同时,"鸟巢"的服务必须要整合奥园其他旅游资源,整合服务管理,理顺管理体制机制,从而保证游客的核心体验,塑造景区整体品牌形象。

"鸟巢"的服务管理经历了一个从无到有的探索和建设过程,真正以"问题导向""需求导向"为思路,摸着石头过河,按照发现问题、分析问题、解决问题、实施反馈这种渐进式的推进思路,逐步完善建立起一套规范的服务管理体系。"鸟巢"在后奥运时代的利用是走在世界前列的,也是奥运遗产传承与保护理论走向实践的重要验证。

---

① 陈力朴,唐皓. 心用在哪 旅游的品质就在哪 访北京奥林匹克公园管委会副主任 赵建民[J]. 旅游,2013,10(538):20-25.

第二节 "鸟巢"的游览服务体系

一、解决转型痛点,建立游客咨询体系

(一)游客的停留时空问题

营业初期,"鸟巢"面对着很多现实困境,其中,游客游览无序、停留时间短是困扰景区运营的突出问题。"鸟巢"巨大的体量与游客的停留时间(通常不超过 60 分钟)不成正比,在有限的停留时间内,大部分游客都不会选择进入比赛场馆,而是进行所谓的"'鸟巢'外观游",这种游览方式是北京一日游线路的一个卖点。而同期,国家 5A 级景区的游客平均停留时间是超过 300 分钟的。造成游客在"鸟巢"停留时间短的原因具体包括以下几个。

1. 现有游客服务中心及综合服务亭服务功能缺失

园区现有游客服务中心和综合服务亭是奥运会期间的服务配套设施,主要服务于奥运会期间的参赛选手及观众。赛后的奥园作为旅游景区,游客服务中心和综合服务亭因不在游客主游览线上,已不能满足游客的游览需求,导致园区咨询服务严重缺失。

2. 园区游览缺乏引导

"鸟巢"的游客以散客为主,来自不同方向的游客自不同的安检口进入园区后,基本是在无组织、无引导的状态下开始浏览的,由于奥园缺乏相关的引导服务,游客通常只能在入口附近的核心区做浅度游览,大量的优质资源未能发挥应有的作用。

3. 游览线路缺少有序性

赛时的奥运场馆是按照比赛和观赛需求设计的,园区场馆的分散和尺度具有超常特性,可以满足大规模人流短时集中汇聚的空间需求。但是,进入赛后常规运营后,松散不连续的客流在这种空间中无法找到方向,必须依赖有效的线路辅助才可以顺利游览,否则其体验满意度会受到极大的削弱。

(二)游客咨询解决思路

旅游景区最重要的服务设施就是游客中心,它是游客进入景区后最需要的服务设施。游客中心为游客提供信息、咨询、游程安排、讲解、教育、休息等旅游设施和服务功能的专门场所,属于旅游公共服务设施,所提供的服务是公益性的或免费的。"鸟巢"将其作为提升整个景区服务管理的第一步,具体操作体现在以下几个方面。

1. 根据实际问题,全面提升"3+5+2"旅游咨询设施

(1)提升现有 3 个游客服务中心。园区内已有 3 个大型旅游咨询服务中心,在原有基础上进行升级改造,使其具备旅游咨询、商业服务、导游服务、便民服务及医疗救助五大功能;完善服务内容,增设人性化服务项目,加强规范服务流程,提升服务人员服务素质和岗位技能。

(2)升级改造 5 个综合服务亭。因赛时服务需要,园区在不同位置建有 5 个综合服务

亭，主要实现赛时的咨询服务功能，现将综合服务亭重新启用，对其外观进行统一设计，对其内部空间统一布局，使其实现旅游资源介绍、景区形象展示、区域交通信息、游程信息、天气询问、住宿咨询、旅行社服务情况问询及注意事项提醒等旅游咨询功能。

（3）按需新建2个最为关键的游客服务中心。新建2个游客服务中心，解决长期困扰游客游览的痛点。3号安检口游客服务中心位于地铁8号线奥林匹克公园站出口处，为游客抵达奥林匹克南园的主要出入口，科荟路游客服务中心则是奥园北园及森林公园的主要游客服务中心。根据需要，游客服务中心内增设了票务服务。除此之外，由于客流量大，两个游客服务中心还布置了冬奥会相关知识系列展等，以便更好地发挥中心的文化传播作用。

2. 制定服务标准，夯实服务质量

规划游客服务中心内部服务流程，树立游客服务标准，建立面向游客的、服务更便捷化、丰富化和国际化的高端服务化体系。用立足于且高于5A级旅游景区的服务标准制定园区标准，目的是强化奥园地位，提供全方面的游客服务。具体工作围绕三个标准、两个满意、一个宗旨开展。

（1）三个标准：形象标准化、语言标准化、服务标准化。形象标准化主要体现在服务人员简洁的妆容、标准的着装、得体的仪态和适度的微笑；语言标准化主要体现在服务人员与游客的沟通上，要善于双层沟通，沟通时要使用文明用语、欢迎语、祝福语、告别语要贯穿沟通的始末；服务标准化主要指迎客、服务、送客三个环节的服务流程的规范化，对各个服务都要制定规范的流程，根据流程加强员工岗位技能的培训。

（2）两个满意：让游客满意，让自己满意。旅游服务要满足旅游者的需求，在满足旅游者基本的旅游需求外，要善于分析游客的潜在需求，提供游客需要但没有说出来的服务，这样的服务才是超常规的、超出游客预期的服务，才是真正让游客满意、让自己满意的服务。

（3）一个宗旨：全心全意以为游客服务为宗旨。经过在运营过程中不断收集游客意见并根据游客反馈改进、提升设施和服务，实施效果非常显著。自2013年9月开放，一年时间内，游客服务中心共向游客提供旅游咨询700余万人次、免费讲解30余万人次，带动进入"鸟巢"、水立方参观游客比2014年同期增长约20%，直接带动票务收入增长近15%。通过完善3号口游客服务中心的服务、管理体系，"鸟巢"的标准化服务流程日趋完善，有效地提高了游客满意度。在北京市旅游委及朝阳区旅游委的若干次检查中屡获好评，并获得了北京市旅游委精品咨询站扶持资金奖励。

二、弘扬奥运精神，建立解说服务体系

（一）游客的游览内容问题

对于一个全新的人工景点，导游需要如何和游客交流？如何介绍"鸟巢"需要传递的内容？如何引导游客从更深层面去真正理解"鸟巢"、理解奥园呢？如何将其所承载的文化内涵普及大众呢？这些是"鸟巢"最初的服务运营困惑，也是"鸟巢"一直在努力提升的软性服务。文化是旅游的灵魂，特色是一个旅游景区的核心，经过反复研讨，"鸟巢"将目光锁定在场馆的设计理念、设计故事、建设中的感人故事、设施的科技含量、钢结构的好处、雨水回收的环保理念等内容的挖掘上。当然，关于奥运的故事还有很多，可以从设计

讲到奥运文化，这些都具有现实意义。①

文化内涵是需要靠媒介输出的，而讲解服务正是其中之一。精心设计好的讲解话术加上规范生动的讲解能起到非常正向的宣传效果，同时也满足了游客的精神文化需求。

（二）解说服务解决思路

针对痛点，"鸟巢"建立了以点穿线、带面的"鸟巢—奥园"讲解服务体系，将"鸟巢"游览与奥园整合连接并以完成如下目标作为出发点：建立文化旅游示范新模式；建立 5A 级景区导游新标准的示范基地；建立旅游科技文化标准示范点；建立富含文化特色的 VIP 旅游线路运营标准示范点；建立志愿者导游服务新模式。

1. 讲解员队伍建设，提升解说服务标准

讲解队伍由执证导游、专业讲解员、志愿者三部分构成。主要面对高校进行招聘，优先选用和旅游行业相关的专业人员，高素质、多语种、高标准，制定面试录用流程，从语言、主动意识、服务观念、品牌及创新思想等方面综合考虑进行选拔。讲解服务是即时的动态服务，需要日常化的系统培训，以保障讲解服务技能。强化讲解服务的专业性和规范性，强化讲解人员的服务意识，增设讲解语种，使讲解服务精细化、人性化。

完善讲解词标准化建设，统一园区内的讲解词并根据不同游览线路、语种制定标准讲解词版本，符合准确、生动、简洁的原则。

2. 规范有序引导，宣传文化特色

完善游览线路定制化建设；结合园区内景点的不同文化属性、游客游览时间、游览方式等制定多样化游览线路，通过讲解服务更好地引导游客认识"鸟巢—奥园"，提升景区的品牌传播度。

依托于电瓶车资源和讲解服务资源，园区游览的标准游线均在讲解员的带领下进行，讲解员向游客讲解整个园区的建设理念、各场馆的建设理念、奥林匹克精神、中华民族精神等内容，使游客在游玩的过程中了解文化并进行宣传和推广，使赛后奥运遗产发挥其应有的价值。

3. 讲解服务多样化，游客按需选择

满足游客的多样化服务需求点，激发消费者在场馆门票或在其他方面的消费。主要采取"免费+高端服务"双轨结合模式。其中，高端服务根据不同线路套餐收取适当费用。散客可在游客服务中心临时组团，由园区讲解员或者志愿者全程陪同参观。通过义务讲解服务提升景区内的优质服务，挖掘景区文化内涵和开辟景区内的多种经营模式。

4. 提升服务质量，完善游客体验

以讲解服务为核心延伸多种服务模式，包括专业导游讲解团队、一站式服务；观光电瓶车导游讲解一体化服务；周末志愿者旅游服务队伍亲情化服务；奥运文化旅游新线路服务；奥园各景点文化深度游服务。

通过讲解培养游客的文化认同感。例如，在 3 号安检口内，游客服务中心外开展奥林匹克公园入园仪式等，深挖文化内涵以提升游客体验。

通过上述四大系列措施，规范化、精细化和人性化的讲解服务受到了游客的高度赞扬，

---

① 陈力朴，唐皓. 心用在哪 旅游的品质就在哪 访北京奥林匹克公园管委会副主任 赵建民[J]. 旅游，2013，10（538）：20-25.

宣传了"鸟巢"与奥园的特色文化。园区讲解服务对景区发展、社会发展都意义非凡。

三、布局游览动线，建立商业服务体系

（一）游客的消费服务问题

游客入园后的二消是提升游客体验、摆脱门票经济的必要措施。但是，营业初期，"鸟巢"的商业状况不容乐观，一层商业生意冷淡、无人问津，而售卖内容几乎相同的水立方商店却生意红火、一片繁荣。到底哪里出了问题？

1. 商业区位置隐蔽，无人流

"鸟巢"商业区设置在基座一层的内侧 K、L 入口附近，是一条长约 100 米的商业街，集中设置有餐饮及旅游纪念品店。由于商业街位置相对隐蔽、标识系统不完善、咨询服务缺失等原因，游客很难自行来到商业街。

2. 游客只看不买，无消费

"鸟巢"旅游纪念品店集中组织了富有奥运特色、地域特色和民族特色的商品，种类丰富、样式繁多，富有深厚的文化内涵，可满足游客出游购买礼品馈赠亲朋好友以及日常使用、收藏等需求。但"鸟巢"商业区营业之初，游客大多只看不买，人流无法转化为客流。

（二）商业服务解决思路

1. 引导人流：调整游览线路，增加游客进入商店的比率

对"鸟巢"商业现状充分调研后，围绕商业服务提升拓展工作思路，通过讲解线路的调整，使游览线路连接商业街，降低游客进入商店的难度，加强引导人流向购物区集聚，增加游客进入商店的比率。

2. 转化客流：提供良好的购物环境，满足游客购物冲动

"鸟巢"商业区根据游客的行为特征，充分考虑游客在游前、游中、游后的实际购买需求，调整购物区的序列位置，将集中的购物区放在景区游线最后的部分，设在进出景区的必经之路上。当游客游览到最后环节时，购物将成为游客景区体验的最后高潮，游客在景区体验中所获得的畅爽感受将在购物环节中得到释放。优秀的购物环境设计也迎合了这样的需求，优化货品展陈，营造良好的购物氛围并通过提升服务技能，提高服务人员的讲解、活动推广水平，激发游客购买欲望。

通过上述对策，各商店销售额基本能达到同时期的 300%，人流量的增加可提升营商环境，吸引新商户入驻，业态更加丰富，商业服务体系的逐渐形成满足了游客的购物需求，全面提升了游客的游览体验。

四、满足游客需求，建立主题产品体系

（一）游客满意度问题

赛后的"鸟巢"无论在运营思路上还是在服务体系上均面临着巨大挑战。"鸟巢"服务

产品单一,无线路组织,导致游客游览无序,在场馆停留时间较短,无法激发游客的潜在需求,无法为游客提供更多的旅游服务。线路产品仅停留在满足游客基本的观光需求,没有从更深层次挖掘游客的潜在需求。

而就门票而言,赛后票价是赛前定价的 2.5 倍。自"鸟巢"对外开放后,很多到"鸟巢"参观的游客都认为,作为国家举办奥运会的主会场,"鸟巢"在赛后应当免费向公众开放,"鸟巢"门票由此为众人垢病。虽然"鸟巢"针对老年人、在校学生、现役军人、残疾人已推出了免票和半价票的政策,在一定程度上改善了公众对"鸟巢"的评价,但下一步的服务运营要做的是让"鸟巢"的内容物有所值。[①]

(二)产品体系解决思路

1. 观光产品

"鸟巢"观光产品主要包括场馆旅游、奥运旅游和建筑旅游。随着"'鸟巢'热"的浪潮不断高涨,进入"鸟巢"的游客越来越多,为满足不同游客群体的需求,"鸟巢"充分挖掘、利用奥运遗产,丰富旅游产品,在推出"'鸟巢'普通游"线及系列主题活动后,相继推出了奥运文化主题游线路产品"'鸟巢'神秘贵宾之旅"和"顶美'鸟巢'—空中走廊"。线路连接了"鸟巢"中具有重要意义的历史空间,金色大厅→元首通道→主席台→祥云金厅→流水银厅;连接了"鸟巢"绝世壮美的奥运景观,一层蜡像馆→场馆观众席→五层奥运文化长廊→顶美"鸟巢",通过提取主题线路讲述奥运文化,由讲解员带领并定时提供讲解服务。

2. 节事活动产品

"鸟巢"始终坚持以弘扬奥运精神、服务社会大众为宗旨,不断丰富旅游项目内容,包括奥运开闭幕式道具展、科技"鸟巢"展、"鸟巢"故事展以及"鸟巢"成长、奥运会开闭幕式揭秘、奥运精彩瞬间等图片展示,同时为广大游客提供免费讲解服务并配合开展"'鸟巢'全民体质测试""'鸟巢'生肖旅游""九九重阳节·'鸟巢'一家亲"等主题系列活动,受到了社会各界的关注与好评。

3. 多元季节产品

"鸟巢"为露天建造,是开放式场馆,举办活动受季节、环境的影响较大,要根据季节来安排活动,像冬天的奥运冰雪季就是为了提高"鸟巢"的使用率。同时,为消抵季节性带来的淡旺季问题,"鸟巢"地下还兴建了一个奥运博物馆,奥运会开幕式上使用的奥运缶、电子卷轴等道具及服装,奥运会赛场上的各种具有收藏意义的运动器械以及有关的文字及电子资料等都收入奥运博物馆,由于它不受季节影响可以常年开放,可增加产品多元性。

4. 奥运拓展产品

"鸟巢"通过延伸体育乐趣产品,突破单纯奥运场馆的形象,进一步向奥园拓展活动空间。通过对市场、主题、形象、休憩方式等资源的综合考虑,设置多元多样的主题文化巡游、巡展活动,通过体育花样项目表演、奥运文化创意展、摄影展等多种形式营造热烈的旅游氛围,打造奥运文化旅游品牌,提升旅游价值。开展活动分为常规活动、节庆活动两

---

① 陈婷. 现阶段国家体育场运营模式管理探析[C]//中国体育科学学会. 2012 中国体育产业与体育用品业发展论坛论文集. 2012:254-257.

类,每日的固定活动可增加园区吸引力;重大节庆日举办的针对性活动,包括元旦五福临门倒数派对、春节"迎龙接福"、情人节心愿奥园、奥园爽玩夏日、奥园缤纷复活节、奥园雪亮圣诞等可吸引本地生活人群,丰富"鸟巢"形象。

"鸟巢"不同主题线路的推出,奥林匹克公园节事活动的打造,丰富了游客的游览内容,延长了游客在奥林匹克公园的停留时间,提升了奥林匹克公园的商业价值和社会价值。

第三节 "鸟巢"的整合服务管理

一、整合服务资源,理顺部门管理

"鸟巢"通过不断的摸索、总结和创新,从无到有逐渐走出一条与众不同的发展道路。"鸟巢"的管理者是国家体育场有限责任公司(以下简称"公司"或"国体公司"),属于国有控股企业,拥有"鸟巢"的所有权、运营权和收益权,承担"鸟巢"的投融资、建设和运营工作[①]。在赛后初期运营中,由于企业盈利的需要,其运营维护管理模式引发了商业与公众利益的冲突问题。经过艰难的体制探索,为了保证景区的公益性和社会性,在"鸟巢"赛后运营一年后,根据《关于进一步加强国家体育场运营维护管理协议》(2009年8月),北京市人民政府收回了"鸟巢"的运营权,将"鸟巢"的赛后运营定位为:从根本上要实现社会性、公益性的社会效益目标,同时实现可持续性发展。在中共北京市委、市政府主导下,"鸟巢"形成了由国体公司负责运营,全市各相关部门、属地政府全力支持配合,充分调动和发挥各方积极性的运营管理新体制。国体公司按照"政府主导、社会参与、企业运作"的要求,充分利用奥运场馆遗产,有序逐步地推进景区运营。

为了更好地服务市民和游客,赛后"鸟巢"旅游主要从观光游览入手,将原来分散在各个部门的零散服务资源通过"鸟巢"带动串联进行整合,建立多方资源协同的旅游服务体系。根据游客预约、抵达、游览、离开的游览动线将游客服务划分为停车服务、入口服务、游客中心服务、景区内服务、无障碍服务。国体公司将需求前置,根据实际服务内容重新搭建旅游运营接待部的组织架构(见图11-1)。

图11-1 "鸟巢"旅游运营接待部的组织架构

以观光游览服务为基础,"鸟巢"进一步整合资源拓展相关产业,包括:① 紧随其后的"鸟巢"旅游产业链的开发,如酒店、餐饮、纪念品等项目,目的是辅助"鸟巢"旅游业,以吸引游客;② "鸟巢"文化表演,如大型文艺演出或者演会唱等;③ 体育赛事,

---

[①] 国家体育场·鸟巢. 公司介绍[EB/OL]. (2020-11-30). http://www.n-s.cn/shownews.jsp?type1=13.

包括重大赛事,也包括租场活动等。

二、整合景观资源,创造核心体验

在"鸟巢"的服务运营中,其综合收入中的70%~90%来自门票。[①]观光旅游始终是最重要的业务版块,也是游客最主要的旅游目的。

"鸟巢"以及其他奥运文化景观共同构成了游客体验诉求的核心。国体公司在"鸟巢"观光的基础上进行串联整合,依托主入口(3号安检口)游客服务中心研发出多种旅游产品以满足游客需求。游览线路设定的原则遵循城市与自然的和谐。利用奥园南区、中心区、北区的游览循环展现城市与自然的过渡并以中轴线为主游览干线,"鸟巢"、水立方两个核心景点为游览中心点,辅以奥园其他景点与森林公园参观,最终形成突出核心景点——"鸟巢"的主题游园线路。主题线路以公益讲解、电瓶车交通为服务,以"鸟巢"、水立方、北顶娘娘庙、中轴线、龙形水系、火炬广场为文化景观基点,形成环线游览线路,建立园区有序游览的标准游线。在园区全面讲解的基础上重点介绍"鸟巢"以及"鸟巢"的旅游产品和服务体系,再次激发游客进入"鸟巢"的需求,突出"鸟巢"的核心地位,形成景区完整的游览体验(见图11-2)。

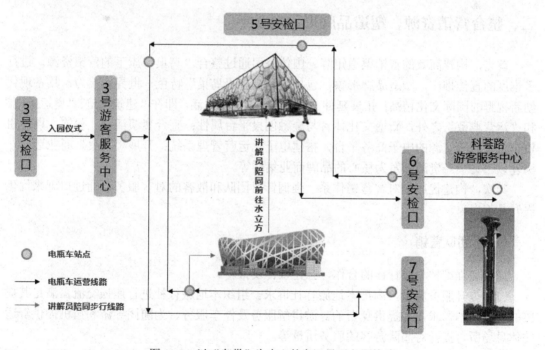

图11-2 以"鸟巢"为中心的奥运景观主题线路

此外,为进一步强化主题,国体公司根据园区内景点的不同文化属性、游客游览时间、游览方式等,从不同侧面挖掘奥运内涵,展示主题文化,开发多样化游览线路。在标准游线的基础上进行景点重组,推出不同主题的游线(见表11-1),以此不断加深游客的主题体验。

---

① 沙漠. 奥运场馆赛后的利用与管理[D]. 北京:清华大学,2011.

表 11-1　多样化的奥运景观主题线路

线路名称	游览景点	游览时长	游览方式
奥园场馆普通游	"鸟巢"、水立方、国家体育馆	100 分钟	讲解员陪同，提供讲解、电瓶车服务
水立方、"鸟巢"VIP深度游	"鸟巢"神秘贵宾之旅、水立方深度游	100 分钟	讲解员陪同，提供讲解、电瓶车服务
中轴文化深度游	"鸟巢"神秘贵宾之旅、北顶娘娘庙、水立方深度游、玲珑塔、森林公园	200 分钟	讲解员陪同，提供讲解、电瓶车服务
绿色环保游	"鸟巢"、玲珑塔、森林公园	100 分钟	讲解员陪同，提供讲解、电瓶车服务
科技深度游	"鸟巢"神秘贵宾之旅、水立方深度游、科技馆	210 分钟	讲解员陪同，提供讲解、电瓶车服务
电瓶车观光游	"鸟巢"、水立方、北顶娘娘庙、玲珑塔、国家体育馆、国家会议中心	30 分钟	车览，驾驶员提供随车讲解服务

三、整合营销资源，塑造品牌形象

首先，构建高效的营销渠道矩阵。国体公司通过整合"鸟巢"旗下的营销资源，进行多维度的宣传推广，塑造品牌形象，包括策划具有"鸟巢"特色、世界影响力，具备现代创新视野的国际文化精品；拓展延伸"鸟巢"品牌既有内涵，即在"建筑奇迹""奥运圣地"和"运营典范"之外，新增文化体育与金融创投平台属性；整合赛演活动、餐饮、场地租赁、衍生品等资源的电子商务平台，搭建电子化运营管理系统；开展"鸟巢"商业运营，构建以"鸟巢"资源开发为核心的品牌商业集群等。

其次，构建优质的对客营销体系。强调针对团队和散客的对客服务，通过口碑来优化提升品牌形象。

（一）团队营销

通过加强维护与旅行社的合作，强化宣传及推广。

（1）提升服务质量，满足本地旅行社诉求。组织本地旅行社进行座谈交流，满足其提出的一些基本需求，如提供免费的导游讲解服务及停车服务、为随团导游和司机提供舒适的休息场所、提升对团队游客的服务质量等。

（2）加强外地旅行社店面宣传，营造北京旅游地标概念。由"鸟巢"统一指导，对店面 X 展架、海报、宣传折页进行版式设计、印刷，全面营造"鸟巢"水立方北京旅游地标概念。

（3）提升园区团队接待服务标准，保证团队参观流畅性。成立旅行社服务团队，制定旅行社服务标准流程，从接团、引导、讲解、送团等方面提供一体化服务，保证在 1.5 小时内合理引导完成"鸟巢"、水立方及园区的参观游览。

（二）散客营销

通过"全员营销"，提升园区游客入馆参观比例。强化园区游客服务中心工作人员、讲解员、观光车驾驶员等所有一线服务员工的营销意识，在为游客提供服务的同时宣传介绍"鸟巢"亮点，将中心区人流转换为"鸟巢"进场游客。针对"鸟巢"外围人员，通过快速传播新观点，达到众人都说"鸟巢"好的效果，从而扭转口碑营销上的不足。针对"鸟巢"的散客营销具体包括以下几个方面。

（1）增加安检口游客服务引导，增强景点参观介绍和游玩内容。
（2）整合资源，引入电瓶车服务，规范园区游览秩序。
（3）在安检口布置 LED、展示牌等，正面宣传场馆内游览特色。
（4）构造特色"入园仪式"，增加游客进入场馆参观的兴趣。
（5）以文化主题活动构建奥园嘉年华，培育奥园人气。

四、整合产业资源，协同创新发展

"鸟巢"通过不断的摸索、总结和创新，逐渐走出一条与众不同的发展道路，从被动经营场馆向主动经营品牌转变，从门票收入支撑场馆发展向多元可持续发展转变。

（一）依据市场需求，整合多元业务版块

"鸟巢"在以下几个方面积极策划相关产业的开发。

（1）"鸟巢"旅游，包括场馆旅游、奥运旅游和建筑旅游，主要目的是增加"鸟巢"的内涵和娱乐性。
（2）紧随其后的"鸟巢"旅游产业链的开发，其中包括酒店、餐饮、纪念品等项目，目的是辅助"鸟巢"观光，丰富游客体验。
（3）"鸟巢"文化表演，包括大型文艺演出或者演唱会等。
（4）体育赛事，包括"鸟巢"策划的重大赛事，也包括租场活动。
（5）文化展览，举办各类文化展览展示"鸟巢"特有或相关的文化属性，如"传承奥运，展望 2022"奥运文化主题展、"筑梦'鸟巢'，留住传世技艺"非物质文化遗产邀请展等。
（6）公益活动。利用自身的品牌影响力和场地资源，积极与体育、文化、环保、社会福利等领域的政府和公益组织建立合作关系，共同开展相关公益性活动、群众性活动、青少年活动，引导全社会关注公益事业。另外，"鸟巢"还注重无形资产的开发策划，包括合作伙伴关系的建立、包厢开发和冠名权使用探索等。

（二）坚持政府主导，整合利益各方优势

"鸟巢"的服务管理涉及多个层面的利益协调与合作共赢。

（1）在城市功能区层面，"鸟巢"所在的奥园管理主要采用"区域管委会制"，下设办公室（应急管理处）、综合治理处、大型活动处、市政管理处、发展处、安保交通处、服务中心 7 个内设机构，是政府的派出机构。"鸟巢"作为企业，建立了响应执行机制并与城市

管理相协调。

（2）在奥园景区层面，由八大部门组建而成的奥林匹克公园 5A 级景区中，奥园公共区管理委员会负责组织、协调奥园公共区的运行、服务和保障工作。公共区管委会的管辖范围包括"鸟巢"、"水立方"、国家体育馆三大场馆，还包括国际广播中心、主新闻中心、奥林匹克接待中心、技术运行中心等一批重要的非竞赛设施。"鸟巢"作为主要功能单体，建立了协商协调机制，服从中心区管委会的管理。

（3）从企业自身层面，国体公司作为"鸟巢"的产权方和运营管理方，遵循"政府主导、社会参与、企业运作"的要求，推行精细化、标准化、规范化管理，健全场馆运行管理制度、服务标准和流程系统，努力构建全面体育场馆管理模式，在设施维护、品牌管理、市场开发、活动组织保障等方面积累了丰富经验，打造了一支专业化运营管理团队。同时，依托北京市委、市政府的有力支持和品牌的巨大影响力，国体公司与众多国际体育组织、单项运动协会、世界著名场馆、知名体育及演出运营机构建立了密切的合作关系，积累了丰富的场馆运营资源。国体公司旗下的北京鸟巢风采文化有限责任公司、北京鸟巢文化创意交流有限责任公司、北京文化体育科技有限公司、北京鸟巢商业管理有限责任公司、北京鸟巢文化传媒有限责任公司在文化演出、文化产业孵化、体育产业电子商务、商业服务管理、无形资产开发利用等领域各自围绕"鸟巢"品牌延展产业、协同发展。

第十二章 旅游景区遗产保护与利用——西溪湿地[①]

第一节 西溪湿地的发展历程

一、西溪湿地概况

杭州西溪国家湿地公园(简称"西溪湿地"或"公园")是 2005 年经国务院林业主管部门批准设立,以永续保护湿地生态系统、合理利用湿地生态资源和人文历史风貌资源为目的,可供开展湿地保护、恢复、宣传、教育、科研、监测、生态旅游等活动,集城市湿地、农耕湿地、文化湿地于一体的国家级湿地公园。[②]

西溪湿地位于杭州市区西缘,地跨西湖区与余杭区两个行政区,分东区(西湖区)和西区(余杭区)两部分。距主城区武林门只有 6 千米,与西湖仅一山之隔,距离不足 5 千米,以"野趣、清幽、闲逸"的意境和"一曲溪流一曲烟"的典型江南水乡风光而著称,公园规划总面积约 10.64 平方千米,外围保护带面积约 15.70 平方千米,周边景观控制区面积约 50 平方千米。[③]西溪湿地的东侧即为杭州城区,周边有浙江大学主校区、杭州高新技术产业开发区、西湖科技经济园以及各类城市生活社区等。作为罕见的城市次生湿地,西溪湿地不是一个原生态的自然保护区,而是一个经历了 1800 多年人为干预演进历史的城市次生湿地,是原住民长期以来农耕、渔耕的结果,造就了由鱼塘斑块构成的鱼鳞状大地景观和特别的乡土文化地理单元,集重要的生态功能、幽雅的自然景观、丰富的文化内涵于一身,成为人类与自然和谐相处的典范。西溪湿地公园保留了生态原貌,维持了湿地作为城市绿肺的功能,也成为了著名的旅游胜地,实现了城市发展和生态保护的和解和双赢。

二、西溪湿地的发展演变

西溪,古称河渚,"曲水弯环,群山四绕,名园古刹,前后踵接,又多芦汀沙溆"。历

[①] 感谢杭州园林设计院股份有限公司的资料提供与大力支持。
[②] 杭州市第十一届人民代表大会常务委员会第 54 号公告《杭州西溪国家湿地公园保护管理条例》,2011 年 6 月 30 日。
[③] 杭州市城市规划设计研究院,《杭州西溪国家湿地公园总体规划(修编)》,2007 年 3 月。

史上的西溪占地约 60 平方千米，是纵横阡陌的河网港叉，清溪绵延，茫茫一片。一部西溪湿地兴衰史大致经历五个阶段：东晋发现、唐宋发展、明清全盛、民国衰落和解放后废弃。

东晋以来，历朝历代营建的寺院名园、亭榭名景、芦花柿林、梅竹茶笋等风景名胜以及御用辇道、行宫，加上西溪朴素的田园风光，形成了与具有脂粉气的西湖风格截然不同的西溪风格，为古代文人墨客、僧侣隐士所钟情。近现代，随着工业化和城市化的推进，西溪湿地在演化中受到了很大的人为破坏，生产生活污染十分严重，造成河道淤塞、水质变劣，湿地生态功能遭到明显损伤。湿地被逐渐蚕食，面积锐减至目前的十余平方千米。

2003 年，西溪湿地综合保护工程正式启动，使得西溪湿地迎来了新生。遵循"生态优先、最小干预、修旧如旧、注重文化、以民为本、可持续发展"的原则，通过农居搬迁、河道清淤、植物复种、生态驳坎、房屋整修等各种措施对西溪湿地的水体、地貌、动植物资源、民俗风物、历史文化等进行科学的保护和恢复，从而打造杭州特有的湿地生态品牌，全面提升杭州的生态、环境质量和国际旅游名城品位。

2005 年 1 月，杭州市林业水业局向杭州市人民政府提出批复杭州西溪国家湿地公园总体规划的请示；1 月 18 日，市人民政府批复同意。

2005 年 2 月，国家林业局批复同意开展杭州西溪国家湿地公园试点工作。

2005 年 5 月，西溪国家湿地公园一期建成开园。

2006 年 5 月，西溪湿地二期综合保护工程启动。

2007 年 10 月，西溪国家湿地公园二期建成开园，同时，西溪湿地三期综合保护工程启动。

2008 年 1 月，西溪国家湿地公园三期建成开园。

2009 年 9 月，西溪国家湿地公园成功加入《国际重要湿地名录》，湿地保护成果获得国际最权威组织的认可。

2011 年 9 月，国家林业局批复同意试点西溪湿地国家公园通过验收，西溪湿地正式成为"国家湿地公园"。

2012 年 1 月，西溪国家湿地公园获"国家 5A 级旅游景区"称号，成为我国首个国家 5A 级景区的国家湿地公园。

2015 年 2 月，西溪国家湿地公园获"国家生态旅游示范区"称号。

2017 年 12 月，西溪湿地获首批"全国中小学生研学实践教育基地"称号。

2020 年 3 月，习近平总书记专程就西溪湿地保护利用情况进行考察调研并指出要把保护好西湖和西溪湿地作为杭州城市发展和治理的鲜明导向。

2020 年 6 月，"西湖·西溪一体化保护管理"授牌，西湖风景名胜区管理委员会（西溪湿地管理委员会）、西湖区、余杭区主要负责人共同为杭州西湖西溪旅游建设管理集团有限公司揭牌。

如今，西溪湿地公园已全面打响"生态、美丽、休闲、文化、科技"的特色品牌，成为杭州的又一张特色"金名片"。

第二节　西溪湿地的保护管理

一、基于地方发展的公园管理体系

（一）公园定位

2003 年编制的《杭州西溪风景区总体规划[①]》、2004 年编制的《杭州市西溪湿地保护区总体规划》和 2007 年修编的《杭州西溪国家湿地公园总体规划（修编）》中，西溪湿地被分别定位为以观光休闲为主的"西溪风景区"，以保护生态环境、改善湿地水质状况为出发点的"西溪湿地保护区"，集城市湿地、农耕湿地、文化湿地于一体的"西溪国家湿地公园"，这显示了湿地保护、建设、管理的认识发展过程。

1. 风景旅游区

最早，西溪湿地是作为一个"以水网沼泽为特征的湿地型风景区"来进行规划设计的，偏重于风景旅游的效益利用。但一味地凸显西溪湿地的利用功能，导致大量游人的进入和景点建筑的建造超过了西溪湿地的生态承载力，造成了生态环境的恶化。

2. 湿地保护区

鉴于西溪湿地的生态环境趋于恶化，建立自然保护区的观点认为，湿地应该实行全封闭保护，禁止进入，绝对封闭。但这种观点忽视了西溪已经演变成为次生湿地、曾是杭州著名风景胜地的历史现实，忽视了原住居民的生存发展要求。这种单纯保护而不加以利用的观点显然只是一种理想化的设定，同样不利于西溪湿地的可持续发展。

3. 湿地公园

湿地公园既不同于湿地自然保护区，也不同于一般意义上的水景公园，而是主张保护与利用统一，充分发挥湿地资源的利用价值，重点构建生态保护、科研科普和生态旅游三大功能。对改善杭州市生态环境、提高城西区域性生态质量有着极其重要的作用，是经济社会可持续发展的重要基础，也是杭州生态城市建设的重要内容。经过探索和实践，西溪湿地公园是对西溪湿地的科学定位和准确定性，国家湿地公园模式是适宜西溪湿地这样一个城市次生地湿地可持续发展的保护发展模式。

（二）管理体制与机制

西溪湿地分属杭州市西湖区、余杭区两个行政区。按照遗产资源管理的惯例，实行所有权、管理权、经营权分开。根据资源的属地化管理，所有权和管理权属于地方政府，杭州西溪湿地公园管理委员会、杭州西溪湿地公园（余杭）管理委员会作为两区人民政府的派出机构，负责履行杭州西溪湿地公园的保护、管理和合理开发利用。

[①] 2000 年 10 月，杭州市规划局委托杭州市规划设计研究院编制《杭州市西部地区保护与发展规划思路研究》课题，西溪风景区（湿地保护区）正式得到规划的确认，自此，杭州市园林规划设计研究院、杭州市城市规划设计研究院、中国城市规划设计研究院等单位在此基础上相继编制了一系列的相关规划。

在风景旅游的主导定位下，既往，该公园的运营主体是两家分属不同属地的国有企业。西湖区的杭州西湖投资集团有限公司拥有湿地一期、二期的独家经营权，其子公司杭州西湖文化旅游投资集团有限公司（简称"西湖文旅"）负责具体运营。余杭区的余杭旅游集团则拥有湿地三期的独家经营权，具体运营由子公司杭州西溪国家湿地公园西区经营管理有限公司（简称"西区公司"）负责。旅游服务收入主要是公园的门票收入、船票收入和会所租金收入以及住宿餐饮收入等。由于市场导向，该湿地公园的旅游一度开发过度[1]，为促进西溪湿地旅游良性发展，西湖文旅与西区公司合作签订了《营销合作协议》，共同投资成立旅游营销公司，作为整个西溪湿地公园景区门票、车船票收取和市场营销管理的主体，由于合作未达预期，协议期满后，双方未重新签订协议，依然各自为政。

伴随我国生态文明战略的推进，为深入贯彻落实习近平总书记考察浙江、杭州时的重要讲话精神，西溪湿地的总体定位有了新的高度，与之相伴，其管理体制有了巨大的变革。2020年，杭州市委、市政府按照"山水相融、湖城合璧、拥江枕河、人水相亲"的发展理念，坚决破除"碎片化"现象，从更高的层面优化调整管理体制机制，形成西湖、西溪一体化保护的强大合力，正式成立杭州西湖风景名胜区管理委员会（杭州西溪国家湿地公园管理委员会）。统一的管理委员会将扛起"西湖、西溪在我心中"的责任，高质量规划"两西"一体化发展战略，联动实施西湖全域综合提升和西溪原生态保护提升，进一步升级市场化管理，全面打造杭州"两西"三生融合的美丽样板，为加快建设杭州"湿地水城"和建设独特韵味、别样精彩世界名城做出新的贡献。[2]

西湖、西溪一体化保护管理是城市发展战略的组成部分，是杭州在推进"两山"理念和城市治理体系与治理能力现代化上的积极创新，是杭州深入推进美丽中国样本建设，努力成为全国宜居城市建设"重要窗口"的有力举措。

二、基于科学管理的保护地管控

（一）法规制度

国家湿地公园是指以保护湿地生态系统、合理利用湿地资源、开展湿地宣传教育和科学研究为目的，经国家林业局批准设立，按照有关规定予以保护和管理的特定区域。国家湿地公园是我国自然保护体系的重要组成部分，有严格的法规予以保护。

西溪湿地公园遵循关于湿地保护的国际公约、与湿地有关的国家法律和湿地保护与合理利用的相关政策。2011年，杭州市第十一届人民代表大会常务委员会通过的《杭州西溪国家湿地公园保护管理条例》为湿地保护提供了法律保障。"一园一法"开创了我国地方对具体湿地保护的先河。围绕建设国家湿地公园的目标，结合西溪湿地实际，以维护生态系统完整性、保护动植物及其栖息地、协调设施建设与生态环境、加强科普教育和环境监测为重点，通过保护生态环境、保护湿地生态系统的生物多样性，发挥其生态效应；通过利用湿地开展湿地生态系统生物多样性、文化多样性等多方面知识教育，发挥其社会效应；通过加强立法等办法，正确处理好可持续利用效应，最终实现人与自然相和谐、政府与群

---

[1] 包勇. 杭州西溪湿地旅游区被严重警告，今起开展集中整治[EB/OL]. 浙江在线, http://www.xinhuanet.com/travel/2015-10/10/c_128303435.htm.

[2] 张留，郑亚丽. 杭州西湖·西溪一体化保护管理机构今日正式揭牌[EB/OL]. 浙江新闻, https://zj.zjol.com.cn/news.html?id=1472685.

众相和谐、历史与现实相和谐、保护与利用相和谐,保护与利用"双赢"的西溪国家湿地公园模式。

(二)科学规划

西溪湿地的规划策略是"生态保护与建设开发并重""兼城市湿地、农耕湿地和文化湿地于一体"。西溪湿地的整体开发一共经历了三期:一期以生态保护、生态恢复、历史遗存恢复、旅游服务为主;二期在各入口控制游人量以保证鸟类等动植物栖息安全;三期拆迁难度大,以保留具有真实感、原生性的水乡村落为主。西溪湿地的规划策略包括以下几个方面。

1. 全面保护与重点保护相结合原则

积极采取有力措施,将西溪湿地公园内的自然资源和人文历史资源作为一个整体全面保护,坚持生态优先、最小干预,注重文化保护。重点改善湿地水质,重点保护以动植物资源为重点的物种多样性、以典型湿地生境为重点的生态系统多样性以及深厚的历史文化资源。

2. 分区保护与分类保护相结合原则

根据湿地公园丰富的自然资源和历史文化资源的性质和保护要求,针对不同的功能分区,采取不同的保护措施和手段,实行分区施策。

3. 展示性保护原则

在全面保护的前提下,依托湿地公园丰富的自然资源和深厚的历史文化底蕴,适度开展生态旅游、生态体验、科普宣教、文化展示等展示性活动,使广大访客认识到湿地保护的必要性和重要意义,普及湿地科学知识,弘扬湿地生态文化,促进生态文明建设。

4. 多种措施和手段相结合原则

依据《杭州西溪国家湿地公园保护管理条例》等相关法律法规,严格保护湿地,确保湿地公园各项工程建设项目、旅游等人为活动合法合规。积极采取生物措施与工程措施相结合的方式进行生态修复和治理。

(三)严格管控

湿地公园是国家湿地保护体系的重要组成部分,与湿地自然保护区、保护小区、湿地野生动植物保护栖息地以及湿地多用途管理区等共同构成了湿地保护管理体系。发展建设湿地公园是落实国家湿地分级分类保护管理策略的一项具体措施。

西溪之重,重在生态。虽然西溪湿地的交通可达性与周边用地价值很高,周边商业、酒店、办公等旅游消费设施以及高端住宅密集,但是杭州市人民政府通过《杭州西溪国家湿地公园周边地区景观(建筑高度)控制规划完善》等一系列法规的出台较好地控制住了区域开发高度与开发强度,以免西溪湿地的生态环境在周边城区的扩张中惨遭蚕食。

对于公园内部,保护策略重视生态维护与优化,对湿地进行严格的分区管理。西溪湿地公园根据功能与管理特点,划分为保育区、恢复重建区、合理利用区3个功能区。保育区面积580.42万平方米,占湿地公园面积的55.92%;恢复重建区面积约55.44万平方米,占湿地公园面积的5.34%;合理利用区面积约402.14万平方米,占湿地公园面积的38.74%。

保育区是湿地公园内湿地生态系统完整性较好、生态稳定性较高、受人类活动干扰最少、自然状态保持良好的区域，是湿地公园内湿地生态系统的核心区域，除开展保护、监测、科学研究等必须的保护管理活动外，不得进行任何与湿地生态系统保护和管理无关的其他活动。保育区重点建设项目包括水系连通项目、水位生态管理项目、水质保护项目、水岸保护项目、栖息地保护项目、池塘生物群落恢复项目、野外固定监测站点与建设项目、野外监测样地设置等。

恢复重建区是指湿地公园内湿地生态系统遭到了一定程度的破坏，需要恢复重建受损的湿地生态系统的区域。恢复重建区应开展培育和恢复湿地的相关活动。以湿地水质改善、湿地植被重建、野生动物栖息地恢复为主要目的。恢复重建区重点建设项目包括钱塘江清水入园项目、河道清淤疏浚项目、野生动植物及其栖息地恢复项目、水岸保护项目、水系连通项目、水位生态管理项目、栖息地恢复项目、池塘生物群落恢复项目、河道与湖泊生物群落恢复项目、野外固定监测站点建设项目、野外监测样地设置等。

合理利用区是湿地公园内人文历史资源的集中分布区，是合理利用湿地公园内自然景观资源、人文景观资源的重点区域，应当开展以生态展示、科普教育为主的宣教活动，可开展不损害湿地生态系统功能的生态体验及管理服务等活动。合理利用区的重点项目包括生态保护项目（湿地公园内外水系连通项目、水位生态管理项目、水质保护项目、水岸保护项目、栖息地保护项目等）、生态恢复项目（钱塘江清水入园项目、河道清淤疏浚项目、野生动植物及其栖息地恢复项目、池塘生物群落恢复项目、河道与湖泊生物群落恢复项目等）、科研监测项目（杭州西溪国际重要湿地保护研究中心、生态站综合实验楼建设项目、野外固定监测站点建设项目、野外监测样地设置湿地生态监测与研究平台建设项目等）、科普宣教项目（综合性宣教项目、主题宣教项目、牌示标识系统建设项目、媒体宣教项目等）、生态旅游项目（现有景区景点改造与提升项目、新景区景点挖掘建设项目、游船景观体验项目、氦气球生态观光项目、"西溪且留下"生态文化演艺项目等）、生态种养项目（特色鱼类种质资源保护与繁育示范基地建设项目、水产生态养殖示范区建设项目、水生经济植物培育利用示范区建设项目等）、生态体验和旅游服务基础设施建设项目（游客服务中心建设项目、出入口建设项目、水电路配套建设项目等）。

三、基于环境教育的生态旅游开发

（一）开发原则

西溪国家湿地公园的生态保护与综合开发使得它既不同于自然保护区，也不同于一般意义上的公园，其上千年形成的人与自然和谐相处的典范模式积淀了丰厚的人文底蕴，具有强烈、独特的地域特征，即唯一性，这是湿地公园与自然保护区的不同之处。基于此，西溪湿地的生态旅游开发具有多重性，具体包括以下几点。

（1）突出保护性。生态优先，需要保障湿地生态系统结构和功能的完整性，包括以西溪湿地动植物资源为重点的物种多样性、以典型湿地生境为重点的生态系统多样性。

（2）彰显特色性。地方特色，包括西溪湿地上千年的柿基鱼塘、桑基鱼塘、竹基鱼塘等多种植基鱼塘湿地景观，河港、池塘、湖漾、沼泽、岛屿、圩堤等丰富多变的自然景观结构以及"梵""隐""俗""闲""野"等文化特色主题，构成独具特色的自然景观资源和深厚的历史文化积淀的统一。

(3) 强调教育性。讲好西溪湿地自己的故事,包括因地制宜地设置科普宣教场所,凝练宣教主题,明确科普宣教的主要内容、建设重点和展示布局,构建完整、先进的宣传教育体系,向社会公众宣传湿地功能价值,普及湿地科学知识,展示西溪湿地资源特色和价值,继承和弘扬湿地生态文化。

(4) 加强科学性。发挥科学生产力的作用,与科普、旅游形成良性互动。科学评估确定湿地资源现有的利用范围和利用方式,重视科学研究与资源监测,打造国内一流、具有国际影响力的湿地科学和湿地文化综合研究高地。

(二)游赏功能区划与生态旅游项目设置

经过十多年的保护和建设,西溪湿地入选"中国十大魅力湿地""浙江十大最美湿地""杭州十大最美湿地",荣获"全国旅游标准化示范单位",成为全国知名的湿地旅游胜地,建成了"秋芦飞雪、火柿映波、龙舟胜会、莲滩鹭影、洪园余韵、蒹葭泛月、渔村烟雨、曲水寻梅、高庄宸迹、河渚听曲"西溪十景,复原了观音庵、茭芦庵、厉杭二公祠、洪钟别业、清平山堂、河渚塔和演武堂等一批反映西溪湿地历史文化的遗迹遗址,为生态体验和生态旅游的发展奠定了基础,如表12-1所示。

表12-1 西溪湿地游赏功能区划与生态旅游项目设置

功能区名称	项目设置要点
生态保护培育保护区	保育现有的池塘、湖泊、林地、植被,创造良好的湿地生态环境,形成各类生物的栖息之地,设有国际湿地研究中心
民俗文化游览区	以西溪民俗文化为主题的风情游览区,设有国际湿地会议中心
秋雪庵保护区	复建秋雪庵,恢复秋雪庵八景,复种西溪传统植物,体现西溪的历史文化底蕴和传统景观风貌
曲水庵保护区	复建曲水庵,恢复曲水八景及传统植物景观,以文化风景游览为主题景观
湿地自然景观区	按湿地生态群落调整配置植物,从生态系统生物多样性、稳定性和生物多样性群类意义配置物种群落,突出科普功能,兼顾五常民俗风情展示,设有水乡湿地科研中心
西溪旅游服务中心(区外)	不在湿地公园范围,设有湿地科普互动中心、旅游咨询服务,以及公交场站、停车场等旅游服务功能与配套设施

上述项目内容体现了西溪湿地集城市湿地、农耕湿地、文化湿地于一体的本底特征。在现有游赏观光基础上,公园特别加强项目的完善提升,强化其科普展示、文化体验的功能。重点设定科研科普教育内容,一方面满足湿地公园保护、管理、监测、宣传、展示、教育等多方面的需要;另一方面传播湿地知识,打造全国重要科普教育基地。已经建成的科普站点有中国湿地博物馆、周家村科普展示馆、杭州湿地植物园、莲花滩观鸟区、环境监测站、气象观测站、野生动物救助站并被国家环保总局和中国科技部联合命名为环保科普基地。

(三)环境教育体系

西溪湿地严格对照全国科普教育基地、国家生态文明教育基地、全国中小学生教育实践基地等十余项国家级科普基地的高标准要求,开展保护和利用水质、大气、生物多样性等课题研究,建成国家级湿地生态系统定位观测研究站、生态信息云平台,通过科学设置科普游线、积极开发研学课程、举办全省自然笔记大赛等举措,创新自然环境教育形式。目前已建成以一馆(中国湿地博物馆)、一中心(深潭口环保体验中心)、一园(杭州湿地植物园)、一区(莲花滩观鸟区)为主体的湿地科普、研究、展示体系。[①]

1. 生态体验项目

(1)"西溪研学游"项目:将研究性学习和旅行体验相结合,倡导中小学生走进自然课堂,在欣赏湿地美景的同时,设计一系列西溪湿地特有的体验课程,带领青少年走进西溪湿地。

(2)"西溪且留下"生态文化体验系列项目:合理利用区内的河渚塔,规划采用室内场馆与室外自然场地结合的形式,增设配套设施设备,运用可控光影技术,设置"西溪且留下"生态文化体验系列项目,形象展示与西溪湿地有关的历史文化故事,传播湿地生态文化。

(3)低空氢气球观光体验项目:合理利用区内的演武场,规划设置低空氢气球观光体验项目,增设配套设施设备,从空中俯瞰、体验西溪湿地独特的生态景观,展示湿地保护成果。

2. 主题节事活动

按照"月月有活动,季季有亮点"的思路,开展丰富多彩的旅游节庆主题活动。每年定期举办覆盖春夏秋冬且深具西溪湿地特色的"探梅节""花朝节""龙舟节""火柿节""干塘节""听芦节"等传统节庆,打造旅游节庆活动拳头产品。同时,积极举办"中国湿地文化节""中国杭州西溪花朝节""世界湿地日""全国科普日""全国爱鸟周"等与湿地、生态保护、植物文化、生态科普相关的主题活动。

四、基于社区参与的区域协调发展

(一)社区发展思路

西溪国家湿地公园处于城市化地区,居民的日常生活与生产活动必然对生态环境产生干扰和影响。湿地涉及蒋村乡、五常乡等 11 个行政村,现有总人口 14 000 余人,劳动力约 3000 人,主要从事水产养殖、农业种植、养猪及少量运输业。养猪和水产养殖对水质破坏严重,与湿地公园的开发建设及生态保护培育之间矛盾巨大,但此两项恰恰是湿地公园居民生产的支柱。因此,人与自然的和谐共生是解决问题的关键。

农耕文明造就了西溪人与自然协调发展的传统,工业文明则使湿地极尽毁灭,当下的生态文明需要寻找一条和谐发展之路,通过以景源永续利用和风景品位不断提高为前提,把生产要素分区优化组合,合理促进和有效控制各区经济的有序发展,追求经济效益与环境保护的双赢,使环境保护与发展地方经济、提高居民生活水平相得益彰并积极争取生产活动和经济行为景观化,形成经济持续发展、"致富"与自然风景协调融合的经济格局。

---

① 王帆,潘湘虹. 西溪湿地成省级生态环境教育示范基地[EB/OL].(2011-02-23). 杭州网, https://ori.hangzhou.com.cn/ornews/content/2011-02/23/content_3633764.htm.

（二）区域产业协同

西溪国家湿地公园的价值及其与城市紧密相融的特性，决定了其一产、二产可以完全依赖城市，而在公园中应重点开拓三产市场，形成排序以"旅→贸"为特色的经济结构。旅游是一种与湿地公园有着内在联系并且不损害风景机制的特有经济，作为一种产业特区，其经济模式具有明显的有限性、依赖性、服务性等特性。

（1）对于西溪国家湿地公园以农村劳动力为主体的农村经济系统，可以通过产业调整发展旅游业，包括实行农转居，改为与旅游相关的旅游服务、商业、娱乐业、湿地公园管理和养护业等；保留、发展富含湿地特色及内涵的产业，开展组织特色农业旅游，通过特色旅游活动增加居民收入并使生产活动具有旅游特性。

（2）对于西溪国家湿地公园以管理职能为主的湿地公园管理服务经济系统，规划理顺关系，提高效率。使风景保护、园林养护、建设等行为进一步社会化、企业化，提高其质量和效益。

（3）对于分布于湿地公园内提供住宿、购物、旅游服务以及创意服务的独立单位，要求其提高服务层次和水平，创造特色，通过整合调整，实现资源共享、环境共创，提高经济效益。位于秋雪庵保护区的"十里芳菲"主题度假村落应该是其中的杰出代表，度假合院零星散落在 6 个自然村落中，远离尘世，承载了西溪的传统气质，同时身为创意企业，"十里芳菲"的产业属性也符合西溪作为城市特区的未来发展。

第三节　保护与利用双赢的西溪模式

十多年来，西溪湿地坚持科学保护，合理利用湿地生态资源，实施了西溪湿地综合保护工程，实现了生态、社会、经济协调发展与湿地保护利用的"双赢"，下面梳理其发展模式。

一、城园统筹，从更高站位全面认识城市湿地价值

西溪湿地的保护管理是一项综合性系统工程，需要城景统筹、综合认知，从更高的站位重新认识湿地的价值。城市湿地具有生态价值、文化价值、经济价值等多种价值。在实施城市湿地的保护中，应当着眼于生态价值和文化价值，但也要基于经济价值和经济学原理设计管理策略，必须充分认识和运用城市湿地的经济学特性，如此才可能持续发展下去。

西溪湿地是一个开放系统，是一个"自然—社会—经济"有机复合系统。作为政府主导的保护性建设，西溪湿地是杭州生态战略的实施体现。作为杭州城市发展和治理的重要任务，要肩负统筹好生产、生活、生态三大空间布局，在建设人与自然和谐相处、共生共荣的宜居城市方面创造更多经验。

二、制度创新，创建公园发展的政策保障体系

制度上的创新是西溪湿地持续发展的有力保障，主要体现为：在法律法规方面，依据《杭州西溪国家湿地公园保护管理条例》对湿地"一园一法"严格实行依法保护；在管理体制方面，设立了适合湿地保护管理运行机制要求的管理机构，解决了西湖区、余杭区两区分治和部门多头管理的矛盾；在管理模式上，建立严格的管理规程，按法定程序组织规划与实施管理并引进民主管理和监督机制；在经费保障方面，按照生态效益补偿的原理，建立资源有偿使用制度，形成稳定的政府投入为主、社会捐助和经营收入为辅的保护经费投入机制；在产业导入方面，以生态旅游业为主体，结合周边优势产业，引入服务经济、创意经济，形成多元产业区；在科研保障方面，培养科学技术和人才保障机制，形成产学研合作体系，开展人才培训和科学普及宣传活动[①]。

三、保用双赢，坚守人与自然和谐相处的最大公约

西溪湿地之于杭州，是一个特殊的逻辑符号。作为人与自然的"公约数"，西溪湿地构成了杭州天人合一的生态逻辑，成为城市生态文明示范与教化的典范。历史上，原住民对湿地进行的长期持续性人工干预造就并维持了西溪湿地，因"利用"而实现"保护"的奇妙模式是西溪湿地区别于其他自然湿地的根本。如果单纯地强调系统的静态保护和人力的全面退出而任其自然演替，以柿基、桑基、柳基、竹基为特色的湿地类型将很快被湮没或沦为一般的自然湿地。因此，"西溪模式"的核心是树立积极保护的观点，以保护为目标，以利用为手段，通过适度的利用来真正保护湿地，寻求生态效益、社会效益和经济效益三者之间的最佳平衡点，实现保护与利用的双赢。

四、生态优先，保育保护湿地生存的环境本底

确定"生态优先、最小干预"的原则，突出湿地生态的主体地位。严格湿地保护，在此保护区内确定生态环境承载力，加强生态监测，禁止建设与湿地游览无关的内容。在更多强调系统自身做功的基础上，保持人工对塘体的定期维护，从而在生态平衡的基础上维持原有的人地关系，自我循环并永久存在下去。

合理利用生态修复和有机更新措施。对大面积拆除后的村落宅基地及其周围受污染场地，利用生态系统的自我修复能力，辅以人工措施，使遭到破坏的生态系统逐步恢复并向良性循环方向发展。经过修复，西溪水质得到显著改善，生物多样性进一步显现，形成公园生存的环境本底。

五、服务人民，处理好城园的分隔与渗透关系

西溪湿地是一个中心封闭、边缘开放的城市绿色开放空间，特别强调湿地边缘地带的

---

① 周膺，吴晶. 西溪湿地保护利用模式研究[M]. 北京：当代中国出版社，2008.

积极意义，实现城市与湿地的亲和互动。一方面，在湿地边缘地带设置能和城市功能方便对接并契合湿地特征的内容，包括西溪文化创意园、旅游集散中心、酒店集群等，同时作为公园免费对公众开放，既扩大了服务对象，也避免了对湿地的深入。另一方面则表现在城市方面，通过生态廊道向城市的渗透，扩大了湿地的生态效益，也提升了相关地区的土地价值。依据生态保护和交通可达性要求，市民及游人有了一处既可亲近又可实现严格控制的"城市湿地公园"。

第十三章　国内外旅游景区发展趋势

第一节　旅游景区智慧化

一、旅游景区的数字化发展趋势

（一）数字化时代下的文旅行业变革

与狩猎时代、农业时代、工业时代不同，数字化时代的基础设施结构发生了巨大的裂变和成长，即由物理基础设施向基于计算机语言 01 结构的数字化基础设施转变。这种底层逻辑的改变引发其服务对象、服务深度无限扩大，以 5G、物联网、人工智能、无人驾驶为代表的科技进步，在改变社会生活的同时，也在塑造旅游的未来。从 2012 年提出"互联网+"到 2015 年"互联网+"行动计划的制订，利用信息通信技术以及互联网平台，让科学技术与文旅行业的融合不断加深。利用大数据、区块链等技术加强旅游市场监管、提升旅游服务质量；依托互联网、数字化等技术手段发展线上旅游新业态、推动旅游业态多元化；借助大数据、物联网等技术推进旅游服务便利化、旅游行营销个性化；引入数字化、智慧化技术，带给消费者更丰富的沉浸式体验感，即将开启旅游业全新的黄金时代。

（二）旅游景区的数字化转型

2008 年，IBM 首次提出"智慧地球"概念，而以物联网技术为核心的"智慧城市"将"智慧地球"概念从理论落到实际，在西方国家的城市发展战略与规划中扮演了越来越重要的角色。2010 年，智慧城市（smart city）的概念引入中国，一些城市开始融入智慧城市的建设浪潮中。同年，江苏省镇江市在全国率先提出"智慧旅游"概念，开展"智慧旅游"项目建设；九寨沟正式变身成为全国首个"智慧景区"。国家旅游局于 2012 年确定了 18 个城市为"国家智慧旅游试点城市"并将 2014 年确定为"智慧旅游年"。《旅游景区数字化应用规范（GB/T 30225—2013）》自 2014 年 12 月 1 日开始实施。2017 年 3 月《"十三五"全国旅游信息化规划》印发，提出到 2020 年实现 4A 级以上旅游景区免费 Wi-Fi、智能导游、电子讲解、在线预订、信息推送等全覆盖，旅游"云、网、端"基础设施建设逐步完善，以信息化推动旅游业转型升级。

旅游景区数字化的界定更偏向于用数字技术赋能与旅游景区相关的文化和旅游产业，这既包括旅游景区基础设施、组织管理的数字化，也包括文旅资源的数字内容开发、传播效果的数字化呈现，实现景区的智能化运营管理、精细化旅游营销、个性化游客体验，实现景区环境、社会和经济全面、协调、低碳、可持续发展。智慧景区作为旅游景区数字化转型的重要形式，其内涵丰富，包括但不限于以下方面：通过物联网、互联网等现代信息技术、网络基础设施对景区地理环境、自然灾害、游客分布、交通拥堵、景区基础设施和服务设施运行状况等进行全面、透彻、及时的感知。全面感知的本质是使旅游资源能被计算机识别，然后形成整体的数据网络，从而实现数据信息的即时交互。其核心是感知技术，如传感技术、RFID 技术、GPS 技术、视频识别、红外、激光、扫描灯等所有能够实现自动识别和物物通信的技术都可以成为智慧景区的信息采集技术，目前运用得较多的主要集中在 RFID 技术上。对游客、社区居民、景区工作人员实行可视化管理：通过信息技术将景区的旅游资源、经营动态、人员管理等集成到智慧景区平台上，实现景区各种信息的及时汇聚，做到对景区的可视化管理。对景区实行网格化管理：利用和挖掘景区数据，分析游客行为偏好，辅助调度景区交通，优化和再造景区服务流程，调整组织结构，改进管理方式，提高决策效率。同酒店、旅行社、航空公司、科研院校、研究机构、IT 公司等利益相关者建立战略联盟，整合旅游产业链，提供更优质的服务。

二、数字化的旅游景区管理

数字化的旅游景区管理是指根据景区特点，综合集成最新的信息技术，构建旅游资源、游客、景区管理者之间更便捷、广泛的互联互通网络，实现包括政府、景区管理者、旅游"吃、住、行、游、购、娱"六大要素提供者、游人等在内的多个旅游相关主题对景区资源、游客分布及行为更透彻的感知，进而在互联互通和充分感知的基础上，景区管理者高效率挖掘和利用景区数据，运用创新的景区管理方法，智能化辅助管理，以精准平衡旅游发展和景区保护的压力，为游客提供更优质的旅游服务，实现景区经济、环境、社会和文化的全面可持续发展。建成的透彻感知、广泛互联互通网络，智能化辅助管理决策的景区就是智慧景区。

基于景区数字化管理架构并结合风景名胜区资源特点及应用系统功能、系统服务对象、系统使用部门等因素，综合划分出五大管理系统，包括资源保护系统、业务管理系统、旅游经营系统、公众服务系统、决策支持系统，共同构成"智慧景区"的应用服务系统。

资源保护系统主要实现对景区资源全面保护与监测的信息化，所涉及的主要应用系统可以进一步划分为自然资源保护与监测系统、人文资源保护与监测系统、自然环境保护与监测系统、人文环境保护与监测系统。

业务管理系统主要实现对景区业务管理工作的信息化，所涉及的应用系统按照业务类型可以划分为电子政务系统、规划管理系统、园林绿化管理系统、人力资源管理系统、资产管理系统、财务管理系统、视频会议系统等。

旅游经营系统主要实现对景区旅游管理与游客服务的信息化，根据景区旅游经营体系，所涉及的应用系统主要分为三种类别，即侧重于内部应用的旅游管理系统、侧重于外部服务的网络营销系统以及游客安全与应急调度系统。

公众服务系统主要实现景区面向广大民众服务职能的信息化，所涉及的应用系统类型主要包括两个方面：面向景区以外广大民众的外部服务类系统和面向景区游客的内部服务类系统，两者相辅相成，共同完成景区的社会服务。

决策支持系统主要是指在上述四大应用系统的基础上，结合专家知识系统、综合数据分析、数据挖掘与知识发现，通过虚拟现实、情景模拟等手段对景区的重大事件决策、应急预案演练等多系统综合应用,提供技术支撑和信息支持。

三、数字化的旅游景区服务

旅游景区的公共服务系统嵌套于景区数字化管理框架中的服务层和应用层,基于信息基础设施(构建网络传输与通信系统,包括传感网、物联网、互联网)、数据基础设施(构建数据仓库与云数据中心,涵盖空间数据与属性数据),借助信息共享与服务平台,为景区以外的广大民众和景区内部的游客提供服务。

一是通过互联网、App、微信、微博等多种渠道提供旅游产品和服务的实时信息。主要包括以下几个方面:① 景区门票的预约与购买。游客可通过景区 App、微信公众号、小程序、二维码、互联网平台等多种方式,以线上线下一体化应用为基础,提供智慧化预订及门票信息查询服务。② 景区实时信息发布。通过这些平台及景区 LED 屏幕向游客提供实时、准确的天气情况、客流情况、道路交通情况、停车承载量及停车情况等,为游客游览提供参考。③ 自助导览服务。通过自助导览设备、手机 App、微信小程序等方式接入自助导览应用,使游客在游览过程中可以自动定位及播报参观景点的音、视频信息,图文并茂地介绍景区的特色和地方文化。基于 LBS、AI 等技术主动感知用户的智慧旅游系统可以为游客提供园区导览、线路规划、特色景点、特色饮食及搜索周边配套设施位置查询等服务。例如,故宫联合腾讯地图、腾讯云小微语音开发的"玩转故宫"小程序解决了传统景区痛点问题,实现覆盖游览全程的智能、"无接触"导览服务。④ 互联网虚拟旅游。利用互联网通过图文语音、视频直播、VR 体验等数字化手段开启线上游览服务,为人们呈现出一种宅家"云"游四海的旅游新方式。从互动直播到在线"种草"①,再到线下引流,"云旅游"在丰富线上文旅产品创新供给的同时也吸引着线下潜在游客,让景区仍保持关注度。

二是通过三维可视化、虚拟现实、声光电等技术丰富游客旅游体验。主要包括以下几个方面。① 营造沉浸式旅游体验。一方面,对于环境敏感区、生态脆弱区、存在安全隐患的地区,遗产资源及历史资料的数字化保存是景区历史古迹数字化保护的有效手法,即通过深度挖掘文化内涵,将文旅资源以数字化形式再现;另一方面,利用虚拟现实技术,通过模拟或超现实景,将三维实体、三维环境等以虚拟现实的形式表现出来。与坐舱式虚拟现实系统相比,沉浸式虚拟现实系统往往配备有头盔式显示器或全方位的监视器,使用户能自由地环顾虚拟空间,具有较强的沉浸感,为游客提供不同体验。② 催生文化和旅游新业态。数字文旅的出现并非当下的产物,科技对文旅的改变逐渐从过去的外在服务性到改变了文化和旅游产品。其中,最具代表性的就是文旅演艺项目,通过大量应用现代声光电技术,构建全景多声道系统、可变声学环境系统、演出管理控制系统、演出分布式智能配电系统、演出 8K 视频处理系统,打造 5D 魔幻光影秀、城市主题灯光空间秀、光影节事活动等夜游产品,为历史文化与现代科技的融合提供创新的呈现形式及载体,更好地诠释文化内涵、满足游客视听享受。例如,湖南韶山的大型实景演出《中国出了个毛泽东》以 4D、全息投影、高智能舞台装置等为支撑,将山水实景、红色文化与科技高度融合,整合歌、舞、戏剧、杂技、威亚、水火特效等给广大游客带来了震撼的体验。

---

① "种草",网络用语,泛指把一样事物分享、推荐给另一人,让另一人喜欢这样事物的行为。

四、数字化的旅游景区营销

伴随着网络信息技术的高速发展,旅游景区纷纷将传统的线下营销触点转移到线上,逐渐呈现出专业化、平台化、媒体化、个性化和移动化的特征。相较于传统媒体,依托官网、微信、微博、抖音、小红书等新媒体平台,在线旅游平台的数字营销能够在短时间内根据消费者的需求对营销产品进行改进、优化,让消费者可以自主选择偏好的产品,增强游客与景区的双向互动性,大大拓展了营销内容的广度与深度。数字化营销的精髓是改变以产品导向,由各个部门分管一段的传统营销模式,形成关注"用户思维",由贯穿整个客户体验旅程为整体的新型营销模式,其具体表现形式可以概括为以下两个方面。

(1) 智慧营销的精准化。旅游者的需求日趋个性化,不同旅游景区性质、特征的差异直接决定了其目标游客群体性别、年龄、需求的重点也会有所不同。这一背景下,数字营销可从以下几点着手:① 利用景区数字化管理系统进行旅游的舆情监控和数据分析,挖掘旅游的热点和游客的兴趣点,据此引导景区策划相应的旅游产品,制定对应旅游主题和营销策略。② 通过用户行为、营销效果的量化分析,洞察用户的行为习惯,判断可以采用的营销渠道组合。③ 结合用户画像锁定潜在游客群体,根据用户的需求场景进行营销,提高交互的精准性。例如,根据用户提到的关键词,围绕关键词进行场景连接,发展成为和关键词相关的多个场景和内容,进行内容的精准推送,提高营销与购买的转化率。

(2) 新媒体营销的大众化。在网络时代,泛滥的信息让人们的决策成本空前提高,简单的广告传播显然已经无法满足景区的营销期望。相反地,新媒体传播具有速度快、范围广的特点,通过短视频、直播、电商等方式输出景区 IP,能够吸引游客主动参与旅游景区的传播和营销,成为营销的"病毒载体",利于做大粉丝流量,实现营销的全媒体、全渠道、全覆盖。最具有代表性的就是去中心化背景下旅游自媒体营销环境的形成,其具有网络社区化的特征,用户将旅游经历、感受、Vlog 上传至 Instagram、Flickr、微信、微博等社交网络平台,使旅游景区的口碑融于旅游者的互动活动中。这种碎片化、多源化的营销方式使每个景区都能够有机会在大众面前展露与众不同的一面,弥补传统媒体创意枯竭以及成本约束下辐射边界的限制。另一种具有代表性的数字化营销方式就是关键意见领袖(key opinion leader,KOL)的口碑营销。相对其他行业,虽然旅行产品因其高价格、低频化、不可存储、退改难等原因,使旅游直播的转化率偏低,但这并不失为一种掌握存量时代中以 KOL 号召散落在各处分散流量的好办法。

第二节 旅游景区生活化

一、旅游景区生活化的发展趋势

人与环境是文化产生的两个核心要素。无论是山岳型、自然型的景区,还是以传统聚落和历史文化为旅游吸引物的景区,如古村古街、古道古寨等,原著民都是传统文化生产的主体，而其传统生活也是传统文化生长的原生境，因此原著民及其生活氛围、生活方式、生活环境都是旅游吸引物中不可或缺的重要组成部分，是旅游景区魅力之所在。另外，随着人们收入水平、需求层次的不断提高，旅游正在进入生活化阶段，即从消费行为逐步转变为一种生活方式，旅游和生活、工作不再是两种状态下的两种空间，而是相互融合、合二为一的，是各个阶层最具有认同感的流行文化。面对这种旅游消费的变化，作为重要的旅游供给侧的景区也开始做出调整，呈现出由"景区化"向"旅游生活化、生活休闲化"过渡的新趋势。

二、旅游景区生活化的发展原则

长期以来，景区内以旅游景观形式呈现的地方文化往往脱离了文化本来生长的原生境，在"旅游者凝视"作用下的地方文化变为高度符号化的市场产物，而非深厚族群文化的真实象征。按列斐弗尔有关空间生产的理论，文化持有者从传统生活空间到旅游消费空间的转变，其实是从表征的空间（repretational space）或生活的空间（the live place）到空间的表征（representation of space）和构想的空间（the conceived space）的过渡。前者是原住民生活的真实完整的空间，而后者体现旅游景观符号系统的制造与呈现、旅游产品舞台化再现与产业化开发，是游客参与体验的主要空间[①]。地方文化的再生产虽然是地方文化发展的方式之一，但旅游场域中由旅游者占支配力量的权力结构会导致景区内的文化再生产变成"他群"所看、取悦他人的手段，而非为"己群"所用、自我传承所用的文化空间变迁。因此，在景区生活化的背景下，旅游景区的经营与管理应坚持以下两点原则。

（1）必须遵循旅游产业与旅游吸引物自身的发展规律。旅游资源通常具有经济和文化（自然）的双重属性与价值，其经济价值只有通过旅游商品化与产业化才能实现。但由于文化是人类适应环境的方式与产物，旅游导致的商业化并不必然导致对旅游吸引物真实性的破坏，关键在于文化持有者主体地位的确立，这种真实文化主体与旅游景区环境共同构成的新的文化生态为民族文化遗产的传承保护提供了传统生活与现代经济密切结合的、文化再生产的机会。

（2）必须保护景区内旅游吸引物的本真性、完整性，为景区持久发挥生命力提供保障。原真性（authenticity）与完整性（integrity）是世界遗产价值辨识、遗产保护、遗产利用的关键性依据，其理论内涵在《威尼斯宪章》（1964）、《实施世界遗产公约操作指南》（Operational Guidelines for the Implementation of the World Heritage Convention）等国际遗产文件和多学科研究中不断丰富。与关注旅游资源自身的真实性相比，完整性更关注资源的管理范围和整体价值的保护。一是空间概念上的资源完整性（intactness），即保护旅游吸引物本体和物质结构的完整（structural integrity）以及所在环境的协调性、连续性（visual integrity）。同时，随着经济社会的变迁，注重现代设施建造与历史环境复兴的平衡及旅游资源原有社会功能的延续（social-functional integrity）。二是保护旅游吸引物的文化完整性（wholeness），将具有同一历史基因、民族精神的旅游吸引物相互关联，对其历史文脉进行完整性保护。

---

① 桂榕. 重建"旅游—生活空间"：文化旅游背景下民族文化遗产可持续保护利用研究[J]. 思想战线，2015，41（1）：106-111.

三、发展案例

（一）民俗文旅综合体模式——丹寨万达小镇

2016年，万达集团捐资7亿元打造极具苗寨风格的旅游小镇，全长1.5千米，以旅游扶贫为主攻方向，"教育、产业、基金"并举，邀请DDON（笛东联合）结合丹寨非物质文化遗产和山水优势在丹寨县投资建设丹寨旅游小镇。项目于2017年7月3日正式开始运营，到丹寨小镇开业一周年时，全年累计接待游客达550万人次，是2016年全县游客量的600%；旅游综合收入达24.3亿元，相当于2016年全县旅游综合收入的443%；直接创造近2000个就业岗位，带动全县1.6万贫困人口实现增收。2020年，丹寨小镇被《孤独星球》纳入"2020年全球十大最佳旅行地"，一跃成为标杆级的脱贫成功案例、4A级景区，更成为广为人知的网红小镇，享誉全球。丹寨万达小镇的生活化文化旅游综合体模式的成功经验有如下几个方面。

1. 突出非物质文化遗产特质，定位旅游小镇

丹寨县是贵州省的非物质文化遗产大县，全县共拥有各级传承人288人。因此，丹寨小镇的核心定位是"非遗之乡"，打造中国非物质文化遗产旅游胜地和文旅小镇。小镇将丹寨县7项国家级、17项省级、34项州级非物质文化遗产进行空间再布局，规划形成"一环、两街、三院、四广场"的空间架构：一环是指联系环湖的民俗风情环，通过古桥、吊桥与步道使鸟笼山、鸟笼博物馆、卡拉文化村、观景台与小镇相连，通过环状大动线让主景区与周边特色村落、景点、景观连通，增强小镇的本真性氛围。两街是指内街和沿湖酒吧街。内街是铺着古朴的青石板路的商业步行街，从南到北被广场分割成三段，依次是尤公街、姊妹街、苗街，沿湖结合吊脚楼的吊层，设置朝向湖面的酒吧街。三院是在三段街里每段各设置一个特色小院，对被誉为"东方第一染"的丹寨苗族蜡染、闻名于世的丹寨卡拉村鸟笼技艺、被称为"中国国纸之乡"的丹寨皮纸制作技艺进行集中展示，创造不一样的旅游体验。项目整体的主街串联了四个主要广场：尤公广场（祭祀主题）、苗年广场（节庆主题）、鼓楼广场（建筑主题）、锦鸡广场（演艺主题）。每个广场都有其主题、特色，代表了苗族居民不同节日、不同场合的生活场景，或热烈，或庄严，或轻松，或自然，完美地呈现了自然朴素又热情奔放的民族性格。

2. 营造文化氛围，精耕苗侗符号

对丹寨项目的打造，万达更为重视对当地活文化的深度挖掘与塑造，更加致力于同丹寨非物质文化遗产传承人进行紧密的合作，通过"文化再生产"推动非遗文化的重新孵化、活化、产业化，打造适宜游客参观、体验、消费的多元业态。广大游客既可以在其中欣赏无尽美景，也可以体验古法造纸、苗族蜡染、苗医苗药、苗族银饰锻制等非遗文化，还能够欣赏当地特有的斗牛竞技和苗族歌舞。这种将非遗人、非遗技艺、旅游者连线的方式不仅能够让游客感受人与自然天人合一、浑然天成、相得益彰的精妙技艺，还能够将最原汁原味非遗文化以文化旅游这样更现代的方式在更广的平台传播出去、传承下去。

另一方面，丹寨项目注重对本土民族特色风情的挖掘、文化脉络的梳理呈现、民族风俗技艺的传承与发扬。巧妙地在建筑及其他空间设计中融入地方符号、文化元素是该项目得以绽放灵魂魅力的关键。丹寨小镇的设计充分体现了对地方文化的挖掘与融合意识，建筑整体采用苗寨、侗寨风格，既有传统苗寨的传统建筑形式和元素，也有侗寨经典的鼓楼。细节设计上，以质朴的材料和仿古的砌筑方式为主，同时也十分注重特色的图腾、符号纹样的应用，精雕细琢，苗侗风情盎然。

3. 依托功能建设，完善生活设施

与传统的旅游景区不同，丹寨万达小镇是一个集旅游、度假、文化、休闲、会议、拓展于一体的度假区。项目定位在"还原本土风貌，激发经济活力"的基调之上，以非遗文化为主要切入点，兼顾苗乡文化与蚩尤文化，将抽象文化进行实体化、产业化，使其具备现代化的文化、娱乐、商业功能。除了山水游乐、文化体验、大型演艺等项目，小镇还配套建设了鸟笼邮局、丹调图书馆、会议中心、精品客栈、街坊、酒坊、米店、会馆、酒吧和影院等工作休闲设施，全方位地满足游客的生活需求。同时，最大程度地利用现状地形和自然风光打造世界最大水车、3000米环湖慢跑道、千亩花田，增加整体项目的生态方式以及游览趣味。此外，环丹寨东湖而建的丹寨万达小镇度假区注重对环境的保护，强调生态的环境景观，夜景照明规划以自然景观环境为背景，描绘了丹寨自然风景的光影表情，形成城景共融、人在景中、景在城中的氛围，成为小镇设计的画龙点睛之笔。

（二）生态博物馆——法国阿尔萨斯生态博物馆

生态博物馆的概念首次出现在1971年8月格雷诺伯举办的国际博物馆会议上，由法国博物馆学者里维埃（Georges-Henri Riviere）和戴瓦兰（Hugues de Varine）共同提出。生态博物馆（Ecomusée，Eco-museum）一词由两个希腊单词"iokos"（英语"eco"，汉语"生态"）和"museion"（英语"museum"，汉语"博物馆"）组成。"iokos"的本义是指"居住地"，引伸为人们在文化和历史方面适应自然条件和社会环境的全部内容。它是一种区别于传统博物馆的新理念和新方法，倡导自然环境、人文环境等有形与无形文化遗产在其原生地由当地居民自发保护，使人与自然及文化处于固有的生态关系中并和谐发展，从而较为完整地保留社会自然风貌、生产生活方式、风俗习惯等文化因素，被称为"后工业社会的文化产业"。目前，全世界的生态博物馆已发展到三百多座，阿尔萨斯生态博物馆（Écomusée D'Alsace）是法国也是欧洲最大的露天博物馆，距离米卢斯约16千米，占地20万平方米。

1. "原生态"的建设理念

随着城市化进程发展，包括阿尔萨斯地区在内的很多古老村落面临着被遗弃的境况，建筑遗产陷入逐渐恶化和被拆除的危机。1973年，Maisons paysannes d'Alsace 协会成立，决定根据 Georges-HenriRivière 和 Hugues de Varine 的生态博物馆理念，将原址中无法保留的建筑物拆除，在由恩格斯海姆市（Ungersheim）提供的牟罗兹（Mulhouse）和科尔马（Colmar）之间的休耕地上完全重建。1980年9月，该协会与 Haut-Rhin 小组携手在这片土地上建造了第一所房屋。截至目前，农场、谷仓、学校、车站、教堂等七十多栋建筑分布在村庄中，每一个建筑都有其迷人的历史和有趣的故事，一些农舍附带的院子也保留了当时农民在院子里养牛、养鸡等的劳作场景。阿尔萨斯居民又将代表了阿尔萨斯乡村生活的家具、日常用品、衣柜、工具和农业机械等捐赠到博物馆，这些高度复原的历史建筑和生活场景还原了阿尔萨斯古村群落的真实样貌，也见证了该地区在1850至1950年的变化。

此外，阿尔萨斯博物馆重新建立了已经消失的工厂和作坊，如准确地复制了其前任陶艺家的工作条件，制作传统的阿尔萨斯陶器，还重新修建了 Moosch 的 Wicky 锯木厂。在 2014 年和 2015 年，博物馆又修复了锯木厂三种能源之一的水车，使锯木厂得以恢复运营并补充了现有能源。

2. 社会生活的"活态"延续

乡村的生活形态和细节才是乡村文化遗产保护的灵魂，也是最难保存的历史"财富"。与传统博物馆将文化遗产放在特定的建筑中不同，生态博物馆是一个以村寨社区为单位的开放性空间，旨在强调人们生产、生活及其环境的关联性，将文化遗产保留在原生环境中进行完整性保护。

只有强化原住民作为乡村文化主人的主人翁意识，增强其对本土历史文化的自信和自豪感，才能让当地的传统文化长久流传下去。在阿尔萨斯博物馆中，原住民不单单是"受众"的身份，更是乡村建设、文化传承和博物馆展示的主体参与者。木桶匠正在制造一个又一个盛装葡萄酒的木酒桶、工匠正在进行传统马车轮的手工制作、面包师正在用柴火燃烧的古老烤炉烘焙老式面包和蛋糕、渔民正在用麻线制作的捕鱼网捕捞……乡村社区中工匠们的专业和相关的传统知识构成了非物质文化遗产，让游客们近距离观摩上百年前这里的农民、渔民和手工业者所居住的场景以及每天必须经历的生活。阿尔萨斯生态博物馆还围绕传统生活、民俗文化等开展了许多不同的活动，供游客全年进行体验。不同年龄段的游客不仅能够在活动中得到乐趣、有所收获，更能通过一个具体村子的历史和文化了解自己故乡的历史，知道祖先们经历过的生活和走过的路，体会他们所创造的物质和精神文化。

3. 当前和未来生活方式的融合

除了重新呈现过去人们的手工劳动场所，阿尔萨斯古堡（Écomusée d'Alsace）每年都会进行创新并提供新活动，寻求文化遗产在未来的延续和发展。2014 年，他们开始思考明天的阿尔萨斯房屋和生活方式会是什么样的并发起了以"在 21 世纪的阿尔萨斯生活"为主题的建筑节，希望在昨天的建筑与今天的建筑商之间展开对话。让博物馆不再只是保存物品的地方，而是一个探索未来在住房、农业、自然和"共同生活"方面融合的实验室。

建筑节将不同的参与者（机构、企业家、项目设计师、建筑师、学校等）联系起来，要求设计一个与年度重点直接相关的项目并在传统建筑、文化风格中寻找答案，获奖者的项目可以在博物馆地区建设。阿尔萨斯建筑师玛蒂厄·温特（Mathieu Winter）使用本地天然材料建造的专门用于 21 世纪住房的新空间成为第一座获奖作品，坐落于昔日村庄的郊区，成为传统和现代房屋之间对话的开始。2015 年，这座当代风格的房屋向游客开放参与式项目，让游客参与修建稻草墙，涂抹石灰和黏土制成的灰泥，目的是使该地区的居民、游客与博物馆的项目和发展更加紧密地联系在一起。此后，"ForMaRev"和 ETC 集体两个建筑师小组又在 2015 年夏季进行了"阿尔萨斯的 21 世纪生活"新区的开发工作。在车站后方的湖泊中，他们修复了一条行人天桥，使其成为新的可供休息和野餐的调停空间，不仅改善了阿尔萨斯古堡周围的景观，还使其成为能够进一步组织主题活动的场所，如举办时装秀。这些建筑的诞生既是对文化遗产的保护，也是对当今人们的点拨，它不仅可以帮助人们记住过去，还可以让人们思考今天并采取行动更好地创造明天。

第三节 旅游景区康养化

一、旅游景区康养化的发展趋势

进入后工业社会以来,都市生活压力不断增大,生活节奏明显加快,环境污染日益严重,这些因素导致亚健康人群不断扩大。14 世纪初期,温泉疗养度假地的出现成为国外康养旅游的雏形。20 世纪 30 年代,以养护医疗、休闲健身为目的的康养旅游在墨西哥、美国等地兴起,游客通过康养旅游获得身体和精神上的放松,从而逃离因城市化和工业化带来的环境污染、食品安全、身体疾病等问题。近年来,随着居民生活水平、消费水平的提高,人们对于身心健康以及生活质量越来越重视,康体养生的需求也在不断增长,以健康、养生为核心主题的产业日益增多,康养旅游(wellness tourism)就是其中之一。2004 年,泰国首开亚洲先河,针对养生水疗、传统泰式按摩、养生产品和服务,制定了"安全、卫生、优质"的指导方针和标准。日本于 2007 年建立了世界上首个森林康养基地认证体系——日本森林医学研究会。2018 年,我国国务院办公厅印发《关于促进全域旅游发展的指导意见》,提出要加快开发高端医疗、中医药特色、康复疗养、休闲养生等健康旅游产业。

环境是康养旅游目的地选择和建设的第一资源,而旅游景区恰恰是环境资源的集大成者。在自然生态环境和气候方面,温泉、冰雪、湖泊、溪流、海水、沙滩、森林、草原、山峰等都是可利用的自然景观。其中,舒适的环境温、湿度,清新的空气,清洁甘甜和有利于健康的饮用水、地表水和地下水都是有利于人们身心健康的自然资源。在人文社会环境方面,居民的好客、友善、亲近程度,卫生习惯和文明礼貌,舒服缓慢的生活节奏,科学健康且有趣的生活和生产劳动方式,形式与内涵丰富多样的民族、民俗、民间历史文化为旅游景区发展康养旅游的软性条件。因而,以现代健康生活理念融合高科技技术,让人们在自然环境中达到身心放松的状态,满足旅游者对健康养生的多元化需求逐渐成为未来旅游景区发展的潮流。

二、康养景区的类型

2016 年 1 月,国家旅游局发布《国家康养旅游示范基地》(LB/T 051—2016)行业标准,将康养旅游(health and wellness tourism)定义为:通过养颜健体、营养膳食、修身养性、关爱环境等各种手段,使人在身体、心智和精神上都达到自然和谐的优良状态的各种旅游活动的总和。国内外学者对康养旅游的分类从产品资源类型出发,归结起来主要有温泉(酒店或度假村)、特殊饮食(素食、养生食品)、森林疗法(疗养、康复计划)、水疗(桑拿、泥浴、桉树浴、深水疗等)、草药(如土耳其药包)、美容健身、精神疗法以及健康—休闲—文化综合主题项目等。综合来看,以相关产业和景区融合的角度为切入点,可将康养景区划分为以下四种。

（一）生态养生型

生态养生型康养旅游主要是在景区现有的丰富资源和良好的生态环境的基础上，进一步对其进行养生保健设施和项目的开发，使游客达到增益身心健康的目的。此类康养旅游产业的特点是以生态资源为依托，借助体验、观光、学习相关文化等手段，实现修养身心的状态。

SPA 旅游在世界范围内具有较高的关注度与代表性。SPA 一词起源于欧洲，先后盛行于各发达国家和东亚一带，意为温泉疗养胜地，起初因含矿物质的泉水具医疗效用而得到关注，在有天然温泉资源的地区发展出各具特色的 SPA 文化，如水疗、按摩、香薰等各种促使身心协调的活动，经历了"就地洗浴疗养"到"综合性温泉度假区"的开发过程，成为一种更系统、更成熟的一体化旅游方式。

（二）运动休闲型

运动休闲型康养旅游主要是以旅游目的地或其周边的运动资源或者大型的运动活动为依托开展的旅游活动。以运动的参与或者体育赛事的观赏为主要内容，同时以配套的休闲、养生设施和项目为辅助，以达到促进游客身体健康的目的。这类康养旅游产业以游客参与赛事或活动组织为主要特点。游客群体主要是对自身身心健康程度以及对生活质量追求较高的人。

（三）医疗保健型

医疗保健型康养旅游以实现对疾病的预防与护理和对身体的康养与修复为目的，其活动的开展主要依托适宜的气候资源、医药资源、医疗保健设施和机构、现代中西医疗技术资源等，将优质的医疗康复咨询服务与旅游度假结合，以中西医疗、心理咨询、康复护理、医药医疗科技等为核心，吸引游客到景区进行医疗护理、医疗保健、体检、康复等活动。该类型的康养旅游产业对旅游目的地有着很高的医疗水平要求。

从 2011 年开始，日本通过了针对外国人的"医疗签证"决议并在旅游局官方网站上开辟了专门的"医疗观光"主页，吸引以中国为主的亚洲富裕阶层。泰国康养旅游种类丰富、划分细致，包括泰国传统医疗旅游、草药美食旅游、冥想训练和康复之旅等。同时，这些康养旅游活动大多安排在景区中进行，景区内完善的设施及与景区相关的吃、住、行、娱、购组成了完善的健康旅游环境，路线设计使游客能够轻松、舒适地抵达目的地，方便的配套设施使游客能逗留更长时间。

（四）文化养生型

文化养生型康养旅游要求旅游景区具有浓郁的养生文化，可使游客对其进行挖掘并以旅游景区的自然生态环境和自然资源为依托，充分整合资源与文化，实现优化和提升生活质量，达到养生的目的。这类康养旅游产业的主体为非物质层面的传统文化养生资源，如将禅修作为产业的核心和灵魂。在进行产业建设时，要特别注意把虚幻的非物质主体通过物质层面的建设向游客展示出来。

具体而言，景区利用道教、佛教等宗教传统中包含的丰富的养生、绿色医疗、自然保健、自我身心保养等元素或是利用历史、民族、茶道、饮食、武术、体育、文学、书法等传统文化中包含的陶冶情操、强身健体、修身养性的文化内涵，深度挖掘保护地独有的宗教、民俗、历史文化，结合市场需求及现代生活方式，打造利于放松身心、减缓压力、治疗亚健康状态的精神层面的康养旅游产品。在满足人们观光游览、审美欲望、精神需求和猎奇心理的同时，能够修身养性、回归本心、陶冶情操，实现人们观光休闲、文化体验、养生度假的愿望。

三、发展案例

（一）德国黑森林康养小镇巴登-巴登

德国作为一个森林覆盖率较高的国家，一直被认为是世界上最早的森林康养实践起点。截至目前，在德国全境共有约三百五十处获得批准的森林疗养基地，形成了以国家自然景观为核心的康养旅游体系，其中以"黑森林疗养中心"最富盛名。巴登-巴登（Baden-Baden）位于德国西南部的巴登-符腾堡州黑森林国家公园（Nationalpark Schwarzwald）内，黑森林西北部边缘的奥斯河谷中，距离莱茵河 7.5 千米，交通便利，山环水抱，景色秀丽，具有完善的"防、养、治"康养体系和丰富的休闲文化设施，是德国重要的森林康养小镇。

1. 依托优质资源的专业化康养体系

巴登-巴登兼有悠久的历史文化和丰富的自然森林资源。早在 19 世纪中叶，医师赛帕斯坦·库乃普就率先提出利用水元素和森林资源的独特优势来开展对健康有所助益的"自然疗法"并选择此地作为实验场所。由于治疗效果受到人们的广泛称颂，吸引了不同人群慕名前来，小镇上的住宿行业以及附属行业不断壮大、兴起。为满足游客的康养体验，小镇完善了不同功能的温泉疗养设施，引进了小而专的先进医疗服务，打造了多场景、多疗效的森林步道，同时配以众多的特色诊所，采用先进医疗技术，使游客可接受由内至外的全方位疗养服务。由此，小镇构建了以预防和保健为主、治疗为辅的康养体系。

2. 依托康养主题的个性化休闲产品

小镇依托其独特的森林资源和温泉资源开发出更适合现代人休闲需求的森林疗养和旅游度假服务：① 针对不同年龄的人群打造具有针对性的休闲服务设施。例如，为儿童建造水上乐园；为中青年开展徒步、跳伞等强度级别不等的运动项目；为老年人提供贴心的医疗水疗服务及结合了美食和历史文化知识的慢节奏小镇游览服务。② 针对个人、双人和多人家庭提供多种选择的套餐，包括饮食、住宿、SPA 等项目。③ 为不同出游目的的人群提供丰富的旅游休闲服务。例如，为病人提供小镇疗养治愈服务；为游客提供免费办理游客卡服务，使其享受优惠待遇；为参加会展和商务会议的人员设计娱乐休闲产品。随着小镇康养主题的丰富和完善，游客可在享受森林浴、温泉浴和心理调节等多项康养活动的同时，体验国际赛马会、世界舞蹈晚会、国际会议展览等多类休闲活动项目。巴登-巴登小镇也逐渐成为欧洲水准较高的休闲和度假中心、沙龙音乐中心、文化中心。

3. 国家和民众的大力支持

在德国，森林康养被称为"森林医疗"已经成为一项基本国策，强制性地要求德国公务员进行森林医疗，并且德国政府已做出明确规定，该国公民到森林公园花费的各项开支都可被列入国家公费医疗的范围。此外，森林医疗的普及和推广带动了就业的增长和人才市场的发展。巴特·威利斯赫恩镇60%～70%的人口从事着与森林康养有密切关联的工作，大大地推动了该镇住宿、餐饮、交通等的发展。同时，森林康养行业的发展大大激发了市场对专业人才的需求，对于康养导游和康养治疗师等方面的人才，市场需求空间很大。在产业发展中，德国还形成了一批极具国际影响力的产业集团，如高地森林骨科医院等。

（二）美国图森峡谷牧场度假村

图森峡谷牧场度假村（Canyon Ranch Tucson）位于美国西南部亚利桑那州图森市圣卡特塔利纳山脉下苍翠的丘陵地带，东部是峡谷风貌景观，周边处于索诺兰沙漠中，被誉为"美国第一养生基地"，是世界上受尊重的健康度假品牌之一，复游率55%，散客率80%。由房地产开发商梅尔·扎克尔曼和他喜欢运动的妻子艾妮德开发，1979年建成，总占地面积约0.83平方千米，其中，度假村面积约0.34平方千米，别墅面积约0.49平方千米，是美国最具有标志性的，以"健康管理功能中心"和"度假养生别墅"为特色的健康管理度假村。

1. 完备的设施体系和养生项目

该度假村依托自然资源，整体上形成"一轴四区"的空间布局，集中布局养生设施，辐射南北住区，中部由一条主道路串联四个区域，内部道路专门修建了供步行和慢跑的小径。峡谷牧场以健康管理功能中心为核心，包括SPA综合会所、高尔夫中心、水上运动中心、网球中心、健康医疗中心、生态餐厅、俱乐部会所、生活促进中心八大养生功能场所。在健康管理体系孕育发展多年之后，该度假村开始建设度假养生别墅，最终形成由经营性酒店和销售型住宅构成的居住体系。

该度假村广泛服务于亚健康群体，拥有十三大养生项目体系，包含上百种项目，如健康护理医疗、能量康复、精神康复、生活管理、营养美食、运动健身、身体按摩、身体治疗、皮肤健康、美容沙龙、心灵智慧疗法、后续服务、针对青少年的项目等，还有少量针对慢性病人群提供的度假养生服务项目。此外，该度假村通过整合各国传统养生疗法和西方健康科学技术，外加自己的产品研发（如营养品、护肤品、烹饪技术等），形成了一套极具竞争力的特色养生技术。在峡谷农场自有品牌中，SPA养生服务极具资质，备受认可，曾多次被美国《旅行休闲》杂志和《康纳斯特旅行家》杂志誉为最佳SPA。

2. 专业的健康管理团队

该度假村的服务人才体系由医疗团队、运动健身团队、支持团队三大团队构成，而医疗团队是其人才体系的核心。在医疗团队中，以由健康医疗领军人领导，联合专业人员和注册护士形成了三个梯度的人才结构。其中，包含医学、运动生理学、营养学、生命管理、灵性和其他健康领域的优秀专家和专业健康服务团队，总计二千二百多位专业人员。除了自身的专家团队外，峡谷牧场度假村还通过与各大高校持证医学教授和讲师深入合作，实现共赢。依靠卓越的健康管理团队，该度假村制定了员工与客人比为3∶1的服务模式，一个客人可同时享有一个医疗专家、一个运动健身专员和一个支持人员（如按摩师）提供的定制专业化健康服务，帮助客人改善健康状况。

3. 独特的健康管理运营体系

图森峡谷牧场度假村精准定位高端上流人士为市场客群，以"改善人们的健康"为宗旨，开创了"健康的新生活方式"，倡导 lifeshare（生活在于分享）的邻里人际环境，认为这是最好的健康习惯。图森峡谷牧场度假村前期通过疗养效果逐步吸引全美高端客户，主要采用"行程套餐+养生套餐"体验的模式打开市场树立品牌。随着品牌效益扩大和市场需求扩大，促使土地价值与物业价值得到高溢价，最终通过房产开发产品与养生内容的绑定保证客源并帮助别墅住宅产品实现高溢价，形成良好的投资回报。如今，峡谷牧场度假村已经由最初的图森度假村（峡谷牧场集团总部）发展形成健康养生产业链，向集团化发展。图森峡谷牧场度假村养生和房产的有效结合、科学规划成为美国领跑养生产业 30 年的代表项目，被誉为世界上最受尊重的健康度假品牌。

第四节　旅游景区创意化

一、文化创意与旅游走向融合

（一）文化创意旅游兴起

随着旅游业的迅速发展和体验经济时代的到来，人们的生活观念也随之发生改变，旅游消费活动呈现个性化和多样化的发展趋势。旅游者求新、求奇、求异、求知，注重体验以及文化精神的追求，文化逐渐成为人们旅游需求的重要内容。同时，由于创意能够给旅游活动注入无限的生机与活力，各国重视创意产业的发展。英国有关创意产业的定义（1998年）为"起源于个体创意、技巧及才能，透过智慧财产权的生成与利用，而有潜力创造财富和就业机会的产业"。创意产业具有很强的渗透力，可以和多种产业相融合，提高其观念价值，目前在国外是发展势头最为强劲的产业，在中国也逐渐兴起。一般来说，文化创意产业主要涉及影视制作、出版发行、广告、演艺娱乐、数字动漫、工艺美术、旅游休闲、商务会展等行业和领域。在创意理念的引导之下，将智力因素与旅游资源完美结合，通过对旅游资源要素的重组，用情景化和动态化的理念进行重新定位，以进一步增强原有产品的服务体验性和吸引力，以不断适应日益变化的市场需求。任何一种旅游创意活动都要在一定的文化背景下进行，但创意不是对文化的简单复制，而是依靠人的灵感和想象力，借助科技手段对传统文化资源的再提升。旅游业是一个关联度强、产业链长的产业，文化与旅游的本质属性决定了两大产业之间密不可分、相辅相成，具有相互融合、共同发展的条件。文化创意产业与旅游业的融合发展，不仅可以延伸旅游产业链条，提升产业文化内涵，同时还可以促进文化产业化，促进一个国家或地区文化软实力的提升。将文化创意融入旅游业中，用文化创意来带动旅游业的发展将成为今后旅游业发展的趋势。

文化创意旅游也称为创意旅游，是用创意产业的思维方式和发展模式整合旅游资源、创新旅游产品、锻造旅游产业链。联合国教科文组织全球创意城市联盟（UNESCO Creative Cities Network）给出的文化创意旅游定义为："参与导向的、真实体验旅游地的艺术、遗产或特色风情的旅行。" 20 世纪 90 年代以来，在体验经济成熟、知识经济发展、文化和创新得到全球重视的时代背景条件下，创意产业迅速发展起来。旅游与创意产业结合成为文化创意旅游产业，其发展前景得到了英国、世界旅游组织、欧盟旅行委员会等的重视。国外文化创意旅游产业的发展往往有以下一些手段：首先，许多旅游目的地用标志性建筑来彰显地方形象，如英国北部盖茨黑德（Gateshead）的"北方天使"雕塑；其次，城市经营某种文化主题来凸显自己，如纽约把自己定位于世界文化中心、英国谢菲尔德打造狂欢城市。另外，利用世界杯、全球文化论坛等大事件来塑造和提升城市形象以及通过对历史建筑遗迹文化的重新整合来打造自身，如意大利的佛罗伦萨。

（二）文化创意旅游发展模式

最早提出将文化创意融入旅游业的是Pine Gilmore，他们在著作《体验经济》中提出：在体验消费时代，文化旅游产业中供应商之间的激烈竞争会引导他们把产品供应提高到一个新的阶段。经营者利用创意手段和过程，通过引导游客体验去完善自己，来创造新型的经济价值。创意旅游的概念最早是由理查德（Greg Richards）和瑞蒙德（Raymond）（2000）提出的，二者将其定义为：在旅行过程中通过积极参与、学习体验达到发展旅游者创意潜能的活动。也有部分学者认为创意旅游实质上来自于文化旅游概念。Richards（2005）认为创意旅游的最大特点在于主动地学习而非被动观赏，在实现自我发展的同时也促进了经济发展。Landry和Gnedovsky（1997）认为制造业和传统工业的衰落意味着经济急需新的收入源泉，文化创意旅游作为一个全球性品牌，是一个有着巨大收入潜能的产业，可通过现代化管理、城市推广、旅游基础设施建设来推广。

国内学界对文化创意旅游的研究兴起于近十年，进行了内涵、特征，创意旅游发展形式及部分地区发展模式，文化创意旅游产业的发展形态，旅游产品的创意开发，发展文化创意旅游的意义及相关对策的研究。2001年，刘健和应月芳进行了初步的尝试性研究，试图在旅游开发规划中找到文化创意旅游发展的方向；2005年，众多学者进行了对上海、北京等若干地方、若干问题的思考，正式开始对文化创意旅游进行研究；2006年，学者们开始进行文化创意旅游产业发展的各种模式研究并提出了相关的发展模式；2007年、2008年，文化创意产业与旅游业的融合模式、创意旅游产品的开发、文化创意旅游发展对策及意义成为研究重点；2010年、2011年开始有了旅游文化创意营销，另外有学者在心理学角度进行了文化创意旅游研究，开辟了新的方向。

文化创意旅游是一种发展模式，是用创意产业的思维方式和发展模式整合旅游资源、创新旅游产品、锻造旅游产业链（厉无畏等，2007）。周钧、冯学钢（2008）指出创意旅游是一种旅游产品，是以旅游者与旅游目的地之间的创意性互动为核心要素的一项旅游产品，旅游者通过此过程实现知识或技能的输入，开发个人创意潜能，形成个性化的旅游体验及旅游经历。王慧敏（2010）提出所谓文化创意旅游，是一种与传统的自然山水观光旅游不同的旅游发展模式，它以文化为核心，以创意为手段，以技术为支撑，以市场为导向，创造多元化的旅游产品载体，形成产业联动效应，促进城市和区域经济的文化创意化转型。关于创意旅游的特征，厉无畏等（2007）认为，相对于传统旅游发展模式，创意旅游有以下特点：强调对各类资源的多维化整合，强调对未来文化遗产的创造，强调对旅游消费潮流的引领和塑造，强调旅游产业链的拓展和延伸以及区域整体价值的提升。周钧、冯学钢（2008）认为创意旅游是以文化为本位的旅游产品，具有高品位、高流动性；创意旅游以产品中的创意元素为基准，具有双向性、高附加值；创意旅游需要旅游者与旅游目的地共同协作。

孙刘伟、伍进等（2010）提出旅游文化创意产业除具有文化创意产业的一般性特征之外，其独特性主要表现在：第一，旅游文化创意产业基于创意元素与旅游元素的完美融合；第二，旅游文化创意产业的产品具有较高的体验性和参与性；第三，旅游文化创意产业具有较高的连带效应。原勃、白凯（2008）提出创意旅游产业的发展应遵从以传统文化旅游为基础、以创意资本为支持、以游客技能提高为导向、以创意活动过程为手段、以实现游客自我提升为目的的发展模式。蒋莉莉（2010）认为创意旅游发展模式主要包括创意旅游的资源转化模式、旅游商品开发模式、旅游产业提升和城市功能转型模式、连锁经营模式、非物质文化遗产的保护性开发模式等。李永菊（2011）指出我国目前有四种发展形态：第一种是旅游文化演出，以桂林山水实景演出《印象·刘三姐》为代表；第二种是旅游文化主题公园；第三种是旅游文化街区，如前门的文化街区，还有"798"、宋庄等街区；第四种是旅游文化节庆，目前发展中较为典型的有哈尔滨冰灯节、青岛国际啤酒节等。王欣（2012）提出文化创意旅游发展类型包括创意产品、创意设施、创意景观、创意活动和创意社区，对于文化创意旅游产业发展模式提出了文化流动性问题及文化资本固化机制以及有机更新模式。

二、旅游景区创意化发展的几种形式

（一）创意旅游产品

近几年来，旅游演艺成为我国旅游业发展的热点，极大地促进了一些传统景区的"复兴"，尤以桂林、张家界、杭州等为典型代表，其中最具影响力的是"印象系列"。"印象系列"是由张艺谋、王潮歌、樊跃组成的文化创意团队在旅游目的地政府的支持下，以当地的实景山水为背景，利用当地的民间文化资本和群众演员共同参与打造的系列创意旅游项目，其中最成功的演艺项目是广西阳朔的《印象·刘三姐》。《印象·刘三姐》不是一次旅游产品的简单创新，它开创了一种新的文化旅游体验模式，也可以说是一种全新的艺术形式。在《印象·刘三姐》之后，浙江的《印象·西湖》、云南的《印象·丽江》、海南的《印象·海南岛》、福建的《印象·大红袍》等相继诞生。除"印象系列"之外，河南的《禅宗少林·音乐大典》、张家界的《天门狐仙》、陕西的舞剧《长恨歌》等大型旅游演艺项目在我国迅速发展起来，又给创意旅游增添了新的内容，项目投入越来越大，技术手段和艺术表现形式也不断创新。以上几个具有国内创意旅游代表性的案例反映了文化创意旅游在国内的蓬勃发展。以"印象系列"为代表的中国山水实景旅游演艺项目是一种基于自然和文化遗产，用创意的方式整合旅游资源，创新旅游产品和体验方式，艺术表现鲜明、智力含量高、具有原创性的旅游开发新模式，是文化创意与旅游相结合的一种典型模式。它是中国旅游为世界旅游做出的一项卓越贡献，它们创造了中国旅游的一个品牌，也是中国旅游进入文化创意旅游时代的一个标志。

（二）创意设施和景观

在新兴景区的开发中，旅游服务设施和新的旅游吸引物通过创意的方式展现出来起到了突出的效果。所谓创意型的设施和景观，主要包括一些具有旅游体验功能的文化创意型餐厅、小镇、酒吧等。创意小镇不仅是住宿设施，也是一种吸引物，在国内外已经有了很多案例。例如，日本九州的汤布院，结合了吉卜力的日式幻想风与英国乡村风。游客可以在村子里看到贩售《爱丽丝梦游仙境》相关商品的店、彼得兔的宠物花园，还有《魔女宅急便》中的"琪琪面包店"及魔女快递服务，体验汤布院中精心打造、结合幻想世界与英式风情的景物。日本青森县田舍馆村于20世纪90年代初开始创作稻田画，它是一种"稻田种植+艺术设计+现代化农业"的创意景观。稻田画每年能吸引将近20万游客，有1300多人参与从插秧到割谷的整个过程。

创意景观大到创意地标或大地艺术，小到创意景观建筑、创意园林景观或创意景观小品。凡是景观设计莫不是创意的行为，创意景观主要是指赋予创作者文化价值的创作类型。例如，前述的日本九州的汤布院，它既是一种创意设施，也是一种创意景观。创作者的文化体验理念是通过景观建筑的方式表达的，正如其他艺术家用绘画、音乐或其他方式表达精神世界一般。有些景观通过创意的工作呈现出我们不常见到的样式，极具视觉冲击力，如前述的田舍馆村稻田画即具有此类特征。

（三）创意社区和园区

以社区（尤其是历史文化街区）和园区（文化创意产业园区）形态呈现的创意旅游体验空间一般包含了前述的创意产品、设施、景观，以其丰富性、参与性、互动性成为景区发展的一个新趋势。例如，德国巴伐利亚州的上阿莫高和日本的熊本村，吸引了很多年轻一代的游客。

德国巴伐利亚州的上阿莫高被称为壁画村，因其房屋墙壁上遍布精美的壁画而闻名世界，这些壁画屋都是普通的民宅，而且这些色彩斑斓、形态各异的壁画都是当地人自己创作的。这种绘画形式早期叫"空中绘画"，在18世纪的德国非常流行。它深受文艺复兴时期意大利画家喜爱的视觉陷阱技巧的影响，几百年不变地使用古朴传统的画法，具有鲜明的艺术特色。除此之外，上阿莫高的男女老少都会木雕工艺。上阿莫高以艺术展示和创意活动为特色，文化艺术与民宅的结合带动了上阿莫高的经济及文化发展。

熊本县政府为提高本县人气和推动本土旅游业发展，邀请日本作家小山薰堂和设计师水野学为该地区设计吉祥物，熊本熊由此诞生。熊本熊推出不到3年，已成为全日本知名度最高的地区形象IP。形象IP通过不同渠道渗透式地植入整个城市或区域的各景区景点、旅游商业街、购物中心、游客服务区，如IP形象包装的农产品、IP造型的亲子娱乐区、IP形态伴手礼设计，紧跟时代元素及消费者的创新需求，不断融入新的消费元素、娱乐活动、互动体验、特色产品等，保持持续的竞争力。通过对熊本熊的塑造和持续传播，艺术IP化层层推进，带动了整个县域的发展。IP本身所蕴含的参与性、互动性、凝聚性等特点使其成为营造目的地深度体验的重要途径以及提升全域旅游格局并促进整条产业链不断向纵深发展的推动力。

第五节　旅游景区制度创新

景区管理制度长期以来一直是影响我国景区发展的掣肘。我国品质最高的旅游吸引物5A级景区、各类国家级保护区或公园等遗产型景区几乎尽数掌握在以各级政府为代表的国有体制中。这种管理权属关系有利于实现对珍稀资源的严格保护与实质监督，但同时体制所带来的弊病也非常突出,甚至严重影响到景区的可持续发展和公众享有的休闲权利的实现。近年来,在国家政策的推动下,我国旅游景区在经营与管理上做了诸多大胆的探索,国家公园在借鉴国外先进经验的基础上进行了体制探索;国家文化公园在公益性方面进行了有益尝试;以闽南文化为代表的生态保护实验区在体制方面进行了探索;A 级景区的退出机制与动态管理措施都为我国景区制度创新的未来发展指明了方向。

一、国家公园体制的探索

我国自 2013 年提出"建立国家公园体制"以来,已相继发布多个相关的重要政策指导文件。2015 年 9 月,中共中央、国务院印发了《生态文明体制改革总体方案》,明确指出:"建立国家公园体制。加强对重要生态系统的保护和永续利用,改革各部门分头设置自然保护区、风景名胜区、文化自然遗产、地质公园、森林公园等的体制,对上述保护地进行功能重组,合理界定国家公园范围。国家公园实行更加严格保护,除不损害生态系统的原住民生活生产设施改造和自然观光科研教育旅游外,禁止其他开发建设,保护自然生态和自然文化遗产原真性、完整性。"国家公园建设已上升为国家战略。[1]

(一)国家公园的经典管理模式

目前,现有成熟国家公园有三大主要管理类型:① 中央集权型。美国黄石国家公园是世界上第一个国家公园,其管理模式是典型的中央集权型,实行自上而下的垂直管理体制。1995 年,美国革新国家公园管理机制,形成"国家—地区—公园"型管理体系[2]。② 地方自治型。德国洪斯吕克乔木林国家公园的管理体制属于典型的地方自治型。德国国家公园的划定和建立、管理机构的设置、管理目标的制定等事务都由地区或州政府决定,联邦政府仅制定相关宏观政策、框架性规定和法规。③ 综合管理型。日本国立公园由国家环境厅直接管理,环境省按地区设立相应的环境事务所,负责对辖区内的国立公园进行管理,国定公园、都道府县立自然公园由都道府县进行管理。

(二)我国国家公园体制的探索与创新

我国在汲取先进经验的基础上,结合实际情况探索中国式国家公园的管理模式。目前,我国已选定北京、吉林、黑龙江、浙江、福建、湖北、湖南、云南、青海等 9 省市开展国家公园体制试点,试点时间为 3 年。自 2016 年开展国家公园体制试点探索以来,我国已完成国家公园体制试点区 10 个并挂牌成立了东北虎豹、祁连山、大熊猫国家公园管理局。

在管理目标方面,我国国家公园强调"生态保护第一"和"最严格的保护"。《建立国家公园体制总体方案》中提出"建立国家公园的目的是保护自然生态系统的原真性、完整性"。在 2013 年国家公园体制启动以前,我国的各类自然保护地并没有很好地完成"生态保护"这一根本任务[3]。

在管理模式方面,我国国家公园在起步阶段采取自上而下、强力快速推进的方式,后

---

[1] 张玉钧. 从保护地治理到国家公园体制创新[N]. 人民日报海外版, 2016-05-03 (12).
[2] 刘琼. 中美国家公园管理体制比较研究[D]. 长沙: 中南林业科技大学, 2013.
[3] 杨锐. 论中国国家公园体制建设的六项特征[J]. 环境保护, 2019, 47 (Z1): 24-27.

期逐渐过渡到上下结合、政府主导、多方参与的方式。国家公园需要管理责任主体一体化，实现"一园一主"的目标，保证只有一套管理机构和人员代表国家行使管理职能，彻底改变"一区多主"的混乱局面，国家公园可以采取综合管理型，根据情况分为直属管理和授权管理的模式。

在经营机制方面，在管理权和经营权分离的基础上，我国国家公园经营机制主要采用特许经营制度，其目的是要健全一套完善的机制，包括经费投入、机构人员、公共服务体系、特许经营、伙伴关系、标准制定等，处理好资源保护与合理利用的关系。

在法律框架方面，宏观上需要设立相应的保护法律体系，制定国家公园法，修订现有相关法规条例，制定系列规范标准。具体需要实行"一园一法"模式，"一园一法"模式设立的初衷是根据各个国家公园的特点和具体问题制定有针对性的规范，以实现差异化管理，从而更好地服务于各国家公园建设。

在投入机制方面，我国国家公园实施财政投入为主，探索社会资本引入机制。必须保证稳定的经费来源，将资金投入进行分类管理：① 基础建设的投入，作为公益性事业的国家公园的基础设施投资应纳入公共财政预算体系；② 运行费投入，包括运行费和职工工资等应纳入中央财政拨款，使其具有较高的独立裁量权；③ 经营性投入，包括生态旅游、特许经营等项目投入可采取招商引资或捐赠的方式，通过多元化的融资模式鼓励企业及非政府组织通过取得特许经营权，参与国家公园的管理与运营，实行收支两条线[①]。

二、国家文化公园体制的探索

"十三五"时期，我国创造性地提出建设具有中国特色的国家文化公园。2019年7月，中央全面深化改革委员会审议通过了《长城、大运河、长征国家文化公园建设方案》（以下简称《方案》）。《方案》指出要重点建设管控保护、主题展示、文旅融合、传统利用四类主体功能区。大力推进国家文化公园建设对于保护我国传统文化、树立民族文化自信、提高民族国际威望、发展旅游产业具有十分重要的意义。

（一）国家文化公园的体制探索

在国家公园的基础上，我国提出了建设国家文化公园，长城、长征、大运河国家文化公园试点建设已启动。国内学者针对如何建设国家文化公园进行了探讨。王健[②]等人以大运河国家文化公园为例，在建设的运行过程中，要明确其内涵与特质，厘清多重关系，建立完备的统筹机制。邹统钎[③]等人以长征国家文化公园为例，指出在建设过程中要把握好长征精神的保护与发扬、文化生态的整体与特殊、文化产品的思政性与休闲性、规划的全局与重点、管理体制的主导与配合这五对关系。吴丽云[④]（2020）认为建设好长城国家文化公园首先要处理好国家性与人民性的关系，有效保护和科学利用相结合；其次强化长城文化和精神的阐释与价值传播；再次加强资金支持和科技的应用；最后建立社区参与和志愿服务机制。

---

① 唐鸣镝，等. 建设世界一流的环首都森林公园带：新时期北京森林公园发展研究报告[R]. 北京市园林绿化局，2015.
② 王健，王明德，孙煜. 推动大运河国家文化公园江苏段建设[J]. 群众，2019（10）：27-29.
③ 邹统钎. 长征国家文化公园建设发展要把握的五对关系[N]. 中国旅游报，2019-12-31（003）.
④ 吴丽云. 长城国家文化公园建设应强化五项内容[N]. 中国旅游报，2020-01-13（A01）.

(二)国家文化公园管理探讨

长城、大运河、长征国家文化公园均属于线性文化遗产,长城和长征国家文化公园均跨越 15 个省份,大运河国家文化公园跨越 8 个省份,三个国家文化公园共涉及全国 28 个省、自治区、直辖市的不同区域,空间跨度大,我国国家文化公园的建设借鉴文化遗产廊道理念经验,既需要区域之间的协同推进,同时,作为国家文化公园还需要清晰界定中央与地方之间的权责机制。

《方案》提出了分级管理的建设思路,构建了中央统筹、省负总责、分级管理、分段负责的国家文化公园建设管理体制。中央成立国家文化公园建设工作领导小组,统筹全国国家文化公园建设并通过中央财政给予建设补助,各相关省设立国家文化公园管理区,整合和统筹协调本省内的资源并通过地方财政进一步补充完善本省建设资金。由此形成中央负责宏观统筹、资金补助和监督推进,地方承担内部协调、具体建设和运营管理任务的国家文化公园建设管理分工体系。

三、国家文化生态保护区体制的探索

我国国家级文化生态保护区是指以保护非物质文化遗产为核心,对历史文化积淀丰厚、存续状态良好,具有重要价值和鲜明特色的文化形态进行整体性保护并经文化和旅游部同意设立的特定区域。2011 年 6 月 1 日起实施的《中华人民共和国非物质文化遗产法》规定,"对非物质文化遗产代表性项目集中、特色鲜明、形式和内涵保持完整的特定区域,当地文化主管部门可以制定专项保护规划,报经本级人民政府批准后,实行区域性整体保护。"目前,文化旅游业蓬勃发展,文化生态保护实验区成为重要的游览空间。对文化空间展开研究的典型政策是建立文化生态保护区体系。

(一)国家文化生态保护区的经典管理模式

据各国情况与特点,其他国家和地区文化生态保护区表现形式有所差异,目前形成的国家文化生态保护区有三种:① 点状形态的生态博物馆,它是一种由社区和政府共同管治的模式,较为典型的是加拿大的米拉米奇生态博物馆;② 线状形态的文化线路与国家遗产廊道,美国伊利诺伊和密歇根运河国家遗产廊道是美国也是全世界第一条国家遗产廊道,对保护大型线性文化景观进行了重要尝试;③ 面状形态的国家遗产区域管理模式,最为典型的是美国国家遗产区域,它的建立是上下互动的过程,采取了合作伙伴制的协同管理模式。

(二)我国国家文化生态保护区体制的探索

我国文化生态保护区的理论和实践还处于实验探索阶段。2007 年,我国设立第一个国家级文化生态保护实验区,2011 年编制第一部文化生态保护实验区总体规划,理论和实践不断取得新进展。目前,我国国家级文化生态保护实验区共 23 处。

国家高度重视闽南文化保护工作,2007 年 6 月在福建省设立的闽南文化生态保护实验区是以闽南的泉州、漳州、厦门为特定区域的我国首个文化生态保护实验区。泉州市人民政府于 2007 年成立闽南文化生态保护实验区工作领导小组，加强对工作的领导和统筹并成立专家委员会，设立泉州市闽南文化生态保护中心，调动社会各层面力量参与闽南文化保护工作。2010 年 5 月，泉州市人民政府正式颁布《泉州市闽南文化生态保护区建设规划》，明确了保护范围、保护内容、保护目标，保护方法/保护步骤、保护计划和保障措施，使非物质文化遗产保护工作进入有原则、有步骤、有计划、有目标的全新阶段[①]。

泉州在闽南文化生态保护实验区建设中取得了成绩，得益于该市人民政府在管理创新方面的努力，我们需要从理论和实践上继续研究探索文化生态保护实验区建设的方式方法，进一步推动保护方式方法、体制机制、传播手段的不断创新。

四、A 级景区的退出机制与动态管理

（一）A 级景区退出机制的提出

2015 年，山海关景区被撤销 5A 级资质，成为我国首家被摘牌的景区。2016 年，全国又有 367 家 4A 级及以下的景区受到不同程度的处罚。2018 年，文化和旅游部又勒令 11 家 4A 级旅游景区摘牌。截至 2019 年 7 月底，全国有近 400 家 A 级景区由于管理与建设不善，受到摘牌、降级等处罚。国家文化和旅游部对 A 级景区的摘牌和部分等级景区的警告受到舆论广泛关注，也引发旅游景区企业的深入思考。

长期以来，由于退出机制的不完善，导致一些景区评级后出现管理松懈、服务质量下降、游客投诉不断增加的问题。A 级景区 "终身制" 的现象已经背离了激励机制的初衷，降低了国标的含金量，也损害了旅游主管部门的公信力。因此，建立、完善 A 级景区的常态化退出机制迫在眉睫。

（二）A 级景区的动态管理

动态管理是一个系统而不间断的管理过程，能够在景区经营过程中进行实时监督，便于及时发现问题，建立预警系统。A 级景区的动态管理主要从景区内部的定期检查与外部的时刻监督两方面着手。

1. 内部定期检查

要求景区监管部门定期对各个部门进行全面、重点的质量监督检查活动，包括景区安全、公共服务设施、环境卫生、购物秩序、景区工作人员的服务质量以及智慧旅游等方面。明确检查的时间间隔，保证检查的连续性，将检查的对象普及全景区，尤其要对景区近期问题突出的部门或服务环节进行重点检查，以做到有的放矢，消除景区内管理和服务上的"顽疾"，从景区内部监管上提升景区的质量。

2. 外部时刻监督

一是开展 A 级景区质量检查复核工作，督促景区问题整改和品质提升，防止"重创建，轻维护"；二是专家暗访，不定期地特邀旅游行业内专家或学者以普通旅游者的身份进入景区，以游客和专家的双重身份去检查景区管理，了解景区的日常经营状态并根据相应景区的等级质量标准进行打分，从而对各旅游景区提出明确的管理服务提质整改要求并给景区

[①] 黄瑶鸿. 泉州市闽南文化生态保护区建设中政府管理创新问题研究[D]. 福州：福建农林大学，2015.

提出具体而专业的整改建议，弥补景区在经营管理过程中存在的漏洞，提升旅游景区的质量，建设高质量、高等级的旅游景区。

建立退出机制，实施动态管理的最终目的是通过"上上下下，进进出出"提升我国景区质量，满足人民群众的获得感。但目前景区动态管理手段尚不成熟，主要体现在关于景区取消 A 级资质之后究竟是重新"创建申报"还是"恢复资质"；景区"复牌"后再出问题如何处理；是否该有累进式处分机制等并没有明确的界定。

参 考 文 献

一、英文参考文献

[1] M ALHEMOUD A, G ARMSTRONG E. Image of tourism attractions in kuwait[J]. Journal of travel research, 1996, (34): 76-80.

[2] WEIDENFELD A, M WILLIAMS A, W BUTLER R. Spatial competition and agglomeration: the visitor attraction sector[J]. The Service industries journal, 2014, 34(3):175-195.

[3] ANGELEVSKA-NAJDESKA K, RAKICEVIK G. Planning of sustainable tourism development[J]. Procedia - social and behavioral sciences, 2012 (44): 210-220.

[4] LEASK A, FYALL A, GARROD B. Managing revenue in Scottish visitor attractions[J]. Current issues in tourism, 2013, 16(3): 240-265.

[5] BAUD-BOVY M, LAWSON F R. Tourism and recreation development[J]. Annals of tourism research, 1980, 7(2): 276-278.

[6] BEC A, MOYLE B, TIMMS K. Management of immersive heritage tourism experiences: a conceptual model[J]. Tourism management, 2019(72): 117-120.

[7] JAMES B. An introduction to landscape and garden design[M]. Bristol: Taylor and Francis, 2016.

[8] RICHARD B, HARROP P. Forest tourism: putting policy into practice in the forestry commission, forest tourism and recreation[M]. Cambridge: Cambridge University press, 2000.

[9] BROCHU L. The 5M model for successful planningprojects[M]. Fort Collins: Interp Press, 2003: 44-50.

[10] PRIDEAUX B. Building visitor attractions in peripheral areas-can uniqueness overcome isolation to produce viability[J]. International journal of tourism research, 2002(4): 79-389.

[11] DIMITRIOS B. Marketing the competitive destination of the future[J]. Tourism management, 2000, 21(1): 97-116.

[12] STEPHEN J C, STEPHEN J P. Enlightened hedonism: exploring the relationship of service value, visitor knowledge and interest, to visitor enjoyment at heritage attractions[J]. Tourism management, 2013: 39.

[13] CANTER D. The psychology of place[M]. London: The Architectural Press, 1977.

[14] CAN-SENG O. Poetics and politics of destination branding: denmark[J]. Scandinavian journal of hospitality and tourism, 2004(4): 2.

[15] CHEREM G J. The professional interpreter: agent for an awakening giant[J]. Journal of

interpretation, 1977, 2(1): 3-16.

[16] CHEN Y C, KING B, LEE H-W. Experiencing the destination brand: behavioral intentions of arts festival tourists[J]. Journal of destination marketing & management, 2018(10): 61-67.

[17] HEO C Y, LEE S. Application of revenue management practices to the theme park industry[J]. International journal of hospitality management, 2009, 28(3): 446-453.

[18] A GUNN C. A concept for the design of a tourism-recreation region[M]. Mason: BJ Press, 1965.

[19] A GUNN C. Vacationscape: designing: designing tourist regions[M]. 2nd ed. New York: Van Nostrand Reinhold, 1988.

[20] CNPPA/IUCN, WCMC. Guidelines for protected area management categories[M]. Gland, Switzerland and Cambridge, U. K.: IUCN Publications Services Unit, 1994.

[21] CRONJÉ D F, PLESSIS E D. A review on tourism destination competitiveness[J]. Journal of hospitality and tourism management, 2020(45): 256-265.

[22] DONALD G. Event management & event tourism[M]. 2nd ed. New York: Cognizant Communication Corporation, 2005.

[23] DARLOW S, ESSEX S, BRAYSHAY M. Sustainable heritage management practices at visited heritage sites in Devon and Cornwall[J]. Journal of heritage tourism, 2012, 7(3): 219-237.

[24] E HAWKINS D, CHANG B, WARNES K. A comparison of the national geographic stewardship scorecard ratings by experts and stakeholders for selected world heritage destinations[J]. Journal of sustainable tourism, 2009, 17(1): 71-90.

[25] KIM E Y, KIM Y K. The Effects of ethnicity and gender on teens' mall shopping motivations[J]. Clothing and textiles research journal, 2005, 23(2): 65-77.

[26] FAKEYE P, CROMPTON J. Image differences between prospective, first-time, and repeat visitors to the lower rio grande valley[J]. Journal of travel research, 1991, (29)2: 10-16.

[27] FORD R, HEATON C P. Managing the guest experience in hospitality[M]. New York: Delmar Thompson Learning, 2000.

[28] TILDEN F. Interpreting our heritage[M]. Chapel Hill: University of North Carolina Press, 1957.

[29] ALAN F, GARROD B, LEASK A. Managing visitor attractions[M]. Oxford: Butterworth Heinemann, 2003.

[30] GALBRAITH L B. Scotland's churches scheme, 1000 churches to visit in scotland[J]. Journal of stained glass, 2006(12): 32-35.

[31] GORDON J E. Geoconservation principles and protected area management[J]. International journal of geoheritage and parks, 2019, 7(4): 199-210.

[32] GRETZEL U, SIGALA M, XIANG Z. Smart tourism: foundations and developments[J]. Electronic markets, 2015, 25(3): 179-188.

[33] GUNN C A, TAYLOR G D. Book review: vacationscape: designing tourist regions[J]. Journal of travel research, 1973, 11(3): 24-24.

[34] CLARE G. Tourist planning[M]. New York: Taylor and Francs, 1985.

[35] HAM S H. Environmental interpretation[M]. Colorado: North American Press, 1992.

[36] HAPP É, IVANCSÓ-HORVÁTH Z. Digital Tourism is the challenge of future-a new approach to tourism[J]. Knowledge horizons / orizonturi ale cunoasterii, 2018, 10(2): 9-16.

[37] GREEN H, HUNTER C, MOORE B. Applications of the delphi technique in tourism[J]. Annals of tourism research, 1990, 17(2): 270-279.

[38] HU W, WALL G. Environmental management, environmental image and the competitive tourist attraction[J]. Journal of sustainable tourism, 2008, 11(5): 617-635.

[39] MUNANURA I E, BACKMAN K F, SABUHORO E. Managing tourism growth in endangered species' habitats of Africa: Volcanoes National Park in Rwanda[J]. Current issues in tourism, 2013(16): 7-8.

[40] EDWARD I. Tourism planning[M]. New York: Van Nostrand Reinhold, 1991.

[41] CROMPTON J L. An Assessment of the image of mexico as a vacation destination and the influence of geographical location upon that image[J]. Journal of travel research, 1979, 17(4): 79-85.

[42] LITTLE K. The tourist gaze: leisure and travel in contemporary societies[J]. Annals of leisure research, 2018, 21(5): 940-941.

[43] KUPPERSCHMIDT B R. Multigeneration employees: strategies for effective management[J]. The health care manager, 2000, 19(1): 65-76.

[44] LAING J. Festival and event tourism research: current and future perspectives[J]. Tourism management perspectives, 2018(25): 165-168.

[45] LEASK A. Progress in visitor attraction research: towards more effective management[J]. Tourism management, 2010, 31(2): 155-166.

[46] LEASK A. Visitor attraction management: a critical review of research 2009–2014[J]. Tourism management, 2016, 57: 334-361.

[47] NEIL L. Tourist attraction systems[J]. Annals of tourism research, 1990, 17(2): 367-384.

[48] ALAN L. A Framework of tourist attraction research[J]. Annals of tourism research, 1987, 14(3): 33-575.

[49] MA X L, CHRIS R, BAO J G. Chinese national parks: differences, resource use and tourism product portfolios[J]. Tourism management, 2009, 30(1):21-30.

[50] DEAN M. The tourist: a new theory of the leisure class[M]. New York: Schoken Books, 1976.

[51] DEAN M. The Tourist: a new theory of the leisure class[M]. Berkeley: University of California Press, 2013.

[52] MANSFELD Y, PIZAM A. Tourism, security and safety: from theory to practice[M]. Oxford: Elsevier Butterworth-Heinemann, 2006.

[53] JOHN M. Theme park in europe[J]. EIU Travel and tourism analyst, 1993(5): 84-86.

[54] MEDLIK S. Dictionary of Travel, tourism, and hospitality[M]. Oxford: Butterworth Heinemann, 1993.

[55] DUTTA M A, GEN Z. Is coming to your office. are you ready?[J]. Systems contractor news, 2019, 26(9): 96-102.

[56] CHRISTIE M R. Resorts management and operation[M]. New York: John Wiely & Sons, Inc, 1993.

[57] MURPHY P E. Tourism: a community approach[M]. London: Methuen CO Ltd, 1985.

[58] NUSAIR K K, ILGIHAN A, OKUMUS F. Generation Y travelers' commitment to online social network websites[J]. Tourism management, 2013, 35(4): 3-22.

[59] CAN-SENG O. Poetics and politics of destination branding: denmark[J]. Scandinavian journal of hospitality & tourism, 2004, 4(2): 107-128.

[60] ORAMS M B. Using interpretation to manage nature-based tourism[J]. Journal of sustainable tourism, 1995, 4(2): 81-94.

[61] PEARCE P, BENCKENDORFF P, JOHNSTONE S. Tourist attractions: evolution, analysis and prospects, in tourism in the 21st century: lessons from experience[M]. London & N.Y: Bill Ffaulkner, Gianna Moscardo and Eric Laws, Continnum, 2000.

[62] PAGE S J. Urban tourism[M]. London: Routl edge, 1995.

[63] JEAGLES P F, MCCOOL S F, HAYNES C D. Sustainable tourism in protected areas: guidelines for planning and management[C]. World Tourism Organization, IUCN, 2002.

[64] PEARCE P. Marketing and management trends in tourist attractions[J]. Asia pacific journal of tourism research, 1998, 3(3): 1-8.

[65] PEARCE P L. Analyzing tourist attractions[J]. Journal of tourism studies, 1991, 2(1):46-55.

[66] PIKE S, PAGE S J. Destination marketing organizations and destination marketing: a narrative analysis of the literature[J]. Tourism management, 2014, 41: 202-27.

[67] PINE B J, GILMORE J H. Welcome to the experience economy[J]. Harvard business review, 1998, 76(4): 62-65.

[68] RAHMAFITRIA F, PEARCE P L, OKTADIANA H. Tourism planning and planning theory: historical roots and contemporary alignment[J]. Tourism management perspectives, 2020(35): 100703.

[69] REICHEL A, HABER S A. Three-sector comparison of the business performance of small tourism enterprises: an exploratory study[J]. Tourism management, 2005, 26(5): 681-690.

[70] WATSON S, MCCRACKEN M. No attraction in strategic thinking: perceptions on current and future skills needs for visitor attraction managers[J]. International journal of tourism research, 2002, 4(5): 53-58.

[71] SHARPLEY R A, FYALL B, GARROD A, LEASK S. Wanhill Managing visitor attractions: new directions second ed. 2008 Butterworth Heinemann Oxford[J]. Tourism management, 2009, 30(1): 145-146.

[72] STERNBERG E. The iconography of the tourism experience[J]. Annals of tourism research, 1997, 24(4): 951-969.

[73] STEWART E J, KIRBY V G. The "place" of interpretation: a new approach to the evaluation of interpretation[J]. Tourism management, 1998, 19(3): 257-266.

[74] SWARBROOK M. Development and management of visitor attractions[M]. 2nd ed. Oxford: Butterworth-Heinemann, 1999.

[75] SWARBROOKE J. Key challenges for visitor attraction managers in the UK[J]. Journal of

retail & leisure property, 2001, 1(4): 318-336.

[76] UNWTO, UNEP, WMO. Climate change andtourism: Responding to global challenges[M]. Paris & Madrid: UNWTO & UNEP, 2008.

[77] WANG X, LI X, ZHEN F. How smart is your tourist attraction?: Measuring tourist preferences of smart tourism attractions via a FCEM-AHP and IPA approach[J]. Tourism management, 2016 (54): 309-320.

[78] WEI H, WALL G. Environmental management, environmental image and the competitive tourist attraction[J]. Journal of sustainable tourism, 2005, 13(6): 617-635.

[79] WILBER MANYISA AHEBWA, RENE VAN DER DUIM, CHRIS SANDBROOK. Tourism revenue sharing policy at bwindi impenetrable national park, uganda: a policy arrangements approach[J]. Journal of sustainable tourism, 2012, 20(3): 377-394.

[80] MANSFELD Y, PIZAM A. Tourism, security and safety: from theory to practice[M]. Oxford: Butterworth-Heinemann, 2005: 1-29.

[81] SCHWARTZ Z, STEWART W, Backlund E A. Visitation at capacity-constrained tourism destinations: Exploring revenue management at a national park[J]. Tourism management, 2012, 33(3): 500-508.

二、中文参考文献

[1] 冈恩，瓦尔．旅游规划：理论与案例[M]．4版．吴必虎，等，译．大连：东北财经大学出版社，2005．

[2] 维佛卡．旅游解说总体规划[M]．郭毓洁，吴必虎，于萍，译．北京：中国旅游出版社，2008．

[3] 朱卓仁．度假饭店的开发与管理[M]．向萍，译．北京：中国旅游出版社，2002．

[4] 蔡君．略论游憩机会谱（Recreation Opportunity Spectrum，ROS）框架体系[J]．中国园林，2006（7）：73-77．

[5] 曹霞，吴承照．国外旅游目的地游客管理研究进展[J]．北京第二外国语学院学报，2006（1）：23-31．

[6] 陈雯婷，金权杰，程澄．基于城市化背景下的旅游综合体研究[J]．城市规划，2011（2）：27-28．

[7] 陈雅如，刘阳，张多，等．国家公园特许经营制度在生态产品价值实现路径中的探索与实践[J]．环境保护，2019，47（21）：57-60．

[8] 陈真亮，诸瑞琦．钱江源国家公园体制试点现状、问题与对策建议[J]．时代法学，2019，17（04）：41-47．

[9] 陈跃，余高波．事件塑造旅游目的地品牌个性的机理：基于"张家界现象"的案例研究[J]．吉首大学学报（社会科学版），2015（02）：72-80．

[10] 程倩．乡村旅游纪念品设计与旅游目的地品牌形象建设研究[J]．农业经济，2020（12）：137-139．

[11] 傅才武，申念衢．注意力稀缺背景下文化旅游景区管理模式的优化策略：基于武当山

景区与崆峒山景区的比较[J]. 兰州大学学报（社会科学版），2018，46（03）：49-58.

[12] 郭沙. 旅游功能区规划视域下的农村休闲旅游目的地的空间管理研究[J]. 农业经济，2016（04）：39-41.

[13] 开化县地方志编纂委员会. 开化县志[M]. 北京：方志出版社，2010.

[14] 李彦伯，褚大建. 城市历史街区发展中的"回应性决策主体"模型[J]. 城市规划，2014（6）：66-72.

[15] 贾蓉. 大栅栏更新计划：城市核心区有机更新模式[J]. 北京规划建设，2014（06）：98-104.

[16] 孔邦杰. 旅游安全管理[M]. 上海：格致出版社，2015.

[17] 李红翔. 景区解说系统构建及解说方式适用性研究[D]. 大连：东北财经大学，2007.

[18] 李燕，司徒尚纪. 近年来我国历史文化名城保护研究的进展[J]. 人文地理，2001（5）：44-48.

[19] 李燕宁. 田子坊：上海历史街区更新的自下而上样本[J]. 中国文化遗产，2011（3）：38-47.

[20] 刘峰，高炽海. 旅游综合体建设的理论与实践[M]. 南京：东南大学出版社，2015.

[21] 刘敏. 历史城市保护立法研究[J]. 城市问题，2011（2）：21-24.

[22] 刘沛林. 生态博物馆理念及其在少数民族社区景观保护中的作用：以贵州梭嘎生态博物馆为例[J]. 长江流域资源与环境，2005（2）：254-257.

[23] 刘思敏，刘民英. 杭州西湖景区免费模式的实质及可复制性分析[J]. 旅游学刊，2011，26（10）：50-57.

[24] 刘晓丽. 少数民族旅游区营销效果的绩效评估机制研究[J]. 贵州民族研究，2016，37（05）：154-158.

[25] 刘雪婷. 中国旅游产业融合发展机制理论及其应用研究[D]. 成都：西南财经大学，2011.

[26] 刘智. 云台山密码：中国旅游景区发展案例研究[D]. 大连：东北财经大学，2012.

[27] 陆建城，罗小龙，张培刚，等. 国家公园特许经营管理制度构建策略[J]. 规划师，2019（17）：23-28.

[28] 罗芬，钟永德，李健，等. 主旨导向的旅游解说规划"七步法"[J]. 社会科学家，2008（4）：103-113.

[29] 那梦帆，谢彦君，Gursoy D. 旅游目的地体验价值：维度辨识、量表开发与验证[J]. 旅游学刊，2019，34（12）：48-60.

[30] 钱关键. 潮起钱江源——钱江源国家公园探索体制试点创新[N]. 浙江日报，2020-10-14.

[31] 束晨阳. 对风景名胜区规划中有关分区问题的探讨[J]. 中国园林，2007（4）：13-17.

[32] 孙施文，周宇. 上海田子坊地区更新机制研究[J]. 城市规划学刊，2015（1）：39-45.

[33] 唐鸣镝. 景区旅游解说系统的构建[J]. 旅游学刊，2006，12（1）：64-68.

[34] 唐鸣镝. 建设世界一流的环首都森林公园带：新时期北京森林公园发展研究报告[R]. 北京市园林绿化局，2015.

[35] 陶建群，杨武，王克. 钱江源国家公园体制试点的创新与实践[J]. 人民论坛，2020（29）：102-105.

[36] 开化林业志编写组. 开化林业志[M]. 杭州：浙江人民出版社，1988.

[37] 吴必虎，俞曦．旅游规划原理[M]．北京：中国旅游出版社，2010．
[38] 徐嵩龄．中国文化与自然遗产的管理体制改革[J]．管理世界，2003（6）：63-73．
[39] 严若谷，周素红，闫小培．城市更新之研究[J]．地理科学进展，2011（8）：947-955．
[40] 杨慧．游客凝视译序：约翰·尤瑞与游客凝视[M]．桂林：广西师范大学出版社，2009．
[41] 杨昀，保继刚．治理模式分异对旅游地发展的影响机制研究——阳朔遇龙河景区个案分析[J]．人文地理，2018，06：112-124．
[42] 余杰．旅游景区开发与经营的案例评析技巧探究：评《旅游景区开发与经营经典案例》[J]．中国教育学刊，2018（6）：125．
[43] 佘可文．旅游景区开发管理体制的现状与问题：以山西省为例[J]．生产力研究，2010（3）：143-145．
[44] 张晨，郭鑫，翁苏桐，等．法国大区公园经验对钱江源国家公园体制试点区跨界治理体系构建的启示[J]．生物多样性，2019，27（1）：97-103．
[45] 张海霞．国家公园为何需要特许经营制度？[N]．澎湃新闻，2019-10-03．
[46] 张希武，唐芳林．中国国家公园的探索与实践[M]．北京：中国林业出版社，2014．
[47] 张晓，郑玉歆．中国自然文化遗产资源管理[M]．北京：社会科学文献出版社，2001．
[48] 张秀丽．北京八达岭国家森林公园森林疗养探索与实践[J]．林业资源管理，2017（6）：37-40．
[49] 赵雪祥，骆培聪．乡村旅游目的地游客旅游动机对重游意愿的影响：交往意愿的中介作用[J]．福建师范大学学报（自然科学版），2019，35（6）：108-116．
[50] 赵勇，张捷，章锦河．我国历史文化村镇保护的内容与方法研究[J]．人文地理，2005（1）：68-74．
[51] 赵中枢．中国历史文化名城的特点及保护的若干问题[J]．城市规划，2002，26（7）：35-38．
[52] 中国科学院地球大数据科学工程．地球大数据支撑可持续发展目标报告[R/OL]．（2020-09-27）．https://www.cas.cn/yw/202009/t20200927_4761439.shtml．
[53] 中华人民共和国国家标准 GB/T 17775—2003，旅游区（点）质量等级的划分与评定（Standard of rating for quality of tourist attractions）．
[54] 仲丹丹．划拨土地使用权制度影响下的工业遗产保护再利用：以北京、上海为例[J]．建筑学报，2016（3）：24-28．
[55] 邹统钎．中国旅游景区管理模式研究[M]．天津：南开大学出版社，2005：187-196．
[56] 邹统钎．体验经济时代的旅游景区管理模式[J]．商业经济与管理，2003（11）：42-44．
[57] 邹统钎．旅游学术思想流派[M]．3版．天津：南开大学出版社，2019．
[58] 邹统钎．中国大型实景演出发展理论与实践[M]．北京：旅游教育出版社，2016．
[59] 邹统钎．善行旅游：遗产旅游理念与行为准则[M]．北京：旅游教育出版社，2016．
[60] 邹统钎．中国遗产旅游资源管理战略研究[M]．北京：旅游教育出版社，2015．
[61] 邹统钎．遗产旅游发展与管理[M]．北京：中国旅游出版社，2010．

后 记

本书第四版完稿于 2016 年,至第五版修订完成间隔了近 5 年,期间受欧盟 Erasmus Mundas 基金资助到英国伯恩茅斯大学交流,认真考察了英国的旅游景区,特别是遗产型旅游景区的管理,对我的启发很大。2019 年受聘乌兹别克斯坦撒马尔罕担任丝绸之路国际旅游大学校长特别顾问,考察了丝绸之路沿线的遗产型景区,包括撒马尔罕、布哈拉、希瓦等世界遗产古城,发展中国家的旅游景区管理经验也为教材的修订提供了很好的素材。近年来,我国旅游景区发生了 3 个重大事件,就是 5A 级景区的动态调整、去地产化、国家公园与国家文化公园的建设,这对我国的旅游景区发展产生了重大影响,是我国旅游景区管理体制机制的重大改革与创新。本人还成功获立国家社会科学基金重大项目《国家文化公园政策的国际比较研究(2020—2023)》,国家公园与国家文化公园管理的国内外创新思想纳入了本书修订的内容。教材的修订尽可能地全面吸收中外旅游景区管理的最新理论与实践,积极总结中国旅游景区管理的经验,向世界旅游景区行业管理提供中国方案。

写作分工情况为：全书由邹统钎统一组织编写,吕敏负责统稿与文字编辑。第一章：邹统钎、吕敏、阎芷歆；第二章：邹统钎、黄鑫；第三章：邹统钎、韩全；第四章：唐鸣镝、邹统钎；第五章：吴丽云、郑曦璐、邹统钎；第六章：唐鸣镝；第七章：王欣、邹统钎；第八章：张茵；第九章：唐鸣镝；第十章：吴丽云、阎芷歆；第十一章：苏双燕、唐鸣镝；第十二章：唐鸣镝；第十三章：邹统钎、常梦倩。

感谢唐承财、张祖群、许忠伟、李笑一、陈奕杰、朱天松、彭海静、葛学峰、黄海辉、金媛媛、张昕玲、游佩媛、刘军、张传统、徐慧君、陈芸、郑亚娜、郑春晖、刘章、万志勇、余繁华、王浩、吴琼瑶、秦亚亚、陈丹、齐昕、张芳、赵英英、王畅、杨丽端、郭晓霞、张一帆、晨星等同行对前四版的贡献,本书仍然采用了部分前四版的内容。

感谢巴黎第一大学副校长著名遗产旅游专家 Maria Gravari-Barbas 教授、哥本哈根大学文化遗产专家 Ingolf Thuesen 教授、伯恩茅斯大学数字旅游专家苍爽教授、亚利桑那州立大学遗产旅游专家 Dallen Timothy 教授的理论指导。感谢呀诺达、云台山、长白山、栾川、嬉戏谷、格凸河、槟榔谷、沙湖、野三坡、张家界、蟹岛、沙坡头、曲江、黄山等景区给我提供了鲜活的案例素材。感谢北京第二外国语学院的大力帮助。清华大学出版社邓婷编辑对本书的编辑与修订倾注了大量心血。

邹统钎

2020 年 1 月 6 日草于撒马尔罕丝绸之路国际旅游大学
2021 年 1 月 13 日修改于北京市朝阳区定福庄南里 1 号